中国物流专家专著系列·2015

大数据时代农产品物流的变革与机遇

张天琪　著

中国财富出版社

图书在版编目（CIP）数据

大数据时代农产品物流的变革与机遇/张天琪著．—北京：中国财富出版社，2015.9

（中国物流专家专著系列）

ISBN 978-7-5047-5798-2

Ⅰ.①大…　Ⅱ.①张…　Ⅲ.①互联网络—应用—农产品—物流—研究—中国
Ⅳ.①F724.72-39

中国版本图书馆 CIP 数据核字（2015）第 162743 号

策划编辑　寇俊玲　　**责任编辑**　苏佳斌　辛倩倩
责任印制　方朋远　　**责任校对**　饶莉莉　　**责任发行**　敬　东

出版发行　中国财富出版社
社　　址　北京市丰台区南四环西路 188 号 5 区 20 楼　　**邮政编码**　100070
电　　话　010-52227568（发行部）　　010-52227588 转 307（总编室）
　　　　　　010-68589540（读者服务部）　　010-52227588 转 305（质检部）
网　　址　http://www.cfpress.com.cn
经　　销　新华书店
印　　刷　北京京都六环印刷厂
书　　号　ISBN 978-7-5047-5798-2/F·2432
开　　本　710mm×1000mm　1/16　　**版　　次**　2015 年 9 月第 1 版
印　　张　19　　**印　　次**　2015 年 9 月第 1 次印刷
字　　数　383 千字　　**定　　价**　76.00 元

前　言

2012 年，当一位朋友滔滔不绝地向我介绍大数据的时候，立即被它的技术张力所震撼，为教学需要，当时我正在编著《农产品物流管理与实务》教材，收集整理新技术在农产品物流的运用，同时，正值 CCTV《经济半小时》聚焦物流顽症系列节目播出，农产品物流得到了社会各界的普遍关注，如何突破物流瓶颈，成为当时社会焦点。正是这种背景下，作为长期跟踪研究农产品物流的科研教学人员，臣服于大数据的魅力，希望致力于大数据新技术引入农产品物流的应用与研究。为此，经过近三年的努力，参阅了大量关于大数据的书籍和文献，首次将大数据思维引用到农产品物流上，并在仓储、配送、运输及质量安全和电子商务上做了全面分析，希望在农产品物流信息化管理、资源整合、质量安全等问题上做一些有益的探索，为农产品物流发展提供借鉴和参考。

物流业是支撑国民经济发展的基础性、战略性产业，国家一直高度重视，其在国民经济中的产业地位稳步提升。2014 年 6 月，国家发布了《物流业发展中长期规划（2014—2020）》，这是继 2009 年国务院《物流业调整和振兴规划》出台以来又一个指导物流业发展的纲领性文件。规划提出三大发展重点、七项主要任务、十二项重点工程和九项保障措施，是指导我国物流业“新常态”下健康发展的顶层设计蓝图。农产品物流是物流的重要组成部分，作为百姓生活的生命线，肩负着保障社会供给、维持百姓日常生活正常运行的重大使命，经济、社会地位日益显著。随着人民生活水平和生活品质的提高，对农产品物流质量要求也日益提高，新技术、新管理模式的运用成为迫切需要。

大数据作为热点话题，也正以前所未有的速度影响着社会方方面面，颠覆了人们探索世界的方法，驱动产业间、产业内的融合、共振与分立。正如赵国栋等人（2013）所说：“缺乏大数据无以谈产业；缺乏大数据思维，无以言未来。”数据的影响已经渗透到政府、产业、科研、教育、家庭与社会等各个层面，企业也将由“产品驱动”向“数据驱动”转型升级。数据表示的是过去，管理的是当下，揭示的是未来，用“数字”说话，将会历史性地改变产业、资源的整合，使传统的运营模式和规则重构与再造。“数据就是资产”，大数据将成为继土地、人

力、技术、资本之后的新型资产，影响整个产业链的动荡与平衡。在农产品生产、流动过程中，品种多，差异大，数据采集比较复杂，由于体制和利益等原因，这些数据相互之间缺乏统一的标准和规范，在功能上不能关联互补、信息上不能共享互换、信息与业务流程和应用上相互脱节，形成了大量的“数据孤岛”，使农产品物流数据信息和服务滞后，数据与产业发展脱节，农产品不能货畅其流、效率低、损耗大、成本高，成为从地头到餐桌“买难卖难”问题的重要推手。

随着现代农业的发展，精准农业、智慧农业、物联网和云计算等技术得到运用。物联网在农业各领域的渗透已经成为农业信息技术发展的必然趋势，也必将成为农业大数据最重要的数据源。当大数据整合运输中的 GPS 数据，可以大大提高物流的运输能力；当 RFID 无线射频转为数据后，每件产品追溯和食品安全更为可控。对农产品物流中的大数据进行分类、重组、挖掘分析、再利用等一系列的处理后，其结果将为智慧物流的决策者提供参考，这将大大提高农产品物流效率，提升农产品质量安全水平。以大数据资源为基础的农产品“智慧物流链”，就可以对整个物流过程产生的各种结构化和非结构化数据进行存储、挖掘、分析、整合，促进各环节裂变、转化、重组和优化，提出最优的物流解决方案，合理配置资源，降低物流成本，带动农产品物流整个供应链的技术和产业革命。大数据时代迎来全新的整合逻辑与实现契机，使数据成为农产品物流行业打造核心竞争力的关键要素，使大数据成为提升农产品物流效率的“软黄金”和农产品物流供应链的“垂直整合”利器和智慧引擎。

本书主要分为以下四个部分：第一部分主要介绍大数据的相关知识，引入相关概念，包括第 1 章和第 11 章，介绍了大数据的概念、大数据的属性与特征、大数据的价值，分析了大数据在国内外的发展现状和大数据在各行业的应用，同时还介绍了驾驭农产品物流大数据的技术与方法，包括数据采集类、数据传输类、数据存储类、数据管理类、数据分析与挖掘类相关技术，重点介绍物联网、大数据、云计算、移动互联、RFID（射频识别）等核心技术在农产品物流上的应用。第二部分分析了我国农产品生产、物流现状及存在的主要问题，包括第 2、3 章，主要介绍了在当前经济和物流“新常态”状态下，我国粮食、生鲜果蔬、畜产品与水产品几大类主要农产品的生产、消费和物流的现状，详细分析了我国农产品物流面临的问题，作为本书研究的前提与基础。第三部分重点对大数据、信息技术推进农产品物流发展进行了研究分析，包括第 4、5、6、7、8、9、10 章，本部分是本书的核心内容。在大数据背景下，结合信息化、智能化物流发展情况，重点研究了农产品物流的战略机遇与突破，包括大数据推动农产品精准生产、大数据提升农产品物流运输效率、大数据驱动农产品物流仓储的变革、

大数据引领农产品物流配送、大数据时代的农产品追溯、大数据促进农产品电子商务的整合。第四部分主要是笔者对大数据技术应用到农产品物流的一些思考，内容在第 12 章。在农产品物流行业的数据管理现状基础上引入大数据带来的挑战，从国家、行业、企业角度提出政府与行业、农产品物流企业的应对思考。

本书是在农产品物流实践基础上，首次将大数据技术引入农产品物流应用的一个粗浅的研究。成果主要体现在以下几个方面：一是根据农产品生产、物流现状、大数据技术及农产品的大数据特征，提出了基于供应链的农产品物流大数据平台。根据可能的资源，虚拟协议模式采集基础数据，共享基本数据资源库，避免物流中的数据缺失、数据“过剩”、数据孤岛、数据“沉睡”等瓶颈问题，对海量数据进行分析，挖掘有价值的数据，提高数据“活性”，重构农产品物流及整个供应链，提高农产品物流效率和提升农产品质量，这也是农产品物流大数据战略的核心所在。二是提出了基于大数据平台的农产品物流智慧运输系统模式。引入云计算、互联网、物联网、RFID 标签技术等，通过大数据技术，实现物流运输过程的无缝管理，推进整个物流运输的开放性整合。三是提出了基于大数据平台的农产品物流仓储系统模式。基于先进的大数据系统框架，充分融合物联网在数据获取及云计算在数据处理方面的技术优势，建设具有高效性、先进性和开放性的业务化应用平台，加快物资周转效率，实现对仓储物资从入库、移库、盘点到出库等全过程的动态、精确化管理，及时了解库存物资的种类、数量、状态、存放位置等，准确地把握仓储物资的全面信息，实现仓储物资资产的科学管理和高效运营。四是提出了基于大数据平台的农产品质量追溯系统。大数据可以实现农产品身份唯一性的标识，通过大数据平台贯通上下游，实现信息、资源的共享，向上追溯可以实现农产品生产环境、投入品追溯，向下追踪可以掌握农产品流通数据，提升农产品质量安全。五是提出了基于大数据平台的农产品电子商务平台模式，促进“产—供—销”链条的稳固和流转顺畅，实现线上信息流、资金流与线下物流的深度融合。

本书研究主要受益于所承担的中国物流学会（面上课题）“大数据时代农产品物流质量追溯体系建设研究”（2015CSLKT3－008）、北京市教委课题“北京山区特色果品流通问题研究”（SM201212448002）、北京农业职业学院院级课题“房山区柿子流通问题与对策研究”（xy－sk－13－01）、北京农业职业学院院级教改课题（2013039）。在 3 年的研究中得到业界学者、单位领导同事的大力支持，成书之际，对此表示衷心的感谢：一是感谢业界各位专家学者研究的结晶；二是感谢课题来源的单位、学院系部、科研处、教务处等领导专家的大力支持；三是深深感谢家人的理解与支持；四是感谢中国财富出版社的信任与鼓励，感谢编辑的精心工作和无私帮助。

本书仅是将大数据引入到农产品物流的一个粗浅的研究和探索，抛砖引玉。由于对大数据的理解和认识水平有限，难免有疏漏之处，欢迎读者和同人不吝赐教。

张天琪

2015 年 5 月

目　录

1 大数据

信息技术的发展，使“物联网”“云计算”和“无线互联网”不断改变我们的生活。大数据（ Big Data）技术的出现，对传统的生产生活起到重大的重塑作用，大数据在成为信息平台关键要素的同时，渗透到社会各行各业，影响着人民生活的方方面面，数据已经成为一种“洪流”冲击着全球经济的各个领域。对于这场革命，由海量的数据而带来的定量化方法，将横扫学界、商界和政界，所有领域都将被触及。

1.1 什么是大数据

最早对“大数据”这个关键词进行剖析的，是 2010 年 2 月出版的《经济学家》中的文章 *The data deluge*（海量数据），虽然文章中没有出现“Big Data”一词，但从内容来说和大数据没有太大出入，文章发表以来，大数据作为热门词语，其出现频率急剧上升。2011 年，麦肯锡在题为 *Big data：The next frontier for innovation，competition，and productivity*（大数据的下一个前沿：创新、竞争和生产力）的研究报告中指出，我们已经进入海量数据爆炸时代，第一次引入了大数据概念。

维基百科对于“数据”一词的定义是：“数据，或称资料，指描述事物的符号记录，可定义为有意义的实体，它涉及事物的存在形式。它是关于事件的一组离散且客观的事实描述，是构成信息和知识的原始材料”。在进入信息时代之后，人们趋向把所有存储在计算机上的信息，无论是数字还是音乐、视频、图片、文字等，都统称为数据。正因为数据承载着信息，所以在应用过程当中，这些数据就不再仅仅是对客观现象的记录或纷繁无序的单纯数值，而是一定背景下带着特殊意义。

什么是“大数据”？大数据这个概念突出的特点即是数据库的“大”，这些大数据已经完全超出了传统数据库及计算机常用软硬件的处理能力。正如麦肯锡全球研究所定义，大数据是指海量资料，指的是所涉及的资料量规模巨大到无法透过目前主流软件工具，在合理时间内达到撷取、管理、处理，并整理成为能帮助

企业经营决策更具目的性的资讯。即“无法用现有的软件工具提取、存储、搜索、共享、分析和处理的海量的、复杂的数据集合。”大数据的定义是相对于当前可以利用的技术和资源而言的。

在IT业界，有人把大数据产业定义为：“建立在对互联网、物联网等渠道广泛大量数据资源收集基础上的数据存储、价值提炼、智能处理和分发的信息服务业”，或者如IT巨头概括的那样，“致力于让所有用户能够从几乎任何数据中获得可转换为业务执行的洞察力，包括之前隐藏在非结构化数据中的洞察力”。总之，大数据是对大量、动态、能持续的数据，通过运用新系统、新工具、新模型的挖掘，分析数据之间的相互关联，寻找事物产生、发展和运动、变化的内在规律，从而获得具有洞察力和新价值的东西。

究竟多大才算是大数据？如何进行数据度量？

作为特指的大数据，按照EMC① 的定义，其中的“大”指大型数据集合，一般在10TB（计算机计量单位，1TB＝1024GB）规模左右，多个用户将数据整合，形成PB（计算机计量单位，1PB＝1024TB）级的数量级。TB级和PB级数据量究竟有多大？淘宝网单日数据产生量超过50TB，存储量超过40PB，中国联通用户上网记录每月1万亿条，对应数据量约300TB。另据互联网上发布的信息表明，1天之中，全球互联网产生的全部内容大约为800EB（计算机计量单位，1EB＝1024PB），能够刻满1.68亿张DVD；全球所发出的电子邮件有2940亿封；全球互联网发出的社区帖子达200万个，相当于《时代》杂志770年的文字量。国际数据公司（IDC）的研究结果表明，2011年全球产生的数据量高达1.82ZB（计算机计量单位，1ZB＝1024EB），相当于每人每年产生200GB（千兆）以上的数据。IBM（国际商业机器公司）的研究表明，整个人类文明所获得的全部数据中，有90％是2011—2012年内产生的。随着时间的推移和科技的发展，以及物联网、移动互联网和SNS（社会性网络服务）的兴起，每年产生的数据量都以几何级数增长，到2020年，全世界所产生的数据规模将达到今天的44倍。据IDC预测，至2020年全球以电子形式存储的数据量将达32ZB，以120万PB（约1.2ZB）数据为例，如果将其刻录在DVD上，再将这些盘片堆叠起来，可从地球到月球垒一个来回。根据我国孙忠富等在农业上的研究，目前全国范围的小麦苗情物联网远程监控系统已有上百个监控站点，如果以每个站点每天产生大约1TB的数据量（视频和图像系统全天启用并记录）计算，100个站点10天的数据信息量就基本达到了大数据的下

① EMC公司是全球信息存储及管理产品、服务和解决方案方面的领先公司。EMC是每一种主要计算平台的信息存储标准，而且，世界上最重要信息中的2/3以上都是通过EMC的解决方案管理的。

限范围（十几个 TB），如果发展到 1000 个监控站点（项目发展的必然要求），1 天之内就达到了大数据量级标准的下限。

注：1Byte = 8 bit

1KB = 1024 Bytes

1MB = 1024 KB = 1048576 Bytes

1GB= 1024 MB = 1048576 KB = 1073741824 Bytes

1TB = 1024 GB = 1048576 MB = 1099511627776 Bytes

1PB = 1024 TB = 1048576 GB =1125899906842624 Bytes

1EB = 1024 PB = 1048576 TB = 1152921504606846976 Bytes

1ZB = 1024 EB = 1180591620717411303424 Bytes

1YB = 1024 ZB = 1208925819614629174706176 Bytes

比如一本含标点 50 万字节的书。每个汉字占 2 个字节：1 汉字＝16bit ＝2×8 位＝2bytes

1GB ≈1073 本书（含标点 50 万字节）

1TB ≈ 1099366 本

1PB ≈ 1125751193 本

美国国会图书馆藏书 151785778 册（2011 年 4 月：收录数据 235TB），中国国家图书馆藏书：2631 万册

1EB≈4000 倍美国国会图书馆存储的信息量

20 多年来，各个领域特别是信息领域的数据量的加速增长，是大数据概念产生的基础。有专家测算，2000 年全球新产生的数据量为 1000PB 到 2000PB，到 2010 年，仅全球企业一年新存储的数据量就超过了 7000PB。对于大数据的发展，全球知名咨询公司麦肯锡研究认为，数据已经渗透到每一个行业和业务职能领域，逐渐成为重要的生产因素；而人们对于海量数据的运用将预示着新一波生产率增长浪潮的到来，在政府公共服务、民生医疗服务、维护社会安定、动态安全监管等领域的广泛应用，将产生巨大的社会价值和产业空间。有机构预测，大数据应用将使美国零售业净利润增长 60%，可使制造业的产品开发和组装成本降低 50%。这种影响和变化是革命性的，说明大数据蕴含着大价值。

1.2 大数据属性与特征

我们可以用一幅生动的图像来描述大数据的价值。河边有堆积如山的淤泥，淘金者们打捞起河里的淤泥后，用淘盘将淤泥洗涤，以便找出淤泥里的天

然金沙。通过大数据技术的帮助，可以在淤泥堆中找到你所需要的金沙，这揭示了大数据技术很重要的特点——价值的稀疏性和挖掘的复杂性。大数据是有价值的，但是这个价值本身如同淤泥中的那粒微小的金沙一样，虽然有，但相当稀缺。挖掘和利用有价值的大数据，犹如“大海捞针”“沙里淘金”，所以业界通常用 4 个 V（即 Volume、Variety、Value、Velocity）来概括大数据的特征。

1.2.1 容量巨大（Volume）

大数据的“大”主要是指大型数据集，一般在 10TB 左右，许多用户将多个数据集放到一起，形成 PB 级的数据量。比如，截至目前，人类生产的所有印刷材料的数据量是 200PB，而历史上全人类说过的所有的话的数据量大约是 5EB。当前，典型个人计算机硬盘的容量为 TB 量级，而一些大企业的数据量已经接近 EB 量级，随着技术进步，这个数值会不断变化。又如，互联网数据中心最近的报告预测称，到 2020 年，全球数据量将扩大 50 倍。人们对数据量要求已经开始从现在的 TB 级别，跃升到 PB 级别，简而言之，存储 1PB 数据将需要 1 万台配置为 500GB 硬盘的个人电脑。此外，各种意想不到的来源都能产生数据，例如，从巴塞罗那至沙特首府利雅得的单程航行中，一架商用喷气飞机上收集的传感器数据量将超过 1PB。当用一次飞行的数据量乘以每天所有飞行的航班数，数据总量将非常惊人。

1.2.2 数据类型多样性（Variety）

除传统的销售、库存等数据，现在企业所采集和分析的数据还包括网站日志数据、呼叫中心记录等，这种类型的多样性也让数据被分为结构化数据、半结构化数据和非结构化数据，这种分类是对存储形式的一种数据类型分析，有助于企业细分行业案例，帮助存储合作伙伴更好地解决应用实施方案。

结构化数据，简单来说就是数据库，可以简单理解为表格中的数据，每一条的结构都相同。比如每月领到的工资条、农产品产量统计数据、仓储库存、配送量、企业 ERP（企业资源计划系统）、财务系统、医疗 HIS（医院信息系统）数据库、其他核心数据库等。利用计算机处理结构化数据的技术比较成熟，利用 Excel（表格）很容易进行加、减、乘、除、汇总及统计之类的运算。这些应用需要哪些存储方案呢？应用需求基本包括高速存储应用需求、数据备份需求、数据共享需求，这时一些商业软件就会派上用场，专门用于存储和处理这些结构化数据。半结构化数据，包括邮件、HTML（超文本标记语言）、报表、资源库等，典型场景如邮件系统、Web 集群、教学资源库、数据挖掘系统、档案系统等。

非结构化数据，包括视频、音频、图片、图像、文档、文本等形式。这类数据有个共同的特点，即大小、内容、格式、用途可能完全不一样。以典型的PPT（演示文件）文档为例，可以是简单的几行字，也可以混合编辑图片、音乐、视频等内容，成为一份多媒体文件。具体到典型案例中，比如物流车辆视频系统、视频监控、车辆GPS（全球定位系统）、物流方案设计、文件服务器（PDM/FTP）、媒体资源管理等具体应用，这些行业对于存储需求包括数据存储、数据备份以及数据共享等。相对于以往便于存储的以文本为主的结构化数据，非结构化数据越来越多，据报道，企业中的非结构化数据占企业总数据量的80%～95%。包括网络日志、音频、视频、图片、地理位置信息等，这些多样性的数据对数据的分析和处理能力提出了更高要求。

1.2.3 数据价值（Value）密度低

价值密度的高低与数据总量的大小成反比。以监控视频为例，一部1小时的视频，在连续不间断的监控中，有用数据可能仅有1～2秒，甚至没有，造就大量的无用数据。大数据流的很多内容对于某些特定的目标来说是没有用处的，驾驭大数据就是从数据流中找出我们需要的稀缺、有价值的资源。比如物流中心常用的无线射频标签（RFID），很多工业类产品都有标签，为每件产品打上标签最终会作为一种趋势。但在目前，特别是附加值低的农产品，这么做的代价过于昂贵，这些标签使货物当前的位置、装载和卸载的时间、存放的地点都很容易被追踪到。想象一下拥有数以万计快件的快递公司，每件快件上都有RFID标签，RFID识别器每隔10秒反馈快件的位置及状态，这些数据将形成海量数据，一旦快件离开仓库，之前存库的所有数据价值变低，真正有用的是货物存入和离开的数据记录，如果货物库存3月，那么这期间每隔10秒的位置定位反馈数据没有长期保存的价值，但必须要收集这些数据，时刻掌握货物流向状态。如何通过强大的机器算法更迅速地完成数据的价值“精练”成为目前大数据背景下急需解决的问题。

1.2.4 速度快（Velocity）

一是指数据产生和更新的频率快。数据更新的频率越低，其活性越小，反之，数据更新的频率越高，其活性越高，活性越高的数据集，其信息量更加丰富。二是指数据分析处理快。主要是指能够快速在海量数据中获取有用的信息。根据“1秒定律”或者秒级定律，要求对处理速度有要求，一般要在秒级时间范围内给出分析结果，时间太长就失去价值了。这个速度要求是大数据处理技术和传统的数据挖掘技术最大的区别。在高速网络时代，通过基于实现软件性能优化的高速电脑处理器和服务器，创建实时数据流已成为流行趋势。

在如此海量的数据面前，处理数据的效率就是企业的生命。以 Google（谷歌）为例，搜索是由 Google 公司推出的一个互联网搜索引擎，它是互联网上最大、影响最广泛的搜索引擎。Google 每日通过不同的服务，处理来自世界各地超过 2 亿次的查询。除了搜索网页外，Google 亦提供搜索图像、新闻组、新闻网页、视频的服务。2005 年 6 月，Google 已存储超过 80 亿的网页、1.3 亿张图片及超过 1 亿的新闻组信息，总计大概 10.4 亿个项目。同时，它还缓存了编入索引中的绝大多数网页的内容。

1.3 大数据 大价值

如何应用大数据是研究大数据的核心，也就是说大数据是什么不重要，怎么用才是大价值。要用数据说话，分析过去，预测未来。一方面，利用大数据分析过去。随着人类进步和发展，越来越多的事物不断地数据化，人们可以从海量的数据中，通过数据分析，发现隐藏的自然规律、社会规律和经济规律。当网页变成数据后，Google 具备了令人羡慕的全文搜索能力，当运输中的 GPS 转为数据后，可以大大提高物流的运输能力，当 RFID（无线射频）转为数据后，每件产品追溯和食品安全更为可控，大数据大大开拓了人们的视野。另一方面，大数据可以预测未来。大数据可以把握以前难以把握的东西，现在非逻辑的现象、非理性的对象、突变的现象都有大数据支持，可以通过数据间的规律性，在一定程度上为预测未来提供更多的准确性。以百度预测展示区为例，利用百度强大的数据挖掘和人工智能算法“百度大脑”，在线预测旅游城市和旅游景区的火热程度，还有新上线的关于当前两大社会热点的预测——高考和世界杯。从其界面看出，预测出护理学将会是热门易考的专业，高考预测作文主题是“时间的馈赠”，这些结果不知那些命题专家会如何感想。这些预测靠不靠谱，还待时间的检验，但从一个侧面让人实实在在感受到了大数据的预测魔力。

1.4 大数据在国内外的发展现状

1.4.1 大数据在国外的发展

1. 发达国家纷纷启动大数据战略

(1) 美国《大数据研究和发展计划》

2012 年 3 月，美国政府发布《大数据研究和发展计划》，投资 2 亿美元发展大数据，用以强化国土安全、转变教育学习模式、加速科学和工程领域的创新速度和水平，这个计划里，6 个联邦政府的部门和机构宣布新的 2 亿美元的投资，提高从大量数字数据中访问、组织、收集发现信息的工具和技术水平。白宫科技政策办公室建立了一个跟大数据相关的论坛，包括最新的公私组织之间的合作，奥巴马政府宣布投资大数据领域，是大数据从商业行为上升到国家战略的起点，表明大数据被正式上升到战略层面。美国政府同时还计划与工业界、大学研究界、非营利性机构与管理者一起利用大数据所创造的机会。比如一些相关的公司已经赞助与大数据相关的比赛，并给大学提供这方面的研究资助；大学里也开始开设一门全新的研究型课程，培养下一代的“数据科学家”；一些无国界的组织帮助非营利性机构对公益性服务的数据进行采集、分析和可视化处理。

(2) 日本“新 ICT 计划”

2010 年 5 月，日本发达信息通信网络社会推进战略本部（简称 IT 战略本部）对外发布《信息通信技术新战略》，该战略将以实现国民本位的电子政府、加强地区间的互助关系等作为重要内容，其中云技术一词反复出现 13 次，可见云技术在政府 IT 战略中的重要地位。同时，日本政府正积极利用云技术改革行政业务办事流程、构筑政府信息公共平台、促进不同系统间的沟通合作，最终建立一个全国统一的电子政务服务体系。为了确保国民方便地获得行政信息，政府将利用信息公开方式、标准化技术，实现统计信息、测量信息、灾害信息等公共信息可被反复使用的目标，国民通过云技术将获取更详尽的政策信息，也可参与政策制定及实施的过程。2012 年 7 月，日本提出以电子政府、电子医疗、防灾等为中心的新 ICT（信息通信技术）战略，发布“新 ICT 计划”，重点关注大数据研究和应用。2013 年 6 月，日本第二次安倍内阁正式公布了新 IT 战略——“创建最尖端 IT 国家宣言”。这篇“宣言”全面阐述了 2013—2020 年期间以发展开放公共数据和大数据为核心的日本新 IT 国家战略。“宣言”提出要把日本建设成为一个具有“世界最高水准的广泛运用信息产业技术的社会”，并力图将其发

展成就扩展到国际范围内。安倍内阁新 IT 战略的要点：一是向民间开放公共数据。2013 年内启动居民可浏览中央各部委和地方省厅公开数据的网站（试用版），计划从 2014 年正式实施。二是促进大数据的广泛活用。促进个人数据的流通与运用，明确个人数据的活用规则，确定改革相关制度方针。三是活用 IT 技术，实现农业的知识产业化。使农业经营体共享经过积累并分析的农业现场的相关数据及新技术，实现农业及其周边相关产业的高水平化。四是构筑医疗信息联结网络。2016 年之前，根据门诊数据及处方笺，确立地区和企业的国民健康管理对策；计划于 2018 财政年之前，在全国普遍建立医疗信息联网体制，以便使医疗和护理及居民生活支援服务等机构共享医疗信息。五是活用 IT 技术，维护管理社会基础设施。2020 年度之前，通过使用传感器的远程监控，对全国 20% 的重要基础设施实施检修。六是改革国家及地方的行政信息系统。2018 年之前，将目前 1500 个政府信息系统减半；2021 年之前，减少三成运行成本，原则上将所有的政府信息系统云计算化；加快地方政府系统云计算化。

（3）英国《英国农业技术战略》

2013 年 1 月，英国政府宣布将在对地观测、医疗卫生等大数据和节能计算技术方面投资 1.89 亿英镑。政府将在计算基础设施方面投入巨资，加强数据采集和分析，吸引企业在这一领域的投资，在数据革命中占得先机。2013 年 8 月，英国政府发布的《英国农业技术战略》指出，英国今后对农业技术的投资将集中在大数据上。该战略的目标是要将英国的农业科技商业化。战略的实施，将由英国技术战略委员会协助，并且将有高达 6000 万英镑的投资用于促进高新技术的开发上。这笔款项用途将包括成立第一家“农业技术创新中心”，这家中心将研究焦点投向大数据，并致力于将英国打造成农业信息学世界级强国。政府发布这份战略表明，英国政府、科学界、食品和农业界将共同协作，一起开发农业高新技术。

2. 跨国 IT 企业进入大数据领域

传统数据分析企业天睿公司（Teradata）、赛仕软件（SAS）、海波龙（Hyperion）、思爱普（SAP）、Cognos、SPSS 等在大数据技术或市场方面各占据一席之地。谷歌、脸书等大数据资源企业优势显现。甲骨文、IBM（国际商用机器）公司、微软、SYBASE、易安信（EMC）、英特尔等企业陆续推出大数据产品和方案抢占市场，如甲骨文公司的 Oracle NoSQL 数据库、IBM 公司的 Info Sphere BigInsights 数据分析平台、微软公司 Windows Azure 上的 HDInsight 大数据解决方案、EMC（易安信）公司的 Greenplum UAP（Unified Analytics Platform）大数据引擎等。

3. 大数据技术发展迅猛

数据技术从早期在单机上处理单一类型数据，发展到当前在计算机集群上处理多类型数据，实现时间宽松的数据分析应用。随着数据量发展到 PB、EB 级甚至更大，要求更快的处理分析时间，大数据专用计算机、异地分布式计算机集群、多类型多来源数据的处理和分析、数据网络等复杂结构数据的分析、秒级时间分析等通用技术以及各种面向领域的应用技术是大数据技术的发展趋势。同时，以 HDFS、GFS、MapReduce、Hadoop、Storm、HBase、MongoDB 为代表的一批大数据通用技术和开源项目迅猛发展。

4. 数据科学研究不断壮大

在大数据应用的技术需求牵引下，数据科学研究和人才培养引起各国重视。美国哥伦比亚大学和纽约大学、澳大利亚悉尼科技大学、日本名古屋大学、韩国釜山国立大学等纷纷成立数据科学研究机构；美国加州大学伯克利分校和伊利诺伊大学香槟分校、英国邓迪大学、中国香港中文大学等一大批高校开设了数据科学课程；脸书等知名企业开始设立数据科学家岗位。

1.4.2 大数据在国内的发展

我国高度关注大数据。

1. 政府与科研机构方面

2012 年 12 月，国家发改委将数据分析软件开发和服务列入专项指南；2013 年，科技部将大数据列入 973 基础研究计划；2013 年度国家自然基金指南中，管理学部、信息学部和数理学部将大数据列入其中。2012 年 12 月，广东省启动了《广东省实施大数据战略工作方案》；北京成立“中关村大数据产业联盟”。此外，中国科学院、复旦大学、北京航空航天大学等相继成立了近十个从事数据科学研究的专门机构。

2. IT 企业界

一是数据价值链和产业链初显端倪。百度、阿里巴巴、大智慧等数据资源型和研发应用型企业初步涌现，并引领着数据产业的发展；2010 年 4 月，淘宝推出“数据魔方”应用，开展基于淘宝网交易数据的分析和挖掘；2012 年，华为公司推出了大数据解决方案和大数据存储产品。

二是数据产业园区建设逐步展开。上海智慧岛数据产业园、秦皇岛开发区数据产业基地、北京国家地理信息科技产业园、中国国际电子商务中心重庆数据产业园等一批数据产业园区，在有关各方的大力支持下正展开基础建设和招商工作。

3. 学术研究领域

以 CNKI（中国知网）的中国学术期刊网络出版总库为数据源，检索策略为对篇名“大数据”进行模糊检索，检索日期为 2015 年 1 月 21 日，1985—2014 年 30 年间共检出文献 6638 篇。根据如表 1－1 所示，年份分布中，1985—1994 年文献合计 9 篇，1995—2004 年文献合计 53 篇，2005—2014 年文献合计 6576 篇，1981—1984 年连续 4 年中未检索到相关文献，因此认为关于大数据的研究起步于 1985 年。从文献数量上看，逐年增加，其中 1986 年、1991 年、1992 年、1995 年、1996 年有过中断，1997 年之后未曾中断研究，尤以最近 3 年文献数量最多，有爆发之势。从研究领域分析（部分有重复分类），如表 1－2 所示 50％在计算机及信息领域，应用领域的研究才刚刚兴起。

表 1－1　近 30 年“大数据”研究期刊论文发表数量

年份	2014	2013	2012	2011	2010	2009	2008	2007	2006	2005	小计
篇数	4118	1943	356	43	19	20	23	12	15	26	6575
年份	2004	2003	2002	2001	2000	1999	1998	1997	1996	1995	小计
篇数	13	10	5	6	4	3	7	5	0	0	53
年份	1994	1993	1992	1991	1990	1989	1988	1987	1886	1985	小计
篇数	2	1	0	0	1	2	1	1	0	1	9

表 1－2　近 30 年“大数据”研究期刊各领域论文发表数量　单位：篇

领域	数量	领域	数量	领域	数量
计算机软件及计算机应用	1665	互联网技术	118	经济体制改革	45
信息经济与邮政经济	1324	电信技术	117	会计	45
新闻与传媒	545	教育理论与教育管理	101	交通运输经济	44
企业经济	474	档案及博物馆	98	公安	40
工业经济	436	电力工业	86	中国政治与国际政治	38
图书情报与数字图书馆	344	社会学及统计学	84	轻工业手工业	35
贸易经济	293	投资	63	农业经济	34

续 表

领域	数量	领域	数量	领域	数量
金融	277	自然地理学和测绘学	60	旅游	
宏观经济管理与可持续发展	198	文化经济	56	医学教育与医学边缘学科	28
自动化技术	188	医药卫生方针政策与法律法规研究	54	保险	27
计算机硬件技术	157	戏剧电影与电视艺术	52	科学研究管理	27
行政学及国家行政管理	131	公路与水路运输	48	市场研究与信息	26
出版	130	建筑科学与工程	47	民商法	24
高等教育	129				

数据来源：知网数据资料整理。

1.5 大数据在各行业的应用

IBM 全球副总裁兼大中华区软件集团总经理胡世忠先生表示："数据构成了智慧地球三大元素：物联化（Instrumented）、互联化（Interconnected）和智能化（Intelligent），而这三大元素又改变了数据来源、传送方式和利用方式，带来'大数据'这场信息社会的变革。"

2011 年，麦肯锡在题为《Big data：The next frontier for innovation，competition，and productivity》的研究报告中指出：对于大数据的发展，数据已经渗透到每一个行业和业务职能领域，逐渐成为重要的生产因素；在政府公共服务、民生医疗服务、维护社会安定、动态安全监管等领域的广泛应用，将产生巨大的社会价值和产业空间；信息化—数据—数据整合—海量数据使各大公司捕捉亿万客户，数百万字节联网的传感器被嵌入在物理世界的设备中，例如移动电话和汽车，传感和数据通信；智能手机和社交网络网站上的多媒体和个人意志继续推动大数据呈现指数增长。因此，有机构预测，大数据应用将使美国零售业净利润增长实现 60%，可使制造业的产品开发和组装成本降低 50%。目前，大数据基本用于以下几大领域。

1.5.1 政府公共管理——激活"尘封数据"为公众服务

从政府治理来说，政府需要大数据治理，政府的权威与公信力需要来自数据

的保障，大数据治理将政府管理的力度推进到数据级，帮助政府官员开启大数据管理的新模式。

“大数据”时代，收集、管理和分析数据日渐成为网络信息技术研究的重中之重，以机器学习、数据挖掘为基础的高级数据分析技术，将促进数据向知识的转化、知识向行动的跨越。首先，让数据关联起来。海量数据的群体的行为特点会呈现出“规律性、关联性和稳定性”。政府通过收集与某项政策、某个问题相关的数据，并对这些数据进行分析、整合，通过挖掘数据间的“关联度”确定政策或问题，依据这种关联性修正政府决策或制定新的政策，同时向社会发布数据或者决策过程以接受社会监督，以此推动政策竞争。其次，让“尘封数据”活起来。政府掌握着大量的、关键的数据，是数据时代的财富拥有者，但目前政府掌握的数据很多都处于休眠状态，应该让这些“尘封数据”发挥出活力，提升行政效率和公共服务水平。

美国政府于 2009 年 5 月推出数据门户网站：www. data. gov，公开十万余项政府部门的数据资料，鼓励公民对政府收集的原始数据，进行再统计、再分析和再开发，以推进政府的透明与开放。几年下来，“数据民主化”及与之相关的“透明”“阳光”，成为全球流行的政治语汇。奥巴马政府发布的“大数据研究与开发计划”，目的是研发大数据关键技术，以抢占数据资源开发利用的制高点。2012 年 5 月，联合国“全球脉动”计划发布了《大数据开发：机遇与挑战》报告，英国、德国、法国、日本、加拿大等发达国家积极响应。我国也于 2012 年 10 月成立了中国通信学会大数据专家委员会。种种迹象表明，世界各国特别是发达国家都把大数据的发展摆到国家战略层面加以推动，使大数据正在成为世界新的战略资源争夺的一个新焦点。

英国政府 2010 年 1 月建立开放网站：Data. Gov. uk 上线，同年 5 月，卡梅伦首相提出了“数据权”（Right to Data）的概念，他指出“数据权是信息时代每一个公民都拥有的一项基本权利”，并承诺要在全社会普及数据权。正是这一概念的提出，使得英国在英美“数据开放”战争中后来者居上，而这仅仅是“数据权”在公共领域的初见端倪。2011 年 4 月，英国政府又推动“我的数据”（My Data）项目——“你的数据，你可以做主”，只要记录的是与个人相关的信息，个人就应该有权查看，即使这些数据是由政府、企业所掌握，这一项目将“数据权”推广到了商业领域。

1.5.2 军事与安全——数据保卫国防与安全

现代战争是“信息主导”的战争，信息已渗透到现代战争的各个层面和多个职能领域，成为战斗力的重要要素之一。利用大数据技术处理这些数据，将极大提高军事信息的获取存储、处理、分析、分发等能力，推动军事竞争从软硬件、网络领域，进一步向信息认知领域跃升。大数据在现代战争中的广泛应用，将产生巨大价值。

针对公共安全领域治安防控、反恐维稳、情报研判、案情侦破等实战需求，应建设基于大数据的公共安全管理和应用平台。汇聚融合涉及公共安全的人口、警情、网吧、宾馆、火车、民航、视频、人脸、指纹等海量业务数据，建设公共安全领域的大数据资源库，全面提升公共安全突发事件监测预警、快速响应和高效打击犯罪等能力。探索“以租代建”模式，依托第三方专业数据中心，实现数据内容托管、数据服务租用的现代运营模式创新。

“棱镜门”与美国的“大数据战略”有着必然联系。2012 年 3 月，奥巴马政府将“大数据战略”上升为最高国策，认为大数据是“未来的新石油”，将对数据的占有和控制作为陆权、海权、空权之外的另一种国家核心能力。另外，美国以反恐名义，更希望大数据能有所贡献。基于互联网资源和技术优势，美国已具备对全球网络空间的监视控制能力。2011 年，美军战略司令部司令官罗伯特·科勒上将曾指出：“不断增长的数据搜集能力和有限的数据处理能力之间的鸿沟正在扩大。”因此，美军确定了“从数据到决策、网络科技、电子战与电子防护、工程化弹性系统、大规模杀伤性武器防御、自主系统和人机互动”7 个重点研究领域。据美国国防部 2013 年 10 月报道，美国国防信息系统局（DISA）和军事部门正积极致力于加强其数据中心和信息技术基础设施，将建立一个核心计算基础设施，提供可靠的和普遍的重要业务服务，汇聚计算服务和基础设施需求，以获得规模经济效益。

1.5.3 商业领域——挖掘数据金矿

从商界来说，以前自然资源是经济，产品服务是经济，技术标准是经济，知识信息是经济，现在我们不得不说数据也是经济，数据可能成为未来最大的交易商品。数据是信息的载体，是知识的源泉，当然也就可以创造价值和利润，可以预见，基于知识的竞争，将集中表现为基于数据的竞争，这种数据竞争，将成为经济发展的必然。大数据的商业价值体现在数据搜索、客户细分、模拟实境、数据出租、数据分享、模式创新等，主要还是从 4 个方面挖掘巨大的商业价值：对目标顾客群体进行细分，进行个性化服务；运用大数据模拟实境，发掘新的需求和提高利润率；提高大数据成果在各相关部门的分享程度，提高整个管理链条和产业链条的投入回报率；进行商业模式、产品和服务的创新，如图 1－1 所示。

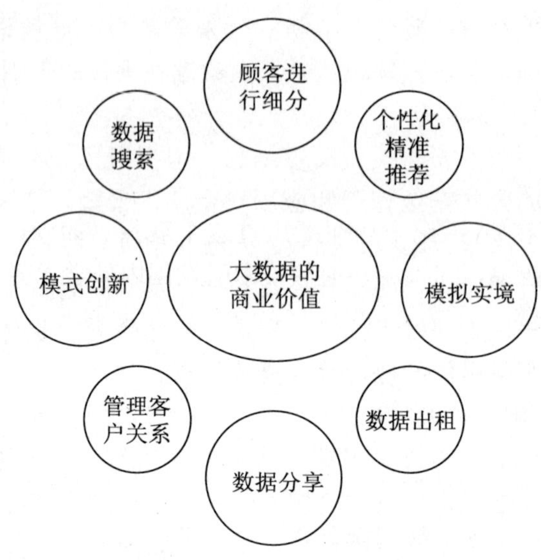

图 1-1　大数据的商业价值

以零售行业为例，零售需要及时响应客户需求，实现精准营销。一块 IBM 的大幅广告，上面写着这样一行字——大数据时代：用智慧的分析洞察，构建智慧的地球。15 年前，美国的信用卡公司就可以进行数据挖掘，实现精准营销，在合适的时间，通过合适渠道，把合适的营销信息投送给每个顾客。零售行业的沃尔玛，将看似不相干的天气数据加入其物流配送预测模型，这样一来，它就能在天气模式改变和在顾客涌入商店之前，保证所有商品及时送达商店。另一个是美国输电公司（Oncor）公司，传统的电表每月或每年读取一次数据，而这家公司的智能电表每分钟读取一次数据，且能双向通信，同时，通过对读取的大数据分析，可以帮助用户更好地管理和使用电能。

大数据时代的社会化营销重点是理解消费者背后的海量数据，挖掘用户需求，并最终提供个性化的跨平台的营销解决方案。图灵奖获者吉姆·格雷（Jim Gray）和国际数据公司（IDC）曾预测，全球数据量每 18 个月翻一番。例如，淘宝网每日新增的交易数据达 10TB；易贝（eBay）分析平台日处理数据量高达 100PB，超过了美国纳斯达克交易所全天的数据处理量；亚马逊每秒钟处理 72.9 笔订单。亚马逊的独立用户数量达到了 2.822 亿，位居全球第一；开放平台上的第三方卖家超过 200 万，采用 FBA 业务的卖家在亚马逊的仓储物流中心预备了超过 100 万件商品。我国的淘宝网最高单日独立用户访问量超 1.2 亿，注册用户数量超过 4 亿，在线商品数量达到 8 亿，页面浏览量达到 20 亿，每天产生 4 亿条产品信息，每天活跃数据量已经超过 50TB。如果电商在拥有海量数据的基础上，利用大数据的技术，在寻找潜在客户、销售时间及预测交易成功的概率上都将会得到明显改善。

1.5.4 传媒电视——用大数据把电视观众“挖”出来

“除了上帝，任何人都必须用数据来说话。”管理学大师爱德华·戴明（Edwards. Deming）早在20世纪中期便提出过这个观点。如今，“让数据说话”成为一个席卷全球的话题，其相关理论与技术引发国内外学术界、产业界和应用行业普遍的关注，掀起了一个空前的研究热潮。作为话题的重要传播者和推动者，电视媒体在营造舆论的同时，已无法回避地进入到了大数据时代。数据成为媒体生存与发展的基石，在互联互通的网络支撑下，任何受众在接触媒体时都会留下痕迹，其行为都可以被监测，这些数据都与该媒体的受众息息相关，所有的数据也都来自于受众，这是互联网环境下媒体生存的基石，也是大数据时代营销重构的基础。新闻方面，通过全媒体数据分析，发现新闻、采编新闻、跟踪舆论，根据舆论变化趋势继续发掘新闻热点，可快速发现新闻线索，发掘观众真正关心的热点问题，提升数据新闻的客观性和说服力，从而提升新闻节目的黏性。此外，在新闻报道结束之后，还可通过大数据分析，跟踪舆论走向，进而为下期节目奠定基础。资源整合方面，可以利用多源多态的数据汇聚技术建设的大数据内容仓库，导入传统网络媒体、社会化媒体、视频、广播等媒体数据，进行大数据挖掘，实现自我量化、精准营销、电子商务服务、舆情监控、互联网热点事件预警等。

大数据如何把电视观众“挖”出来？大数据让电视媒体更懂得观众的心。美剧永远在坚守那个拿数据说话的好莱坞式灵魂。“大数据制作”的光环让《纸牌屋》迅速崛起，到了第二季时，人们如同被唤起关于“Freddy 肋排”的美味记忆，已经欲罢不能了。就连开播前，美国总统奥巴马在推特上都发了一条微博：“明天《纸牌屋》开播，请大家不要剧透。”目前，国内电视节目的制作已经开始接受互联网大数据思维，替代以往简单凭借经验运作模式。在策划阶段，数据先行，通过收集千万级的互联网信息，分析观众喜好，从而有针对地创作内容，为后期获得成功的收视率奠定了基础。在预热阶段，通过大数据分析可了解到观众的喜好、特性，从而决定什么样的内容采用什么样的传播推广方法。电影《小时代》是一个通过洞察观众喜好选择宣传方式及渠道的典型案例，通过海量数据分析，制作组在电影播出之前便已发现喜欢导演郭敬明的很多人也喜欢谢娜、何炅，因此在上映前，选择在由谢娜、何炅担任主持人的《快乐大本营》出镜宣传，最终使影片成功获得高关注和高票房。在播出阶段，有了数据分析，便能及时得到观众来自社交媒体、论坛、搜索引擎等各种网络渠道的反馈，从而做到有

的放矢，使有限的资源实现最大化的价值。《爸爸去哪儿》在节目播出阶段对微博、论坛、搜索引擎进行了大量的、快速的数据分析，敏锐捕捉观众喜欢的父子和桥段，在持续播出中重新分配了出镜率并设计更多的情节，使节目被观看和被讨论的热度得到显著提升。《中国好声音》《我是演说家》等热度较高的节目，也都较好地在播出阶段运用了数据分析工具，使节目更好地满足了特定观众群的需求。播出后，通过深入的数据分析，并根据观众需求的动态变化来调整和优化节目内容，使其更加贴近市场需求，让用户产生比以往更强烈的代入感，扩大节目的影响力，并积累数据经验，以指导下一轮节目的运行。

同时，在评价节目时，大数据改变了过去将收视率作为评价的唯一标准，还需要将网络电视台、微博、微信的传播影响力等因素考虑进去，做到正确客观地评价节目的价值，进而指导节目的制作，使节目从播前到播后都通过大数据来分析观众需求，实现迭代优化，使节目评价更加客观、公正。传统电视时代，收视率的调查是非实时的，是通过采样、抽样来获取的。如今，互联网给了我们一个天然的契机，尽管我们面对的是复杂多样的终端，包括机顶盒、IPTV（交互式网络电视）、有线电视、互联网电视等，但所有的这些都能够帮助我们实现全数据采集和实时查询。例如，英国广播公司（BBC）可以说是把大数据纳入了节目制作流程的开山鼻祖。制作方一边进行节目直播，一边根据观众在社交媒体上的评论决定接下来的节目走向，节目也由此实现了收视率的大幅攀升。Facebook（脸书）在全球拥有 9 亿用户，其中日常活跃用户达 5.26 亿。每天新增 25 亿条分享内容，32 亿条评论，27 亿条“赞”，3 亿张照片，每天会采集到多于 500TB 的数据。诸如这样的案例多不胜数，大数据对于媒体的重要性不言而喻。

1.5.5 互联网行业广告投放更精准，使用户更加透明

互联网行业需要利用大数据分析来提升用户体验，增加用户黏性。用户体验和用户黏性对于互联网公司来说是至关重要的测评指标，特别是门户网站、电子商务网站、社交网站、论坛等不仅仅是靠流量赚钱的网。互联网上用户行为丰富，Web（网）社群关系复杂。互联网已经从以前单纯的浏览网页信息，发展到现在搜索信息和网络社交。用户行为和网络中的社会群体变得更加多样化、复杂化。用户之间可能根据社会关系、兴趣爱好等组成不同的 Web 社会群体。

以 Facebook 广告精准投放为例，Facebook 通过追踪用户在线社交行为，包括用户的喜怒及好友信息，积累了海量用户行为和网络群组关系数据。Facebook 对数据进行分类、整理、分析、进而对用户归类，实时发现用户群。根据不同的群组，Facebook 为用户推送他们可能潜在感兴趣的广告，2009 年到 2010 年，该项目使 Facebook 在互联网广告市场中的份额翻了一番，2011 年又比 2010 年增

长了 95%，Facebook 的广告业务增速是 Google 的 3 倍还多。

1.5.6 电信行业——构建“智能管道” “聚石塔”变为“聚宝塔”

2013 年 7 月，全球知名电子商务品牌阿里巴巴集团在管理层设置了“首席数据官”一职，管理“聚石塔”这个大型的数据分享平台，它通过共享阿里巴巴旗下的子公司淘宝、天猫、支付宝等的数据资源来创造价值，使“聚石塔”变为“聚宝塔”。与此同时，以智能手机为代表的接入互联网的移动终端产生海量的个人用户与位置结合起来的数据，为各种各样的服务、产品及全新的商业模式提供了巨大的发展空间。智能手机的使用让多媒体的产生随时随地，用户的手机接入移动互联网后，每天消费的数据呈几何倍数增长。

以英国电信公司 BT 为例，通过收集大量用户数据进行数据挖掘，根据结果来了解哪些人会购买哪些服务和产品，以保留现有客户，获取新客户，并且尽量从每个客户身上获得最大价值。该公司将继续依赖此类产品为其未来的产品设计和营销活动指引道路，使在与英国其他约 160 个电信公司的竞争中，英国电信一直保持领袖地位，2011 年直邮活动回应率提高了 100%。

1.5.7 金融行业——寻找创新机会

金融业具有高风险性的特点，因此决定了行业成本投入巨大。各类新颖的计算机设备不断被引入金融业，这些大银行、券商不惜花费大量的资金更新系统的硬件和软件相关的服务，积极大胆地采用最新的计算机产品，采用最新的软件技术，这些系统功能齐全，降低了交易成本，又加快了交易速度，还能为客户提供各种新服务。当前，金融行业大规模网络信息系统中都有一个良好的法律环境，标准化的规则体系，也都有各类软、硬件方面的安全保障措施，如主机系统、通信系统的硬件备份、软件加密等，能最大限度地避免各类不安全的因素。大数据可以帮助金融公司分析历史数据，寻找其中的金融创新机会。

以中信银行信用卡中心实现秒级营销为例。银行根据某厂商为中信银行信用卡中心提供统一的客户资料，借助客户统一视图，中信银行信用卡中心可以更清楚地了解其客户价值体系，从而开展更有针对性的营销活动。基于数据仓库，中信银行信用卡中心现在可以从交易、服务、风险、权益等多个层面分析数据。通过提供全面的客户数据，营销团队可以按照低、中、高价值对客户进行分类，根据银行整体经营策略，积极地提供相应的个性化服务。实施方案之后，中信银行信用卡中心实现了近似实时的商业智能（B1）和秒级营销，运营效率得到全面提升：2011 年，中信银行信用卡中心通过其数据库营销平台进行了 1286 次宣传活动，每次营销活动配置平均时间从 2 周缩短到 2～3 天；2011 年的前三个季度，

中信银行信用卡中心交易量增加 65%，比股份制商业银行的平均水平高 14%，比中国所有银行的平均值高 4%。

1.5.8 交通系统——医治交通“恶瘤”

交通系统的 4 个要素——人、车、路、环境相互依赖，相互作用。交通信息服务需要提供全面的路况信息，并且构成多维、立体的交通综合监测网络，实现对城市道路交通状况、交通流信息、交通违法行为等的全面监测，特别是在交通高峰期需要采集、处理及分析大量的实时监测数据，数据海量。利用先进的传感技术、网络技术、计算技术、控制技术、智能技术，对道路和交通进行全面感知。例如在路面放置传感器，在路口安装监控视频，在车辆上配置全球定位系统（GPS），可以对每一条道路实时监控，对每一辆车进行控制，以提高交通效率和交通安全性。大数据下的智慧交通，就是融合传感器、监控视频和 GPS 等设备产生的海量数据，甚至与气象监测设备产生的天气状况等数据相结合，从中提取出我们真正需要的信息，及时而准确地推送给我们，并且这些信息不是简单地告诉我们到达目的地的几条路径或是显示各种路况信息，而是直接提供最佳的出行方式和路线，可以解决拥堵、停车难及车队优化等问题。

利用大数据创新交通服务模式。在上海推进“大数据研究与发展三年行动计划（2013—2015 年）”中，针对交通规划、综合交通决策、跨部门协同管理、个性化的公众信息服务等需求，建设全方位交通大数据服务平台。整合全市道路、公共交通、对外交通的大数据资源，汇聚气象、环境、人口、土地等行业数据，逐步建设交通大数据库，提供道路交通状况判别及预测，辅助交通决策管理，支撑智慧出行服务，加快交通大数据服务模式创新。针对航班正常、安全、有效运行的需求，建设航空流量管理及机场协同决策平台。汇聚整合塔台数据、雷达数据、航空公司数据、机场数据，提供流量预测、特情处置等功能，实现飞行流量管理和机场航班运行协同决策，为民航航班指挥提供一站式数据服务。达到覆盖华东地区近 40 个机场的规模，并逐步推广到全国 7 大地区局。针对智能化航运业务的需求，建设航运大数据平台。汇聚整合全球港口、货物、船舶等数据，融合多源物联网、北斗导航等数据，实现航运数据共享服务，建立基于大数据的现代航运物流服务体系。

里昂市用大数据治堵。IBM 的研究者与法国里昂市合作开发能缓解道路拥堵的系统方案。IBM 为里昂开发的系统名为“决策支持系统优化器”（Decision Support System Optimizer），基于实时交通报告来侦测和预测拥堵。当交管人员发现某地即将发生交通拥堵，可以及时调整信号灯让车流以最高效率运行。这个系统对于突发事件也很有用，例如帮助救护车尽快到达医院。而且随着运行时间的积累，这套系统还能够“学习”过去的成功处置方案，并运用到未来预测中。

移动应用SpotHero缓解停车难问题。SpotHero是一个手机应用，支持iOS（苹果操作系统）和Android（安卓）手机，能够跟踪入网城市的停车位。用户只需要输入地址或者在地图中选定地点，就能看到附近可用的车库或停车位，以及价格和时间区间。SpotHero能够实时跟踪停车位数量变化，目前已经能够实时监控包括华盛顿、纽约、芝加哥、巴尔的摩、波士顿、密尔沃基和纽瓦克7个城市的停车位。

1.5.9 医疗领域——打造“健康储存库”

医疗卫生信息的数据量正在急剧增长，这是不争的事实。比如，一个CT图像含有大约150MB的数据，一个基因组序列文件大小约为750MB，一个标准的病理图接近5GB，如果将这些数据量乘以人口数量和平均寿命，仅一个社区医院或一个中等规模制药企业就可以生成和累积达数个TB甚至数个PB级的结构化和非结构化数据。因此，随着医疗和健康数据的急剧扩容（Big Data）和几何级的增长，如何充分利用包括影像数据，病历数据、检验检查结果、诊疗费用等在内的各种数据，搭建合理先进的数据服务平台，为广大患者、医务人员、科研人员及政府决策者提供服务和协助，必将成为未来信息化工作的重要方向。

在医疗行业的所有信息中非结构化数据大约占80%，并且增长速度比大多数人可以理解的速度要快。在现有技术上，通过数据排序，查找需要的病人信息并做研究的诊断和治疗几乎是不可能的，但是Hadoop大数据技术可以帮助供应商组织医疗文件，建立一个功能强大的平台，与其他医生、患者或组织、流程和实验室结果、财务数据、临床资料、影像学报告、输出的医疗设备进行通信关联数据信息交流，该功能几乎是无止境的，不仅可以帮助无数患者，并且正在努力预防和治愈癌症、阿尔茨海默氏症（老年痴呆症）及目前其他疑难杂症。

个性化治疗。医生、患者和医疗机构均可以利用Hadoop进行个性化治疗方案的制订，以辅助诊断、检测和监测病人的生命体征等。个性化的治疗方案根据某个病人独特的病史、特别的需要和敏感性，甚至个人喜好来进行诊断和治疗的方法，使患者得到他们需要的个性化的照顾。对个体症状特征，用药情况，副作用反应，病史和其他影响因素搜集信息，通过数据的技术，使医生能够发现和研究个性化疾病罕见的细微差别，利用Hadoop提供的推理技术，预测建模，对病人进行有效治疗。

防止医疗保险欺诈。利用医疗大数据库，医疗保健和保险提供商能够检测和防止医疗欺诈。比如相同的药物的多个处方在不同的地点提取、一个病人多次对应相同的服务、或同一患者的医疗记录在两个不同的医院不一致，一旦发现这样

的意外账单，系统可以检测到意外事件，并发送警报监测。一旦发现异常警报，可针对性进行调查，防止可疑的错误或欺诈发生，节省了调查的时间和资源。

对病人生命体征监测与预防。随着人口老龄化趋势的发展，需要利用医疗保健设施监控老人、病人的生命体征的人数越来越多，涉及的数据正在以指数级的速度增长。利用 Hadoop 存储和处理数据，应用程序可以提醒医生及监护人监护对象的任何生命体征的变化，使他们能够有效地准备和应对病人突发事件。同时，可以让患者随时查看自己的病历，管理医疗财务，更多地参与自己的医疗保健方案。

微软的“健康储存库”和“谷歌健康”可为广大病患者提供个人医疗卫生档案管理在线服务。用户可以随时记录自己的健康数据，也可以授权医护人员上网查看。尤其在急救过程中，迅速获取个人医疗数据，对于及时护理和救治有至关重要的意义。公共卫生部门则可以通过覆盖全国的患者电子病历数据库，快速检测传染病，进行全面的疫情监测，并通过集成疾病监测和响应程序快速进行响应，这些都将减少医疗索赔支出、降低传染病感染率。另外，通过提供准确和及时的公众健康咨询，可以大幅提高公众健康风险意识，同时降低传染病感染风险。针对临床质量分析、医疗资源分配、医疗辅助决策、科研数据服务、个性化健康引导的需求，建设全民医疗健康公共服务平台。在健康信息网已有数据的基础上，汇聚整合医疗、药品、气象和社交网络等的大数据资源，形成智能临床诊治模式、自助就医模式等服务模式创新，为市民、医生、政府提供医疗资源配置、流行病跟踪与分析、临床诊疗精细决策、疫情监测及处置、疾病就医导航、健康自我检查等服务。根据美国管理咨询公司麦肯锡全球研究院（MGI）预测，如果美国的医疗行业能够有效利用不断增长的大数据来提高效率和质量，那么每年可创造超过 3000 亿美元的额外价值。而且，在欧洲的发达国家中，仅在提高运行效率一项上，政府行政管理部门就可以利用大数据节省 1000 亿欧元以上的费用。

1.5.10　气象领域——“预报”逐渐走向“实报”与“精报”

我国每年新增的气象数据达到 PB 量级，较 20 世纪 90 年代增长了数千倍，并仍在快速增长中。存储和处理这些数据，需要海量的计算资源。近三十年来，以气象卫星和多普勒天气雷达为代表的遥感遥测业务领域飞速发展，这些领域一方面每天产生着数以 TB 级的观测数据，数据量的巨大及迅速膨胀的速度则是 10 年前完全无法想象的。其中地面、高空观探测的结构化数据和气象卫星、天气雷达的非结构化数据构成了“气象大数据”。这些数据包含了地面观测、卫星、雷达和数据预报产品等几大类的观测数据，地面气象站观测所获取的数据是需要永久保存的，其使用率非常高，除了常规天气预报业务需要用到之外，诸如气候预测、气象农业、环境气象、交通气象及科研等领域，都需要用到这些数据。

目前，我国地面观测台站已达到约4万个，遍布我国各个地区。由于自动观测技术的发展及地面自动气象站的推广普及，使地面观测业务摆脱了人工观测所带来的对观测人员居住环境的要求，观测站点可布设到许多环境十分严苛的地域，如荒岛、沙漠、高原等。同时，由于是自动观测，不受人员编制的束缚，可在任何需要布设的地域布设，因此观测台站数量逐年增加，预计到2020年，地面观测台站有可能发展到7万个左右。另外，从观测频次上看，20世纪50年代到90年代是每3小时观测一次，经过近十几年业务规范的不断修订，观测频次逐步修订成数年前的每10分钟观测一次及目前的每5分钟观测一次。但这远远不够，按照气象现代化的发展要求，不久的将来地面观测的频次将达到1分钟一次。观测台站数量的增加和观测频次的增加，使得地面观测数据成为“气象大数据”的典型。

地面观测数据的结构化数据使用特征，使得其从最初的信息采集和传输，到信息加工处理、存储管理及最终的提供服务等各个环节，都对气象IT业务提出了严峻挑战。比如在数据检索上，传统的技术架构已难以满足大量数据信息检索时效的需求。大数据和云计算带来的是一种新的解决思路。虽然气象部门还没有充分做好迎接大数据浪潮的准备，但是大数据和云计算带来的新的理念和技术架构却会给这个领域的IT建设提供一种新的思路和方向。

“大数据的核心就是预测”，这是《大数据时代》的作者舍恩伯格的名言。在《大数据》一书中，涂子沛先生列举了美国联邦政府国家气象局信息化应用案例。2011年10月，美国联邦政府国家气象局宣布，在全国2000辆客运大巴上装备传感器，这些传感器可沿路收集所有地点的温度、湿度、露水等数据，并立刻传回国家气象局的数据中心。这些数据每10秒钟采集一次，每天传感器要采集10万次以上的数据。即使是如此海量的数据，它们也是实时的、高精度的，这意味着天气预报将不再仅仅是“预报”，而是逐渐走向“实报”“精报”。气象“准报”源于“实报”，只有充分掌握气象发展变化的大量实时数据，才能形成精准的气象报告。

“气象大数据不仅可以让人们知道天气，更重要的是帮助企业从天气中减少损失或盈利。”国外的气象大数据应用已经比较成熟，比如默克公司提前半年多掌握了美国地区3月的气象信息，并预测温暖的空气将带来花粉等过敏因素，默克公司加大了过敏药的宣传和供应，由此带来数百万美元的额外销售额。另外，在农业上，干旱、洪涝、台风、厄尔尼诺等气候现象已经成为影响农产品期货价格的重要因素之一。因此，面对来自世界各地的气象情况、产量预报、灾害预警等各种专业性的信息，大数据，将为未来农产品精准生产、农产品期货市场、农产品物流带来福音。

参考文献

[1] 赵国栋，易欢欢，糜万军，等．大数据时代的历史机遇［M］．北京：清华大学出版社，2013.

[2] 维克托·迈尔一舍恩伯格，涂子沛．大数据时代：生活、工作与思维的大变革［M］．杭州：浙江人民出版社，2013.

[3] 汪莉莉．智慧的大数据洞察新价值［J］．中国建设信息，2013(3)：23.

[4] 陈如明．大数据时代的挑战、价值与应对策略［J］．移动通信，2012(17)：11-15.

[5] 金保印．迎接“大数据时代”［J］．民营科技，2013（3）：176.

[6] 涂子沛．数据之巅—大数据革命、历史、现实与未来［M］．北京：中信出版社，2014.

[7] 上海市科委．上海推进大数据研究与发展三年行动计划（2013—2015年）［EB/OL］．［2013-07-22］．http：//www.most.gov.cn/dfkj/sh/zxdt/201307/t20130719_107344.htm.

[8] 夏于，等．基于物联网的小麦苗情诊断管理系统设计与实现［J］．农业工程学报，2013，29（5）：117-124.

[9] 周正，陈枫．“大数据时代”来了——专访国防信息学院研究所所长孟宝宏［N］．解放军报，2013-01-17.

[10] 成田真琴，朱四明．大数据的冲击［M］．北京：人民邮电出版社，2013.

[11] 关志刚．IT经理网，IBM用大数据解决波士顿堵车难题［EB/OL］．［2012-06-30］．http：//www.ctocio.com/ccnews/7138.html.

[12] 刘维贵．大数据研究综述，办公自动化［J］．2014（1）：52-54.

[13] 甘丽新．大数据时代电子商务的机遇与挑战探讨［J］．科技广场，2013（3）：138-140.

[14] 郭晓科．大数据［M］．北京：清华大学出版社，2013.

[15] 陈小溪．美国防部关闭两大数据中心建统一信息基础设施［EB/OL］．［2013-11-05］．http：//military.china.com/news2/569/20131105/18129288.html.

[16] 金顺英．日本大数据产业鸟瞰［EB/OL］．［2013-07-22］．http：//

cloud. idcquan. com/yzx/50234. shtml.

[17] 中国经济网．英国农业技术投资将焦点投向大数据 [EB/OL]．[2013-08-12]．http://intl. ce. cn/specials/zxgjzh/201308/12/t20130812_24655298. shtml.

[18] 滕永昌．大数据的商业价值 [J]．北京石油管理干部学院学报，2013 (5)：12-15.

[19] 陈宪宇．大数据的商业价值 [J]．企业管理，2013 (3)：5-8.

[20] 白云川．利用大数据的商业价值 [J]．中国制造业信息化，2011 (20)：14-18.

[21] 陈磊．大数据背景下航企面临的影响与挑战 [J]．城市建设理论研究，2014 (22)．

[22] 杨荣斌．银行卡数据挖掘与经营研究 [D]．上海：上海交通大学，2002.

[23] 张彦华．大数据时代国内传媒产业的挑战与机遇 [J]．现代传播，2013 (11)：22-26.

[24] 韩利红．试析新闻传播中的数据意识 [J]．学术研究，2013 (12)：80-83.

[25] 程亚利．大数据对体育传媒业的影响探析 [J]．文体用品与科技，2014 (14)：30.

[26] 赵江峰．可视化"数据新闻"：记者角色的新转换 [J]．新闻知识，2013 (10)：8-10.

[27] 苏玉召．医学数据及其应用 [J]．中华医学图书情报杂志，2013 (7)：1-4.

[28] 焦飞，等．大数据时代背景下的医学思考——转化医学新趋势前瞻 [J]．医学与哲学，2014 (35)：1-3.

[29] 李新乐．大数据在现代战争中的价值探析 [J]．电脑知识与技术，2014 (29)：6822-6824.

[30] 闫振东．一种海量军事信息的数据云管理系统 [J]．电讯技术，2011 (6)：21-24.

[31] 侯人华．政府数据公共服务模式研究 [J]．情报杂志，2014 (7)：180-182.

[32] 张明康．大数据应用于政府统计的探索与实践——基于财税数据应用的研究 [J]．调研世界，2014 (3)：45-47.

[33] 许小乐．"大数据"与政府统计改革 [J]．调研世界，2013 (5)：42-45.

[34] 赵彦云. 试论大数据时代中国政府统计改革发展新模式 [J]. 教学与研究，2014 (1)：20-25.

[35] 孙立杨. 基于大数据可用性的政府统计策略研究 [J]. 科技管理研究，2014 (19)：35-36.

[36] 胡水晶. 政府公共云服务中的数据主权及其保障策略探讨 [J]. 情报杂志，2013 (9)：157-162.

[37] 吴旻. 开放数据在英、美政府中的应用及启示 [J]. 图书与情报，2012 (1)：127-130.

[38] 周和. 开放政府与政府数据公开战略 [J]. 广州大学学报：社会科学版，2012 (10)：11-16.

2 我国主要农产品的生产、消费与物流

2.1 粮食

2.1.1 粮食生产

“仓廪实、天下安”，粮食是安天下之本。2013年，李克强总理到国家粮食局视察指导粮食工作时强调，要守住、管好天下粮仓，做好“广积粮、积好粮、好积粮”3篇文章，体现了粮食工作的重要性，也是新一届领导人对“确保国家粮食安全和重要农产品有效供给”重要决策的深刻阐释。

我国是一个粮食生产大国和消费大国，保障我国粮食安全是社会稳定、经济发展、国家安全的核心和基础。随着工业化和城乡一体化的推进，我国粮食安全面临的形势出现了一些新情况和新问题：随着农村青壮年劳动力转移，出现粮食生产“兼业化”现象；投入品价格和人工费用等上涨，粮食生产成本持续提高，使粮食继续稳定增产的难度加大；粮食供给与需求基本平衡，结余有限，将长期处于紧平衡状态；粮食进出口贸易出现逆差，大豆进口量逐年扩大。从今后发展趋势看，受人口持续增长、环境恶化、耕地减少和水资源短缺等因素变化影响，我国粮食的供需将长期处于紧平衡状态，保障粮食安全将面临严峻挑战。

1. 粮食产量持续保持增长态势

我国粮食生产已经实现“十连增”，2012年粮食总产量达到58958万吨，2013全国粮食总产量60193.5万吨，比2012年增加1235.5万吨，增长2.1%，但是我国的粮食形势仍然不容乐观，粮食供求“总量基本平衡、结构性紧缺状况”将长期存在，粮食安全仍然存在不可低估的风险和隐患。

2. 生产与消费区域性矛盾突出，粮食生产由南向北移动，比例“北增南降”

传统上，除了少数牧区之外，我国全国各地均有粮食种植，但地区分布很不平衡，粮食结构又各具特色。目前，粮食生产重心北移，北方粮食比例逐渐增加，南方地区逐渐减少。北方地区如黑龙江、吉林、辽宁、内蒙古、河北、山东、河南7个产区，粮食产量占全国比重由1991年的36.2%提高到2013年的

46.7%。南方粮食生产总量持续下降，江苏、安徽、江西、湖北、湖南、四川 6 个南方产区，粮食产量占全国比重由 1991 年的 36%下降到 2013 年的 29.3%。粮食生产越来越集中，2013 年，13 个粮食主产区产量占全国总产量的 76%。如表 2-1 所示。

表 2-1　　2013 年我国 13 个粮食主产区生产比例情况

地区	粮食产量（万吨）	比例（%）	地区	粮食产量（万吨）	比例（%）
河南	5713.7	9.5	湖南	2925.7	4.9
山东	4528.2	7.5	内蒙古	2773.0	4.6
吉林	3551.0	5.9	湖北	2501.3	4.2
江苏	3423.0	5.7	辽宁	2195.6	3.6
四川	3387.1	5.6	江西	2116.1	3.5
河北	3365.0	5.6	合计		76

数据来源：《中国统计年鉴 2014》。

3. 粮食品种结构性短缺日益凸显　我国进口粮食难度加大

据海关总署发布最新数据显示，2013 年我国进口谷物 1458.5 万吨，同比增长 4.3%，进口额 51 亿美元，同比增长 6.6%；出口 100.1 万吨，同比减少 1.5%；净进口 1358.4 万吨，同比增长 10.6%。小麦进口 553.5 万吨，同比增长 49.6%；出口 27.8 万吨，同比减少 2.6%。玉米进口 326.6 万吨，同比减少 37.3%；出口 7.8 万吨，同比减少 69.8%。同时，受全球耕地和水资源约束以及气候异常、人口增长、比较成本低等因素影响，全球粮食供求将长期趋紧，我国粮食进口难度加大。

4. 种粮比较效益偏低，“副业化”趋势加剧，保持粮食生产的稳定性难度加大

近年来，由于种子、肥料、农药、农用柴油等农业生产资料价格上涨和人工成本上升，农民种粮成本大幅增加，土地“越耕越贵”，农业比较效益下降，与果蔬、药材等特色农产品相比，粮食生产比较优势减弱。同时，随着城镇化加剧，一些地区的粮食生产出现“兼业化”“副业化”趋势。

2.1.2　粮食消费

1. 人均直接粮食消费量逐渐降低　粮食总消费需求呈现刚性增长

人均原粮消费量（每天食用的主食）逐渐降低。根据统计数据，我国城镇人

均原粮消费从1981年的145.4千克降低到2012年的78.76千克，连续三年稳定在80千克左右，农村人均原粮消费从1981年的256.1千克降低到2012年的164.24千克。如表2-2所示，我国产量足够满足人们的原粮需求。但从人均总的消费量来说，随着人口增加和生活水平提高，城镇化和工业化必将增加粮食总需求，饲料用粮需求剧增，粮食需求总量持续增长。根据预测，到2020年，原粮消费总量将达到2475亿千克，占粮食消费需求总量的43%。饲料用粮需求增加，到2020年将达到2355亿千克，占粮食消费需求总量的41%，工业用粮需求将趋于平缓。

表2-2　　我国人均原粮消费情况　　单位：千克/人

人均原粮消费量	1981年	1985年	1990年	1995年	2000年	2005年	2010年	2012年
城镇	145.4	131.2	130.7	97	82.3	77	81.53	78.76
农村	256.1	257.5	262.1	256.1	250.2	208.8	181.44	164.24

数据来源：根据《中国统计年鉴2014（1983—2014）》数据整理。

2. **“粮蚀”问题严重**

粮食从农田到餐桌，过程很长，环节很多，每一环节都存在损失浪费，据国家粮食局测算，我国每年约损失粮食1亿吨，相当于粮食总产量的20%。在我国粮食产后物流中，仅储藏、运输、加工等环节损失浪费总量达700亿斤以上。运输环节，散粮运输比例约为15%；仓储环节损失比例在8%左右，每年因虫霉鼠雀造成的损失达400亿斤以上；消费环节，舌尖浪费更是触目惊心，据有关方面估算，每年餐桌浪费食物价值达2000亿元，被倒掉的粮食相当于2亿人一年的口粮。

2.1.3 我国粮食物流现状

物流是物品从供应地向接受地的实体流动过程。根据实际需要，将运输、仓储、装卸、搬运、包装、流通加工、配送、信息处理等基本功能实施有机的结合，信息化是物流高效运转的核心建设内容。而粮食物流是指粮食从供应地向接受地的实体流动过程，它包含了粮食产后运输、仓储、装卸、包装、配送等环节。目前，由于产地和销地区域供需格局的变化，使得我国粮食物流环节增多，物流损耗加大，物流效率低，加大了国家和地方政府保证粮食质量和数量安全的难度。

1. **我国粮食物流主要特点**

（1）粮食商品率提高，“存粮于民”比例大幅降低　粮食物流量加大

一方面，随着我国城镇化进一步加剧和土地“越耕越贵”，农民工进城数量大幅度上升，部分农民放弃耕地，伴随发生的是部分家庭粮食产量减少和农村家庭粮食消费量减少并存现象，农民工进城使部分家庭粮食商品率大大提高，“先卖后买”和“不种直买”方式使过去农村“存粮于民”格局发生变化。主要原因：一是随着农村居民生活水品提高，更加讲究生活质量，粮食口粮直接消费量逐渐降低，部分农村居民的口粮消费主要依靠从市场上购买来解决，农户家庭存粮的意愿有所下降；二是存粮中粮食损耗大、存储技术水平低，农村青壮年留守较少，留守老人和儿童难以完成存粮中的翻仓、晾晒等存储工作，他们或认为存粮风险大或因工作量大不愿存。另一方面，由于粮食生产和消费的刚性增长，全国粮食物流量剧增，根据预测，2015 年全国粮食物流量将达到 18500 万吨，比 2003—2005 年的平均流量增加 22.9%，这将大大增加物流压力。其中，流出通道中，黄淮海向华东、华南和西南地区的流出通道流量增加最大，达 50.9%，其次是长江中下游流出通道和华东沿海流入通道，增加 31.9%；流入通道中，京津主销区粮食流入通道流量增加最大，达到 63.3%，其次是华南沿海流入通道达到 55.1%，华东沿海流入通道达到 32.7%，具体如表 2-3 所示。

表 2-3　六大粮食通道流通预测

通道名称	2003—2005 年平均流量（万吨）	2015 年预测流量（万吨）	增加（%）
全国	15051	18500	22.9
黄淮海流出通道	1856	2800	50.9
长江中下游流出通道	1895	2500	31.9
东北流出通道	5270	4900	-7.0
京津流入通道	1041	1700	63.3
华南沿海流入通道	2862	4440	55.1
华东沿海流入通道	4523	6000	32.7

（2）主销区粮食自给率急剧下降　产需缺口逐年扩大

东南沿海城市和京沪等大城市，以北京、天津、上海、浙江、福建、广东、海南 7 个省市为例，经济相对发达，但人口剧增，耕地逐年减少，粮食自给率越来越低，粮食产量和需求之间缺口加大，这些省市粮食产量全国比重由 12.2%（1991 年）下降到 5.5%（2013 年），其中北京地区 2013 年粮食产量 96.1 万吨，仅占全国产量的 0.2%，粮食自给率不到 10%。此外，西部部分地区如宁夏、甘肃、青海等

生态环境较差、土地贫瘠、耕地少、粮食生产水平较低，存在较大的供需缺口。

（3）基本形成较完善的粮食物流体系

我国粮食物流中的多个环节、多元市场主体、多种交易方式、多层次市场结构的粮食市场体系已基本形成，在配置粮食资源、服务宏观调控方面发挥了巨大作用。根据国家统计局和粮食局统计，全国放心粮油生产企业已建立各类销售网点17万多个，其中农村网点占35%，城镇网点占65%。各地具有粮食收购资格的经营者8.75万家，农村粮食经纪人36.2万人，各类粮食批发市场400多家。同时，为保护种粮农民利益，2005年，以国家粮食局为主导，以安徽国家粮食交易中心为中心市场、山东和江苏等主产省粮食批发市场为分市场，构建了全国跨地区粮食现货交易平台，建立了“国家粮油交易中心”网站。该中心与各粮食市场网站共同发布交易信息，向所有的访问者，提供实时行情信息，将有关粮油批发市场一起连接起来，大大提高了粮食行业的电子商务应用水平，规范了粮食交易行为，促进了全国统一的粮食市场的发育和发展。

（4）粮食物流效率提升

“十一五”时期，我国粮食物流工作取得长足进展，在主要跨省粮食物流通道建设上，建设了以上海外高桥粮食物流中心、大连北良港、舟山国际粮油集散中心等为代表的大粮食集散中心；在新疆、甘肃、陕西等西部地区，初步形成了一批重要粮食物流节点；在东北地区，各港粮食发运能力和粮食接卸能力显著增加，从产区到大连、营口等港口的散粮年运输量达到近2000万吨，约占东北港口粮食外运量的80%，已基本形成以大连北良港为龙头的散粮运输框架；全国粮食仓储企业有效仓容与2005年相比，达到3.49亿吨，增长34%，基本能够满足粮食收购储备需要。这些进展使粮食物流现代化程度明显提升，粮食物流效率显著提高。

2. 我国粮食物流面临的问题

目前，我国粮食物流体系基本形成，物流效率提升，粮食物流条件和技术水平明显提高，东北等地区粮食现代物流的框架初步形成。这对稳定农业生产、保证粮食供应、增强国家调控能力、确保国家粮食安全起到了十分重要的作用。但是，我国现有的粮食物流体系建设仍然存在一些亟待解决的问题，具体表现为：

（1）粮食物流设施建设缺乏智能化顶层设计

基础设施缺乏长远智能化思维，仓储、物流体系不完善、分布不平衡，低水平重复建设严重，缺乏统筹规划和顶层设计，各自为政，条块分割突出。具体表现为粮食物流“瓶颈”尚未突破，跨省包粮运输比例大，散粮运输比例不高，散

粮运输设施设备不完善；基层粮库仓储设备设施陈旧老化，新仓型、新技术、新工艺等研发推广力度不够，急需维修改造和转化升级；粮食收获期运输运力不足，运输工具和运输方式需进一步提升。

（2）粮食物流成本高

由于物流运输、仓储等方式落后，物流环节多，管理不善，损耗高，导致效率低下，成本高。以物流为例，粮食集中收购环节基本采用塑料编织袋、麻袋等包装，在储存环节拆包散存，到中转、运输和配送环节又转为包装形态，整个流通环节需要经过多次装包、拆包，包装材料耗费大、抛洒损失多、掺混杂质情况严重。同时，粮食主要产销区实时消费、库存、在途运输等信息资料不完整，粮食倒流运输、对流运输、重复运输的不合理现象时常发生。

（3）物流组织化程度低　资源分散

物流资源分散，粮食收购、批发、零售市场的经营者组织化程度较低，市场竞争力较弱。经营企业数量多、规模小、产销脱节，难以形成规模效益。目前，东北地区粮食发运人多、户年均发运量低，不能满足运输部门整列、整船发运的要求，影响运输效率的提升。

（4）粮食物流中粮食质量安全监管难度加大

监管制度不健全，监管体系不完善，监管手段和能力不足。粮食市场监测、预测、预警体系和信息发布机制还不健全，市场信息对粮食生产、流通的引导作用有待进一步加强。在粮食质量监管方面，风险隐患依然存在。一方面由于一些地区环境污染、农药残留等因素，造成粮食中有害成分超标，不当存储造成霉变、真菌毒素超标等问题；另一方面由于粮食生产和收购经营者规模小、数量多，质量安全意识不高，粮食部门的质量安全监管工作难度大、任务重。

（5）粮食流通网络日趋复杂　跨省协调运转更加艰难

粮食流通网络中的点（节点）和线（运输通道）越来越多，设计复杂。以散粮节点为例，我国将规划建立 45 个内陆城市散粮节点和 17 个沿海城市散粮节点，如表 2－4 所示。目前各节点基础设施落后，疏运网络和铁路、水路及公路不能有效衔接，跨省和省内长短途运输方式不能平滑转换。要实现节点高效周转，必须有高效的信息化网络系统，实现物流资源的合理配置，否则会出现“网散线断”局面。

表 2-4 我国 45 个内陆城市散粮节点和 17 个沿海城市散粮节点

内陆城市散粮节点	沿海城市散粮节点
北京 石家庄 邯郸 大同 郑州 商丘 信阳 驻马店 南阳 周口 济南 德州 潍坊 菏泽 枣庄 聊城 济宁 合肥 阜阳 芜湖 南京 徐州 泰州 南通 苏州 杭州 衢州 泉州 漳州 南昌 九江 武汉 荆州 襄樊 长沙 岳阳 衡阳 东莞 佛山 肇庆 南宁 柳州 贵港 成都 重庆	大连 营口 锦州 秦皇岛 天津 青岛 连云港 上海 宁波-舟山 嘉兴 温州 福州 厦门 深圳 广州 防城港 北海

（6）粮食信息孤岛问题严峻

由于缺乏扶持政策，信息化建设资金投入严重不足，信息化基本建设和运行维护费用存在较大缺口，缺乏复合型、应用型信息技术人才，信息化关键技术与装备亟须突破，高质量的信息化科技成果储备不足，粮食信息资源开发利用严重滞后。行业信息化缺乏大数据理念，信息标准体系不完善，共享程度低，难以互联互通，存在严重的信息孤岛，重硬件轻软件、重技术轻服务等现象较为普遍。

（7）部分标准缺失

标准是提高粮食流通效率的关键因素之一，粮食物流衔接与信息化都离不开标准的推广和实施。如通用的散粮火车、散粮集装箱和散粮汽车。推广散粮运输技术设备，提高粮食物流的技术装备水平，制定和推广粮食物流标准，实现粮食仓储设施、运输工具、装卸机械、信息编码、品质检测的标准化。

总之，粮食是关系国计民生的重要商品，粮食物流畅通是确保粮食安全的重要保障。因此，如何突破粮食物流瓶颈，打造粮食大物流圈，是当前粮食物流必须解决的重要问题。只有推动粮食物理信息化、网络化、标准化与现代化，追求“无缝对接”“信息共享”“及时供货”“安全追溯”“协同配送”，才能形成便捷、高效、节约的现代化粮食物流体系，增强国家粮食宏观调控能力，保障我国粮食安全。

2.2 生鲜果蔬

果蔬是城乡居民生活必不可少的重要生活资料，是人们所必需消费的副食品和特殊的鲜活农产品，保障供给是重大的民生问题。我国改革开放近 40 年来，生鲜果蔬产业加速发展，生产规模逐渐加大、结构不断调整；产品种类和品种越来越多，市场交易活跃，数量供应丰富；流通距离扩大和流通效益提高。我国国内供应量和出口量均居世界第一，为农业增效、农民增收、扩大出口、社会稳定做出了较大贡献。果蔬产业已经从昔日的“家庭菜园”“家庭果园”逐步发展成为主产区农村经济发展的支柱产业，是全国百姓的“菜篮子”“果盘子”，同时具有较强国际竞争优势，保供、增收、促就业的地位日益突出。

2.2.1 生鲜果蔬生产情况

目前，我国生鲜果蔬、水果、茶叶、肉类、禽蛋、水产品等“菜篮子”“果盘子”产品产量已连续多年位居世界首位，人均占有量成倍增长。生产结构更加优化，产业布局更加合理，花色品种更加多样，区域间、季节间的生产波动进一步缩小，市场均衡供给能力大幅提升。

1. 生产快速发展，产量平稳增长

我国是世界上最大的果蔬生鲜农产品生产国和消费国。20 世纪 80 年代中期果蔬产销体制改革以来，随着种植业结构调整步伐的加快，全国果蔬生产快速发展，产量大幅增长，上市基本均衡，供应状况发生了根本性改变。生鲜果蔬播种面积由 1990 年的近 1 亿亩增加到 2013 年的 3.1 亿亩左右，产量由 1990 年的 2 亿吨提高到 7 亿吨；水果达到 2.5 亿吨。近 10 年，果蔬生鲜产品基本处于稳定向上增长状态，如图 2－1 所示，人均占有量由 170 千克左右增加到 370 千克左右，常年生产的生鲜果蔬达 14 大类 150 多个品种，逐步满足了人们多样化的消费需求。

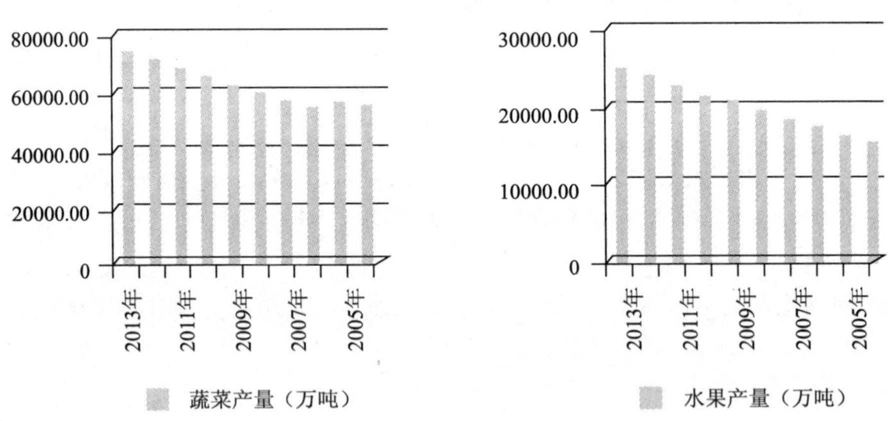

图 2－1　我国生鲜果蔬年产量分布图

数据来源：《中国统计年鉴 2014》。

2. 生产趋于集约化和规模化　布局日趋合理

以生鲜果蔬为例，生鲜果蔬产量为全球生鲜果蔬总产量的 49%，均位居世界第一。从生产布局看，水果产量 2013 年达到 25093 万吨，其中前 10 个省市产

区为山东、河南、河北、陕西、广东、广西、新疆、辽宁、湖北、湖南，产量占全国的64.7%，如表2-5所示。随着城乡一体化的推进，伴随交通运输状况的改善和全国鲜活农产品“绿色通道”的开通，在农业部编制的《全国生鲜果蔬重点区域发展规划（2009—2015年）》和《全国生鲜果蔬产业发展规划（2011—2020年）》的指导下，生产基地逐步向优势区域集中，形成华南与西南热区冬春生鲜果蔬、长江流域冬春生鲜果蔬、黄土高原夏秋生鲜果蔬、云贵高原夏秋生鲜果蔬、北部高纬度夏秋生鲜果蔬、黄淮海与环渤海设施生鲜果蔬六大优势区域，呈现栽培品种互补、上市档期不同、区域协调发展的格局，有效缓解了淡季生鲜果蔬供求矛盾，为保障全国生鲜果蔬均衡供应发挥了重要作用。

表2-5　　2013年水果前10省区集中产区

地区	产量（万吨）	占全国比例（%）	地区	产量（万吨）	占全国比例（%）
全国	25093.0		广　西	1433.4	5.7
山　东	3028.8	12.1	新　疆	1326.9	5.3
河　南	2599.7	10.4	辽　宁	944.7	3.8
河　北	1863.3	7.4	湖　北	920.5	3.7
陕　西	1764.4	7.0	湖　南	879.4	3.5
广　东	1485.4	5.9	十省合计	16246.5	64.7

注：2003年起水果产量包括瓜果类产量。

数据来源：《中国统计年鉴2014》。

3. 产品安全日益得到重视　质量显著提高

我国于2002年开始了对农产品质量安全追溯体系建设的探索，国务院、农业部、国家质检总局、食品药品监督管理局等部门出台了一系列与农产品质量追溯相关的法律法规，如《生鲜产品跟踪与追溯应用指南》《农产品质量安全法》等，农产品质量安全工作得到全面加强，生鲜果蔬质量安全水平明显提高。根据农业部2014年第一季度全国农产品质量安全例行监测结果，总体合格率为96.5%。其中，生鲜果蔬、水果分别为96.0%、92.5%，农产品质量安全水平总体平稳。在生鲜果蔬质量安全水平提高的同时，商品质量、商品化处理数量、三品认证比率逐年提升，净菜整理、分级、包装、预冷等越来越受到重视，冷链物流越来越规范化，果蔬损耗有所下降。

4. 应用物联网等高科技　科技水平不断提高

我国果蔬品种、生产技术不断创新与转化，集约化程度提高，显著提高了产业科技含量和生产技术水平。全国选育各类生鲜果蔬优良品种3000多个，主要生鲜果蔬良种更新5～6次，良种覆盖率达90%以上；设施生鲜果蔬达到5000多万亩，特别是日光温室生鲜果蔬高效节能栽培技术研发成功，实现了在室外－20℃严寒条件下不用加温生产黄瓜、番茄等喜温生鲜果蔬，其节能效果居世界领先水平；生鲜果蔬集约化育苗技术快速发展，年产商品苗达800多亿株以上。此外，生鲜果蔬病虫害综合防治、无土栽培、节水灌溉等技术也取得明显进步。

5. 进出口流通量加大　国际物流流通量逐步增大

2013年，我国水果出口额为63.2亿美元，同比增长2.3%，进口额为41.6亿美元，同比增长10.5%，贸易顺差为21.6亿美元，同比减少10.5%；蔬菜出口额为115.8亿美元，同比增长16.2%，贸易顺差为111.6亿美元，同比增长16.8%。随着生活水平提高，进口水果量将会呈现进一步增长的趋势。

2.2.2　果蔬消费情况

果蔬生产在保障城乡居民基本消费需求和提高生活质量方面发挥了极为重要的作用。果蔬是人类的基本食物来源之一，提供人体健康所必需的维生素、膳食纤维和矿物质，果蔬饮食量影响居民的身体健康。尤其是我国居民有以鲜食为主、追求舌尖美味和需求量大的传统饮食习惯，决定了果蔬在我国居民膳食结构中具有重要的特殊地位。

从近10年统计数据看，在果蔬需求方面，产量增长幅度较大，但城镇和农村居民的人均果蔬消费基本处于相对稳定状态，如表2－6、表2－7所示，食量都稳中有升，这主要是由于我国人口的继续增长带来我国果蔬消费的大幅增长。水果人均消费量也相对稳定，但农村居民仅为城镇居民消费量的1/3，还有很大的提升空间。

表2－6　　我国蔬菜人均消费量　　单位：千克/人

指　标	1990年	1995年	2000年	2005年	2010年	2011年	2012年
城镇居民	138.70	116.47	114.74	118.58	116.11	114.56	112.33
农村居民	134.00	104.62	106.74	102.28	93.28	89.36	84.72

表 2－7　　我国水果人均消费量　　单位：千克/人

指　　标	1990 年	1995 年	2000 年	2005 年	2010 年	2011 年	2012 年
城镇居民	41.11	44.96	57.48	56.69	54.23	52.02	56.05
农村居民	5.89	13.01	18.31	17.18	19.64	21.30	22.81

数据来源：《中国统计年鉴（2014）》（截止收稿时，年鉴上没有 2013 年的消费数据）。

未来十年我国人口数量仍处在上升期，随着城乡居民生活水平的不断提高和农村人口向城镇转移加快，商品菜需求量将呈现刚性增长趋势。我国对生鲜果蔬的消费需求主要有鲜食需求、饲料需求、加工需求、种子需求、其他类型需求及各种原因的生鲜果蔬浪费，其中鲜食占 2/3 左右。2013 年，我国人口约 14 亿人，水果 25093 万吨，因此人均水果占有量为 184.4 千克。据测算，到 2020 年，我国果蔬总需求量在现有基础上将增加 7%左右，满足消费总需求和新增需求主要通过提高单产和减少损耗来解决。

总之，伴随着我国水果生鲜果蔬生产历程的变迁，其供需平衡经历了三次演变；但当前受技术革新、生产力发展、经济发展水平、市场自发调节等多因素的影响，我国生鲜果蔬供需供给增速高于需求增速、水果供需增速平稳，果蔬不同程度呈现区域性、季节性、品种过剩现象，其中，生鲜果蔬的供需失衡较为严重。

2.2.3　生鲜果蔬物流特点分析

1. 果蔬自身易腐性　对物流要求更高

与工业品相比，由于果蔬具有鲜活易腐、不耐贮运、生产季节性强、消费弹性系数小等特征，因此具有高投入、自然风险与市场风险大等特点，时间上要求物流高效率，保证其鲜活性。果蔬物流冷链储运是解决果蔬保鲜流通问题的重要途径，但冷库建设、冷藏车运输等对资金、管理、技术、思想意识等方面的要求高，使管理难度加大，成本与利润间很难平衡。冷库建设要辐射周边基地，实现常年满负荷运转，以延长果蔬上市销售时间、稳定市场价格，否则亏损不可避免，同时，冷藏车因为保温使运输成本剧增。冷库、冷藏车等因管理不善、技术不过关、成本高而效益低下，冷链体系建设问题日益成为产业发展新的瓶颈。

2. 果蔬产地区域群和销地城市群集聚使物流流通量越来越大

根据《全国生鲜果蔬产业规划（2011—2020）》，综合考虑地理气候、区位优势等因素，我国将建立六大生鲜果蔬优势区域。重点建设 580 个生鲜果蔬产业重

点县（市、区），提高全国生鲜果蔬均衡供应能力，根据规划，2015 年六大区域有 17700 万吨生鲜果蔬需要从产区流向销区，如果以载重 6 吨冷藏车算，需要 2950 万辆车次，物流运输压力大（见表 2－8）。

表 2－8　　六大区域生鲜果蔬规划总产量及外销流通量　　单位：万吨

区域	2015 年总产量	外销	2020 年总产量	外销
华南与西南热区冬春生鲜果蔬优势区域（喜温果菜）	2500	1500	2600	1600
长江流域冬春生鲜果蔬优势区域（喜凉生鲜果蔬）	5400	2700	5600	2800
黄土高原夏秋生鲜果蔬优势区域（多种生鲜果蔬）	2000	1200	2100	1300
云贵高原夏秋生鲜果蔬优势区域（多种生鲜果蔬）	1000	600	1100	650
北部高纬度夏秋生鲜果蔬优势区域（多种生鲜果蔬）	1800	1000	1900	1100
黄淮海与环渤海设施生鲜果蔬优势区域	15300	10700	16300	11600
合计	28000	17700	29600	19050

3. 果蔬生产季节性、区域性使物流的季节性、区域性特点突出

由于鲜活果蔬生产对自然条件的依赖性较大，容易受自然因素的影响，特别是在植物生长、发育的关键时刻，若受到灾害性天气的影响，农业生产将会减产歉收，这就导致了其生产不稳定的状况。同时，果蔬生产与太阳能、热量、水分等自然因素的关系非常密切，而这些因素是随季节的变化而变化的，并且呈现出一定的周期性。因此，在不同的季节里，农作物处在不同的生长过程。农业生产的一切活动都是在一定的区域内进行的，而各地的自然条件、社会经济条件和技术条件都各不相同，致使农业生产在地理分布上呈现出明显的地域差异。这些供需不平衡中结构性、季节性、地区性供给过剩突出，导致果蔬物流季节性和区域性特征更为突出，增加物流难度。

以水果为例，季节性生产集中上市，滞销问题凸显。据中国果品流通协会预

计，2013 年全国苹果较 2012 年增产 200 万吨，增幅约 8.8%，达到 3968.3 万吨左右，由于出口订单减少，销售压力普遍较大。2013 年下半年以来，我国部分主产区的苹果、柑橘等水果价格急剧下跌，并发生大面积滞销，很多地方的果农为水果“集中上市”形成的滞销局面而犯愁。如 2013 年秋季山东苹果喜获丰收，但是苹果销售却遭到冷遇，日照、烟台、蒙阴、沂源等地均有大量苹果滞销，果农损失惨重。

4. 大中城市生鲜果蔬自给能力下降　加剧对外地果蔬依赖度

随着工业化、城镇化进程加快，城郊菜地资源不断减少，加之有的城市依赖大市场、大流通解决当地“菜篮子”产品供应思想严重，放松了对“菜篮子”工作的组织领导，城市消费需求增长与城郊生产能力下降的矛盾加剧，“菜篮子”产品自给率降低，使果蔬物流量剧增。以北京为例，目前人口 2000 多万，伴随城市化进程的加快，北京城郊“菜篮子”产品的生产基地不断向远离城市的外围转移，打破了原有的“近郊为主、远郊为辅、农区补充”的生产布局。北京市生鲜果蔬自给率很低，菜园子渐行渐远，如曾主要为北京市民供菜 17 万亩以上的石景山、朝阳、丰台等地，目前已缩减至不足 1 万亩。城郊生鲜果蔬基地的远途配送，城市生鲜果蔬自给率的下降，致使生鲜果蔬配送成本居高不下，菜价的季节性波动在所难免，北京市关乎民生的“菜园子”越来越远，“菜摊子”越做越难，“菜篮子”越拎越沉。北京市自产生鲜果蔬无论在种植面积还是在总产量上都呈不断减少的趋势，这进一步加剧了北京市场对外地生鲜果蔬的依赖度。

5. 果蔬物流成本高　利润薄

果蔬从产地到销地的流通需要经过多个环节，这些环节及相应环节所发生的费用较高。物流费用主要包括以下 6 个方面：一是产地采购费用，这一环节主要包括配菜费、包装费、装卸费等；二是运输环节费用，燃油费（冷链）在总运费中所占比重最高；三是往返路费（空车率较高）；四是果蔬进入销地批发市场所发生的费用，主要包括工商管理费等；五是果蔬由批发环节到零售环节所发生的费用；六是损耗费用（果蔬比例为 20%～30%），果蔬物流成本占总成本的比例越来越高。

6. 果蔬物流批发市场模式的“大流通”格局已形成

自 1984 年国家允许私人对国家统购、派购以外的生鲜果蔬进行长途贩运后，1985 年的上半年，在武汉等城市开始实行生鲜果蔬“双放”（放开经营、放开价格）改革试点后，生鲜果蔬流通体制改革在全国兴起，以生鲜果蔬批发市场为龙头的多元流通主体格局日益形成。山东寿光建立全国第一家生鲜果蔬批发市场以来，生鲜果蔬市场建设得到快速发展，经营生鲜果蔬的农产品批发市场有 2000

余家，农贸市场达 2 万余家，覆盖全国城乡的市场体系已基本形成，在保障市场供应、促进农民增收、引导生产发展等方面发挥了积极作用。据不完全统计，70%的果蔬经批发市场销售，在零售环节经农贸市场销售的占 80%，在大中城市经超市销售的占 15%，并保持快速发展势头。同时，其他流通业态也快速健康发展，已基本形成了批发市场和集贸市场、传统业态和新型业态、有形市场和无形市场相互补充、相互衔接的新型农产品流通格局。随着基础设施的完善，交通运输状况的改善，1995 年组织实施全国范围内农产品“绿色通道”的建立，生鲜果蔬产业“大生产”“大市场”“大流通”格局已初成雏形，市场自我调节能力逐步增强。据统计，2013 年，全国亿元以上农产品批发市场超过 689 家，年成交总额为 8077.13 亿元，亿元以上农产品综合零售市场成交额（亿元）达 1871.97 亿元。

以北京新发地农产品批发市场为例，每年生鲜果蔬供应来源地历经由南向北、再由北向南，生产方式由露地向大棚、再由大棚向露地转换的过程，而山东、河北等传统产地目前市场份额仅为 22%和 17%，并呈下降趋势，其他大部分生鲜果蔬来自华中、华南、西南和东北，市场生鲜果蔬品种丰富，品种间调剂余缺的空间大。据统计，春节期间 51 个北方大城市共计投放生鲜果蔬超过 20 万吨，有效地抑制了节前菜价的大幅上涨。2014 年春节期间，据商务部监测，春节期间 36 个大中城市 18 种主要生鲜果蔬价格比上月底上涨 18.5%，涨幅比上年同期低 4 个百分点。

2.2.4 生鲜果蔬物流面临的问题

尽管改革开放 30 多年来中国生鲜果蔬产业发展取得显著成就，但在流通领域，仍存在多重难题，制约我国生鲜果蔬供需平衡问题。

1. 小规模生产使果蔬“身份证”难以实现，物流后质量追溯难

我国生鲜果蔬质量总体是安全的、食用是放心的，但公众对“菜篮子”产品质量安全水平的要求越来越高，且局部地区、个别品种农药残留超标问题时有发生，农药残留超标、非法使用违禁添加物等问题还没有从根本上解决，部分地区大气、水体、土壤等受到不同程度污染，也威胁到“菜篮子”产品质量安全。产地环境、农药、化肥、地膜等投入品和产品质量等关键环节监管不足；追溯条码编制不科学，全国生产地块、生产者种类繁多，使溯源难以实现。尽管质量追溯体系取得了一定的进展，但是，仍处于试点推广阶段。当前，中国只在较少领域制定了相关的政策和标准。中国现有的溯源信息系统没有在全国农产品的整个层面上统一协同起来，不同领域采用的技术或者系统不同，使得溯源信息有简有

繁，不能信息共享，不能全国联网，更不能同国际接轨。此外，食品安全追溯由多个部门参与管理，责任与职责不明确，管理十分混乱。农产品生产加工、物流企业的多元化和溯源终端的缺乏，使得中国生鲜果蔬质量安全溯源系统难以普及和推广。

2. 果蔬生产季节性与消费全年性矛盾 物流不畅易形成“卖难买难”两难境地

果蔬生产季节性与消费全年性矛盾突出，所提供的运力却具有一定的刚性，这样就容易造成运输需求和供给之间的不平衡，有时供过于求，造成运力的浪费，有时供不应求，造成果蔬农产品运力紧张的局面。如果信息不对称导致物流不畅，时常发生不同区域同一种生鲜果蔬价格“贵贱两重天”的情况和产地卖难、销地买难的两难境地。产销信息体系不完善，农民种菜带有一定的盲目性，造成部分生鲜果蔬结构性、区域性、季节性过剩，损耗量大幅增加，给农民造成很大损失，根据有关部门测算，果蔬流通腐损率高达20%～30%，国外发达国家生鲜果蔬损耗率仅为1.7%～5%，每年给国家造成1000多亿元的经济损失。

3. 产销脱节 运输配送效率低

运输在整个物流中占有很重要的地位，总成本占物流总成本的35%～50%，占商品价格的4%～10%，果蔬由于损耗大，费用比例更高。我国果蔬物流量大、面广，其自然分布的区域性与消费需求的全国性是现阶段农产品物流运输面临的一个重要问题。大部分产地和销地之间，缺乏统一信息调度平台，市场调节的盲目性大，使运输返程或起程空驶、对流运输、迂回运输、重复运输、倒流运输、过远运输等不合理现象时有发生。由于果蔬物流规模普遍较小，流通方式基本上是以单兵作战的分散型配送为主，配送效率较低，难以形成规模化，未能发挥应有的组织、协调、平衡、管理等作用。果蔬的“配”与“送”未能形成有机结合，目前大多数果蔬流通企业受配送设备设施、技术及配送资源方面的限制，往往配送之间相互脱节。超市、饭店、农贸市场密集，配送点之间道路状况复杂，考虑到成本和人力投入的限制，这就使得生鲜果蔬的配送不可能只是采用简单的点对点或者单回路方式，而是更为复杂的多节点多回路配送问题。

4. 信息化水平低 信息难以共享

在全国生鲜果蔬优势产区和大中城市郊区，虽然建立由生鲜果蔬生产信息监测重点县、省级数据处理中心、部级数据处理中心组成的生鲜果蔬生产信息监测体系，但是实用性和实效性差，基本成为摆设，信息不能对接和互用，无法引导农民合理安排生产，政府调控的主动性和前瞻性及生产主体的应对能力都很弱。网络信息平台、网络服务器和终端设备应用推广力度不够，无法进行信息监测软件的利用；果蔬生产信息监测没有全覆盖，对全国大宗生鲜果蔬的播种面积、产

量、上市期和产地价格信息不能全面进行采集、分析、预测，不能及时、准确发布生产和预警信息，导致播种期和收获期没有合理避开，盲目生产，使大量果蔬集中上市或脱销断档。

5. **质量安全隐患多**

人们每天都要吃生鲜果蔬，生鲜果蔬的质量安全关系到每一个人，如果不能把好质量关，那么轻则导致经济损失，重则危及人们生命安全。果蔬安全包括两个方面，一是生产中生产安全的产品，二是流通过程中保证产品的安全性。国家对安全的监督主要在生产环节，流通安全没有得到足够重视，使安全事件频发。比如保鲜、加工、贮藏违规药品使用，冷链断链、时间长变质等。主要原因是：流通环节检测标准不完善；流通环节安全监管不严，出现流通安全监管空白点；三是流通费用高，部分运营者存在侥幸心理，完全忽视安全流通。同时，由于生鲜果蔬质量认证体系不完善，导致生鲜果蔬质量安全得不到保障，生鲜果蔬质量难以追溯到原产地，使广大消费者对生鲜果蔬质量不信任。

6. **物流成本持续上涨**

根据近期国家发改委调研，从每年年度情况看，受人工费、运费、农资等价格持续上涨的影响，生鲜果蔬综合成本明显上升，推动价格每年上一个台阶。前期鲜菜价格上涨是有原因的，其中人工费用的增长就占有很大比重。3 年来，北京新发地市场工人工资已经上涨了 50%，目前新发地市场工人工资已由 2011 年每天 100 元涨至 150 元以上，山东寿光到北京的运费也从 2011 年 4000 元/车（28 吨）涨至 6000～7000 元/车。“从山东运到北京，大蒜运输成本占总价格的 10%左右，生姜占到 5%以下，马铃薯占到 10%左右。

2.3 畜产品

改革开放近 40 年以来，我国畜产品生产进入了一个新阶段，畜产品的供给总量也经历了从短缺到基本平衡，并出现结构性、地区性的相对过剩格局。我国主要畜产品的供求结构性需求矛盾迅速凸显，大宗畜产品供求出现结构失衡的可能性明显增加，猪肉、禽蛋的供给量有时会出现区域性相对过剩，优质特色畜产品出现区域性短缺。从国内潜在的市场或进口量增长的情况来看，奶类的供给量又略显不足。

2.3.1 畜产品生产情况

党中央、国务院高度重视畜牧业发展，“十二五”期间，连续出台了一系列

扶持政策，不断加大基础设施投入，为畜牧业持续健康发展提供了强有力保障。五年来，畜牧业成功应对众多前所未有的挑战，畜牧生产稳步发展，在 1995 年，肉类和禽蛋类产品是飞速发展的一年，饲料工业持续较快增长，草原保护与建设取得显著成效，为农业农村经济的持续健康发展做出了重大贡献，如表 2-9、图 2-2 所示。

表 2-9　我国畜产品生产情况　单位：万吨

指标	2013 年	2010 年	2005 年	2000 年	1995 年	1990 年	1985 年
肉类	8535	7925.83	6938.87	6013.9	5260.09	2857	1926.5
猪肉	5493	5071.24	4555.33	3965.99	3648.37	2281.1	1654.7
牛肉	673.21	653.06	568.1	513.12	415.36	125.6	46.7
羊肉	408.14	398.86	350.06	264.13	201.52	106.8	59.32
牛奶	3531.4	3575.62	2753.37	827.43	576.38	415.7	249.9
禽蛋	2876.1	2762.74	2438.12	2182.01	1676.66	794.6	534.7

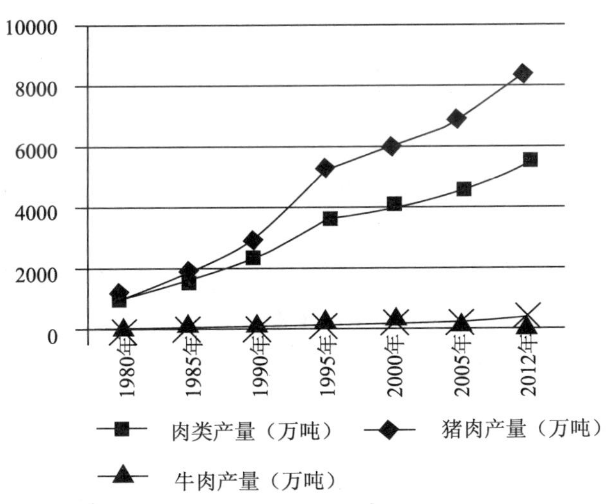

图 2-2　我国畜产品生产量变化趋势

数据来源：《中国统计年鉴（2014）》。

1. 产量持续升高　综合生产能力持续增强

畜牧业综合生产能力不断增强，充分保障了城乡居民“菜篮子”产品供给。但缺乏专用肉牛品种，高档牛肉少。

（1）肉类。2013年肉类总产量为8535万吨，比1990年增长了198%，连续居世界第一；猪肉产量为5493万吨，占总畜肉产量的64.4%；牛肉产量为673.2万吨，占总畜肉产量的7.9%，比1990年增长了436%，是1980年的25倍；羊肉产量为408万吨，占总畜肉产量的4.8%，比1990年增长了282%，是1980年的9倍，如表2－10所示。牛羊肉增长速度快，但品种参差不齐，质量差别大，大多属于中低档次，优质牛肉和高档牛肉的产量较少，在产肉性能好、生长速度快、肉质好、转化率高方面，与专用肉牛品种有明显差距，导致我国牛肉档次提升难度很大，制约了肉牛产业的健康发展。

表2－10　　我国肉类畜产品增长　　单位：%

年份	1985年	1990年	1995年	2000年	2005年	2010年	2013年
肉类产量增量	59.8	48.3	84.1	14.3	15.4	14.2	7.7
猪肉产量增量	45.9	37.9	59.9	8.7	14.9	11.3	8.3
牛肉产量增量	73.8	169.0	230.7	23.5	10.7	15.0	3.1
羊肉产量增量	33.4	80.0	88.7	31.1	32.5	13.9	2.3

数据来源：《中国统计年鉴（2014）》。

（2）禽蛋、奶类。2013年禽蛋产量为2876.06万吨，增长了15.3%，连续28年居世界第一。2013年禽蛋产量是1990年产量的4倍；牛奶处于高速增长态势，2013年牛奶产量为3531.42万吨，每年增长30%以上，是1990年的9倍，如表2－11所示。

表2－11　　我国牛奶、禽蛋产品产量　　单位：万吨

指标	2013年	2010年	2005年	2000年	1995年	1990年	1985年
牛奶产量	3531.42	3575.62	2753.4	827.43	576.38	415.7	249.9
禽蛋产量	2876.06	2762.74	2438.1	2182	1676.7	794.6	534.7

数据来源：《中国统计年鉴（2014）》。

2. 生产组织化、标准化程度越来越高

畜产品生产的专业化、规模化、集约化加快推进，农业经营方式转型取得实质性进展，出现一大批大型养殖或加工企业，如上海永辉、新安县山森牧业、双汇、金锣等，专业化合作组织发展迅速。在主要肉类畜禽养殖中，分散、小规模

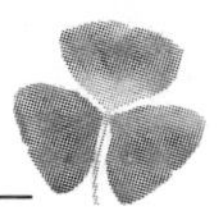

和家庭化的农户养猪不断萎缩；专业化、集约化、规模化的企业化养殖模式迅速增长，我国畜产品养殖业已经从散养农户为主进入散户与规模化饲养并重的时代。

3. 畜产品的区域化生产布局更加清晰

2013 年，我国肉类产品前 10 省市主要是河北、辽宁、江苏、山东、河南、湖南、湖北、广东、四川、广西，占总量的 61.6%；禽蛋前 10 省市主要是河北、辽宁、江苏、黑龙江、吉林、安徽、山东、湖南、湖北、四川，占总量的 78.5%；牛奶前 10 省市主要是山西、黑龙江、河北、辽宁、江苏、山东、河南、陕西、新疆、宁夏，占总量的 83.4%，如表 2－12 所示。

表 2－12　　2013 年我国畜产品前 10 省区分布情况

畜产品类别	前 10 地区	前 10 地区所占比例（%）
肉类	河北、辽宁、江苏、山东、河南、湖南、湖北、广东、四川、广西	61.6
禽蛋	河北、辽宁、江苏、黑龙江、吉林、安徽、山东、湖南、湖北、四川	78.5
牛奶	山西、黑龙江、河北、辽宁、江苏、山东、河南、陕西、新疆、宁夏	83.4

数据来源：《中国统计年鉴（2014）》。

4. 质量安全水平明显提高

各级部门深入开展农药及农药使用、“瘦肉精”、生鲜乳违禁物质、兽用抗菌药、畜禽屠宰违法添加禁用物质等专项整治行动，严厉查处和打击畜禽养殖中非法添加、违规用药等问题，以使畜产品质量安全水平的不断提高。根据 2014 年农业部组织开展的第一季度全国农产品质量安全例行监测，31 个省（区、市）畜禽产品样品监测总体合格率为 99.4%，畜产品质量安全水平总体平稳，为保障人民群众身体健康，维护社会和谐稳定做出了贡献。

5. 优质畜产品进口量越来越大

2013 年，畜产品进口额为 195.1 亿美元，同比增长 30.9%；出口额为 65.2 亿美元，同比增长 1.3%；贸易逆差额为 129.9 亿美元，同比增长 53.4%。牛肉进口 29.4 万吨，同比增长 379.3%；羊肉进口 25.9 万吨，同比增长 108.8%；

猪肉进口 58.4 万吨，同比增长 11.7%；奶粉进口 86.4 万吨，同比增长 49.3%。

2.3.2 畜产品消费情况

1. 消费量持续稳步增长

随着工业化和城镇化步伐地加快，我国城乡居民畜产品消费需求出现新的变化。农村居民口粮消费继续下降，畜产品消费快速增加，城市居民畜产品消费不断升级，优质安全畜产品需求不断增加。我国未来每年新增人口约 700 万，农村人口城镇化数量约 1200 万，随着居民收入水平的不断提高，扩大内需和城乡统筹发展等战略深入实施，畜产品消费需求继续刚性增长，这将进一步带动畜牧业的发展。肉类消费量快速增长，以 1990 年为基期，2012 年城镇居民人均肉类消费量为 1990 年的 113%，家禽消费量则为 1990 年的 312%，制品为 298%；同期农村居民肉类消费量为 1990 年的 144%，家禽消费量则为 1990 年的 346%，奶制品为 473%。乳品、水果等食物的需求进一步增长，食物结构多元化已然凸显，如表 2－13 所示。

表 2－13　　我国居民畜产品年人均消费量　　单位：千克

人均消费量		2012 年	2011 年	2008 年	2005 年	2002 年	1999 年	1996 年	1993 年	1990 年
肉类	城镇居民	24.9	24.6	22.7	23.9	23.3	20	20.4	20.8	21.8
	农村居民	16.3	16.3	13.9	17.1	14.9	13.9	12.9	11.7	11.3
禽类	城镇居民	10.8	10.6	8.5	9	9.2	6.7	5.4	5.2	3.4
	农村居民	4.5	4.5	4.4	3.7	2.9	2.5	1.9	1.6	1.3
鲜蛋	城镇居民	10.5	10.1	10.7	10.4	10.6	10.9	9.6	8.9	7.3
	农村居民	5.9	5.4	5.4	4.7	4.7	4.3	3.4	2.9	2.4
奶制品	城镇居民	14	13.7	15.2	17.9	15.7	7.9	4.8	5.4	4.6
	农村居民	5.3	5.2	3.4	2.9	1.2	1	0.8	0.9	1.1

数据来源：《中国统计年鉴（2014）》（截止收稿时，年鉴上没有 2013 年的消费数据）。

2. 城乡居民消费差异大

根据统计年鉴，我国城乡居民畜产品人均消费呈显著差异。2012 年，城镇居民人均消费肉类产品 24.9 千克，农村居民仅 16.3 千克，是城镇居民的 66%；禽类农村居民人均消费量是城镇居民的 42%；鲜蛋农村居民人均消费量是城镇居民的 56.2%；奶制品农村居民人均消费量是城镇居民的 38%。农村居民消费

量还有很大的上升空间。

3. 各产品消费量上升空间不一　奶类有巨大上升空间

在伴随肉、蛋、奶总产量增长的同时，畜产品生产的结构也随之向低脂肪、高蛋白的品种调整。从肉类生产结构来看，20 世纪 80 年代以来猪肉在肉类产量中的比重呈下降之势，而牛羊肉及禽肉的比重逐渐上升。

（1）肉类。我国是猪肉消费大国，猪肉消费基本占居民肉类消费的 60%～80%，城镇居民猪肉消费基本趋于稳定，农村居民人均猪肉消费量仅为城镇居民人均猪肉购入量的 66%。随着城乡居民收入水平的提高，猪肉消费正逐渐由追求数量的温饱型向追求质量安全的小康型转变，猪肉消费比重有所下降，但在相当长的时期内，猪肉仍将是我国肉类消费中的第一大品种，与肉类产品相反，我国奶产品则将长期处于相对短缺的状态，绝对消费量持续增长，特别是广大农村市场增长潜力巨大。我国牛肉消费的城乡差异和区域差异较大，与世界人均牛肉消费超过 10 千克相比仍有较大差距，具有一定的上升空间；随着我国城乡居民收入水平的不断提高，消费观念逐步转变，羊肉消费量呈上升趋势，羊肉需求量越来越大。

（2）奶产品。奶产品消费需求增长空间很大。2012 年，我国人均奶类占有量仅 27.1 千克，是发达国家的 1/6、世界平均水平的 1/2。随着城乡居民收入的提高和饮食习惯的改变，奶制品作为重要的动物蛋白和钙质来源，将成为城乡居民的日常食品。据统计，居民收入每增加 10%，奶类消费量就相应增加 0.32%。国家学生饮用奶计划的实施将推动消费市场的发展。目前全国有中小学生 2 亿多人，预计 2015 年有望实现 2500 万中小学生在校喝奶，年消费牛奶约 200 万吨。同时，城镇化进程的加快也扩大了对乳制品的需求。据测算，每增加一个城镇居民，将会多消费乳制品 5 千克。日益扩大的乳制品消费需求，为奶牛优势区域发展提供了广阔的发展空间。

2.3.3　畜产品物流特点

1. 物流量巨大

根据畜牧业发展“十二五”规划，将来畜产品产销区对接将更加紧密。长江三角洲、珠江三角洲和环渤海等经济发达地区产业结构调整步伐加快，二、三产业比重提高，畜牧业向内地主产区转移，全国产区、销区更趋明显，同时，随着城市化进程加快，销区畜产品调入量逐年增加。如表 2－14、表 2－15、表 2－16 所示。

表 2－14　　肉牛产区和目标销区

优势主产区	省份	目标销区
中原优势区	河北、安徽、山东、河南	“京津冀”“长三角”和“环渤海”经济圈
东北优势区	辽宁、吉林、黑龙江、内蒙古、河北	满足北方地区居民牛肉消费需求，提供部分供港活牛，并开拓日本、韩国和俄罗斯等周边国家市场
西北优势区	陕西、甘肃、宁夏、新疆	西北地区牛肉需求，以清真牛肉生产为主；兼顾向中亚和中东地区出口优质肉牛产品，为育肥区提供架子牛
西南优势区	四川、重庆、云南、贵州、广西	南方市场，建成西南地区优质牛肉生产供应基地

表 2－15　　肉羊产区和目标销区

优势产区	省份	目标销区
中原优势区	河北、山西、山东、河南、湖北、江苏、安徽	本区是肉羊生产和消费集中区域，重点发展秸秆舍饲肉羊业，主要向北京、天津、上海等大中城市市场提供优质羊肉产品
中东部农牧交错带优势区	山西、内蒙古、辽宁、吉林、黑龙江、河北	以发展高档肉羊生产为主，除满足本区和周边市场需求之外，可向俄罗斯等周边国家出口
西北优势区	新疆、甘肃、宁夏、陕西	本区是传统肉羊生产区域，但不宜继续扩大养殖规模，要重点进行品种优化，发展无污染优质羊肉生产。羊肉生产应以清真产品为主体，在确保本区消费的前提下，以中东和西亚地区市场为主，提高羊肉出口量
西南优势区	四川、云南、湖南、重庆、贵州	以山羊养殖为主，在满足我国南方居民消费的基础上，积极开拓东南亚和南亚羊肉市场

表 2－16 生猪产区和目标销区

优势区	省份	县市名称
沿海优势区	江苏、浙江、福建、广东	发展的重点是确保一定的自给率，同时发挥种猪生产优势，建立出口猪基地，增加出口
东北优势区	辽宁、吉林、黑龙江	确保京、津等大中城市的供应，努力扩大对俄罗斯的猪肉出口
中部生猪产区	河北、山东、安徽、江西、河南、湖北、湖南	特点是粮食资源丰富，生猪生产总量大，调出量大，立足于扩大本地市场，确保大中城市销区市场供应
西南生猪产区	广西、四川、重庆、云南、贵州	确保本地区消费

2. **畜产品物流要求高**

畜产品属于鲜活易腐商品，易变质，活体运输更难，随着居民消费结构的变化和对健康的关注，市场对畜产品品质要求更高。安全卫生的无公害、绿色有机畜禽肉等高端产品已显示出很好的市场前景。冷鲜肉、分割肉及肉制品的花色品种越来越多，其占鲜肉消费量的比重越来越大。居民正在呼唤高质量的物流服务。

3. **畜产品物流难度大**

与工业品不同，畜产品是有生命的动物性产品，在物流过程中包装难、装卸难、运输难、仓储难，需要一些适应畜产品特点的特种物流方式，如冷冻运输、冷藏运输、恒温运输等，这也为降低畜产品物流成本提供了空间。

2.3.4 畜产品物流面临的问题

1. **物流信息化程度低**

畜产品物流因环节多、运作主体层次复杂、物流技术落后、信息处理功能欠缺、电子商务滞后等原因，造成物流、商流、资金流、信息流缺乏协同效应。小生产很难与大市场对接，使生产端缺乏有效的畜产品信息采集；物流链上各主体企业没有统一的物流平台，参与主体各自为政、成员之间大多数呈现产销分离状态，同时，信息化程度差距较大，发展很不平衡，信息资源共享难；物流节点信息处理手段与技术落后，而难以发挥信息中心的重要功能；政府对畜产品信息化

体系的建立缺乏整体统筹与宏观规划，严重阻碍物流效率的提升。

2. 管理分散　政企难形成合力

畜产品管理部门缺少统一的管理机构，多头管理严重。供应链上的生产养殖环节、屠宰环节、加工和批发环节、零售和消费环节相对应的政府的监管机制是“分段监管为主，品种监管为辅”。原料供应商和养殖户（场）的监管单位是农委，商务局负责对生猪屠宰场进行管理，工商局对流通环节（批发市场、农贸市场、超市和品牌肉专卖店）进行监管，质监局的监管范围主要是肉制品加工企业，卫生局主要负责学校、企业、餐厅等团体消费单位。各部门之间缺乏有效的协调，难以形成联动机制，部门间人为制造信息封锁。甚至区域间部分地方政府采取非市场化手段，对区外的优势企业设置壁垒，限制市场正常竞争。如双汇、雨润、苏食等名牌企业产品在进入异地市场的过程中，都不同程度地遭遇过地方保护主义的困扰。

3. 冷链体系不健全

畜产品在物流过程中，必须进行冷链管理。但由于冷链技术高、成本高，“断链”现象严重，影响产品的质量安全，增加了产品在物流过程中的损耗，提高了禽畜产品的物流成本。目前，据统计，中国肉类企业拥有的冷藏车数量仅有3万辆，远远低于美国的20多万辆和日本的12万辆。中国仅有约10%的肉类是在冷链保证的情况下运销，远低于发达国家85%左右冷链保证的比例。并且，铁路冷藏运输仍然没有主动参与到肉品的冷链运输中，只是坐等货主上门。我国禽畜产品的物流费用占总成本的70%，而按照国际标准，此类费用最高不超过50%。

4. 物流环节法律法规不完善　标准化程度低

发达国家和地区对禽畜产品的生产、加工、物流、销售等都制定了严格的法律法规，对运输活畜使用的车辆、司机培训、动物是否有足够的空间及饮用水等都有相应的规定。而我国目前有关禽畜产品的相关法律只有《动物防疫法》《食品卫生法》《生猪屠宰管理条例》《兽药管理条例》等，而针对禽畜产品物流方面的法律法规尚没有一部。各物流节点，包括屠宰、批发、运输、加工仓储和零售等的组织化程度低、标准化水平相对落后。

5. 畜产品供应链质量安全问题依然存在

畜产品质量安全问题依然严峻，主要表现在两个方面：一是在各环节的畜产品质量安全原始信息难以被有效记录、传递和储存，质量向上溯源和向下追踪难，不利于质量安全问题的事前预警、事中监控和事后追溯；二是没有建立全国

统一经营者诚信数据库，难以跨区域查询诚信信息，增加了投机商违法经营机会。

2.4 水产品

2.4.1 生产情况

中国是一个水域大国，是世界主要渔业国家中养殖产量超过捕捞产量的渔业大国，也是水产品生产大国，拥有丰富的渔业资源，同时，中国是世界上最大的水产品消费国和生产国，水产品年总产量占世界总产量的 1/3 左右，自 1990 年起水产品产量一直保持着高速增长势头，10 条鱼中就有 3 条是中国的鱼。水产品总量连续 24 年位居世界第一，2013 年全国水产品总量达到 6172 万吨，占世界水产品总量的 39.5%，中国渔业总产值达 10104.88 亿元，占农林牧渔总产值的 9.9%；渔民人均纯收入达 13039 元，是全国农民人均纯收入的 1.47 倍。养殖水产品总量世界第一，2013 年养殖水产品总量达 4542 万吨，占世界养殖水产品总量的 65.3%。目前，中国是世界上唯一一个养殖水产品总量超过捕捞总量的国家。同时，水产品出口连续 12 年世界第一，2013 年水产品出口额首次突破 200 亿美元，达到 202.6 亿美元，占世界水产品出口总额的 15.6%。进出口总额达到 289 亿美元，水产品国际贸易总额世界第一。

就发展中国家而言，水产品已经是基本饮食的一部分，20%的人们将其视为蛋白质的主要来源。我国水产业的发展一直保持着高速增长势头，特别是海水、淡水养殖业，使我国水产品供给能力得以迅速提高，在保障“菜篮子”工程中发挥了积极作用。

1. 产量急剧上升　价格保持持续上涨势头

渔业克服了自然灾害严重、国际金融危机冲击和国内经济环境复杂多变等不利因素，保持了平稳较快发展，成为农业和农村经济中重要的支柱产业和富民产业。2013 年，水产品总产量达 6172 万吨，是 1985 年的 9 倍，养殖水产品总量达 4542 万吨，占世界养殖水产品总量的 65.3%，如表 2-17、图 2-3 所示。水产品市场供给充足，价格年均涨幅为 4.9%，为丰富城乡居民“菜篮子”供给、稳定农产品价格发挥了重要作用。

表 2-17　　水产品产量及养殖面积

年份	水产品总产量（万吨）	内陆水产品（万吨）	其中：人工养殖（万吨）	海水产品（万吨）	其中：人工养殖（万吨）	水产品养殖面积（千公顷）	
						内陆养殖	海水养殖
1952	166.6	60.6	14.0	106.0	6.0		
1965	298.4	97.0	51.0	201.4	10.0	1979.3	83.3
1970	318.5	90.4	58.0	228.1	18.0	2721.3	83.3
1975	441.2	106.5	75.0	334.7	28.0	3244.0	112.0
1980	449.7	124.0	90.1	325.7	44.4	2864.1	133.6
1985	705.2	285.4	237.8	419.7	71.2	3687.5	277.0
1990	1237.0	523.7	445.4	713.3	162.4	3829.8	428.9
1995	2517.2	1078.0	940.8	1439.1	412.3	4669.4	715.9
2000	3706.2	1502.3	1308.9	2203.9	928.0	5264.8	1243.2
2005	4419.9	1954.0	1733.0	2465.9	1210.8	5863.7	1694.5
2010	5373	2575.5	—	2797.5	—	—	—
2011	5603.2	2695.2	2471.9	2908.0	1551.3	5728.6	2106.4
2012	5907.7	2874.3	—	3033.3	—	—	—
2013	6172.0	3033.2	—	3138.8	—	—	—

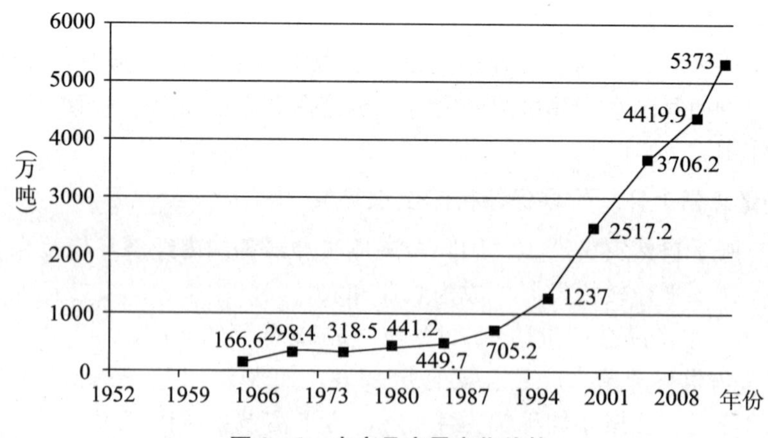

图 2-3　水产品产量变化趋势

数据来源：《中国统计年鉴（2014）》。

据全国20个渔业主产省统计月报数据最新显示，2014年1～6月全国水产品产量为2616.38万吨，同比增长3.4%。远洋渔业发展亮点突出，一季度总产量

为47.66万吨，同比增长64%，去年新投产329艘远洋渔船的效益开始显现。根据对47家水产品批发市场成交情况的统计，2014年上半年水产品成交量为359.53万吨，成交额达787.04亿元。养殖面积稳定增长，水产养殖面积为762.98万公顷，比上年同期增长3.81%。其中，海水养殖面积为159.57万公顷，淡水养殖面积为632.50万公顷。

2. 水产品结构进一步优化　发展水平和产业竞争力显著提升

2013年，全国水产品养殖产量为4541.7万吨，同比增长5.9%，捕捞产量为1619.32万吨，同比增长2.49%，养捕比例由上年的72∶28优化为73∶27。海水、淡水名优养殖产品比重分别达到16.3%和32.4%，分别比上年提高0.5和1.1个百分点。远洋渔业产量为122.34万吨，同比增6.6%，其中，大洋性渔业产量比重提高到50.1%，比上年增长了0.1个百分点。渔业二三产业产值比重达到48%，水产品加工业稳步发展，企业规模不断壮大，加工能力提高了30%；从生产水域来看，海水产品仍是我国水产品市场供给的主要来源，但从未来发展趋势来看，淡水产品产量比重可能超过海水产品比重，水产品市场供给的责任正在由海洋渔业转向淡水渔业资源；从品种种类来看，淡水鱼类、海水贝类和海水鱼类是我国水产品市场供给的主要品种。从数据分析结论来看，鱼类产量比重约占水产品产量比重的60%，而又以淡水鱼类为主，海水鱼类次之，因此，构建以淡水鱼类、海水贝类和海水鱼类主要品种为核心的产业发展体系，对于保护水产品种质资源、提高渔业产业效益具有重要意义。

3. 人工养殖比例扩大　已经到“以养为主”的发展阶段

从生产方式来看，海水、淡水养殖已成为水产品市场供给的主力。水产养殖面积稳定增长。2013年，全国水产养殖面积为808.84万公顷，比上年增长3.23%。其中，海水养殖面积为218.09万公顷，比上年增长3.54%；淡水养殖面积为590.75万公顷，增长3.12%，如表2-18所示。从海水养殖、淡水养殖、海水捕捞、淡水捕捞的产量比重来看，淡水养殖比重在2000年超过海水捕捞产量比重之后，2006年海水养殖产量比重也超过了海水捕捞产量比重，这表明我国渔业产业正式进入到“以养为主”的发展阶段；同时，海水、淡水养殖已成为水产品市场供给的主力。到“十一五”末，人工鱼礁和海洋牧场建设发展迅速；渔业生态环境监测体系逐步健全，涉渔工程资源生态补偿制度初步建立，累计落实补偿经费超过37亿元；海洋伏季休渔和长江禁渔期制度得到进一步巩固和完善，珠江禁渔期制度得到国务院的批准。因此，应该通过加强海水、淡水渔业养殖技术培训、良种繁育、水资源养护和质量安全监督管理等途径保证水产品市场

供给稳定。

表 2-18　　我国淡水、海水产品人工养殖情况

年份	内陆水产品（万吨）	人工养殖（万吨）	人工养殖比例（%）	海水产品（万吨）	人工养殖（万吨）	人工养殖比例（%）
1952	60.6	14.0	23.1	106.0	6.0	5.7
1965	97.0	51.0	52.6	201.4	10.0	5.0
1970	90.4	58.0	64.3	228.1	18.0	7.9
1975	106.5	75.0	70.4	334.7	28.0	8.4
1980	124.0	90.1	72.7	325.7	44.4	13.6
1985	285.4	237.8	83.3	419.7	71.2	17
1990	523.7	445.4	85.0	713.3	162.4	22.8
1995	1078.0	940.8	87.3	1439.1	412.3	28.6
2000	1502.3	1308.9	87.1	2203.9	928.0	42.1
2005	1954.0	1733.0	88.7	2465.9	1210.8	49.1
2013	3033.18	2802.43	92.4	3138.83	1739.25	55.4

数据来源：《中国统计年鉴（2014）》。

4. 强渔惠渔政策力度不断加大　产业基础和民生保障能力不断增强

“十一五”期间，各级财政加大了对渔业的投入，仅中央财政投入就达到 370 亿元，比“十五”增长了 7 倍，渔业基础设施条件得到明显改善。启动实施公益性农业行业科研专项和现代农业产业技术体系建设，落实渔业经费约 7 亿元；渔业重点领域的科技创新和关键技术的推广应用取得成效，共获得国家级奖励成果 22 项，制定国家和行业标准 382 项；基层水产技术推广体系改革稳步推进，公共服务能力不断增强。2010 年 7 月 1 日，《水域滩涂养殖发证登记办法》开始施行，从制度上强化了渔民生产权益的保障；启动渔业政策性保险试点，5 年累计承保渔民 323 万人、渔船 25 万艘；推动解决困难渔民最低生活保障和“连家船”渔民上岸定居；渔业柴油补贴、沿海捕捞渔民转产转业等惠渔政策效果显著。

5. 水产品贸易额逐年增加　渔民持续增收

2014 年，全国渔业经济保持较好发展势头，前三季度渔业产值达 5773 亿元，增加值达 3495 亿元，同比分别增长 8.9%和 9.2%。生产稳定增长，截至 11 月末，全国水产品总产量为 5378.2 万吨，同比增长 2.4%。其中，养殖产量为 4006.3 万吨，同比增长 4.4%，捕捞产量为 1371.8 万吨，同比下降 3.2%。市场稳定，水产品批发市场成交量同比增长 1.4%，水产品批发市场综合平均价格同比增长 3.5%。水产品出口贸易持续增长。1～11 月水产品进出口总量为 765.3 万吨，进出口总额为 278.9 亿美元，同比分别增长 3.1%和 6.7%。贸易顺差为 111.6 亿美元，同比增长 9%。渔民持续增收。2014 年，全国渔民人均纯收入为 14426.3 元，增长 10.6%。

2.4.2　消费情况

中国人口基数大，又是水产品消费大国，1981 年以来，水产品消费以惊人的速度增长，并达到了欧盟国家的消费水准（见图 2－4）。我国水产品消费存在潜在的巨大市场。城镇居民消费量提高，增加了物流的聚集度。2013 年，我国人口达到 136072 万人，人均水产品占有量已达 45.4 千克，超过了世界人均占有量，但人均食用量仍很低，平均仅 10 千克，其中农村居民平均 5 千克，如表 2－19 所示。相对于水产消费大国而言，我国的人均水产品消费量还很有限，如日本 1986 年的人均占有量已达 92 千克。

表 2－19　　**我国水产品年人均消费量变化趋势**　　单位：千克

人均消费量	1981 年	1985 年	1990 年	1995 年	2000 年	2005 年	2011 年	2012 年
城市居民	7.3	7.8	7.7	9.2	11.7	12.6	14.6	15.2
农村居民	1.3	1.6	2.1	3.4	3.9	4.9	5.4	5.4

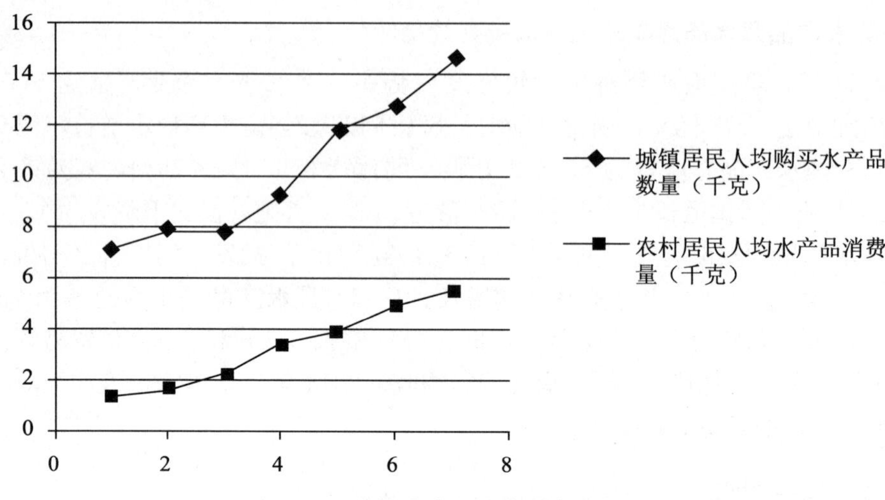

图 2-4 我国水产品消费量变化趋势

数据来源：《中国统计年鉴（2014）》（截止收稿时，年鉴上没有 2013 年的消费数据）。

1. 消费量不断提高

居民在从“温饱”向“小康”生活发展的过程中，中国人的饮食也日益向“享受型”发展，随着收入的提高，粮食的消费越来越少，而高能量、高蛋白的食品特别是水产品类，越来越成为人们消费的主流食品。2012 年，城市居民人均水产品消费达到 15.2 千克，比 1981 年增长 1 倍多，农村居民从 1.3 千克增长到 5.4 千克，增速达 315%。但从总体上看，水产品消费增长速度还滞后于生产增长速度，按照消费量计算，2012 年约消费 1428.8 万吨，生产 5907.7 万吨，消费量占生产量的比重为 24%，生产供大于求。由于价格原因和饮食习惯问题，水产品消费主要集中在青鱼、草鱼、鲢鱼、鲤鱼等大宗养殖品，且其食用方法简单；对于龙虾、河蟹、贝等相对高档的水产品则食用还很少。

2. 消费区域不平衡

水产品是优良的食物蛋白源，它与谷物类主食食物既有不可替换性也有互补性，同时与肉蛋类食物还存在替换性。由于受收入水平、价格及消费者嗜好的影响，我国水产品弹性系数既不同于其他主食类谷物食物产品，也不同于猪、羊、牛肉等大宗动物蛋白食物产品。东部沿海地区水产品丰富，水陆运输便利，水产养殖、捕捞业比较发达。地理上的优势使得东部沿海地区对水产品的消费更多；东西部城镇居民的水产品人均消费量相差一半还要多。而西部内陆地区没有海洋资源，主要从畜产品中获取动物蛋白，水产品不充裕，无论是城镇还是农村地区，中西部地区水产品消费水平仍远远低于东部地区。从 2012 年的《中国统计

年鉴》可以看到，农村居民全年人均水产品的消费量最高达20.9千克，最低的不到1千克。如表2-20所示。

表2-20 我国农村居民全年人均水产品消费量 单位：千克

地区	水产品消费量	地区	水产品消费量	地区	水产品消费量
全国	5.4	浙江	16.0	重庆	3.6
北京	5.3	安徽	6.2	四川	2.6
天津	10.2	福建	17.4	贵州	0.5
河北	3.3	江西	5.4	云南	1.9
山西	0.9	山东	4.8	西藏	0.0
内蒙古	2.1	河南	1.7	陕西	0.5
辽宁	5.2	湖北	8.5	甘肃	0.5
吉林	4.1	湖南	6.2	青海	0.6
黑龙江	4.0	广东	15.9	宁夏	0.7
上海	18.4	广西	3.8	新疆	0.6
江苏	10.3	海南	20.9		

3. 城乡居民消费差异显著

由于我国农村居民的收入水平长期以来一直低于城镇居民，收入水平决定了农村居民食物结构中以粮食、蔬菜为主，肉、蛋、禽和水产品等动物性食品的消费较少。而城镇居民恰恰相反，粮食消费较少，肉、蛋、禽和水产品等动物蛋白的消费较多，受此影响的农村水产品消费量与城市相比要低很多。如表2-19所示，2012年城镇居民人均水产品的消费量15.2千克，而农村居民仅为5.4千克，为城市居民消费量的1/3。

4. 水产品食品安全越来越受到关注

近年来，食品安全问题成为民生关注焦点。由于水产养殖病害多发，不规范用药情况依然存在，水产品质量安全事件时有发生，这成为影响生产发展和市场稳定的重要因素。近几年，国内发生的水产品安全事件均被检出国家明令严禁使用的氯霉素、甲醛、恩诺沙星、孔雀石绿和硝基呋喃等药物残留。1988年，上海发生因食用不洁毛蚶而引起甲型肝炎暴发性流行事件，造成30万上海市民染上肝炎，大闸蟹、多宝鱼、桂花鱼、九肚鱼等鱼孔雀石绿事件之后，水产品消费安全成为广大消费者关心的焦点，至今仍令不少消费者心有余悸。

2.4.3 水产品物流特点

水产品物流是指以满足顾客需求为目标，运用现代化的物流手段，对水产品物质实体、相关服务及信息从供应源到消费源所进行的组织、控制与管理的经济活动过程。它是由水产品生产、收购、运输、流通加工、储存、装卸、包装、配送、分销与信息等一系列运作环节组成，并在整个过程中实现了水产品的保值、增值和组织目标。

1. 水产品的鲜活和易腐性导致物流复杂 技术要求高

由于水产品自身特点是易腐易损，在流通的半径方面相对其他产品较短；在存贮的时间方面不能够长期存贮；季节性非常明显。其鲜活程度是决定价值的主要指标，因此物流环节复杂，对技术要求高。一是需要严格的低温冷链技术措施，如运输中的活水运输、冰鲜保障运输、冷藏车运输等，在运输、配送、仓储、流通加工、包装、装卸等环节都需要采用先进的冷链物流。目前，德国、英国、美国等发达国家易腐品冷链物流率达到80%以上，我国不到20%。同时，在物流时间规定上要求较高，也限制了物流半径。二是水产品在物流过程中需专业工具进行快速流转。水产品通常是鲜活或生鲜商品，客户对其保鲜和色泽等要求很高，由于品种自身特点决定了其保质期很短，大部分的鱼类的流转都需要专业的运输车辆与运输器具才能完成，对专业性要求很高。三是水产品物流形式较复杂，不同区域需不同的物流方式。高档鲜活水产品从国外直接空运进国内；冷冻集装箱水产品通过海运、铁路运输和冷冻冷藏车长途联运；泡沫箱塑料袋活鱼包装零担运输和活水车运输等。四是根据不同产品交易的特殊性，产生不同的物流方式，养殖型水产品以鲜活消费的形式为主；而捕捞型水产品不仅可以进行鲜活消费，还可以进行冷冻品消费。一般养殖型水产品的流通主体主要包括养殖户—养殖户中间商—批发商和零售商，捕捞型水产品的流通主体主要包括捕捞业者—贩运商—批发商和零售商。

2. 水产品生产与消费地理差异大 物流量大

我国水产品资源丰富，品种多种多样，但产区较为集中，主要集中在东部沿海区和大江大河流域该产区产量占全国产量98%以上，2012年水产品产量排在前10的是山东、广东、福建、浙江、江苏、辽宁、湖北、广西、江西、湖南，总量占全国84%。产量高，物流基数大。同时，水产品生产地偏远，一般产地在沿海或内陆水域，使水产品市场明显呈现出产地市场集中与销售地市场分散的差异性矛盾，导致物流量大、强度大，增加物流难度。

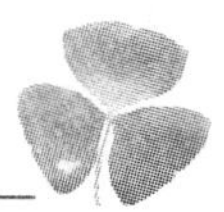

3. **多品种 单品批量小**

我国水产品资源丰富，品种繁多。各种淡水鱼虾蟹贝等多达数百种，一些大宗经济水产品亦达百余种，还有冷冻、干制、腌制、罐制、调味品、鱼糜制品、营养保健品等多种加工制品。但就单个水产品种类讲，饭店或超市等顾客每日需求或订货批量往往只有近百千克。因此，满足小批量定货的需求是水产品物流的一个显著特征。

4. **水产品物流中心迅速向销地等大中城市转移**

在上海、广州、天津这样的大城市，国家传统交通网络、现代高速公路、港口建设和航空运输发展集于一体，产品、信息、人才、资金、技术等水产品物流所需要的要素高度集中，具有向全国甚至世界辐射的基础和功能；同时，这些城市商务活动频繁，人们生活水平相对较高，城市自身的水产品消费数量集中且巨大。以上海为例，上海一直是水产品的消费高地，据水产行业协会统计，近几年上海每年的水产品消费量在 65 万吨左右，在上海的水产批发市场完成交易，又辐射到长三角和海外的，每年在 115 万吨左右。人均占有水产品在全国是名列前茅的。虽然上海的办公场地、生活费用开支比较高，但是，这几年从产地转移到上海来经营水产品的公司越来越多，这充分反映了中心消费城市的市场在水产品物流中的龙头地位，对水产品经营商具有很强的吸引力。

5. **水产品流通主体多元化 水产品批发市场已成为整个水产品物流链上的核心节点**

水产品市场开放后，渔民、经纪人、贩运商、合作社、流通企业、部分水产协会等纷纷参与水产品流通，流通主体多元化给水产品市场注入了极大的活力。目前，已基本形成批发市场、直销配送、代理和个体商贩等营销方式，促进了水产品的流通。其中，水产品批发市场已成为整个水产品物流链上的核心节。2012 年，我国亿元以上水产品交易成交额达到为 2974.1 亿元，其中批发市场成交额为 2819.7 亿元，所占比例从 2009 年的 56.8％到 2012 年的 94.8％，占比每年递增 10％～20％。如表 2－21 所示。目前，我国已经初步形成了以水产品批发市场为主渠道，以城乡集贸市场为基础，以副食商场、生鲜超市、水产专卖店等零售业态为网络的水产品流通体系，现代化的水产品物流中心、物流园区不断出现，以合作社、水产流通企业等主导的新兴水产品流通方式也取得了初步发展（见表 2－21）。

表 2-21　　全国亿元以上水产品交易市场基本情况

年份	市场数量（个）	摊位数（个）	营业面积（万平方米）	成交额（亿元）	批发市场	批发市场比例（%）	零售市场
2012	160.0	105609.0	489.0	2974.1	2819.7	94.8	154.4
2011	157.0	99622.0	478.0	2739.0	2567.6	86.3	171.4
2010	150.0	88346.0	378.2	2096.6	1958.1	65.8	138.5
2009	142.0	84564.0	340.6	1864.1	1689.3	56.8	174.8

数据来源：《中国统计年鉴（2010—2013）》。

在大城市各种水产品都有适合自己的批发市场，各种水产品物流形式都在物流中心—批发市场中充分体现，各种满足水产品物流的现代、快速、高效的网络平台、POS 技术、卫星接受和发送技术、拍卖支持技术、产品远距离展示技术等通信技术都被利用。如上海近 10 个主要水产品批发市场的年交易额占整个水产品交易总量的 60%以上。一些主要水产品，如四大家鱼、黄鳝、大闸蟹等基本上都是通过批发市场来周转的。

6. 新的流通模式不断涌现

电商专注于海鲜水产品，以降低物流风险和物流成本。以冷冻海鲜产品为例，超市里销售的冷冻水产品，至少要通过 3～4 级经销商后才能进入超市，仅仅算上运输成本的话，经过每一个分销商也至少会增加 20%的费用。而通过电子商务平台购买的话，消费者可以减少 2～3 层的“倒手”，价格至少会比超市便宜二成。以素有“海底银行”之称的獐子岛为例。为迎接互联网浪潮，2012 年獐子岛开始在天猫、1 号店、京东商城开设旗舰店，布局电子商务平台。2013 年，獐子岛官方旗舰店在国内三大电子商务销售平台全新亮相，标志着“实体+网络”的双线营销模式进入试运行，为獐子岛加快建立 O2O 的商业模式奠定基础，登录天猫商城“喵鲜生”频道进行网上直销，消费者坐在家点击鼠标下单，鲜活的波士顿龙虾就送到家。运用互联网思维创新供应链的电商模式和产业链上下游的整合，增强与消费者之间的直接互动，并通过提供产品原产地、加工、检测、运输、销售等一系列可追溯信息，获得信息对称带来的市场机会。

2.4.4　水产品物流存在的问题

1. 水产品经营主体“规模小，群体大”　经营分散　竞争力不强

水产品市场批发、配送直销、个体商贩及代理等营销方式已基本形成，但主

体多元化导致主体泛滥，众多的水产品生产商、分销商、零售商，形成极宽的水产品流通渠道，使水产品物流信息反馈缓慢、零乱、失真。各个小经营主体专业化程度低，经营不稳定，在全国主要水产品批发市场中，从事水产品运销的商人90%～95%是个体商贩和个体经营组织，市场主体发育不健全，组织化程度低，经营分散，周转时间长，形成冗长的物流环节，无法满足由水产品鲜活性决定的及时性物流要求，直接影响了物流效率。

2. 冷链物流技术设备比较落后

“新鲜”是水产品的价值所在，在整个物流供应链上未经加工的鲜销类产品占绝大多数，鲜销类产品保鲜期短，易腐烂变质，大大限制了运输半径和交易时间。一方面，仓储与运输冷链落后。水产品中的鲜品和冻品占大多数，需要低温环境贮存和运输，目前大约 80%的水产品在没有冷链保证的情况下运销，以上海为例，上海冷库总储量能力为 35.4 万吨，人均冷库占有量仅为发达国家的5%，其中约七成冷库已有近 30 年库龄。现存的冷藏设备无论是从数量上还是从功能上都不能满足现阶段水产品物流的需要。另一方面，水产品的各个流通环节不能衔接，“断链”现象严重，水产品流通的整个过程不能在恒温或冷藏状态下进行，冷链发展的滞后在相当程度上影响着水产业的流通。

3. 信息化程度低

从全国来看，水产品物流缺乏经过统一规划设计的信息系统，信息技术还没有在水产品物流中着遍应用，企业内部、各企业之间信息化差距大，物流信息化程度还较低，电子商务发展不足；水产品市场信息的搜集和交流覆盖面小，加之传递手段落后，交换周期过长，影响了市场信息的时效性和准确性；物流网络化、信息技术、GPS 定位、冷链温湿度控制、质量追溯条码的应用率低；一些批发商及供应商的自身知识层次还比较低，其信息意识比较淡漠，信息网络在乡、村出现断层，在各主体上水产品市场信息，特别是水产品物流资源信息不集中，水产品物流整体信息化程度低，未能形成统一运作的物流网络体系；大部分水产品批发市场沿袭传统的农贸市场模式，市场内基础设施简陋，物流服务落后，交易方式原始，自动化和信息化程度低，结算方式落后，信息数据分割，难以进行资源整合，难以满足经营户和消费者多样化高层次的需求，商品流转效率低，发布与更新不及时，导致信息共享度低，信息流通不畅。

4. 水产品物流安全问题比较严重

中国水产品还存在比较严重的质量安全问题，主要表现在以下几个方面：一是标准缺乏。渔业药物残留，中国渔业药物的开发研究较晚，对药物在水产品体内的作用机理、给药剂量、给药间隔时间、休药期等都缺乏明确的标准，在养殖生产中存在滥用药物的现象。二是水产品检测水平有待提高，目前，国内还没有现场及时检测水产品安全的仪器，一般情况下都需要五天时间。如孔雀石绿的检测，其含量浓度是十亿分之一，因浓度低，还没有定性的专用试纸，不像果蔬类可直接用试纸检测。三是滥用添加剂，在水产品加工过程中，滥加添加剂导致水产品的安全性降低，如以甲醛溶液浸泡水发水产品、以火碱发制干水产品、在咸鱼加工中使用甲醛防腐等。

参考文献

[1] 国家统计局．系列报告之四：城乡居民生活从贫困向全面小康迈进［EB/OL］．［2009-09-10］．http：//www.stats.gov.cn/tjfx/ztfx/qzxzgcl60zn/t20090910_402585849.htm.

[2] 国家统计局．国家统计局关于2013年粮食产量的公告［EB/OL］.［2013-11-29］.http：//www.grain.gov.cn/Grain/ShowNews.aspx? newsid=48135.

[3] 中华人民共和国统计局．中国统计年鉴2014［M］．北京．中国统计出版社，2013.

[4] 王海艳．进口大增，粮食还安全吗［J］．农产品市场周刊，2013（4）：30-32.

[5] 央视新闻晨报．中国每年浪费粮食价值2000亿元相当于2亿人一年口粮［EB/OL］.［2013-01-23］.http：//news.zynews.com/2013-01/23/content_3930195.htm.

[6] 张天琪．农产品物流管理与实务［M］．北京：中国财富出版社，2013.

[7] 国家发展与改革委员会．粮食现代物流发展规划［EB/OL］．［2008-03-12］．http：//www.chinagrain.gov.cn/n16/n1077/n1617/n416290/4007413.html.

[8] 孟小峰．大数据管理：概念、技术与挑战［J］．计算机研究与发展2013，50（1）：146-169.

[9] 新京报．中央用“四个最”要求确保舌尖上的安全［EB/OL］．［2013-12-25］．http：//news.sina.com.cn/c/2013-12-25/021929072317.shtml.

[10] 张天琪．北京市农产品流通服务体系存在问题与对策第［J］．北京农业职业学院学报，2010（4）：43-46.

[11] 张天琪．我国粮食物流发展问题与对策研究［J］．北京农业职业学院学报，2014，28（1）：43-49.

[12] 何忠伟，等．北京生鲜农产品物流配送业的发展趋势与质量安全[J]．北京社会科学，2010（4）：43－47.

[13] 冯创志．“越耕越贵”拷问粮食安全问题［J］．北京农业，2012（14）：28.

[14] 农业部市场与经济信息司．2012年中国农产品市场运行情况及2013年展望［J］．AO农业展望，2013（1）：2－3.

[15] 胡非凡，等．2012年中国粮食物流回顾与2013年展望［J］．粮食科技与经济，2013（38）：5－9.

[16] 黄菡．2012/2013年度全球粮食供需现状与市场走势分析［J］．黑龙江粮食，2013（5）：32－34.

[17] 郭良施．联合国粮农组织2013年全球粮食展望［J］．粮食问题研究，2013（3）：21－23.

[18] 杨培垌．粮食金融化背景下粮食安全问题研［J］．世界农业，2013（3）：9－11.

[19] 王海艳．进口大增，粮食还安全吗[J]．农产品市场周刊，2013（4）：30－32.

[20] 农业部．农业部发布2014年第一季度农产品质量安全例行监测信息［EB/OL］．［2014－04－24］．http：//finance.people.com.cn/n/2014/0424/c1004－24939459.html.

[21] 每日经济新闻．发改委调研蔬菜市场：人工运费成本3年涨50%［EB/OL］．［2014－04－17］．http：//www.chama.org.cn/hyxw/201404/t20140417_3874773.html.

[22] 郭力野．2012年全国蔬菜市场运行情况分析及展望［J］．中国蔬菜，2013（3）：6－9.

[23] 赵艳俐．供港蔬菜物流的安全与风险［J］．物流工程与管理，2013（35）：35－36.

[24] 王学军．基于智能物流配送平台的城市蔬菜物流新模式［J］．中国集体经济，2013（13）：106－107.

[25] 樊俊花，等．京津冀区域蔬菜物流信息化策略研究［J］．管理研究，2013（9）：49－50.

[26] 苏国贤，等．中国蔬菜冷链物流的现状、问题与建议［J］．中国流通经济，2012（1）：39－42.

[27] 沈辰．我国蔬菜市场流通特征及成因分析［J］．中国蔬菜，2013（15）：5－9.

［28］荆继忠．近年来我国生猪产业政策解读［J］．北方牧业，2013（6）：9.

［29］农业部网站．全国畜牧业发展第十二个五年规划（2011—2015 年）［EB/OL］．［2011 - 09 - 21］．http：//www. gov. cn/2wgk/2011 - 09/21 content 1952962. html.

［30］王舒婷．我国畜产品供需状况与产业发展预测［J］．重庆社会科学，2012（4）：93 - 98.

［31］李富龙，徐丙臣．现代畜产品供应链体系构建研究［J］．黑龙江畜牧兽医：综合指导版，2013（2）：13 - 14.

［32］龙伊，等．物联网技术在畜产品中的应用［J］．物联网技术，2013（2）：74 - 78.

［33］王济民．国外畜牧业发展模式及启示［J］．中国家禽，2012（34）：2 -6.

［34］宫敏丽，金汉林．基于供应链机制下舟山水产品冷链物流模式选择及对策［J］．农村经济与科技，2013，24（3）：134 - 135.

［35］高金田，李京梅，刘铁鹰．中国水产品居民消费需求趋势及影响［J］．东岳论丛，2013，34（1）：118 - 123.

3　我国农产品物流现状与问题

3.1　农产品物流

3.1.1　农产品物流现状

我国是一个农业大国，农业生产资料和农产品物流量不仅数量巨大，而且供应非常分散，造成物流成本高，价格不平稳。农产品物流首先要承担的责任是保持物流的持续有效，充分发挥农产品物流组织的先导性作用，以保证农产品供需平衡，实现农产品的商品价值，解决农产品生产的地域性、季节性与消费的普遍性、全年性之间的矛盾。因此，发展现代农产品物流，为经营者提供真实、有效的信息，可以减少市场运行过程中的不确定性和盲目性，避免价格的“暴跌暴涨”，提高农产品物流速度，降低农产品过程中的物流成本。

1. 经济”新常态”下对农产品物流的关注度越来越高　支持政策陆续出台

近年来，随着中共中央、国务院对“三农”问题的日益重视，现代农产品物流的发展开始受到更多关注。2004 年、2005 年的“一号文件”都明确提出“进一步加强产地和销地批发市场建设，注重发挥期货市场的引导作用，鼓励发展现代物流、连锁经营、电子商务等新型业务和物流方式。”2008 年和 2009 年连续两年的中央“一号文件”均提出要加快农村物流体系的建设，大力在农村地区构建农产品批发市场，提升我国农产品的物流业态。2014 年《关于全面深化农村改革加快推进农业现代化的若干意见》提出加强农产品市场体系建设：“着力加强促进农产品公平交易和提高流通效率的制度建设，加快制定全国农产品市场发展规划，落实部门协调机制，加强以大型农产品批发市场为骨干、覆盖全国的市场流通网络建设，开展公益性农产品批发市场建设试点。”2015 年“一号文件”《关于加大改革创新力度加快农业现代化建设的若干意见》提出创新农产品流通方式：“加快全国农产品市场体系转型升级，着力加强设施建设和配套服务，健全交易制度；完善全国农产品流通骨干网络，加大重要农产品仓储物流设施建设力度；支持电商、物流、商贸、金融等企业参与涉农电子商务平台建设等。”国

家出台的这些物流政策，大大推动了我国农产品物流的可持续发展，为经济“新常态下”农产品现代物流发展指明了方向。

2. 农产品物流总额保持持续增长态势

从 2013 年的农产品物流总额看，已达到 25388.5 亿元。如表 3－1 所示。从图 3－1 中可以看出，我国农产品物流总额增长速度不高，远远低于社会物流总额的增长幅度，但近十年总体保持持续增长态势。进出口额为 1866.9 亿美元，同比增长 6.2%。

表 3－1　　　　我国农产品物流发展状况

年份	社会物流总额（亿元）	农产品物流总额（亿元）	农产品物流总额占比（%）	农产品物流总额增额（亿元）
2005	481963	12748	2.6	
2006	595976	13546	2.3	798
2007	752283	15849	2.1	2303
2008	898978	18638	2.1	2789
2009	966500	19439	2.0	801
2010	1254130	22355	1.8	2916
2011	1584000	23361	1.5	1006
2012	1773000	24412	1.4	1051
2013	1978000	25388.48	1.3	976.48

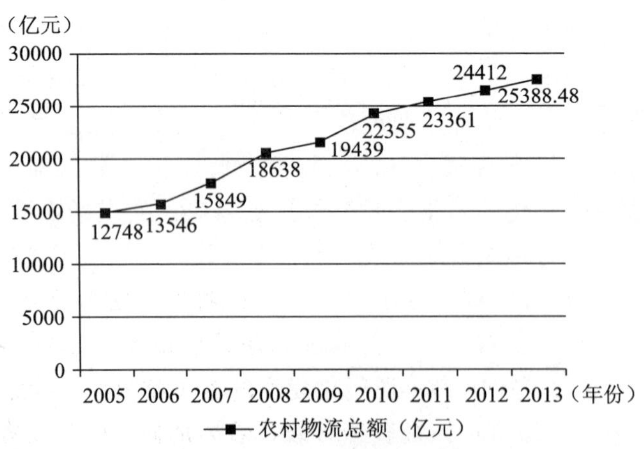

图 3－1　农产品物流总额趋势图

数据来源：《中国物流年鉴（2014）》。

3. 以批发市场为主的农产品市场体系不断完善 现代农产品物流中心蓬勃发展

人口大国对于农产品的需求，是农产品物流发展的强劲推力。目前，我国用于生活消费的农产品主要以鲜食鲜销形式为主，在分散的产销地之间要满足消费在不同时空上的需求，使得农产品物流，特别是鲜活农产品物流面临数量和质量上的巨大挑战，同时也带来了巨大的商机。全国各地坚持以市场为导向，大力培育农副产品市场，如大型批发市场、专业市场和集贸市场，为促进农产品流通、农村产业结构调整和农民收入增加起到了积极作用。从供应环节上基本形成了从生产、收购、流通加工、运输、储存、装卸、搬运、包装、配送到销售的一整套组织环节。从体系上看，已经初步形成了以批发市场为中心，以集贸市场和零售市场为基础的农产品市场体系。其中，农副产品批发市场因其上联生产环节，下联其他物流主体，已成为我国农产品物流和质量安全信息流集中与分配的重要节点。

截至2013年年底，我国亿元以上农产品批发市场有1708家，亿元以上农产品综合批发市场有689家，亿元以上农产品专业市场有1019家，成交额达14584.1亿元（见表3-2），70%～80%的农产品通过批发市场进入零售环节，批发市场已成为我国农产品物流的重要载体，到“十一五”末，我国多个环节、多元市场主体、多种交易方式、多层次市场结构的农产品市场体系已基本形成，在配置农产品资源、服务宏观调控中发挥重要作用。

另外，现代农产品物流中心也得到了快速发展，全国各地陆续建起一批规模较大、体系较为完整的农产品物流中心，如深圳市政府与香港博富集团合作筹建的深港农产品物流中心、长春粮食集团与德隆集团共建的东北亚农产品物流中心、上海全国农产品物流中心、北京绿色安全农产品物流中心、寿光蔬菜批发市场等。这些物流中心设施齐备、体系健全，成为国内农产品物流发展的典范，也为现代农产品物流的研究提供了有益的实证参考。

表3-2　我国亿元以上农产品市场发展情况

市场	市场数量（个）	摊位数（个）	营业面积（万平方米）	成交额（亿元）		
				合计	批发市场	零售市场
总计	5089	3488170	28868.3	98365.1	84628.3	13736.8
农产品综合市场	689	422586	2140.9	8077.1	6205.2	1872.0
农产品市场	1019	576657	4316.3	14584.1	13760.8	823.3
粮油市场	103	33762	361.7	1565.1	1507.0	58.1

续 表

市场	市场数量（个）	摊位数（个）	营业面积（万平方米）	成交额（亿元）		
				合计	批发市场	零售市场
肉禽蛋市场	134	44177	303.1	1224.2	1028.2	196.0
水产品市场	150	100190	469.7	2808.8	2648.9	159.9
蔬菜市场	312	223435	1596.2	3838.2	3703.6	134.6
干鲜果品市场	137	69192	581.9	2337.9	2316.5	21.4
棉麻土畜、烟叶市场	22	14505	396.9	707.5	707.5	--
其他农产品市场	161	91396	606.8	2102.3	1849.0	253.4

数据来源：《中国统计年鉴（2014）》。

4. 物流运作主体呈现多元化的“小规模，大群体”格局

改革开放以来，我国农产品的经营体制、市场化程度发生了巨大的变化。在这种形势下，连接农产品生产者和消费者的营销渠道及包含其中的商流、物流各方面的参与者及其功能都发生了变化。除原有的国有和集体性质的农产品物流企业外，还涌现出大批个体运输户、经纪人、多种形式的经济联合组织等，产生了专门从事农业生产资料和农产品储运及物流加工的第三方物流企业，第三方物流运作模式得到了快速发展。但总体农产品的第三方物流只是在起步阶段，其管理水平、信息系统建设和数据共享、网络建设、物流企业的战略联盟及专业化服务等方面还面临着诸多问题。因此，现有市场主体仍然呈现出“小规模，大群体”的格局。

5. 物流基础设施和装备得到了有效改善

近几年来，政府在交通运输设施、信息基础设施等方面投入了大量的人力、物力、财力，使得我国现代交通运输粗具规模，国家公用通信网的规模容量、技术层次、服务水平都发生了质的飞跃，这些为发展农产品物流准备了必要的条件。现代物流技术设备是现代物流发展水平的标志，目前，我国在不断改造农产品运输、储存、装卸搬运、包装等专用设施的基础上，已能独立设计制造出供农产品储存的自动化仓库、搬运机器人等高技术水平的物流设施，且许多现代通信技术，如电子数据交换、全球定位系统等也已在农产品物流中得到应用。

6. 物流标准化工作开始启动

农产品物流标准化建设是农产品物流建设的重要内容，是有效降低物流费用、提高物流系统经济和社会效益的基础，也是我国加入 WTO、提升我国农产

品竞争力的要求。随着农产品物流基础市场的发育，我国的物流标准化工作开始启动，并取得了一系列成绩。第一，制订了一系列物流或与物流有关的标准；第二，建立了与物流有关的标准化组织、机构；第三，积极参与国际物流标准制订，并积极采用国际物流标准；第四，积极开展物流标准化的研究工作。由于我国农产品物流标准化工作刚刚起步，在农产品信息标准化、农产品仓储、装卸和运输等作业环节的标准配套、国内物流标准与国际标准接轨、农产品质量标准等方面还有待加强。

7. 新兴流通业态不断涌现　促进农产品物流大发展

从县城到集镇、乡村，县城商业网—集镇商业网—乡村商业网的流通网络基本形成。集中分布固定网点，并以流动网点为补充，以中小型网点为主，以县城为中心，集镇网络为骨干，联系乡村分散网点并与农产品采购网络结合起来的新型流通格局已逐步形成。随着农产品零售市场渠道的不断拓宽和规范化，特别是农产品电子商务、网络直销等新型农产品销售业态的出现及规模的扩大，使农产品物流现代化经营得到快速发展，初步形成了以农产品批发市场和农贸市场、菜市场为流通主渠道，农超对接等多种产销衔接为补充，周末蔬菜直销、采摘直销、农校对接、农餐对接等市场直销、直供业态为调剂的农产品流通体系。

3.1.2　农产品物流呈现的特征

目前，由于区域供需格局的变化，使得农产品流通环节增多，流转速度减慢，运输损耗加大，贸易成本升高，加大了国家和地方政府保证农产品安全的难度。农产品物流呈现以下特点：

1. 农产品流通量加大

以粮食为例。根据全国粮食的流向和流量预测，2015 年全国粮食流通量将达到 18500 万吨，比 2005 年增加 3449 万吨，全国六大主要跨省粮食通道流量也大大增加，如表 3－3、图 3－2 所示。

表 3－3　　六大粮食通道流通预测　　单位：万吨

通道名称	2003—2005 年平均流量	2015 年预测流量	增加量
全国	15051	18500	3449
黄淮海流出通道	1856	2800	944
长江中下游流出通道	1895	2500	605
东北流出通道	5270	4900	—370

续 表

通道名称	2003—2005 年平均流量	2015 年预测流量	增加量
京津流入通道	1041	1700	659
华南沿海流入通道	2862	4440	1578
华东沿海流入通道	4523	6000	1477

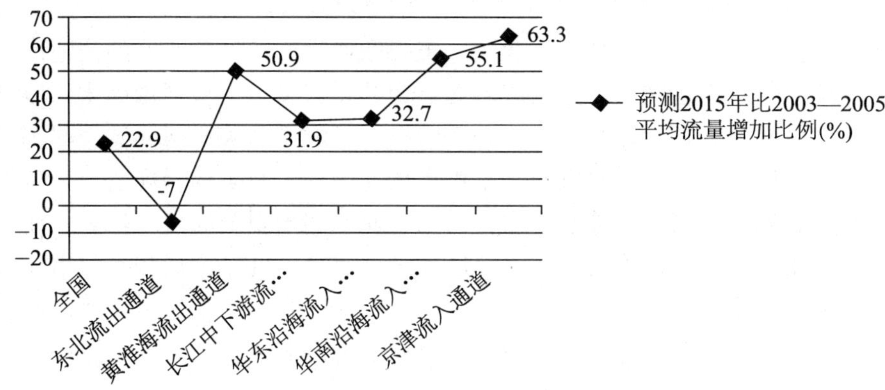

图 3 - 2 预测 2015 年比 2003—2005 年平均流量增加比例（%）

注：全国流通量主要包括通道及非主要通道流量，流入与流出只算 1 次，包括进出口量。

2. 农产品物流呈现多元市场主体、多种交易方式、多层次市场结构局面

目前，经升级改造的农产品批发市场和农贸市场已基本覆盖我国农产品主要产区和主要城市，约 80%的农产品经“农户—批发市场—农贸市场”销售。与此同时，农超对接流通模式优势日益显现。2011 年，商务部、农业部联合开展“全国农超对接进万村”行动，搭建对接平台，农超对接取得快速发展势头。据调查，连锁超市通过农超对接采购农产品，流通成本平均降低了 15%左右。农超对接由于促进了订单农业发展，保障了农产品供应，稳定了农产品价格，促进了农民增收。

3. 区域性物流更加明显

我国有长江中上游与华南冬春蔬菜基地、黄土高原与云贵高原夏秋蔬菜基地、沿海与沿边地区出口蔬菜生产基地、黄淮海与环渤海设施蔬菜基地等几大优势产区。海南是我国冬季瓜菜和热带水果的主产区，2013 年 80%以上果蔬销往岛外。近年来随着市场的不断活跃，我国形成了南菜北运、西菜东运的两大调运

路径。

水果类产品的地域性差异更加明显。热带水果主要产自海南、广东、广西、云南、四川等省及自治区，北方及中部地区主要盛产苹果、梨、枣等。夏季南方的热带水果北上，秋季北方水果大量运往南方，形成南北水果大交流的局面。另外，很多品种带有明显的地域性，渤海湾和西北黄土高原两大苹果优势产区生产集中度达到 87%以上，长江中上游、赣南—湘南—桂北、浙—闽—粤、鄂西—湘西四个柑橘产业带生产集中度达到 95%以上。有的地方还形成独特的地域品牌，如新疆的哈密瓜、吐鲁番的葡萄、乐陵的金丝小枣等。

4. 农产品物流具有显著季节性

受自然气候及作物生长周期的影响，农产品供给有着显著的季节性特征，表现在收获季节同类农产品的短期集中供应，这决定了农产品物流需求变化也是非连续的。

以粮食为例。在 2005—2012 年粮食生产中，如表 3 - 4 所示，夏粮约占 22%，秋粮约占 72%。夏粮 6 月份集中上市，秋粮 10 月份集中上市。粮食的季节性集中上市给物流运输带来了两个高峰，第一个高峰为夏粮运输，集中在我国的中南部地区，第二个高峰是全国性的秋粮运输。高峰期的运输主要是区域内的收购运输，单位运输量小，时间密度大；随后进行区域间的远距离运输，比如随着我国粮食主产区从南向北转移，每年秋粮上市至次年 4 月份为“北粮南运”的集中运输期。同时，粮食的集中产出与连续性消费之间存在时间差，需要强大的物流存储环节来进行调节。果蔬类产品生产的季节性则更为明显，从南到北季节性的影响逐步加大。南方地区基本上可以做到常年连续生产，而北方地区受季节性温度的影响，只能做到季节性的产出。所以，每年的 11 月份到次年的 3、4 月份，中北部地区的蔬菜由南方供应，产生了由南向北的季节性应时物流。

表 3 - 4　　我国夏粮和秋粮产量比例

年份	2012	2011	2010	2009	2008	2007	2006	2005
夏粮产量占比（%）	22.0	22.1	22.5	23.3	22.8	23.4	23.4	22.0
秋粮产量占比（%）	72.3	72.1	71.7	70.5	71.2	70.3	70.3	71.4

资料来源：《中国统计年鉴（2014）》（无 2013 年夏秋粮数据）。

5. 对农产品安全性要求越来越高

农产品质量及安全问题是目前居民日常生活中重点关心的问题之一。近年来，不断发生的食品安全问题使得居民对农产品及食品质量产生怀疑，为了使居民吃上“放心菜”“放心肉”，就需要对这些农产品从“源头至餐桌”的各个环节进行监控，过去一直把生产过程作为重点监控，忽略流通环节安全，导致“甲醛白菜”“孔雀石绿”等流通环节安全问题频繁发生，因此，要保证农产品流通各环节都符合安全要求规范。

3.2 农产品物流运输

现代物流的主要功能是运输、仓储、装卸、包装、流通加工和信息处理等，运输和仓储是物流的核心环节，其中运输成本几乎占据了物流成本的一半，在物流系统中处于重要的核心地位。2013 年物流运输费用为 5.4 万亿元，同比增长 9.2%，占社会物流总费用的比重为 52.5%，与上年基本持平；交通运输物流业增加值同比增长 7.2%，增幅比上年回落 1.5 个百分点。

农产品物流是物流业的一个分支，是指为了满足消费者需求而进行的农产品物质实体及相关信息从生产者到消费者之间的物理性流动。农产品的生物性能（含水量高、保鲜期短和极易腐烂变质等）对运输效率与保鲜条件提出了很高的要求。目前，我国农产品物流是以常温物流或自然物流形式为主，农产品在物流过程中损失很大。由于运输是物流中最重要的功能要素之一，物流合理化在很大程度上依赖于运输合理化。运输合理化的影响因素很多，起决定性作用的有 5 个方面的因素：缩短运输距离、减少运输环节、选择合适的运输工具、缩短运输时间、降低运输费用。因此，如何降低物流运输成本，提高运输效益，提升客户满意度是农产品物流企业面临的问题。因此，提高物流运输的决策水平，不仅有助于提高企业经济收益，同时还可以降低运输车辆能源消耗，减少环境污染，这对于我国实现经济增长方式转型、提高经济竞争力和可持续发展能力有重要的意义。

新鲜农产品与其他商品相比，运输要求较为严格。我国地域辽阔，自然条件复杂，在运输过程中气候变化难以预料，加之交通设备与运输工具与发达国家相比还有很大差距，因此，必须严格管理，根据农产品的生物学特性，尽量满足农产品在运输过程中所需要的条件，才能确保运输安全，减少损失。

1. 以公路运输为主　运输方式日趋合理化

目前，我国农产品运输最普遍的运输方式是公路，其次是铁路、海运、空运。公路运输成本一般高于铁路运输、海路运输，但公路运输仍然是很多企业优先考虑的运输方式。这是因为公路运输可以控制发运时间及弹性，同时最大限度

地保障货物的运送状态。当前，我国已经投入了上百亿美元用于升级公路运输网络，截至 2013 年年底，全国公路总里程达到 435.6 万千米。主要的经济区域和 4 个经济中心省份已经连接起来，并将实现沿海岸线和长江的公路线，从兰州到连云港、北京至广州的公路线。

全国铁路营业里程 10.3 万千米，其中高速铁路 1.1 万千米。铁路运输在 1997 年以前担负着我国绝大部分物资的运输工作，但在 1997 年以后，尤其是在近几年，随着公路运输的不断发展，零担货物基本上由公路运输代替，但是对于谷物等粮食物资来说，铁路运输仍是一种最经济的运输方式，粮食运输一直处于比较平稳的状态，如表 3-5 所示。

表 3-5　　我国铁路粮食货运量情况　　单位：万吨

铁路运输量	2013 年	2012 年	2011 年	2010 年	2009 年	2008 年	2007 年	2006 年	2005 年
主要货物运输量	321614	322346	328136	308209	276276	273932	261239	244395	230920
粮食	10447	9980.74	9578.29	9692.36	9925.02	11469.5	10471.4	10111	11082
棉花	436.59	388.6	275.76	397.28	442.64	388.2	386.28	389	283

内河航道通航里程 12.6 万千米，其中三级及以上高等级航道 1 万千米，全国港口拥有万吨级及以上泊位 2001 个，其中沿海港口 1607 个、内河港口 394 个；目前，海运运输是进出口贸易活动中经常采用的一种运输方式，如表 3-6 所示。

表 3-6　　我国沿海规模以上港口粮食吞吐量情况　　单位：万吨

指标	2013 年	2012 年	2011 年	2010 年	2009 年	2008 年	2007 年	2006 年
主要港口主要货物吞吐量	728098	665245	616292	548358	475481	429599	388200	342191
主要港口粮食吞吐量	15835	14309	12176	12504	10483	9135	8591	8193

全国民用运输机场的空运运输成本比较高，但时间短，适合有较短时效的物品、急需使用的商用或救灾物品的运输。

2. 农村运输条件大幅改善

农村运输是农产品运输的重要部分。农村运输条件大幅改善，服务“三农”能力显著增强。农村客运网络化建设稳步推进，“十一五”期间，共投资121.4亿元。道路运输已成为支撑城乡经济社会一体化发展的重要纽带，农村地区农产品“出行难”“运货难”问题有了根本缓解。以北京市为例，点、线、面相互协调的“三环、五带、多中心”的物流设施空间格局基本建立，形成了以物流基地、物流中心为载体，专业物流为特色的多层次节点布局。农村物流主要以公路为主，2010年，北京市公路线路达9833条，里程21114千米，在全国率先实现“村村通公交”“村村通邮政”“村村有超市”的物流格局，运输条件大为改善。

3. 运输信息化技术水平不断提升

科技及信息化水平不断提升，有效支撑农产品运输行业的内涵式发展。“十一五”期间，道路运输信息化建设成效显著，开展了3批部省道路运输信息系统联网工作，运政管理信息系统、营运车辆联网联控系统建设全面推进。区域性公众出行信息平台、物流公共信息平台、区域性客运售票联网系统建设及IC卡道路运输电子证件的应用试点稳步推进，道路运输信息化标准规范体系不断完善。道路运输信息化建设在提升运输效率和服务品质、保障道路运输安全、提升政府公共服务能力等方面发挥着越来越重要的作用。

4. 农产品运输绿色通道效果显著

高速公路绿色通道政策是国家为支持农村经济发展、推进社会主义新农村建设、改善鲜活农产品流通环境、降低鲜活农产品流通成本、提高农产品流通效率、保障城市蔬菜市场供应、稳定物价、维护社会稳定、构建和谐社会而采取的一项重大举措，也是我国交通反哺农业、交通服务社会主义新农村建设的一项重要举措。鲜活农产品运输绿色通道，最初于1995年组织实施，主要内容为：在收费站设立专用通道口，对整车合法运输鲜活农产品车辆给予“不扣车、不卸载、不罚款”和减免通行费的优惠政策。2010年12月1日起，绿色通道扩大到全国所有收费公路，而且减免品种进一步增加，主要包括新鲜蔬菜、水果、鲜活水产品，活的畜禽，新鲜的肉、蛋、奶等，绿色通道系列政策陆续出台，绿色通道政策将愈发完善。绿色通道政策自实施以来，在支持农业发展、提高农产品运输效率、降低鲜活农产品运输成本等方面充分发挥了积极作用。

5. 农产品冷链运输逐步推进

我国农产品冷链运输最早产生于20世纪50年代的肉食品外贸出口，并因此改装了部分冷藏车辆。1982年，国家颁布了《食品卫生法》，从而推动了食品冷

链运输的发展，农产品冷链运输也开始起步。近二十年来，中国的农产品冷链运输不断发展，以一些食品加工行业的龙头企业为先导，已经不同程度地建立了农产品冷链运输体系。随着我国生鲜农产品产量快速增加，每年约有4亿吨生鲜农产品进入流通领域，冷链运输比例逐步提高。目前我国果蔬、肉类、水产品冷链流通率分别达到5%、15%、23%，冷藏运输率分别达到15%、30%、40%，冷链物流的规模快速增长。

在冷链运输中，冷链物流技术逐步推广，生鲜农产品出口企业率先引进国际先进的HACCP（危害分析和临界控制点）认证体系、GMP（良好操作规范）等管理技术、ISO 22000视频管理体系，普遍实现了全程低温控制。大型肉类屠宰企业开始应用国际先进的冷链物流技术，从屠宰、分割加工、冷却成熟等环节低温处理起步，逐渐向储藏、运输、批发和零售环节延伸，向着全程低温控制的方向快速发展。2013年12月，全国首个“南菜北运”全程冷链果蔬绿色专列——广西百色至北京果蔬绿色专列正式开通运营，全程可检测货物保鲜情况，实现全程运输恒温化。该专列的开通对打造“南菜北运”大物流、促进农民增收具有十分积极的作用。2014年7月，成都局携手民营快递，开通全程冷链保鲜电商班列，变“坐商”为“行商”，把货运营销工作做到田间地头，积极为菜农开通蔬菜运输绿色通道，促进新鲜农产品流通模式转型升级。配合铁路公路联运，全力满足蔬菜运输“小批量、门到门、全程冷链化”的运输要求。

中外运、中粮等社会化第三方物流企业强化与上下游战略合作与资源整合，建立国际先进的冷链设施和管理体系，积极拓展冷链运输业务；双汇、众品、光明乳业等食品生产企业，积极完善冷链网络，确保全程冷链运输；大型连锁商业企业完善终端销售环节的冷链管理，加快发展生鲜食品的冷链运输与配送。我国农产品冷链运输呈现出网络化、标准化、规模化、集团化发展态势。

3.3 农产品仓储

在农产品现代物流的大背景下，仓储已经不仅仅是一个仓库的概念，而是农产品物流供应链一体化运作的核心环节，是对农产品的进出、库存、分拣、包装、配送及其信息进行综合控制的一个系统化工程。促进农产品仓储业健康发展，加快推进传统仓储向现代物流转型升级，对于建立健全我国农产品现代流通体系、降低流通成本、提高流通效率具有重要的战略意义和现实意义。

3.3.1 仓储业发展现状

我国的仓储业与我国经济发展和改革开放的总体形势相适应，可以划分为4

个发展阶段：第一阶段在1978年之前，国有仓储企业一统天下。第二阶段是1979—1992年，国有仓储企业实施各项改革。第三阶段是1992—1998年，国有仓储企业探索创新，与个体私营仓储企业共同发展；涌现出大批个体、民营仓储企业。第四阶段是1999年至现在，仓储业在经营主体、经营管理与设施技术等方面逐步现代化，现代仓储业逐渐显现；企业主体由国有企业一统天下，发展到国有、民营、外资有序竞争经营业态；由单一的仓储保管，发展到仓储服务、仓储地产、金融仓储与自助式仓储等多种业态。

据《中国仓储行业发展报告（2014）》显示，自商务部2012年12月印发《关于促进仓储业转型升级的指导意见》（以下简称《指导意见》）以来，各地商务部门不同程度地加强了仓储业管理与指导，仓储业的产业规模继续扩大，行业运行平稳。到2013年年底，全国仓储企业有2.44万家，比同期增加7%；从业人员为71万人，同比增长8.4%；行业资产总额达1.7万亿元，同比增长11.8%；全国营业性通用仓库面积为8.6亿平方米，比上年增长23%，其中，立体仓库在2亿平米左右，约占23.2%；全国冷库总容积为8345万立方米（静态储存能力约2113.89万吨），同比增长9.68%；仓储业的固定资产投资额为4200.7亿元，同比增长了34.6%；主营业务收入约4804.8亿元，同比增长9.1%；纳税总额约312.6亿元，同比增长7.6%，净资产收益率为4.5%，较上年提高0.65个百分点。仓储业发展呈现六大特点：

1. 仓储业由单一向多种业态发展

随着仓储服务功能的不断完善，仓储业由单一向仓配一体化多种业态发展。仓储企业通过与工商企业、零售企业、连锁商超企业、电子商务企业、农产品批发市场、生产资料批发市场等不同需求方供应链的有机融合，向各类配送中心发展。针对净资产收益率相对较低情况，仓储企业紧紧围绕提高单位仓库面积收入、提高仓容利用率，积极完善服务功能、转变经营方式，努力向各种类型配送中心发展，发展多业务类型；仓储企业通过资源重组、优势互补，上下游延伸服务链条，努力向网络化与一体化服务发展；部分企业成功升级转型，成为标杆企业或仓储业龙头，积极发挥其引导与示范作用。

2. 低温仓储保持快速发展态势　由仓储型向冷链物流配送型升级转化

在低温仓储方面，全国的冷库总容量处在快速增长阶段。新中国成立初期，冷库的冷藏总容量仅仅有3万多吨。改革开放以来，随着我国济的发展及我国技术的不断完善，从1978年到2000年，我国GDP的年均增长量为9.5%。在这样的情况下，我国冷库的建设也取得了比较快速的发展，2006年，我国的冷库总容量为900万吨，2007年我国的冷库总容量为1000万吨。2010年已经达到了

1100万吨，年增长量超过10%。农产品批发市场配套的冷库建设与低温配送中心、商超的低温配送中心保持快速发展态势，“电商+低温宅配”的冷链模式及一些大型连锁餐饮企业陆续建设的低温配送中心成为新热点。

3. 电商仓储爆炸式增长　仓储模式不断升级

中国电子商务规模目前已名列全球第二，并迎来爆炸式增长。1998年，我国第一笔互联网网上交易成功。据有关统计，2014年上半年，我国电子商务交易额已达到5.66万亿元，并以30.1%的同比增长率继续大步向前。现阶段，我国电子商务正从B2B、C2C、B2C向C2B、O2O发展，不同的模式对应不同的物流仓储需求特征，电商仓储面临着新的挑战与机遇。电子商务如何通过自建仓储和干线完善物流布局，如何应对电商配送网络的下沉，如何布局生鲜电商的冷链平台及B2C电商库存等成为新问题。2014年中国电商仓储迎来了一个崭新的时代，电商企业一方面加快“自建”物流设施，一方面宣布“对外开放”仓储资源，近年来网仓等新兴仓储企业凭借其技术和理念保持了每年数倍的增长，顺丰、韵达等快递企业纷纷跨界经营仓储，传统物流企业也在尝试介入和开拓电商仓储服务，电商巨头们已经针对爆仓等问题在不断升级仓储模式。

4. 金融仓储的发展速度放缓

金融仓储以2008年“涌金仓储”诞生为标志。金融仓储的出现为银行开展动产抵押、质押、贷款业务提供了保障，降低了银行信贷风险，提高了银行利润空间，也为中小企业融资开辟了新天地，在盘活中小企业存货、避免关联担保风险、拓宽融资渠道方面发挥了积极作用。浙江涌金仓储股份有限公司从杭州的总公司起家，至今已覆盖至省内地区、重庆、合肥和沈阳等地，下设11家分支机构，2010年其授信额度达30亿元，客户数量与2009年相比增加了50%，公司成立3年来，业务规模迅速发展，形成了成熟的商业模式，并在行业内成功复制。目前，由于受“上海钢贸案”和“青岛有色案”的负面影响，担保存货管理（金融仓储）发展速度放缓，规范化发展成为业界关注焦点，相关金融机构与各类仓储企业不同程度地调整了发展策略，有关政府部门与行业组织也正在陆续研究出台相关对策。

5. 自助仓储逐步在一线城市得到发展

近10年来，由于城市发展到“寸土寸金”阶段，自助仓储以其恒温的仓储环境和出入存取自由等优势崭露头角。自助仓储首先在新加坡、香港、日本等地的顶尖城市发展，人们愿意把暂时搁置或对存储环境要求较高的物品存放在便捷、安全的自助仓中，以释放出更多的家居空间和办公空间，从而获得自由的生活体验和更大的空间价值。近几年，自助仓储在北京、上海等一线城市悄然兴

起，据不完全统计，国内目前已有近20家自助仓储企业，以上海“仓宝阁”（2009）和上海线 好易他（2011）和深圳好管家（2009）和“空间悠悠”（2010）、北京万福金安（2013）为代表。上海好易仓是自助仓储业的“老大”，现已有8间门店；好管家自助仓储实现平民级的消费，“柜族”级的体验，以国际最高标准打造出一流自助仓储设施，所有仓体均采用新加坡进口材料，恒温恒湿、整仓自动除尘除虫、国际先进安保措施和智能存取管理，软硬件优越，租期灵活，提供从0.5立方米的迷你仓到35立方米仓大小任选的空间或定制服务。同时，好管家还想客户所需，特别推出信箱服务（Mailbox），专门为客户代收代存信函和包裹，方便客户邮件的接收和管理。私人自助仓储将会逐步进入快速发展期，更多投资人将会进入这个领域，现有自助仓储企业将会不断扩建经营网点，并逐步走进大型高端社区。

6. 仓库租赁业（仓储地产）继续保持高速增长态势

2014年的“双11”，2分钟成交额超过10亿元，38分钟突破100亿元，阿里、天猫以571亿元交易额、2.78亿个订单创造了新纪录。在“双11”开闸一个小时后，巨大的订单量像洪水般袭向了仓储物流平台。整合物流、仓储、客户等多方面的资源，通过统一的服务平台为客户提供共同配送等服务，是解决仓储物流过程中安全、速度、成本和效率等问题的重要途径。事实上，仓储物流并非只有“双11”期间如此火爆，随着近几年电子商务的迅猛发展，物流地产开发商们也遇到了多重机会和挑战。仓库租赁业即仓储地产继续保持高速增长，各类物流园区与仓储地产企业是仓库租赁业的主体，物流园区在考虑成本的基础上应该尽可能开发针对企业的特殊服务套餐，通过个性化服务套餐的推出，既提高配送效率，也是新的业务增长点。仓储地产以2004年以普洛斯进入中国为标志，使仓库建设与租赁从传统仓储业中分离出来，成为一种新的业态，带动了仓库设施的升级换代。到2013年年末，全国9家大中型仓储地产企业运营仓库面积合计1536万平米，同比增长18.7%，约占全国营业性仓库总面积的1.7%，约占立体仓库总量的7.6%，其中，普洛斯的运营仓达到950万平米。普洛斯目前已在中国20多个主要城市拥有60多个专业物流园区，不仅是“仓储地产”业“老大”，也是全国仓储面积最多的公司。

3.3.2 我国农产品仓储呈现的特点

近年来，随着农业结构调整和居民消费水平的提高，生鲜农产品的产量和流通量逐年增加，全社会对生鲜农产品的安全和品质提出了更高的要求，急需加快发展农产品跨地区保鲜运输，进一步提高低温储藏保鲜水平。冷链物流与仓储成

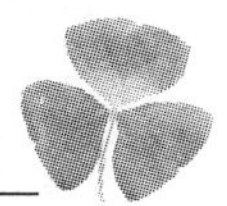

为未来农产品流通发展的重要趋势。

1. 国家对冷链仓储的支持力度加大

2009年、2010年的中央"一号文件"均强调要加快农产品冷链物流系统建设，促进农产品流通；2009年发布的《物流业调整和振兴规划》明确提出要完善鲜活农产品储藏、加工、运输和配送等冷链物流设施，提高鲜活农产品冷藏运输比例；2010年国家发展改革委发布《农产品冷链物流发展规划》，提出以市场为导向，以企业为主体，初步建立冷链物流技术体系，制订推广冷链物流规范和标准，加快冷链物流基础设施建设，培育一批冷链物流企业，形成设施先进、管理规范、网络健全、全程可控的一体化冷链物流服务体系，以降低农产品产后损失和流通成本，促进农民增收，确保农产品品质和消费安全。《物流业发展中长期规划（2014—2020）》要求加强鲜活农产品冷链物流设施建设，支持"南菜北运"和大宗鲜活农产品产地预冷、初加工、冷藏保鲜、冷链运输等设施设备建设，形成重点品种农产品物流集散中心，提升批发市场等重要节点的冷链设施水平，完善冷链物流网络，冷链仓储成为国家重点支持的发展方向。

2. 农产品冷库建设进入快速发展时期

自2010年颁布《农产品冷链物流发展规划》以来，在技术改造和充分利用现有低温储藏设施的基础上，鼓励肉类和水产品生产企业、专业冷链物流企业等经营主体加快建设一批技术先进、高效适用、节能环保的冷库，以满足全社会对储藏设施的急需。到2015年，推动全社会通过改造、扩建和新建，增加冷库库容1000万吨。根据此目标，国内冷库建设进入"建国以来发展最快的时期"，各地冷链物流园的建设更是如日中天，冷库建设发展十分迅速，主要分布在各水果、蔬菜主产区及大中城市郊区的蔬菜基地。据冷标委调研，2013年我国建成投入运行的冷库储存能力达到287.7万吨，其中公共型冷库总储存能力约为262万吨，占建成投运冷库总储存能力的91%。在生鲜电商的带动下，一些物流公司已经布局冷库建设，扩大城市覆盖范围。中外运、中粮等社会化第三方物流企业建立国际先进的冷链设施和管理体系，积极拓展冷链仓储业务；众品、光明乳业等食品生产企业，组建独立核算的冷链物流公司，完善冷链网络。

3. 农产品仓储的政策、标准日趋完善

我国相关部门已经认识到冷链物流与仓储业政策、标准缺失的问题，已经开始积极着手制定。2011年年底，我国将在冷库管理、冷链作业、企业评估、水产品、畜禽产品运作规范等方面完成制定5项国家标准。各地相关部门也开始积极参与制定各类标准，上海市经济贸易委员会编制的《食品冷链物流技术与管理规范》已于2007年10月在上海实施，这是我国第一个关于冷链物流规范管理的

地方标准；2010 年，河北也出台了《食品冷链物流技术与管理规范》，等等。到目前为止，我国仓储业有各类标准 51 项。中国仓储协会组织起草的行标《仓储作业规范》《网络零售仓储作业规范》、国标《仓单要素与格式规范》《仓储绩效指标体系》已于 2013 年颁布实施。国外的冷链物流技术已经逐步进入国内并开始推广。生鲜农产品出口企业率先引进国际先进的 HACCP（危害分析和临街控制点）、GMP（良好操作规范）等管理技术，普遍实现了全程低温控制。大型肉类屠宰企业开始应用国际先进的冷链物流技术，从屠宰、分割加工、冷却成熟等环节低温处理起步，逐步向储藏、运输、批发和零售环节延伸，向全程低温控制方向发展。

4. 农产品仓储趋于集约化、节能化

集约化发展是冷链物流与仓储发展的重要方向之一，是提高运输与仓储效率，降低流通成本的重要途径，冷链仓储物流将通过多品种、多企业共同储藏配送等方式进一步优化流程、提高管理效率。在发展农产品冷链物流、建设生鲜配送中心时，能源节约也是需要考虑的重要因素，尤其是在肉类、水产品等农产品在冷链运输、仓储及销售过程中要提高冷链处理能力，逐步减少“断链”现象的发生，加强冷链对接，减少冷损耗。冷藏链环节中的节能主要体现在制冷系统中，制冷系统能耗大小、运行的经济性将严重影响企业的运行成本。国际制冷学会要求在未来 20 年内，应使每个制冷设备耗能减少 30%～50%。因此，自主研发、引进消化和吸收注重节能环保的各种新型冷链物流技术，使用节能材料，注重节能和注重环保将成为冷藏、保温车技术发展的主攻方向，既节省能源又无污染、无噪声的冷板制冷技术将会成为今后制冷方式的主流，例如，热氟化霜技术开始在国内探索使用，将成为以氟为制冷工质的冷库最有效的节能技术手段之一；另外，作为一种新型绿色光源——LED 灯已经开始在国内的大型冷库中使用，比传统光源节能 80%以上，等等。

5. 农产品仓储技术操作将逐步走向规范化、标准化、信息化

各地政府及企业已经越来越重视农产品流通的冷链物流技术，对农产品流通全过程的保温恒温技术、全程监控的信息化技术等展开研究，对铁路、公路、水路和航空运输等方式转运存储技术及多式联运存储技术已经开始推广和应用。农产品冷链仓储物流要实现有效的节能，对技术操作的规范化和标准化程度的要求会更高，也就对规范流程的管理水平提出更高的要求。因此，必须要建设布局合理、设施先进、上下游衔接、功能完善、管理规范、标准健全的农产品冷链物流服务体系，才能把农产品冷链仓储物流推向标准化、规范化的发展方向。比如以货架、托盘、叉车为代表的仓储装备和仓储管理信息系统在大中型仓储企业的应

用状况良好，据测算，全国仓储业机械化作业率37%以上，仓储管理信息化达到50%以上。同时，条码、智能标签、无线射频识别等自动识别、标识技术、可视化及货物跟踪系统、自动或快速分拣技术，在一些大型企业与电商等专业仓储企业应用比例有所提高。

3.4 农产品物流配送

农产品配送企业业务看似比较简单，但由于配送产品种类非常多、难以标准化、价格变化多、配送时间短、配送投诉问题多等问题，使得流程复杂性较高，组织问题较多，造成企业无法有效提升毛利。同时，由于较高的显性和隐性成本，使得企业无法有效获取利润。

1. 城市农产品配送网络基本形成

目前，我国农产品配送主要分为两类。第一类是第三方物流配送。这种配送主要分布在各批发市场周围。在我国，农产品产地批发市场仍然是农产品物流的主渠道，已经形成了产地专业批发市场为基础，合作社、经纪人物流为补充的农产品物流网络系统。在农产品批发市场周围有很多零散的配送公司，这些配送公司主要承担的是完成批发市场到消费者或者零售终端的配送，存在着规模小、服务对象少且单一的特点，依靠“手机＋ 邮件”的模式进行业务活动，其配送运输工具比较落后，形成了经营效率低下、配送成本低的先天缺陷。第二类是自营配送。这种配送主体主要可以分为3种形式：一是以大户为主体，如农产品生产及营销经纪人、生产大户等。二是以合作社（或协会）作为配送主体，集体组织配送。如北京绿谷合作联社的农产品配送中心，该中心将全区产品资源进行整合，扩大配送规模。三是公司自营配送。如北京华利丰农产品种植有限公司、福建超大现代农业发展有限公司北京分公司、京东绿谷物流有限公司等，主要为超市、大中院校及企业配送新鲜蔬菜，但这种直配规模有限，利润增值空间小。

2. 积极创新城市配送模式

近年来，随着电子商务、连锁经营等新型流通业态的快速发展，城市居民对农产品配送时效性、便捷性的期待日益提高。部分城市以城市居民生产生活需求为导向，把城市配送作为一项服务民生的重要项目来抓，依托货运出租企业、联合快递和农产品配送企业，合作开展城市配送，同时加大培育冷链运输、社区物流、共同配送、信息化城配等新型城配模式，其中社区宅配物流发展迅速，已培育农产品社区服务点。另外，一些大城市建设生鲜农产品连锁直销店，积极推进“农批对接”“农超对接”“农批零对接”车载菜市等农产品现代流通模式，并取得了良好效果。

3. 系列政策为农产品冷链配送保驾护航

我国不断加大对城市冷链配送的政策支持力度。2009 年 3 月 10 日，国务院发布《物流业调整和振兴规划》，提出要发展农产品冷链物流，完善鲜活农产品运输、配送等冷链物流设施，这是我国出台的第一个物流业专项规划。2010 年 6 月 18 日，国家发展和改革委员会发布《农产品冷链物流发展规划》，提出要加快大中城市猪肉、水产品、水果冷链配送体系建设，鼓励冷链物流企业在大中城市规划建设冷链配送中心、购置冷藏车辆，促进其与冷链食品生产、批发零售市场的无缝衔接，为保证冷链食品安全、满足城镇居民消费提供重要支撑。2011 年国务院办公厅发布的《关于促进物流业健康发展政策措施的意见》《关于加强鲜活农产品流通体系建设的意见》重点研究制定了城市配送管理办法，有效解决了城市中转配送难、配送货车停靠难等问题；进一步落实了鲜活农产品配送车辆 24 小时进城通行和便利停靠政策；升级改造了一批大型农产品加工配送中心，鼓励有条件的大中城市使用符合国家强制性标准的鲜活农产品专用运输车型。2012 年发布的《关于加快推进农业科技创新持续增强农产品供给保障能力的若干意见》《肉类工业“十二五”发展规划》《关于鼓励和引导民间投资进入物流领域的实施意见》等积极支持冷链配送业发展，鼓励民间资本进入城市配送（含冷链）等重点物流领域，支持民间资本投资配送等领域的物流基础设施建设。

4. 农产品配送体系信息化水平有所提升

随着物流技术的快速发展，国际、国内各种商业物流配送中心利用信息技术提升管理水平的企业已经越来越多。例如，目前采用较多的信息管理技术包括企业资源计划系统（ERP）、管理信息系统（MIS）、电子数据交换系统（EDI）、地理信息系统（GIS）、产品识别条码（BC）、自动分拣系统（ASS）、柔性物流系统（AGV）、全球定位系统（GPS）、仓库管理系统（WMS）等。有的配送中心普遍采用了机械化、自动化配合信息系统的整合作业模式，例如电动叉车、传送带、装卸搬运、吊车等机械设施配合各种信息系统的使用，大大提高了管理效率、节约了人员成本。很多商业物流中心都建有专业通信网，货物的入库、移动、配装等都通过计算机控制托盘、货架铲车和吊车进行。

5. 共同配送模式在各地试水初见成效

“农产品共同配送联盟”虽然在如何组织、管理、运作等详细内容和具体细节方面并未完全确定，但各地已经在积极展开试点。以北京为例，新发地农产品批发市场试点共同配送，配送联盟主要是整合蔬菜供需信息和物流配送企业，让批发市场商户直接对接餐企、菜店，减少二级批发，共同对接方式将主要借助于

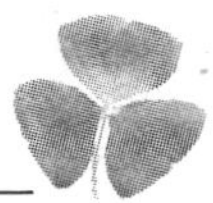

一个网络信息平台，即商户把菜价登记到一个网站，社区菜店、机关食堂、小餐馆可到网站下订单，再由统一配送车辆配送。北京首批吸纳500家下游配送点和200家上游供应商，到“十二五”时期末，争取使北京半数以上的菜市场、大型单位食堂实现农产品共同配送。尽管农产品共同配送联盟只是刚刚显现雏形，采用共同配送，不但将使农产品的流通成本大为减少，还有助于稳定本市农产品价格。配送企业结成配送联盟能承接到更多业务，联盟统一支配各盟员手中的供需信息和资源，对订单进行合理的分配，从整体最优的动机调度联盟的资源，用相同的资源消耗完成比单独配送更多的业务量，形成规模经济效应。在某个盟员由于遭遇突发情况而不能按时配送时，联盟可临时调整配送方案，将此盟员的任务交由其他一个或几个盟员完成。这样大大降低了单独配送时延时送货的风险，保障了果蔬农产品配送的时效性，提高了果蔬农产品配送企业的服务水平。

3.5 农产品物流质量安全追溯

“毒大米”“毒豇豆”“问题银鱼”“孔雀石绿鱼”……如此触目惊心的“问题”农产品信息，一次次将质量安全问题推向风口浪尖。在各种数据信息爆发的大数据时代，网络信息技术的发展形成了“安全问题”信息在论坛、新闻、贴吧、微博、微信等互传的格局。如何解决这些问题，很多模式正在探索中，其中，农产品追溯是重要的一种模式，也是一种发展战略方向。2014年政府工作报告中特别强调“要建立从生产加工到流通消费的全过程监管机制、社会共治制度和可追溯体系，切实保障舌尖上的安全”。

3.5.1 农产品追溯

追溯：《国际食物法典》中采用“追溯/产品追查”的说法，在美国则简单地称之为“记录保存”，还有一种则称之为向下跟踪与向上追溯。国际标准化组织ISO把可追溯性的概念定义为“通过登记的识别码，对商品或行为的历史和使用或位置予以追踪的能力”。农产品追溯体系是以发展现代流通方式为基础，运用信息技术手段，实现农产品流通的索证索票、购销台账的电子化，从而形成来源可追溯、去向可查证、责任可追究的质量安全追溯链条，达到“流通千万里，追溯零距离”目标。

随着农产品加工业的发展和社会分工范围的扩大，越来越多的农产品供应都要经过很多企业的合作，经历复杂的生产、加工、运输、分销和零售过程，才能最终到达消费者手中。农产品可追溯系统是在产品供应的整个过程中对产品的各种相关信息进行记录存储的质量保障系统。第一作用是追溯，指从供应链下游至

上游识别一个特定的单元或一件农产品来源的能力，即通过记录标识的方法回溯某农产品的来源、用途和位置的能力。大部分是属于被动型。被动追溯的实质是“在线”的跟踪，在发生农产品安全事故时，政府或企业通过被动追溯可以及时、有效地了解产品的上行追溯和下行追溯。被动追溯更多的用于农产品安全危机处理中，因此说，被动可追溯是可追溯体系的基础，也是追溯体系建设的初衷。还有一种是消费者的追溯，源于消费者的知情权。由于农产品属于信任品，消费者购买优质农产品后，愿意用较高的成本得到更加安全健康的农产品而进行主动追溯。第二作用是跟踪，指从农产品供应链的上游至下游，跟踪一个特定的单元运行过程的能力，属于主动型。主动追溯则是被动追溯在功能上的延伸，因为这种“在线”跟踪还可以被用在不同的供应链之间优化和控制流程，主要用于企业管理。主动追溯将可追溯看作是在整个企业供应链或是供应链中某一组特定的工作流中管理质量信息的工具，它的目的是实现流程优化和控制。主动追溯可以降低企业的成本，提高生产效率，提供更好的质量保证。在主动可追溯中，跟踪系统所记录的数据不仅执行上行和下行追溯的功能，更能够控制和优化组织内或组织间的业务流程。

在农产品生产到消费供应链上，随着分工的细化，需要越来越多的农产品企业的参与，经历复杂的生产、加工、运输、配送、分销和零售等多个环节，才能最终到达消费者手中，每个环节都存在增加质量安全风险的隐患。因此，建立农产品全程质量追溯系统尤为重要。

3.5.2 我国农产品追溯体系建设成效

针对日益频发的食品质量安全问题，为从源头上保障消费者的合法权益，满足公众对食品安全的知情权，强化食品产业链上各企业的责任，同时也为应对国际食品贸易中的技术壁垒，我国于 2002 年开始了对食品质量安全追溯体系建设的探索；2003—2004 年农业部分别启动农垦系统及京、津、沪等多个城市食品质量安全追溯系统建设的试点工作。

农业部、国家质检总局、食品药品监督管理局等部门出台了一系列与食品质量追溯相关的制度和标准，并构建多个地方性食品质量追溯平台。食品监督管理局出台了《肉类制品跟踪与追溯应用指南》和《生鲜产品跟踪与追溯应用指南》。在国家质检总局 2003 年启动的“中国条码推进工程”的大力推动下，中国物品编码中心借鉴欧盟国家的先进经验，结合国内的实际情况，相继制定了《牛肉制品溯源指南》《水果、蔬菜跟踪与追溯指南》《食品质量快速溯源过程中电子标签应用指南》《牛肉质量跟踪与溯源系统实用方案》等规范和应用指南。2006 年颁布实施的《食品质量安全法》规定食品生产企业和农民专业合作经济组织应当建

立食品生产记录制度；2009 年颁布实施的《食品安全法》规定食品生产企业应当建立食品原料、食品添加剂、食品相关产品进货查验记录制度和食品出厂检验记录制度，食品经营企业应当建立食品进货查验记录制度，为构建食品安全溯源体系提供了良好的制度支持。

从 2010 年开始，为强化流通行业管理，推进诚信经营，促进放心消费，商务部、财政部持续推动大中城市肉类蔬菜流通追溯体系建设，尝试应用信息技术手段实现产品来源可追、去向可查、责任可究，探索保障老百姓“餐桌安全”的新模式、新思路。主要在以下几方面有所推进：

（1）建立“三位一体”的共管共享协调机制。由商务部牵头，与地方商务主管部门、试点城市政府三方签署合作协议，三位一体、分工协作，明确分工与责任，合力推进肉类蔬菜流通追溯体系建设。各试点城市在“菜篮子市长负责制”框架下，以肉类蔬菜流通追溯体系建设为契机，由市政府领导各部门建立共建、共管、共享机制，全力打造农产品质量安全追溯平台。

（2）在试点城市建立肉类蔬菜质量安全追溯系统，实现农产品从”田间”到”舌尖”的全程追溯。按照总体设计、试点先行，分步实施原则，商务部从 2010 年开始，以 50 个城市为试点，分 4 批计划覆盖城区范围内大型农产品批发市场、全部机械化肉类屠宰场、标准化社区菜市场等建立肉类蔬菜质量安全追溯系统。从条件较好的大中城市试点，逐步扩展到全国有条件的城市，形成与大生产、大流通相适应的全国肉类蔬菜流通追溯网络。从肉类、蔬菜“一荤一素”入手，逐步扩展到中药材、酒类、水果、水产品等与人民群众日常生活密切相关的品种。2010 年以来，按照总体设计、分步实施原则，分 4 批支持 50 个城市（如图 3－3 所示）试点覆盖城区范围内全部机械化屠宰场、大型批发市场、标准化菜市场、大中型连超市和部分团体消费单位。前两批 20 个城市已基本建立追溯体系并运行，初步形成辐射全国、连接城乡的追溯网络，实现 300 余种肉类蔬菜产、运、批、零的全链条信息化可追溯管理。

图 3-3　全国肉类蔬菜流通追溯试点城市分布情况示意

资料来源：武汉商务局网站（根据“2014 年全国肉类蔬菜流通追溯体系建设成果展”资料整理）。

（3）300 多种肉类蔬菜实现全链条信息化可追溯管理，初步建立适应农产品大流通市场的农产品流通追溯网络。借鉴物联网原理，总体设计成信息采集、传输、处理、查询四大部分，建设以中央、省、市三级追溯管理平台为核心，以生猪屠宰环节、批发环节、零售环节、消费环节追溯子系统为支撑的肉类蔬菜流通追溯体系。这等于在流通环节安装了一道闸门，产地来源不清、质量安全无保障的肉菜轻易进不了市场，改变了以往问题产品在流通环节畅通无阻的局面。通过溯源小票查询到产品的相关信息，消费者知情、维权的权益得到了保障，大大改善了消费预期，提升了消费信心。

据悉，目前该项目建设已经初具全网络规模，前两批 20 个城市共 6141 个流通企业顺利建成追溯体系，包括 206 个屠宰企业、119 个批发市场、3440 个菜市场、1007 个大型连锁超市、1369 个团体消费单位，初步形成了辐射全国、连接城乡的肉类蔬菜流通追溯网络。

3.6　农产品电子商务

3.6.1　农产品电子商务

农产品交易的形式和渠道远比其他产品多样化，而较窄的利润空间和产品自身的易腐性等特征也增加了电子商务在农产品领域的应用难度，这使得目前电子商务在农产品领域的应用拓展速度远不如其他领域。

伴随着互联网的高速发展，当今社会已经进入一个崭新的网络世界，信息化

浪潮影响超乎想象。电子商务是因特网爆炸式发展的直接产物，是网络技术应用的全新发展方向。电子商务的发展，逐渐改变了人民的生活和习惯，造就了许多的“宅男宅女”，网购已不再是新鲜事物，人们在获取信息、传输信息、各种服务活动、付款、送货方式等方面发生了根本的变革。同时，网络已经成为很多传统企业开辟新渠道的新思路，越来越受到企业领导者的重视，随着我国农业产业结构逐步调整，涉农群体对信息服务方式的需求发生了新变化，特别是种养大户、购销大户、农民专业合作社、农业龙头企业等农业生产经营主体，急需通过电子商务等手段及时获取市场行情，降低营销成本，提高生产经营效益。电子商务服务为各类农业经营主体提供了及时、准确、全面的信息决策依据。近年来，面向消费者的电子商务模式日益创新，基于网络的数字化产品与服务不断涌现。随着农业互联网的普及及农村网民数量的增长，全国各地建设的各类涉农网站中，农业电子商务服务所占比重呈直线上升趋势。

企业产品最好的营销方式是如何以最快的速度占领和锁定自己的市场，而电子商务已成为企业快速占领直销市场和近距离接触消费者的最好营销方式。B2B、B2C 等主流形式将更多的经济主体引入电商平台，通过物联网、云技术等手段，不断创新网络经营模式。

农产品电子商务是在互联网开放的网络环境下，基于浏览器服务器应用方式，实现消费者的网上购物、商户之间的农产品网上交易和在线电子支付的一种新型的商业运营模式。简单地讲，是指利用电子网络化手段进行农产品营销的商务活动。农产品电子商务利用因特网本身所具有的全球性、开放性、低成本、高效率的特点，跨越国界、大范围且迅速及时地进行各种农业商务联系，更快速向涉农群体，特别是种养大户、购销大户、农民专业合作社、农业龙头企业等农业生产经营主体进行信息“快递”，使农产品推向市场的速度更快、交易实时性更强、货运延时更少，从而打通信息“阻隔”，降低农产品营销成本，提高流通经营效益。通过将农产品贸易活动网络化来减少农产品传统市场流通方式中大量的中间环节，实现企业与企业、企业与消费者的直接交易，从而最大限度地降低经济活动中的交易成本、提高经济运转的效率和效益。

3.6.2 农产品电子商务的发展特点

(1) 政府重视加强，农产品电子商务发展环境在不断改善。为促进电子商务经济发展，近年来各部门都基于各自职能发布了诸多的政策措施。商务部发布了“十二五”电子商务发展指导意见》(商电发〔2011〕375 号)；中国人民银行在 2010 年通过了《非金融机构支付服务管理办法》，并从 2011 年开始多批次地颁发了将近 200 张第三方支付牌照，为电子商务发展提供了政策保障。

鉴于农产品在国民经济和“三农”问题中的重要作用，国家多次出台支持农产品流通的相关政策。2012 年 1 月，国务院办公厅公布《关于加强鲜活农产品流通体系建设的意见》，提出了加强鲜活农产品流通体系建设的主要目标；2012 年 12 月 19 日，商务部出台了《关于加快推进鲜活农产品流通创新的指导意见》，意见明确提出，要加强交易创新，引导鲜活农产品经销商交易习惯，鼓励利用互联网、物联网等现代信息技术，发展线上线下相结合的鲜活农产品网上批发和网上零售，发挥网上交易少环节、低成本、高效率的优势。2013 年，根据《关于促进信息消费扩大内需的若干意见》（国发〔2013〕32 号），针对电子商务发展面临的突出问题，结合电子商务应用促进工作的实际需求，发布《商务部关于促进电子商务应用的实施意见》；支持和引导农产品电子商务平台建设，融合涉农电子商务企业、农产品批发市场等线下资源，拓展农产品网上销售渠道，实现农产品购销常态化对接。2014 年出台的《商务部等 13 部门关于进一步加强农产品市场体系建设的指导意见》要求大力发展农产品电子商务。以上一系列国家政策措施，对农产品电子商务都是利好消息，从宏观环境上，农产品电子商务具备了爆发式增长的基础。

（2）农产品电子商务交易规模保持快速增长态势，未来还会呈现井喷式增长。根据中国互联网络信息中心（CNNIC）第 35 次公布的数据显示，截至 2014 年 12 月，我国网民规模达 6.49 亿人，比 2013 年年底增加 3117 万人。互联网普及率达 47.9%，比 2013 年年底增加 2.1 个百分点；我国手机用户网民规模达到 5.57 亿，较 2013 年年底增加 5672 万人；网民中，农村人口规模达 1.78 亿人，占比为 27.5%。互联网及手机用户的普及，使农产品电子商务以爆发式的速度迅速发展。2013 年第一季度，全国电子商务交易总额达到 3856 亿元，同比增加 38%。根据阿里巴巴、集团研究中心数据显示：2010 年，淘宝网的农产品交易额为 37 亿元。2012 年，在阿里巴巴平台上销售农产品的网店共计 26 万家，2012 年阿里平台共完成农产品交易额（GMV）约 198.61 亿元，其中淘宝网和天猫平台成就了大部分交易额，在 B2B 平台上通过支付宝完成的交易额接近 1 亿元。电子商务对农产品的渗透率每增长 1%，就将成就一个 200 多亿元的市场。

（3）农产品电子商务企业不断壮大。有数据显示，2012 年进入流通领域的生鲜农副产品价值总额达 2.45 万亿元，但通过电子商务流通的农产品仅占 1%左右。农业是“三农”问题的关键，农产品则是农业的核心。近年来，农产品电子商务受到各类平台的重视和投入，成为涉农电子商务的热点。包括阿里巴巴、B2B、淘宝网、天猫、京东、1 号店等平台，均将农产品作为重要业务拓展。京东、沱沱工社、中粮我买网等企业开展“农电对接”，方便居民消费，成为全国农产品电子商务标杆企业。2014 年 8 月 1 日，中粮我买网在京宣布完成了 B 轮

融资，金额高达1亿美元，被称为“食品电商史上最大融资”。中粮我买网无论在企业背景、发展模式还是企业实力上都更具发展空间，尤其是大力开拓海外直采、聚焦供应链和生鲜冷链物流的打造，精准的企业定位在食品垂直电商领域具有明显优势。价格、渠道、供应链、物流，这些电商类的基本玩法，并不是特质，但中粮我买网的独特渠道能拿来全球最好的食品，这一点正符合了当下人们对美食、健康的追求，这或将是我买网能够一统“食品电商江湖”的根本。

（4）农产品电商平台的地位和作用日益凸显，电商平台、政府监管部门与进行网上销售的企业之间正形成一种新的市场协作关系。B2B与B2C的融合及电子商务平台化、平台开放对于企业生产经营环境产生重要的影响。农产品作为电商企业的新蓝海，其产品和服务基本集中到为数不多的几个大型电子商务平台，这些电商平台发挥着企业前台的角色，展示农产品品类与质量，电商平台企业实际上发挥着一种公共监管者的职能，从而形成一种独特的电子商务治理结构，而且基于一个准公共管理者的角色，从公平交易规范、信用管理、产品与服务标准、资格认定、相关业务技术培训、行业统计等方面加强建设。而对农产品与服务提供企业来说，则面临着一种更加不同的环境，不仅要接受来自社会和政府职能部门的监管，还要接受电商平台的规则制约，因此，企业面临着一个全新的市场环境，需要更新传统环境下的发展理念，加强企业形象和品牌建设，形成以技术、品牌、质量、服务为核心的竞争新优势，实现企业发展能力转型。同时，这种结构关系首先会对政府部门监管带来影响，对于一些可以通过电商平台去解决的问题，可以考虑逐步放开或是与电商平台协作管理。而对于电商平台的市场监管倒是应该成为政府部门研究和重视的问题，具体包括如何认识和定位电商平台在市场管理方面的属性和角色，如何规制电商平台之间的竞争与合作，以便为电子商务经济营造一个理性发展环境。

（5）区域发展不平衡情况显著，电子商务服务企业主要集中在长三角、珠三角和北京等经济发达地区，但中西部地区增速加快。坚实的经济发展基础、良好的交通基础设施、地方政府支持、相对成熟的环境是电子商务发展的基础。电子商务的跨地域特性，能够帮助农村居民打破以往的有形市场的物理局限，有效拓展全国乃至全球市场。根据中国互联网络信息中心的调查，开展在线销售应用的企业主要集中在东部地区，该比例高于整体受访企业中的东部地区企业数量所占比例，而中部、西部地区在线销售企业比例均低于其整体占比，但增速加快，涉农电子商务应用飞速增长。2011年，淘宝网各省成交额的前10名里，中西部、南部地区网贩增速已经超过沿海地区，增长最快的前5个地区分别是：山西、内蒙古、新疆、安徽和甘肃。从最开始的零散农户在网上卖本地土特产，发展到以村、镇、县为单位的产供销产业群，形成了各自特色，如浙江遂昌县、浙江义乌青岩刘村、浙江缙云北山村、江苏睢宁沙集镇、河北清河县等。2013 年淘宝网农产品销售变化如图 3-4 所示。

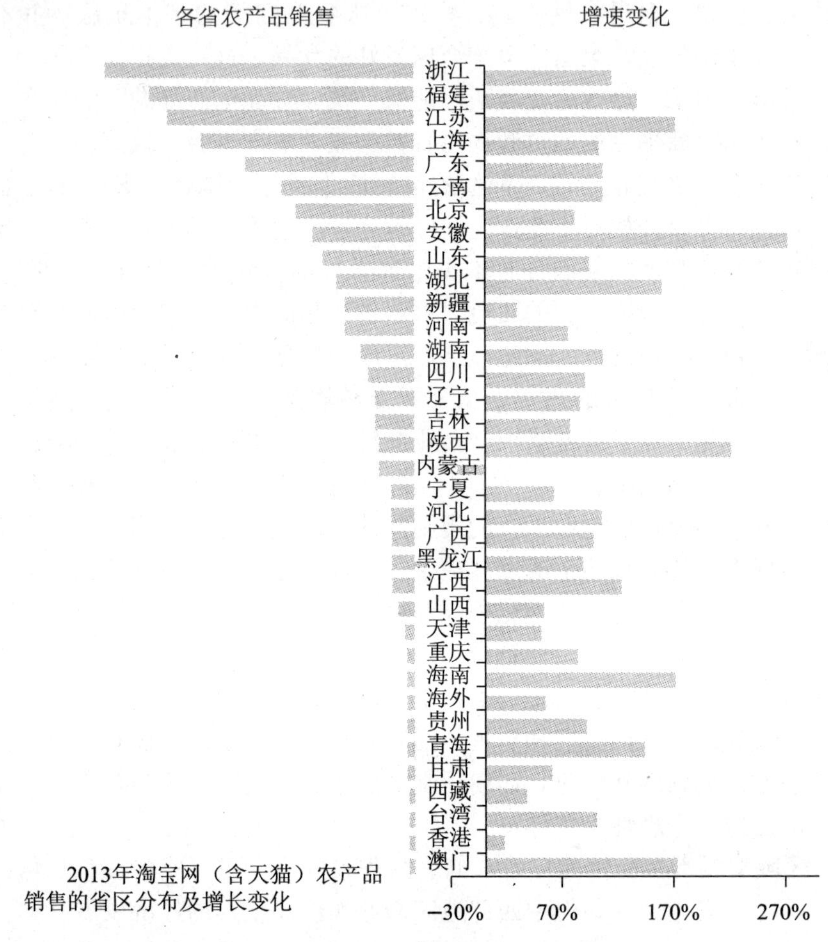

图 3-4　2013 年淘宝网农产品销售变化

数据来源：阿里研究网。

以西南地区的云南为例。当前，云南农产品电子商务快速发展，各类涉农电子商务平台已经超过 1 万家，这个数字排在全国第 11 位。据统计，在淘宝云南馆，农副土特产品占据绝对的主打地位。2013 年，普洱、三七、七子饼以不俗的年均销量飘红了淘宝土特产地图。2013 年的七夕节，云南花卉在淘宝创下 3 天 3.6 万人的购买纪录，充分显示出云南触网的潜力，普洱茶销量排名淘宝农产品单品销量第 3，交易额近 8 亿元。从茶叶、鲜花起步，到现在已有 1.47 万件商

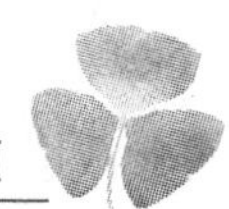

品，云南农产品的销量排全国第 6 位，仅次于浙江、福建、江苏、上海、广东。

(6) 跨境电子交易获得快速发展。在国际经济形势持续不振的环境下，我国中小外贸企业跨境电子商务仍然逆势而为，近年来保持了 30%的年均增速，成为世界跨境电子商务第一大国，农产品跨境交易成为被关注点，有两方面原因：一方面跨境交易更加便捷。在新型农产品流通模式下，农产品商流上有了创新，除了原产地的直供，农产品的跨境交易也变得越来越容易。有关部门正在加紧完善促进跨境网上交易对平台、物流、支付结算、海关商检等方面的配套政策措施，促进跨境电子商务模式不断创新，出现了一站式推广、平台化运营、网络购物业务与会展相结合等模式，使得越来越多的中国制造产品得以通过在线外贸平台走向国外市场，从而有力地推动了跨境电子商务向纵深发展。另一方面，消费需求强劲。消费者对农产品质量安全越来越关注，农产品电子商务为国内消费者提供了更多选择，进口产品流通环节减少，毛利高，激发零售企业引进优质农产品。

2013 年，先是美国前驻华大使骆家辉“售卖美国车厘子”；接着智利驻华大使与淘宝合作，为中国消费者带来智利银鳕鱼；丹麦驻华使馆联手聚划算，把丹麦有机奶等农产品带到中国。泰国、澳大利亚、韩国、英国、意大利、西班牙等也陆续与电商平台合作，越来越多的进口农产品进入中国。

1 号店进口品牌有 18 个，如天天果园、佳沛/ZESPRI、花果山、世果汇、聚享优果等每个品牌都有上百个品种。天猫截止到 2013 年年末，喵鲜生已经与 12 个国家或地区的金粒农产品进行进出口合作，在 2014 年春节前，共有 25 个国家的进口农产品在天猫网站上售卖。以进口车厘子为例，有近 20 个品牌，如 Woogie（奥地利）、洛奇 、多赛特谷（英国）、圣桃园（法国）、嘉云斯（德国）等。

农产品电商进入成长期。2014 年中央一号文件首次提出“加强农产品电子商务平台建设”2014 年涉农电子商务得到了高速发展，进入成长期。天猫、淘宝农产品交易额预计将超过 1000 亿元，京东将加快农产品电商步伐，我买网、1 号店、顺丰优选、龙宝溯源网等都将加快发展速度，涉农电子商务也将成为新的亮点。

(7) 农产品电商集成模式将形成。企业 B2B 电商平台、B2C 电商平台等纷纷推出相应的集成交易模式业务，使各类涉农企业和农民便捷上网销售农产品、购买生产资料和生活资料、探索农村再生资源回收电子商务等。如广西糖网、江苏莱芜农产品储销集成模式。

(8) 农产品食品安全溯源机制将更加完善。农产品电子商务特别是生鲜农产品电子商务必须注重食品安全溯源，如有机食品、无公害食品、绿色食品、中国

地理标志产品等，都必须具备食品安全及其可追溯的性质，否则就不可能长期生存和发展。

3.6.3 涉农电子商务的创新模式

1. “网络（平台）＋公司（网商）＋农户”的模式

在阿里平台上成长起来第一批涉农电商，他们的销售流通模式基本上都是“网络（平台）＋公司（网商）＋农户”的模式，著名的有在B2B平台上批发活牛活羊的孙宏伟，也有在淘宝平台上零售地方特农产品的王小帮，以及大学毕业后回乡创业的赵海伶、杜千里。农产品生产主体“农户、农业合作社或涉农企业”变身网商，或依托网商，利用电子商务平台，实现“小生产”与“大市场”的对接。从2012年起，浙江省遂昌县的“遂昌模式”农产品电子商务异军突起，将传统涉农网商销售流通模式升级为“网络＋协会＋公司＋农户”的新形式，协会成为电子商务的关键节点。协会为网商们争取更大的利益，既为网商做好服务，也为生产者服务，制定标准对接生产方，实现品质监控和产品规模化、集约化经营。遂昌县网店协会在成立后的两年中，该县淘宝网店数量由最初的350家发展到2000多家，其中会员1200家，皇冠店20余家。各会员单位在淘宝网上的销售额也达到了1.5亿元（2012）。

2. B2B、B2C模式

让产地能够按需供应配送，大大降低农产品的库存风险、生产成本和损耗，消费者由此也能够获得最新鲜、性价比最高的原产地农产品。电商平台商与农村合作组织（或者其他经济组织）形成合作关系，将农产品销售给消费者或者用户。如1号店、京东商城、沱沱工社、我买网、顺丰优选、本来生活、菜管家、优菜网、全农汇等。以淘宝“抢鲜购”为典型的“订单模式”更进一步走向成熟。

3. “周期购”模式

由天猫尝试推出，消费者可以一次性采购半年或者全年的粮油奶等商品，而后卖家根据约定，按周或按月给消费者配送粮油产品。通过这种销售方式，消费者省却了日常频繁下单的麻烦，卖家或供应商也可以有针对性地调配库存，从而也为施行订单农业提供了基础和条件。

4. CSA（社区支持农业）

与电子商务结合，借助微博、淘宝等信息经济的方法和手段，消费者在网店购买他们的套餐，在套餐的约定时期内，分享收获会定时给消费者配送当季的绿

色农产品，消费者也可以定期去他们的农场进行体验活动。这种模式在给消费者带来健康食源的同时，也成就了创业的梦想。

5. 电子菜箱

这是“电商＋冷链快递物流＋智能终端取货”模式。2012 年电子菜箱在湖北武汉开始流行，上午在网上点击鼠标选好菜，在线支付后，下午就可以在家门口的菜箱里取菜，菜价比超市便宜 20%。这种无人交付式的电子菜箱蔬菜直销零售方式，目前已经进入武汉市 240 多个小区，每天为 3000 多个家庭提供生鲜配送。

6. 智能菜柜

以 B2C 电子商务平台为载体构建网上超级生鲜市场，是“产地直供＋电子商务＋智能货柜”模式，如江苏扬州智能菜柜，通过物联网技术实现“产销直达”“农宅对接”，在社区免费安装智能菜柜，市民只需轻点鼠标或一个电话就能收到干净优质的生鲜农产品。

7. 中国地理标志产品商城

即 B2B、B2C 模式、C2B 模式。该商城是国内首家销售国家认证（注册审定的）地理标志产品的网上商城。商城面向地理标志产品生产经营者和终端消费者，提供线上销售服务，同时还建成了国内首个地理标志文化博物馆；中国首家农产品食品安全网站——龙宝溯源商城于 2012 年上线试运营，为食品商家提供安全食品展示和交易平台。该商城主要采取 3 种模式：一是商品授权销售服务；二是店铺授权运营；三是商家开店自营。

8. 跨境生鲜电商

近几年来，许多电商探索生鲜农产品跨境电子商务模式，如 1 号店、顺丰快递、亚马逊、我买网等开展了一些生鲜跨境交易的探索。2013 年，1 号店已引进了全球近 70 个国家的 2 万种商品，进口量非常大。以进口食品为例，1 号店售出的进口食品数高达 2.5 亿元，截至 2013 年 11 月，1 号店进口牛奶的销售量已经占到全国海关进口总额的 37.2%。

9. 移动农产品交易平台

2013 年，我国手机用户超过 12 亿人，手机网民超过 5 亿人。为此，上海一叶扁舟实业有限公司选择了与移联主办的“大变革”工程合作，打造“中国农产品”手机平台，即在移动互联网上打造一个大型农产品网络交易第一门户平台，主要采取了 B2B、B2C 模式。

3.7 我国农产品物流面临的问题

从当前我国的实际情况来看，农产品物流处于相对落后的状况，由于农产品不能做到货畅其流，不能做到加工增值，造成农民利益受到损害；由于农产品物流技术落后，物流过程损耗大，加大了成本，同样使农民利益受到损害。2014年下半年，我国多地出现蔬菜、水果滞销，呈现一片“卖难”景象，严重损害了农民利益。同时，消费者在购买果蔬等农产品时，依然遭遇“买贵”，农产品流通“买难卖难”的情况十分突出。小生产和大市场存在矛盾是产生这种问题的根本原因。流通环节多，损耗大，效率低，则是导致两难的重要推手。

1. 基础信息资源体系建设不完善

虽然我国农产品物流数据统计的内容较为丰富，种类、产量、消费量等各种数据资料“铺天盖地”，而真正管用的、高质量的数据非常有限，特别是关于冷链仓储、流量等物流指标几乎找不到完整的数据统计。“数到用时方恨少”是目前农产品物流数据统计的状态，这种状态不论是对综合分析、总体判断，还是对深入研究、信息挖掘都造成了很大困扰。各种数据支离破碎，很多数据甚至没有经过整理，更无从谈起建立数据库，导致数据的可用性非常低，对能够整合物流资源、降低物流费用没有发挥应有的作用。

2. 信息化技术推进缓慢

缺乏统一的信息平台，在农产品物流链上从产前到产后的仓储、运输、加工及销售等每个环节都涉及大量信息的传递，但目前信息化程度却非常低，不但信息基础设施落后，而且缺乏统一的信息标准和信息平台。在物流信息化技术方面，我国农产品物流主体分散、规模小、技术基础薄弱，新兴物流信息技术应用困难，如 RFID、EDI、条码、GIS 等技术在在工业物流领域已经得到广泛运用，而在农产品物流领域未能得到大力推广。信息化建设缺乏长远智能化思维，没有统筹规划和顶层设计，建设方案缺乏严格的科学论证，造成各自为政，条块分割突出，建设成本高，低水平重复建设。农产品物流企业中资金雄厚的为数不多，大都是规模较小的托运企业，这些小物流企业资源分散，难以形成较强的竞争力。

3. 信息孤岛造成统一协调性差

我国农产品“蒜你狠”“豆你玩”“姜你军”“辣翻天”“玉米疯”等现象，从市场的高价到菜农因蔬菜价太低而弃地不收的现象，说明我国农产品市场供求关系有很大问题。农产品物流必须是专业地对一个完整的物流过程进行有效规划与

控制，方能发挥出有效作用。目前，仅有国内大型农产品物流企业、物流配送中心搭建起了各自的信息平台，但缺乏统一的农产品物流信息平台进行信息共享和传递，农户及中小农业企业信息获取与共享困难，同时供应链中的各企业间缺乏信息协同，造成物流效率低下，缺乏供应链上、下游之间的整体规划与协调，产供销一体化的水平也不高。

4. 物流环节多，损耗高，成本高

我国农产品从生产者到最终消费者的流通过程中，中间要经过购销商、产地批发市场、销地批发市场、农贸市场、超市等多个流通环节，经过多次倒运，信息不畅导致农产品的价格被不断抬高。农产品尤其是生鲜农产品的物流若是在生产、运输、贮藏、配送及零售和消费环节中不能保证完整的冷链过程，势必会导致极大的耗损率。目前，粗放的流通方式使我国果蔬产品在流通环节的损失率达到 25%～30%，发达国家果蔬损失率控制在 5%以下。同时，冷链过程的完整性也不能保证，冷链衔接不畅或中断的现象经常发生，并且还有相当一部分生鲜农产品仍在常温下流通。冷链紧缺、环节多、产销衔接不畅等导致流通成本偏高，导致近几年“产区农民卖贱，销区消费者买贵”双重矛盾同时存在。要减少环节，必须有高效的信息化网络系统，实现物流资源的合理配置，否则容易出现“网散线断”局面。

5. 信息不畅，质量安全监管难度大

农产品市场监测、预测、预警体系和信息发布机制还不健全，严重影响农产品数量安全和质量安全。生产方面，由于生产者的诚信体系未建立，除无公害农产品、绿色农产品、有机农产品有标识和溯源以外，其余的很难进行质量追溯，使部分不法分子安全意识淡薄，造成“孔雀石绿鱼”“瘦肉精”“苏丹红”“毒豇豆”等事件发生。物流方面，缺少监督机制，企业的社会责任缺失。一些不负责任的供应商和物流企业食品安全意识薄弱，为了降低物流成本违规操作，造成人为冷链断裂的现象比比皆是，即便采用了冷链方式，设备能够保障食品的温度，但是由于监管不力，物流商为了降低成本而引发中途关闭冷机等行为，从而造成冷链物流的中间环节断链，食品品质和安全很难得到保障。冷库设备陈旧，装卸货月台裸露，终端零售企业收货流程混乱，货物在常温下交接的现象时有发生。

6. 部分标准缺失，信息采集与共享难

农产品标准是为了发展社会主义市场经济，帮助和促进人们掌握农业的生产技术，避免由于不科学的技术行为造成不良的后果，改善农产品质量，提高农业经济效益，提高产品安全性和贸易的需要。由于我国农业生产依然以一家一户分散种植模式为主，除少部分有标准外，大部分农产品生产技术没有标准，很难保障生产安全，难以提供优质农产品。一方面没有标准，没有分级，很难优质优价，市场上甚至出现“劣胜优汰”的逆向选择；另一方面，农产品的非标性很难把生产和物流企业中的各个要素和环节有机且合理地组织起来，难实现各个活动和过程的规范化、程序化、专业化和规模化。

7. 农产品物流市场体系区域发展不平衡

由于经济发展的不平衡性，城乡、地区在经济、消费、观念等诸多方面存在着很大的差距，物流企业、物流设施、物流活动高度集中在交通极为发达的地区，而在乡村物流业的发展较缓慢。东部沿海省份由于经济发达程度高，农产品物流市场发展迅速，流通体制完善，信息化程度高，而西部地区由于经济基础差，农产品物流市场发育滞后。农产品批发市场和农产品流通中心发展较快，但市场交易法规建设薄弱，交易规范化程度有待提高。

参考文献

[1] 新华网．中共中央国务院关于加快发展现代农业进一步增强农村发展活力的若干意见［EB/OL］．［2013－01－31］．http：//news. xinhuanet. com/2013－01/31/c_124307774. htm.

[2] 中国物流与采购联合会．中国物流年鉴 2014［M］．北京：中国财富出版社，2014.

[3] 国家发展与改革委员会．粮食现代物流发展规划［EB/OL］．［2008－04－05］. http：//www. mofcom. gov. cn/aarticle/b/g/200804/20080405472358. html.

[4] 杨艳慧．农业物流运输节点合理布局研究［J］．物流技术，2014（5）：293－295.

[5] 中国产业信息网．2013 年全国社会物流总额 197.8 万亿元［EB/OL］．［2014－03］. http：//www. chyxx. com/data/201403/231561. html.

[6] 交通运输部文件．道路运输业“十二五”发展规划纲要的通知［EB/OL］．［2011－11－15］. http：//www. moc. gov. cn/zhuzhan/zhengwugonggao/jiaotongbu/daoluyunshu/201111/t20111115_1114682. html.

[7] 王宁．影响我国物流运输效率的因素分析［J］．郑州航空工业管理学院学报：社会科学版，Vo. l 27 No. 4. 2008（8）．

[8] 张彤．农产品冷链物流的今日和明朝［EB/OL］．［2011－11－27］. http：//www. lenglian. org. cn/news/15/11289. shtml.

[9] 赵坚．2012 年铁路物流发展回顾与 2013 年展望［J］．中国物流与采购，

2013 (3)：42 - 45.

[10] 玉冰 . RFID 技术应用于农产品追溯探究 [J] . 电教科技，2013 (36)：179 - 180.

[11] 白铁成，孟洪兵 . 基于物联网技术的农产品仓储管理系统设计 [J] . 湖北农业科学，2014，53 (5)：1173 - 1177.

[12] 统计局网站 . 国家统计局贸经司 . 从十六大到十八大经济社会发展成就系列报告之五 . [EB/OL] . [2012 - 08 - 22] . http：//www. gov. cn/gzdt/2012 - 08/22/content _ 2208356. htm.

[13] 中国产业信息网 . 2013 年全国社会物流总额 197. 8 万亿元 [J] . 2014 (3) . http：//www. chyxx. com/data/201403/231561. html.

[14] 胡志强 . 蔬菜专列全程冷链保鲜电商班列携手民营快递 [N/OL] . 人民铁道报 . [2014 - 07 - 15] . http：//www. peoplerail. com/rail/show - 456 - 191064 - 1. html.

[15] 商务部新闻办 . 多措并举加快推进商贸物流业发展 [EB/OL] . [2014 -07 - 30] . http：//search. mofcom. gov. cn/swb/recordShow. jspalue.

[16] 丁言 . 北京探路"农产品共同配送联盟 [J] . 中国物流与采购，2012 (9)：22 - 23.

[17] 环境保护部，国土资源部 . 2014 全国土壤污染调查公报 [J] . 2014，17 (4) .

[18] 王冬冬 . 基于 RFID 技术的生鲜农产品供应链体系探讨 [J] . 2013 (10)：158 - 161.

[19] 涂同明，涂俊一，杜风珍 . 农产品电子商务 [M] . 武汉：湖北科学技术出版社 ，2011.

[20] 周洁红，张仕都 . 蔬菜质量安全可追溯体系建设：基于供货商和相关管理部门的二维视角 . 农业经济问题 [J] . 2011 (1) .

[21] Golan E，Krissoff B，Kuchler F，et a1. Traceability in the U. S. Food Supply：EconofIlic Theory and Industry Studies [J] . usDA/Economic Research service/AER. 830，2004 (3)：1 - 48.

[22] 周应恒，耿献辉 . 信息可追踪系统在食品质量安全保障中的应用[J] . 农业现代化研究，2002，23 (6)：451 - 454.

[23] 商务部市场秩序司，财政部 . 商务部正式确定第二批肉类蔬菜流通追溯体系建设试点城市 [EB/OL] . [2011 - 04 - 28] . http：//www. whcc. com. cn/publish/whsww/wsxzpd/csbszz/tzjgc/tzgg/201105041132480013. html.

[24] 商务部发展改革委《商务部等 13 部门关于进一步加强农产品市场体系

建设的指导意见》[EB/OL]．[2014－03－05]．http：//www. mofcom. gov. cn/article/difang/henan/201403/20140300526386. shtml．

[25] 中国互联网络信息中心．中国互联网络发展状况统计报告 [J]．2014 (7)．

[26] 阿里研究中心《农产品电子商务白皮书》[EB/OL]．[2015－06－01]．http://b2b. toocle. com/detail－6254701. html.

[27] 中国经济网．农产品电子商务趋势显现物流成食品安全重点环节 [EB/OL]．[2014－03－10]．http：//www. mofcom. gov. cn.

[28] 李建伟．物联网背景下农产品供应链的优化 [J]．河南农业科学，2011 (8)：10－12.

[29] 电子商务．2013—2014 年中国农产品电子商务模式发展报告 [EB/OL]．[2014－03－02]．http：//www. 199it. com/archives/198885. html.

[30] 交通运输部道路．运输业“十二五”发展规划纲要 [EB/OL]．[2011－11－15]．http：//www. rnoc. gov. cn/zhuzhan/zhangwugonggow/jiaotongbu/daoluyunshu/2011 11/t20111115 1114682. html.

[31] 汪晓光．我国农产品冷链运输装备技术现状与发展趋势 [J]．农业工程，2013，3 (2)：40－42.

[32] 刘超．我国生鲜农产品物流运输的影响因素分析 [J]．科技创新导报，2012 (23)：131.

[33] 王晶，等．北京市鲜活农产品流通环节运输监控研究 [J]．广东农业科学，2012 (3)：158－160.

[34] 孙曦．低碳经济环境下农产品运输与配送问题研究 [J]．江苏农业科学，2014 (4)：392－395.

[35] 刘杨青．电子商务环境下生鲜农产品配送模式研究发展现状 [J]．物流工程与管理，2014 (2)：107－108.

[36] 方政．对城市农产品流通中食品安全管理的探讨 [J]．科教文汇，2009 (3)：220.

[37] 李伟华．发达国家农产品物流发展给我们的启示 [J]．中国经贸，2014 (7)：36.

[38] 赵洁．供应链管理下的我国农产品流通模式探析 [J]．中国物流与采购，2009 (8)：64－65.

4　农产品物流的战略机遇与突破

农产品物流信息需要整合农业生产和农产品物流两大领域的数据资源，关键是实现农业信息化，基础就要靠大数据。那么大数据是如何产生的？随着农产品智慧农业和智慧物流的发展，必然带来数据的爆发式增长，而大数据就像人的血液一样遍布智慧物流的各个环节。因此，对农产品大数据进行分类、重组分析、再利用等一系列的处理后，其结果将为智慧物流的决策者提供参考，提升农产品质量安全水平，提高农产品物流效率。以大数据资源为基础的农产品“智慧物流”，是通过对整个物流过程产生的数据的数据化、存储、挖掘、分析，最大限度地优化农产品生产、运输、仓储、配送等各个环节，达到信息化透明，以提出最优的解决方案。大数据将成为农产品“智慧物流”的智慧引擎，是提升农产品物流效率的“软黄金”。

4.1　大数据在农产品生产及物流领域的应用

各国政府、社会组织、企业都意识到大数据技术所带来的机遇，开始发力推动大数据在各领域的跨界应用，在农产品生产领域及物流领域已经有所尝试，可以作为经验借鉴。

4.1.1　国外状况

1. Data. gov 网——政府主导的大数据平台

美国政府的首任首席信息官昆德拉得到奥巴马的认可，为联邦政府建立一个统一的数据开放门户网站——Data. Gov，该网站是奥巴马政府在 2009 年推出的，目的是全面开放政府拥有的公共数据，是奥巴马实现“开放政府”承诺的一部分。同时，美国农业部还宣布在 Data. gov 上建立一个门户网站，该网站能链接到 348 个农业数据集。该网站上有关于诸如农作物和当地天气情况的详尽数据库，还有特定土壤条件下最好的作物研究、降水量的变化、害虫和疾病的迹象，以及农产品流通领域的当地市场农产品的期望价格等数据库。利用该数据库，使

得某些私人领域的开发者能够利用那些政府采集但未经梳理的各类信息，开发应用来提供公共服务或者进行盈利，如利用 Data. gov 上提供的气象信息、地理位置信息等为高效物流服务。

在 2013 年关于农业数据开放问题的国际论坛上，八国集团（G8）领导人集体讨论出了取消数据限制的最佳途径，而且这些数据也很容易被人和机器所分析，并且一些国家公布了关于农业数据库公开的政策方案。其中加拿大、印度、美国正在推动建设一个开放性的数据共享平台，这些数据开放给农民、企业和科研机构，将产生巨大价值。

2. 天气保险公司——企业主导的大数据平台

据《纽约时报》网络版报道，跨国农业生物技术公司孟山都在 2013 年 10 月以 9.3 亿美元的巨资收购了意外天气保险公司（Climate Corporation）。此次收购标志着大数据对工业经济的推动作用又前进了一大步。Climate Corporation 总部位于美国加州，已经运营 6 年，并从 Google Ventures（谷歌）、Founders Fund（创始人基金）等多家公司获得超过 5000 万美元的风险投资。公司为农业种植者提供名为 Total Weather Insurance（总的天气保险）、涵盖全年各季节的天气保险项目，该项目利用公司特有的数据采集与分析平台，每天从 250 万个采集点获取天气数据，并结合大量的天气模拟、海量的植物根部构造和土质分析等信息对意外天气风险做出综合判断，从而向农民提供农作物保险。该保险的特点是当损失发生并需要赔付时，只依据天气数据库，而不需要烦琐的程序性纸面工作。

作为一家像 WeatherBill（天气账单）这样的天气保险公司，Climate Corporation 的成立目标是弥补那些小型高尔夫球场上难以抵挡、不可预测的天气所带来的损失。在被孟山都收购之后，Climate Corporation 将有望成为孟山都内部更加庞大的业务部门。孟山都希望能够借助 Climate Corporation 的数据分析信息进入“下一个农业时代”，让农民接受和分析数据，告诉农民该种植哪些作物，浇多少水，如何灌溉。同时，力图做到能够在地里每平方米都种植不同的作物，并提高产量，帮助农民们优化产量管理风险。另外，孟山都计划将 Climate Corporation 的作物保险产品在全世界范围内售卖。Climate Corporation 已经在众多降雨、温度及土地类型的公共数据基础上在美国制定了一些列的政策，但目前尚未可知将如何更好、更快地将这些政策在全球范围内实施。孟山都希望在农业领域实现像通用电气一样，在全球范围内获得史无前例的产品交互数据，提高工作效率，并尽可能地在这些数据基础上出售新的服务。

3. Farmeron 用云技术促进农产品生产——企业主导的大数据平台

Farmeron 创建于克罗地亚，自 2011 年 11 月成立至今，Farmeron 已在 14

个国家建立农业管理平台，为450个农场提供商业监控服务。该公司在2013年度获得140万美元种子轮融资。Farmeron旨在为全世界的农民提供类似于Google Analytics（谷歌分析）的数据跟踪和分析服务。农民可在其网站上利用这款软件，记录和跟踪自己饲养畜牧的情况（饲料库存、消耗和花费，畜牧的出生、死亡、产奶等信息，还有农场的收支信息）；帮助农场主将支离破碎的农业生产记录整理到一起，用先进的分析工具和报告有针对性地监测、分析农场及生产状况。过去一位奶牛场经理需要花几天时间来输入和分析几个月来的奶牛进食与医疗数据，如今结论立等可取，有利于农场主科学地制订农业生产计划，分析动物信息追踪和销售方面的需求，有助于及时向保险公司汇报牲畜死亡情况。

4. 硅谷生鲜电商Grub Market（食物市场）新玩法——大数据＋Lyft

从订购食材到送货上门，整个过程不超过24小时，而且食材总价比在超市购买便宜至少1/3，这就是硅谷Grub Market公司新玩法。Grub Market年2014年年初上线，主要致力于连接本地化农贸食物的生产者和消费者。从商业模式看，它没有新奇的地方，每单生意收取卖家一笔15％～25％的交易费。一般情况下，电子商务模型会涉及3个环节：一是平台，二是仓储，三是物流。美国电商两大模型eBay（易趣网）和亚马逊在这3个环节的处理方式不同，其中eBay两端主要服务消费者，平台是重点，几乎不涉及供应链；而亚马逊以供应链著称，它有仓储和强大的物流。从上游供应商看，Grub Market更像是另一个eBay，它服务于一个个小农场主，中端回避仓储，没任何库存，卖家直接与下单用户对接；下游又回到了亚马逊模式。从人员看，公司有12人，其中技术人员5个，递送人员2个。5人技术团队的主要工作是对城市交通和物流的数据、闲散人员数据进行收集、人员处理和分析。利用大数据整合GPS地图及数据，通过分析用户数据，使物流能预测哪个区、什么时间用户订单会怎么样，以提前进行运输的路线优化、调整运力、Lyft配送（以城市闲散私人车主为主的出租车），并缩短用户等待时间，解决“最后一千米”问题。

Grub Market的成功秘诀：对城市交通和物流的数据收集、处理和分析这些数据的能力。利用大数据整合GPS地图及数据，提前调整运力、运输的路线优化并缩短用户等待时间。同时，利用大数据对城市闲散劳动力进行分析，以Lyft（以城市闲散私人车主为主的出租车）解决“最后一千米”配送运力。

4.1.2 国内状况

1. 农业大数据产业技术创新战略联盟

2013年6月18日，国内首家农业大数据产业技术创新战略联盟在山东农业

大学成立。由政府、高校、科研单位、企业等山东省内外22家成员单位组成的联盟，包括农业数据提供者金正大化（根据信息化数据分析推荐合理的施用肥料，以符合联盟在种植业方面的相关信息采集）、云计算解决商浪潮集团、提供数据挖掘的龙信数据等多家公司。联盟采用大数据研究手段，在搜集、存储气象、水利、农资、农业科研成果、动物和植物生产发展情况、农业机械、病虫害防治、农产品加工等诸多环节大数据的基础上，通过专业化处理，对海量数据快速“提纯”并获得有价值的信息，加快大数据“指导”农产品生产与流通发展的脚步，推进智慧农业的建设，最终为政府、企业乃至各种类型单位的决策和发展服务。

2. 社区农产品生鲜超市M6的大数据化管理

“谁控制了损耗，谁就拥有了毛利”。M6生鲜超市于2004年7月在宁波开了第一家店，经过五年的供应链测试，在2010年开了第二家门店之后，到现在宁波已经开设了40多家M6连锁超市。连锁型的社区生鲜超市M6于多年前就开始了数据化管理：物品一经收银员扫描，总部的服务器马上就能知道哪个门店，哪些消费者买了什么，信息遂被扫描进系统；顾客突然要求退掉其中一件或几件商品，或者整单退掉，为什么要退掉，这些信息全都被写入了后台数据库。发展至今，M6累积的实名制持卡用户达到10万余个，积累了大量数据，这些数据让M6在精准订货、存储和精准配货等环节发挥了关键作用，取得了很好的效果：小区每户每个月的购买量和购买偏好，每天卖什么、卖多少，每个门店配送什么都是经过大数据分析出来的；M6每天的库存量占配送量不到10%；从2009年开始，实现了20%以上的综合毛利率。

2012年，M6的服务器开始从互联网上采集天气数据，从农历正月初一开始推算，分析不同节气和温度下，顾客的生鲜购买习惯会发生哪些变化。用以预测3天内天气的变化趋势，然后按照不同商品与天气之间的对应关系，组织门店的商品进货、上架及销售。为此，M6还打算开发一个类似分享厨房式的移动APP，提供点菜式配送，通过APP，为那些不会做菜的年轻人提供菜谱分解，列出每道菜要采购的食材明细，然后自动下发到就近的M6门店，由门店备好粗加工的食材及辅料，用户可以选择到门店自取或送货上门。据悉，在推出购物柜之后，M6还推出了“优品预定”，主要是向顾客提供M6门店里没有的产品，以满足高端需求。

3. 阿里巴巴的大数据“菜鸟网”

2013年5月28日，阿里巴巴集团、银泰集团联合复星集团、富春集团、顺丰、三通一达（申通、圆通、中通、韵达）在深圳共同成立“菜鸟网络科技有限

公司”，同时正式启动资料图片筹划已久的“中国智能骨干网”项目。不论在电商还是物流领域都引起极大反响。根据规划，“菜鸟网”将建成一张能支撑日均300亿元网络零售额的智能物流骨干网络，让全国任何一个地区做到24小时内送货必达。不仅如此，菜鸟网还提供充分满足个性化需求的物流服务——如用户在网购下单时，可以选择“时效最快”“成本最低”“最安全”“服务最好”等多个快递组合类型。之所以能够提供这样的个性化服务，是基于阿里巴巴对于“大数据”技术的充分应用。当客户订购“大闸蟹”后，根据要求选择所想要的快递组合类型后，阿里巴巴会根据以往快递公司的表现、各个分段的报价、即时运力资源情况、该流向的即时件量等信息，甚至可以加上天气预测、交通预测等数据，进行相关的“大数据”分析，从而得到优化线路选项，快速递送到客户手中。这样，农产品物流瓶的“冷链断链”“仓储高成本”“损耗高”“最后一千米”等问题将迎刃而解。

4.2 农产品物流大数据特征分析

1. 数据来源复杂性

农产品物流领域的大数据源，可分为：人的行为信息、习惯信息、偏好信息、交互数据等；Web文本数据、流量分析数据、电商交易数据、使用者网络活动数据等；各类设施设备采集的数据——传感器读数、运营数据、实体数据、车载信息、仪表读数、监控视频数据等；企业内部基干类系统和信息类系统所采集或处理的各类数据——辅助决策信息、运营数据、产品数据、供应链数据、HR数据、财务数据、顾客数据、呼叫记录、市场数据等；计算机使用数据和移动设备使用数据等；基础地理位置信息、RFID读取信息、GPS映射数据、图像文件、车载信息、时间与位置数据、车辆数据、高分辨率影像、矢量、遥感及动态监测数据等；CRM、KDD、DWH、流量监测、查询应用、分析器等应用数据；报告资讯、科研数据、调研数据、公共数据、公共信息。

2. 数据结构多维性

农产品物流的大数据既包括存储在数据库里的结构化数据，又包括日志文件、XML文档、JSON文档和电子邮件等半结构化数据，而更多的数据类型是办公文档、文本、图片、XML、HTML、各类报表、图像和音频/视频信息等非结构化数据，半机构化、非结构化数据约占大数据总量的75%～85%；与数据结构的多维特征相对应，物流企业大数据的格式也是多样的。除了传统的纸质文件、档案、报表、表格、记录、信函等之外，更多的是以数字数据存在的Web

文本、视频、短信、音频、视频、邮件，存储信息、配置文件、符号、图片、档案等。这种数据格式的多样性和互不兼容性、数据访问的随机性等，为数据的采集、存储、分析、应用带来了困难。

3. 大数据的供应链特征明显

农产品物流供应链上的参与者包括农产品生产者、初加工、仓储、运输、配送、包装、销售等各个环节，物流轨迹长，环节多，每个环节都产生海量数据，环节性数据特征明显，因此，物流行业大数据的应用呈现出供应链特征。

4. 数据价值密度低

在某些环节产生的数据价值密度低。以农产品冷藏车车载监控视频为例，一部1小时的视频，在连续不间断的监控中，有用数据可能仅有1～2秒，甚至没有，产生了大量的无用数据；农产品仓储过程如果为每件农产品使用常用的无线射频标签（RFID)，标签使货物当前的位置、装载和卸载的时间、存放的地点都很容易被追踪到，但是RFID识别器每隔10秒反馈快件的位置及状态，这些数据将形成海量数据，一旦货品离开仓库，之前存库的所有数据价值降低，真正有用的是货物存入和离开的数据记录，如果货物库存3月，那么这期间每隔10秒的位置定位反馈数据就没有长期保存价值，但又必须收集这些数据，时刻掌握货物流向状态。

4.3 大数据对农产品物流的影响

农产品物流主要包括以下环节：产前管理（投入品及环境资源)、产中管理（生产)、产后管理（物流)。其中产前和产中是关联数据，产前和产中的信息化管理主要是提供优质的农产品和协调区域品种结构数量，产后主要服务于物流。由于各地和各行业之间数据割据，目前大部分是小范围内的数据共享。要形成农产品大物流市场和保障产品安全，各数据拥有者之间需要协同共享，整合数据资源，形成大数据池，并利用大数据技术进行分析，才能更好地服务于优质农产品生产和高效物流。

1. 大数据技术是建立大平台、大物流、智慧物流的基础和关键

未来的物流平台化发展是主流趋势，而大数据是物流平台的有力技术支撑，驱动平台运营的核心在数据；大物流是要实现全社会物流资源的整合利用，智慧物流是利用集成智能化技术，使物流系统能模仿人的智能，实现物流的信息化、智能化、网络化、电子化，实现传统物流向现代物流的转变。这3个新兴物流的发展和实现无疑需要数据分析作支撑。

2. 大数据技术是突破农产品物流发展瓶颈的利器

目前，我国农产品物流行业的发展面临着巨大的困难，急需突破发展初期的界限，迈向更高层次的发展。物流业一直被称为“第三利润源”，但在农产品物流方面，由于农产品的特殊性，物流过程复杂，损耗高，风险高，企业数量多，规模不大，行业整体物流成本高。物流成本高一方面关于设备的利用率及先进性，另一方面关乎对信息和数据的整合分析。如果能够充分分析和挖掘物流数据中的潜在价值，就能够帮助物流企业降低物流成本，数据就成为突破“小物流”到“大物流”的利器。

3. 大数据的应用是未来农产品物流业发展的必然趋势

一是企业竞争需要大数据。未来的农产品物流市场，竞争更激烈、市场变化更快，利用大数据分析技术挖掘隐藏在海量数据中的价值，支撑和创新业务模式，将成为企业的核心竞争力。二是物流应用需要大数据。以电商为例，电商物流等社会化物流的强劲发展对每个节点的物流信息需求越来越多，需要通过大数据技术将物流业务数据与物流增值服务融合起来。三是供应链发展需要大数据。全程供应链可视化是全球供应链的发展趋势，当 C2B 和 O2O 模式全面渗透到农产品物流的整个过程时，物流信息的可视化必然成为基础运营的重点，数据将成为核心。四是企业管理与决策优化需要大数据。大数据是物流管理和优化必备的基础，不管是单个物流运营个体的人、设备效率，还是整个运营路径的优化，大数据积累是物流运营优化、管理提升的重要支持。五是企业高效运营需要大数据。传统的根据市场调研和个人经验来进行决策已经不能适应这个数据化的时代，只有真实的、海量的数据才能真正反映市场的需求变化，通过对市场数据的收集、分析处理，物流企业可以了解到具体的业务运作情况，能够清楚地判断出哪些业务带来的利润率高、增长速度较快等，把主要精力放在真正能够给企业带来高额利润的业务上，避免无端的浪费。

4.4 农产品物流大数据平台构建

在农产品物流领域，收集的数据量是非常大的，比如集装箱移动的信息、集装箱人工处理的信息、配送信息等。宏观方面，农业企业通过大数据分析，就能知道哪些城市流量大，在哪个位置去部署，哪些城市可能不需要，同时也可以利用这些数据和信息实现物流燃料的节约，这将能够帮助企业和整个农业行业降低农产品物流成本；通过实现这些数据的整合，还能更好地进行农产品运输能力的预测，强化利润率的判断和未来计划。微观方面，如用户在网购下单生鲜农产品

时，可以选择"效率最快""成本最低""最安全""服务最好"等多个快递物流组合类型来满足自身的期望，保持农产品的"鲜"性。客户可根据以往的快递公司的表现、快递公司各个分段的报价、即时运力资源情况、该流向的即时件量，甚至可以加上天气预测、交通预测进行计算，得到相关优化线路选项。客户选择后，系统立刻将订单数据发送到各个环节，实现快速物流。

4.4.1 构建基础

数据构架是农产品物流大数据信息化顶层设计的关键点，科学的数据架构是信息化顶层设计的核心内容。在平台构架前期，通过对农产品物流供应链整体数据来源及关联领域进行研究，从梳理产生的相关数据源头入手，建立总体数据框架。明确数据分类、数据分布、数据定义、数据来源；根据各物流节点业务协同需要，提出数据交换与共享机制和构建数据资源共享服务体系的总体要求、数据资源规划与管理总体要求。明确数据分布原则、数据标准及数据质量控制机制，对数据访问和交换的服务模型进行标准化定义与描述，理清标准和数据架构的关系，形成农产品物流数据资源内容体系，明确不同层级数据中心间的物理和逻辑关系，明确数据的更新、维护关系，提出数据管理需要的管理组织和岗位建设指导意见；同时加快数据资源集聚能力和管理能力建设，农产品物流统一的大数据平台，集聚全国政务、公共服务等领域的数据资源；拓展数据来源渠道和范围，支持和鼓励农产品供应链相关的企业、行业协会、高等院校、科研机构等单位提升数据采集能力，参与数据资源库建设。

4.4.2 构建设计

农产品物流大数据平台构建的主要目标是基于大数据的理论和技术，不断推进农产品物流大数据技术的创新与应用实践，促进农业与物流数据的跨界融合，结合国家农业和物流行业现代化和农业信息化发展战略，突破农产品物流大数据的一些关键技术，将大数据提升到与物联网和云计算同等重要的地位，抢占大数据这一新时代信息化技术制高点，推进农产品智慧物流的不断发展。在信息化的现代物流模式下，利用大数据驱动信息化物流建设，将大物流领域的任何农产品产量分布、安全状态、生产企业、仓储状态、运输状态、配送状态等这类数据通过系统智能化处理，将现有的粗放、零散、低效、高耗的农产品物流上下游供应链的生产数据、流通数据资源加以整合，促进农产品物流供应链一体化，进行物流资源的优化配置，建设成可以依据农产品产量、分布的空间地理信息来统一协调监管的现代化农产品物流体系，以应对快速变化的市场需求，提高服务水平，减小农产品物流成本所带来的压力。

平台建设在现有信息化技术基础上，根据可能的资源，虚拟协议模式采集基础数据，建立基本数据资源库，然后根据客户所需签订数据应用协议，对海量数据进行分析，挖掘有价值的数据，进一步反馈应用于农产品物流及整个供应链，从而解决物流中的数据缺失、数据“过剩”、数据孤岛、数据“沉睡”等瓶颈问题，提高农产品物流效率和提升农产品质量，这也是农产品物流大数据战略的核心所在。

为确保系统的应用性与可持续发展，在建设系统与设计技术方案时遵循如下原则：一是统一规划。统筹规划和统一设计系统结构，尤其是应用系统建设结构、数据模型结构、数据存储结构及系统扩展规划等内容，均须从农产品生产与物流全局出发，从长远的角度考虑。二是先进性与安全性原则。系统构成必须采用成熟、具有国内先进水平，并符合国际发展趋势的成熟技术、软件产品和设备，采用国际主流、成熟的体系架构来构建，实现跨平台的应用。同时，在平台设计和数据架构设计中应充分考虑系统的安全和可靠保证技术的稳定、安全性。三是标准性原则。在设计过程中，各项技术应遵循国际标准、国家标准、行业标准和相关规范，借鉴国内外目前成熟的主流网络和综合信息平台的体系结构，以保证系统具有较长的生命力和扩展能力。四是开放性原则。信息系统设计要考虑到业务未来发展的需要，尽可能设计得简明，降低各功能模块耦合度，并充分考虑兼容性，能够适应多种主流主机平台、数据库平台、中间件平台，具有较强的跨系统平台的能力。系统能够支持对多种格式数据的存储，能够实现快速开发与重组、业务参数配置、业务功能二次开发等多个方面的功能，使得系统可以支持未来不断变化的特征。

4.4.3 构建框架

平台构架的设计要注入大数据思维。数据源包括农产品生产各节点数据（农产品本底数据信息和产品身份证基本数据信息、生产过程数据）、流通节点数据（仓储、配送、运输、加工等）、销售节点（批发、零售）。按照标准的数据采集格式、传输格式和接口规范，在生产、流通、消费等环节的流通节点作为数据采集点，与各地区产品数据管理平台连接，汇聚数据形成大数据中心，实现流通与生产之间信息的无缝衔接。

目前，很多先进的现代物流系统已经具备了信息化、数字化、网络化、集成化、智能化、柔性化、敏捷化、可视化、自动化等先进技术特征，采用了最新的红外、激光、无线、编码、认址、自动识别、定位、无接触供电、光纤、数据库、传感器、RFID、无线传感网络、卫星技术等高新技术。这些技术的应用会产生大量的数据，形成海量数据库。平台技术主要以农产品供应链为基础，以物

联网、云计算、互联网、RFID 等技术为核心，打造农产品物流大数据智能平台。将 RFID、传感器、GPS、云计算等信息技术广泛应用于农产品物流生产、运输、仓储、包装、装卸搬运、流通加工、配送、信息服务等各个环节，实现全程供应链数据采集，实现物流系统的智能化、网络化、自动化、可视化、系统化。平台模式如图 4－1 所示。

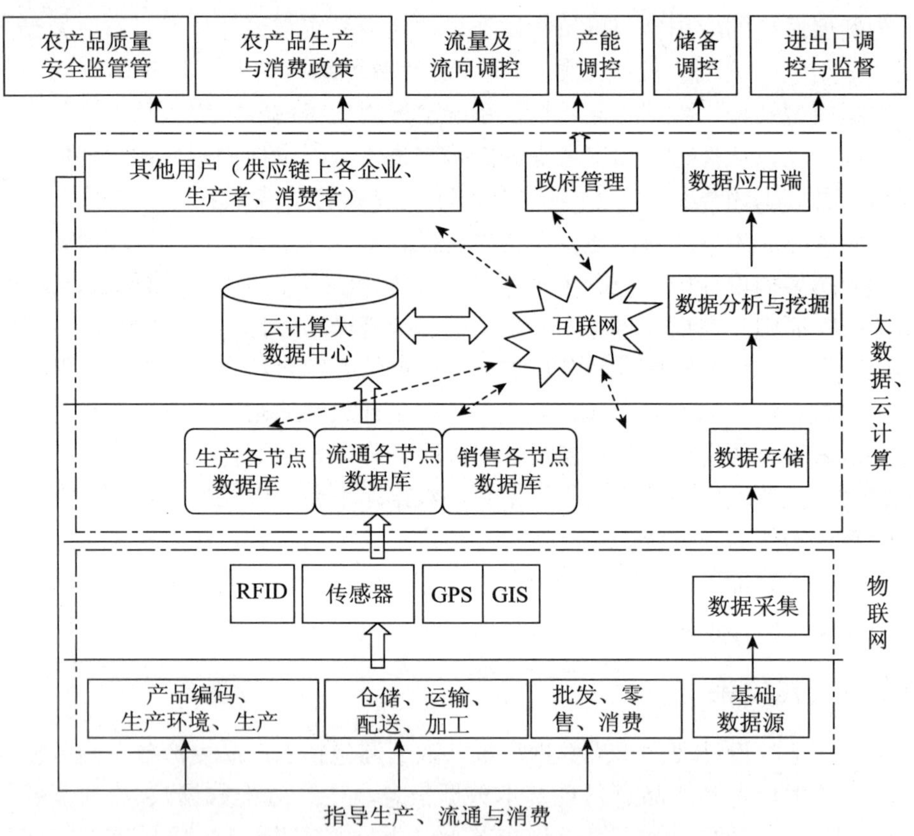

图 4－1　基于供应链的农产品物流大数据平台模式

图 4－1 中的物联网对应了互联网的“感觉”和“运动神经”系统，进行基础数据源的采集。云计算是互联网的核心硬件层和核心软件层的集合，可以进行数据的存储与挖掘。大数据代表了互联网的信息层（数据海洋），是整个系统的血液和基础。农产品物流基础数据源主要以整个供应链为基础，实现全程数据控，其数据资源管理主要注意以下几点。

1. **数据编码与对接的标准化**

一是数据编码设计上为保证数据的有效性、合理性、一致性和可用性，在全国统一设立交换资源库在基本项目和统一编码的基础上，进行扩展并制定统一的交换资源库结构标准。二是统一数据交换接口、协议、流程和规范，保证数据通道的顺畅。三是对于各类数据中心建设中需采集交换的数据，其也需要遵循相关数据标准和规范进行组织和使用，避免产生新的数据信息孤岛。

2. **数据质量**

农产品物流数据中心的数据质量很大程度上取决于源头系统的数据质量，为了保证数据的高质量，在数据采集交换中需尽量减少现有业务系统中数据的不规范、不准确、不完整等数据质量问题。

3. **不影响应用系统**

数据中心执行数据采集交换的源头系统绝大部分都是生产系统，对行业管理发挥着重要的作用，所以在数据采集交换中的数据采集、交换、共享不能破坏和影响现有系统正常运行。此外，为了避免给生产系统带来太多负担，在进行数据采集与交换时应尽量本着一次录入多次复用的原则进行相关数据采集。

4. **坚持安全性和经济性相融合**

安全与经济是任何工程建设都必须考虑的两个方面，在进行数据中心的数据采集交换建设的时候，不仅仅需考虑采集过程中现有系统安全性问题，还需要考虑数据在传输、使用过程中的安全性问题。此外，在数据采集、交换、共享过程中最大可能利用现有的资源和条件，避免投资浪费。

4.4.4 大数据平台建设的应用

1. **在整个供应链层面**

一是农产品物流管理过程更加优化。农产品供应链的管理由传统分段模式转变为整个供应链模式，通过物与物的直接“沟通”，管理系统大大减少对员工的依赖，供应链管理过程得到很大程度的优化。这样的运转模式，能实现真正意义上的实时跟踪、监控和管理。农产品生产与物流的“纵向一体化”运作模式与“横向一体化”相融合，围绕一个核心物流企业（不管这个企业是生产企业还是商贸企业）的一种或多种产品，形成上游与下游企业的战略联盟，上游与下游企业涉及供应商、生产商与分销商企业之间商流、物流、信息流、资金流形成一体化运作。

二是农产品物流大数据信息同步化，数据实时联通减少信息“孤岛”。信息共享是农产品物流供应链管理的目标。一旦信息在整个供应链中同步，供应链上的参与者都能跟上顾客需求的变动，进而形成同步运作。物联网技术对农产品供应链中流动的农产品跟踪，同时向所有参与者实时传送数据，减少了信息失真的现象，有效控制了供应链管理中的“牛鞭效应”。

三是农产品物流供应链可视化。以物联网为基础的供应链，为网络中的每一个农产品贴上身份证标签，标签里包含该物品的所有互用性信息，让任何一个人员通过信息系统能够追溯产品的成分、加工过程甚至是这些成分的来源，以及农产品的物流轨迹。这种价值信息链通过互联网在企业内部信息共享和交换，实现供应链的可视化管理。同时，物流企业可通过平台提供的物流数据和信息，强化第三方物流竞争力，易于实现产业联盟，提高物流整体解决方案动作能力，强化联运、联配计划安排，彰显出大数据系统的独特价值。

四是领先的数据处理技术助力企业发挥大数据的价值。大数据时代，海量数据的分析和处理让管理者伤神，常常是耗费大量的人工却还是得不到准确的数据。该平台能够将全部业务数据一起设计，制定数据采集、数据储存、数据传输等统一标准，并用直通式方法来尽早检查数据输入的错误，其大数据分析功能不但易用，且“快”而“准”，用户完全不需要应付数据的不必要错误及其形式和语义的不一致，为企业节省了大量的人力成本，提升了服务质量。

2. 在政府监管层面

一是质量监管。对农业生产单位的农资采购、农业生产、产品检验检疫和产品流通各环节实施严格质量监管，通过PC和移动智能终端实现各环节质量数据实时、便捷上报，可对所辖区域农产品的质量进行集中的在线监管。

二是物流监测。通过平台应用，可对农业企业及合作社的产量、销量、流量等经营管理数据进行实时的、动态的网络化监控，可运用技术手段解决企业经营数据的谎报和瞒报情况。

三是市场数据分析。可按行政级别（省、市、区、乡镇级、村组级）、时间、生产单位、产品分类等多个维度对本地区乃至全国农业生产和市场数据进行统计分析，辅助产业决策。

四是进行市场预警。大数据也有利于通过建立关键的预警指标，在产业链上游跟踪作物的生长情况，计算农民种植作物的比较收益，加工环节计算工厂生产的进度及盈利空间，以判断未来大宗农产品供应状况可能出现的趋势。同时监测流通领域的实时动态、终端消费市场的变化，对工业库存、商业库存和终端库存进行动态的跟踪，以发掘流通和消费环节中的存量信息，从而最大程度地发现产业链的价格传导机制，预判未来的价格走势。

3. 在服务层面

一是农产品质量追溯服务。农产品安全问题发生在种植环节或在加工环节或流通环节。而在农产品流通全过程中，大数据可以渗透到耕地、播种、施肥、杀虫、收割、存储、育种、销售等各环节。大数据能从种植源头提升农产品质量，确保各环节可追溯。当大数据平台形成规模后，订单农业将得以实行，互联网企业能凭借资源、人才和知识优势，向农户提供技术支持和生产服务，有利于从源头上提高农产品安全性。另一个大数据的重要优势是有利于平台贯通上下游，能够确保消费者对农产品的种植时间、采摘地、采摘时间、发货时间等各个环节可追溯。这也有利于缓解农产品供求不对称的问题。

二是农产品生产服务。农户利用手机 APP 等移动互联网终端，通过云处理技术实时为农民提供关于农业生产、价格等信息，使农民在田里工作时，就可以通过移动终端得到土壤、天气等情况，软件同时可以向农民提供远期农产品价格，并向农民推荐最为适合这块田地的种子、肥料等信息，还可以通过“电商”的形式在网上购买生产物资并快速配送到田间。

三是农产品物流服务。通过大数据平台，提高运力效率，避免回程返空，降低物流成本，实时掌握物流承运商的整体状况，及时查询和跟踪；快速响应异常货况，保障货物安全；诚信核查，降低损失，同时方便掌握货况和处理异常货况，借助货源、运力相关的数据指数分析，优化运营管理；提高客户服务水平；依照实际仓储安排生产，降低库存，节省仓储物流成本，提高资金利用率；依据行业指标统计，指导企业物流生产，提高企业竞争力，打造“时效最快”“成本最低”“最安全”“服务最好”的物流企业形象。

四是农产品物流电子商务服务。随着 3G 技术的普及和 4G 的投入试运行，未来手机上的便民应用将成为趋势。平台为每一种产品赋予唯一的销售二维码，客户/消费者扫描二维码即可购买农产品，开辟了农产品 O2O 营销模式。销售二维码可印制在宣传册、促销单、海报甚至广告中，此应用以低成本方式大大拓展了农产品的销售渠道，促进企业/合作社创收。

五是品牌塑造服务。区域品牌：各地市可对全区特色较为鲜明、拥有一定市场推广价值的产品统一实施高端农业品牌塑造工程，并利用信息技术搭建公共服务平台，推动本区特色农业、高效农业、科技农业和安全农业建设。企业（合作社/大合作社）品牌：利用信息技术实施企业一物一码的产品防伪。农产品上印制二维码，消费者拍码即可验证真伪，打造高端农业品牌。

六是宣传推广服务。宣传单/册：可在地区、企业/合作社宣传册、户外广告上印制二维码，将文字、图片、音视频等多种格式的宣传信息存储在上面，读者

用手机即可更直观、更生动地了解企业。名片：农户、员工名片上加印二维码，可升级为物联网名片，可将多媒体的企业介绍和个人信息传递给客户与合作伙伴。

4.5 农产品物流大数据平台构建的两点思考

4.5.1 农产品物流大数据平台建设数据资源库的原因

没有数据何来数据资源，构建大数据平台的核心目的还是需要聚合和农产品物流相关的原有分散在各个政务系统中的数据，不是聚合所有数据，而是需要在多个政务系统共享的关联数据，比如农业领域、物流领域、气象领域、交通领域等，在进行大数据分析的时候需要使用到的本身具有相关性的各类数据。这里的数据资源库和传统电子政务建设里面谈到的数据资源中心在业务上目标是一致的，纳入大数据平台后只是在构建过程中会应用到大数据相关技术，如分布式存储、物流计算等来解决对数据的海量和实时性要求。

4.5.2 数据资源库的建设重点

首先从业务上来说，农产品物流数据资源库的重点是数据标准、数据规范和接口、数据模型的建设，注意在数据模型建设中需要更多的考虑数据本身之间的相关性。其次是数据平台的开放和共享性建设，这里从技术上讲和传统区别比较大，一个是在建设数据平台过程中需要应用到大数据相关技术平台，如 Hadoop（分面式计算）平台等，这里已经不是一个单纯的数据存储平台；而是必须提供数据存储、数据处理和数据分析能力的完整平台；另一个是大数据平台建设的最终目标还是希望经过处理和分析后的数据能力能够共享和开发，体现业务价值，因此需要有大数据共享服务能力提供，即大数据平台本身还必须是可开放和共享的数据能力服务平台。

参考文献

[1] 党佩，张宝明．大数据视角下农业供应链金融研究——基于上海市生猪产业链数据分析．农村经济与科技［J］．2014（7）：139－142.

[2] 陈胜文，等．大数据在农业科普中的创新应用展望［J］．广东农业科学，2014，41（18）：233－236.

[3] 孙忠富，等．大数据在智慧农业中研究与应用展望［J］．中国农业科技

导报，2013（6）：63-71.

[4] 张宁．关联数据下的农业信息资源构建［J］．中国农机化学报，2013（5）：214-216.

[5] 马海龙，陈佑启，等．“国家农业科学数据共享中心农业区划数据分中心”系统设计［J］．中国农业资源与区划，2010，31（1）：75-80.

[6] 李光达，常春，等．国外网络农业科学数据的分类与查找方法研究［J］．安徽农业科学，2010，38（20）：10998-10999.

[7] 陈红茜，杨增玲，等．基于 Web Service 和元数据的农业生物质特性数据共享平台研究［J］．广东农业科学，2014，41（5）：217-222.

[8] 袁芬，徐从富，等．基于机会协作的农业物联网大数据处理系统设计［J］．计算机应用，2014，34（7）：2136-2139.

[9] 周进，戴小鹏，等．基于作物信息的数据挖掘分析［J］．湖南经济管理干部学院学报，2006，17（2）：142-144.

[10] 孟祥宝，谢秋波，等．农业大数据应用体系架构和平台建设［J］．广东农业科学，2014，41（14）：173-178.

[11] 张前进，范锦龙，等．农业监测应用数据评价［J］．农业工程学报，2003，19（3）：149-152.

[12] 赵秀霞．农业科研信息数据资源管理实践与启示［J］．宁夏农林科技，2012，53（12）：219-220.

[13] 董定超，等．农业信息化资源管理现状及大数据在其中的应用［J］．中国管理信息化，2014（21）：77-79.

5　大数据推动农产品的精准生产

农产品生产从完全依靠传统人工完成，到半机械化、规模化发展，生产力得到了飞速提升。但随着人口压力不断提高，可用耕地不断减少，农产品生产需要另一场变革，以满足人类发展的需求。在信息化革命的推动下，传统的农业生产方式开始应向数据驱动的智慧化生产方式转变，而云计算、大数据、互联网等科学技术将是这场变革的主要推动力。农产品生产领域是产生大数据的无尽源泉，也是大数据应用的重要领域，其数据涵盖面广、数据源复杂。我国农产品生产经过多年的发展，已经建立了涵盖多层面、多领域的信息化系统，积累了海量的不同级别、面向不同领域的数据源，拥有了庞大的数据信息资源财富。

5.1　农业大数据及其分类

农业大数据就是在农业领域所产生的海量数据，其应用就是运用大数据理念、技术和方法，解决农业或涉农领域数据的采集、存储、计算等一系列问题。农业大数据涉及的环节较多，包括投入品采购、育种、耕地、播种、施肥、灌溉、杀虫、收割、运输、仓储等各环节，是跨行业、跨专业、跨业务的数据分析与挖掘。在农业大数据中，有结构化数据也有非结构化数据，随着农业的发展建设和物联网的应用，非结构化数据呈现出快速增长的势头，其数量将大大超过结构化数据。

5.1.1　从不同角度分类

1. 从地域层次角度看，首先是从全球范围，以国内区域数据为核心，借鉴国际农业数据、各国农业数据作为有效参考，便于农产品进出口；其次是国内分级别数据，包括全国层面数据、省市数据、地市级数据等区域数据，也包括企业、农户等实体数据，为合理的生产和物流研究提供基础数据资源。

2. 从行业领域角度看，主要以农业领域为核心，分为种植业、畜牧业、水产业及林业等。同时，随着农产品供应链一体化的发展，由农业领域逐步拓展到供应链上相关的上下游产业，如上游农业投入品生产的饲料生产、化肥生产、农

机生产、农药生产及下游的屠宰业，肉类加工业、运输仓储业等。

3. 从数据的细化和综合程度角度看，既包括宏观的综合性强的统计数据及大环境数据，还包括微观的某地块某产品的数据。如农产品生产过程中的灌溉、锄草等详细数据等。

4. 从农产品分类角度看，由于农产品种类繁多，种植过程各异，专业化强，因此根据不同农产品进行细化分类，如蔬菜中的油麦菜、白菜、萝卜等，畜品种的生猪、肉鸡、蛋鸡、肉牛、奶牛、肉羊等进行专业、专类的监测数据。

5.1.2 根据数据来源及应用方式分类

农产品关联的数据库中包含大量的实时监控（监测）数据、基础农业资源数据、地理信息数据和遥感影像数据等。根据数据不同来源及应用方式，将综合数据库从逻辑上划分为空间数据库、基础业务数据库、农业管理业务数据库、决策业务数据库、农业生产相关的模型库、专家知识库。

1. 空间数据库

包括基础电子地图、农业专题电子地图。基础电子地图主要包括行政区划图、重点经济和政治目标分布图、居民分布图、道路交通图、社会经济状况分布图、常规组织机构分布图、地形图、DEM 数字高程模型、土地利用图等；专题电子地图则可划分为农作物产量分布图、农作物分布图、土壤养分分布图、土壤水分分布图、农田规划图、气候（降雨、气温）分布图、植株养分含量（N、P、K 等）分布图等。

2. 基础业务数据库

基础业务数据库由气象数据库、土壤数据库、农作物数据库、农村数据库、水旱灾害数据库、病虫害数据库、土地利用数据库、农业科技数据库等组成。其中，气象数据库包括天气预报、灾害天气（高温、台风、暴雨、冰雹等）警示、卫星云图、降雨量等；土壤数据库包括土壤含水率、土壤耕作层深度、土壤结构、土壤阳离子交换能力等；农作物数据库包括农作物种植面积、长势、产量、农业产值等；农村数据库主要有农村人口情况、劳动力情况等；水旱灾害数据库主要有历次水旱灾害受灾情况、经济损失情况、人员伤亡情况、保险赔偿情况等；病虫害数据库主要有病虫害分布、病虫种类、名称、应对方法等；土地利用数据库主要是土地利用规划等信息；农业科技数据库主要有农业新技术、新品种、新方法、新政策等。

3. 农业管理业务数据库

农业管理业务数据库主要存储农业管理单位日常办公涉及相关的业务数据，

包括各类公报文档、规划成果、行政法规、行业知识、标准化生产、农业事务管理等文字、图片、图表、影像数据。

4. 决策业务数据库

决策业务数据库内容包括农业资源评估数据库、农业生产评估数据库、病虫害预测数据库等。

5. 农产品生产相关的模型库

农产品生产相关的模型库主要有土地评估模型、农作物估产、长势预测模型、病虫害预测模型、施肥决策模型、灌溉决策模型等。

6. 知识库

知识库包括概念性知识、事实性知识、规则性知识和规律性知识4类。

5.2 大数据推动优质农产品生产

如果作为蔬菜生产者，您知道当地（或销地）每天不同类别蔬菜的供应量有多少？每天的批发价和零售价是多少？每天倒掉的都是什么蔬菜？这些数据若能够提供，便可用数据帮您分析种植什么蔬菜最赚钱。

因为农业经过精细化运作后可以为社会提供丰富且优质的农产品，所以农产品的精细化智慧生产过程也是农业大数据产生的过程，数据是智慧农产品生产的基础血液。试想，在农产品从生产到消费的整个供应链过程中，如果农民能随时掌握生产环境数据、天气变化数据、农作物生长数据、市场供需数据、农产品仓储数据、农产品运输数据等，农民朋友和农技专家足不出户就可知道哪些地块的土壤、水质污染不能种植；随时观测地块里的实景和相关数据；准确判断农作物何时施肥、浇水或打药；准确判断农产品收获时间、上市时间、合理运输的时间和仓储时间等。这样一来，不仅可以避免因自然因素造成的产量下降，而且可以避免因市场供需失衡、市场物流条件失衡给农民带来的经济损失。这样，在数据驱动下，农民不但在合适的时间、合适的地块生产出优质农产品，而且还根据数据分析调整上市时间，获得最大利益，完全可以做到以市场消费来指导农产品生产，真正做到“以消定产”。

那么在大数据环境下，农产品生产能获得哪些益处？

1. 提高农产品生产率

通过物联网，采集海量数据，进行精准农业生产。通过数据分析来优化农业生产决策，降低灾害损耗，将每日操作自动化、标准化，从而降低农产品生产成

本，获取土地最大利用率，提高农产品产量和质量，从而在整体上提高农产品生产效率。如美国拓普康公司（Topcon Precision Agriculture）借助 GPS、监视和电子控制技术，输入他们的种植、施肥等信息，就可帮助种植者了解在精准农业技术的投资回报，帮助农民持续分析和提高农产品产量。

2. 高效利用水资源，降低农产品生产成本

我国部分地区长久以来一直面临干旱的威胁，越来越多的技术、复杂的智能数据和灌溉系统应运而生。为了更加有效应对干旱，一方面，农民需要精确实时的信息来帮助他们主动进行水资源管理，避免浪费、过度灌溉或者灌溉不足。另一方面，不断推进新技术应用，比如嵌入式无线设备及土壤监测系统，农民能够实时进行土壤水分监测、水资源检漏及有效地能耗管理，从而提高水资源利用率，减少生产成本。

3. 减少病虫害发生，提升农产品质量

随着健康食品概念深入人心，农产品生产者积极寻找有效及相对廉价的除虫手段。在作物田块内，依据特定小区的作物生产潜力、长势而投入不同水平的管理（如轮作、施肥、喷药等），通过提高化肥、农药的有效利用率来降低农用成本，同时降低作物中有毒物质的残留量，提高作物的产量和质量。例如，Semios 公司利用无线传感器网络能够持续监测害虫数量，通过数据分析，一旦虫害超过一定程度，网络就会自动激活外激素释放系统，干扰害虫的交配过程，这一手段能够减少害虫繁衍，减少杀虫剂的使用。

4. 保护环境，实现优质农产品生产的可持续经营

通过数据分析提高化肥、农药的有效利用率，减少作物中有毒物质的残留量，降低因农业化学物质的滥用造成环境污染的风险。如过量的化学氮不仅会形成大气污染源，而且它和过量的磷向水体淋溶，会形成水体富营养化的“面源”污染源。数据分析后实施精准农业生产是保持农业可持续发展的有效途径。

5.2.1 农产品生产数据总体构架

要解决农产品生产过程中的数据信息孤岛问题，就需要建立一个农产品生产大数据平台。平台以计算机网络为基础，建立一个集云计算、物联网、RS、GIS、GPS等技术于一体，准确、高效、快速、全面、规范的农产品生产管理信息化系统。充分利用信息技术特点和优势，使农产品生产资源信息采集、信息发布、动态监测、分析、管理、决策与空间信息管理融为一体，直观、形象、动态地显示各种农产品生产资源的空间分布状况及变化趋势等。农产品生产大数据平台以供应链为基础，构架如图5-1所示。该平台的主要是目的是：利用大数据平台信息化手段进行农产品市场经济运行监测，掌握农产品生产与市场的动态，监测农产品生产结构性变化和经营的成本收益变化，对农产品生产经营活动提供分析；利用信息化为农产品生产提供决策支持、生产经营服务，实现农产品生产动态监测、气象影响先兆预警等。

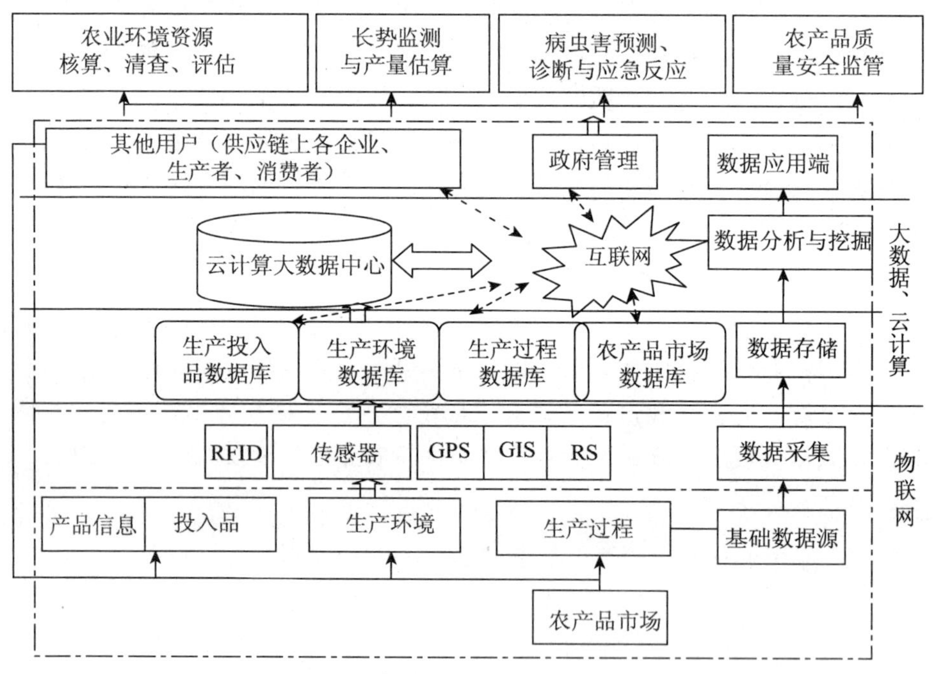

图5-1 基于供应链的农产品生产大数据平台模式

5.2.2 平台模式的功能

1. 数据采集功能

以3S技术、物联网及各类传感器为基础，对农产品生产地理位置、环境资源、生产过程、气候、交通等数据进行实时采集，积累海量数据资源，包括动态数据资源、静态数据资源，或采用高精度网络摄像机进行视频采集等。

2. 动态监测功能

一是生产环境监测，包括区域土地变化监测模块、土壤水分监测模块、气象监测模块等；二是生产过程监测，包括产前投入品监测模块、种植面积和种类监测模块、农作物生长情况监测模块、农作物灾情分布监测模块等。

3. 决策支持功能

主要的决策功能包括：一是农业资源核算、清查、评估模型。该模型的主要目的是按照市场经济的原则，根据环境资源状态配置农业资源，追求效益的最大化。二是土地评估模型。该模型对土地的利用现状、土地生产潜力和土壤生态环境进行综合评价，选择最适合作物进行生产。三是农作物的估产、长势监测模型。主要根据农作物的长势及产量与作物的生化指标有关，结合从遥感图像上提取的相关信息做出专题图，可以对大面积的农作物进行长势监测及估产。四是病虫害预测、诊断及应急反应。通过地面观测网和遥感图像的多时相分析，可以获取作物是否受到病虫害的侵袭或缺素信息。

4. “优质农产品生产”示范功能

作物的生长离不开水、肥、气的调节及病虫害管理，这都是农产品生产中最重要的数据采集环节。一是优质种植资源的选择。主要是耕地地力调查，根据耕地综合生产能力水平，土壤肥力水平及分布、土壤污染分布、农业投入对耕地质量的影响、耕地土壤适宜性等情况，为产品品种提供重要依据。二是平衡施肥专家系统（测土施肥）。根据农田地理信息系统中大量的土壤肥力空间分布信息、前茬作物产量分布信息，以及利用遥感、营养元素检测等手段获取的作物长势与营养状况等空间差异分布信息，实现地块内按实际空间差异分布进行定位、定量施肥。三是精准水分灌溉控制。根据土壤水分信息、植株含水量信息及气象信息，生成灌溉处方，自动调节水量，定点、定量控制某一地块的水分含量。四是植保专家系统。以粮、棉、油、花、果、菜等经济作物为重点，以病、虫、草、鼠、药害为对象，进行鉴别、预测、防治工作。

5. 可视化分析功能

可视化分析主要应用于农产品生产的海量数据关联分析。由于农产品生产所

涉及的信息比较分散，数据结构有可能不统一，而且通常以人工分析为主，加上分析过程的非结构性和不确定性，所以不易形成固定的分析流程或模式，很难将数据调入应用系统中进行分析挖掘。可视化分析可借助功能强大的可视化数据分析平台，辅助人工操作将数据进行关联分析，并做出完整的分析图表。图表中包含所有事件的相关信息，也完整展示了数据分析的过程和数据链走向。如基于空间信息的查询功能，能将查询结果以图文一体化报表的方式输出给用户；基于空间信息的统计，通过设定时间、空间、属性条件进行统计，并将统计结果以图文一体的报表输出；对各种空间关系进行分析，并将分析结果以图文一体化的报表方式输出，为管理决策提供参考；对专题符号库进行增加、删除与编辑，显示农业专题图并打印农业专题图，农业专题图包括以矢量图、影像图和三维属性高程模型为基础的专题图。

6. 综合报表分析功能

利用大数据平台，根据用户的需求和提供的各种报表的格式设计出各种报表模板，以满足用户的不同要求，同时通过建立各种模型，对数据进行报表分析，输出分析结果并对相关决策提供参考。

7. 数据查询功能

该系统负责对采集的数据进行存储和信息处理，为用户提供分析和决策依据，用户可随时随地通过电脑和手机等终端进行查询。

5.2.3 农产品生产过程采集的数据源

1. 数据采集技术与设施设备

除利用 GIS、GPS、RS 等先进信息技术进行数据采集外，在农产品生产过程中，还利用大量的传感器进行数据采集，这是物联网的基础，也是大数据的采集来源，这些数据以 GIS 采集的海量数据为基础进行叠加与关联。目前，常用的传感器有土壤信息数据采集，如土壤温度传感器、土壤电导率传感器、土壤酸碱度传感器；水质水文数据采集，如溶氧量传感器、水温传感器、pH 值传感器、电导率传感器、流量传感器、流量累计传感器、水位传感器等；气象环境数据采集，如风速传感器、风向传感器、雨量传感器、大气压力传感器、空气湿度传感器、空气温度传感器、光照传感器、太阳辐射传感器、累计热量传感器、热流量传感器等；气体参数数据采集，如烟雾传感器、甲烷传感器、二氧化碳传感器等；植物参数数据采集，如分蘖传感器、分叶传感器、株高传感器、株径传感器、叶面湿度传感器等；视频图像采集，如高清摄像头、图像传感器等。

2. **与生产密切相关的数据源**

(1) 农产品生产环境数据信息

工业的发展，带动了地区的经济，增加了农民的收入，但也严重恶化了农产品生产的生态环境，环境质量下降的形势不容乐观。尤其是局部地区的土地、水源受到严重的污染，农作物赖以生长的水和土壤受到严重破坏，产出的农产品污染状况不容忽视，严重影响人们的身体健康。对农产品生产环境的监管治理，监管力度仍需进一步加大，监管信息包括农作物生长环境的空气温/湿度信息、土壤温/湿度信息、土壤质量检测信息、水质量检测信息等。

监管数据包括两方面：一是农产品生产环境资源数据，包括土地资源、水资源、农业生物资源、生产资料等。在摸清家底的基础上，进一步优化配置、合理开发，实现农产品高产优质、节能高效的可持续发展；二是农产品生态环境管理数据，包括土壤、大气、水质、气象、污染、灾害等，都需要进行全面监测、精准管理。

(2) 农产品生产投入品数据信息

随着农业上化肥、农药、植物生长调节剂、动物激素等的应用量大幅度增加，在提高农产品产量的同时，农产品质量却受到较大影响。比如种子、农药、化肥、兽药、鱼药、饲料添加剂等来源信息。

(3) 农产品生产过程中的管理数据信息

包括农作物的育苗、生长、繁殖等阶段的数据信息；标准化生产中的气象、土壤监测、灌溉施肥、作物长势、病虫害等生产过程数据信息；农产品生产装备与设施监控产生的数据信息，例如设施种植业、设施养殖业（畜禽和水产等）和精准农业中的通风控制器、喷淋控制器，以及多副卷帘控制器（控制卷帘位于多种状态）等；农产品生产中的工况监控、远程诊断、服务调度等；各种科研活动产生的数据信息，如大量的遥感数据，包括空间与地面数据；大量的生物实验数据，如农产品基因图谱、大规模测序、基因组数据、大分子与药物设计等。

(4) 农产品产后处理数据信息

与农产品和食品安全管理关联的数据有产地环境、产业链管理、产前产中产后、储藏加工、市场流通领域、物流、供应链与溯源系统等。农产品产后物流信息如冷库及冷链运输中环境温度的监测等；农产品溯源信息如编码管理、标识信息管理。例如 RFID 标签及二维码标签在牛、羊等溯源系统中的应用，包括养殖环节中的 RFID 耳标、屠宰环节的循环 RFID 标签、零售环节（超市）中的二维码标签等。

（5）其他相关的数据信息

一些通用的信息化技术与农产品生产相结合，也会为农产品生产带来便利。如农产品生物学数据信息、营养数据信息等。

5.3 生产中数据的采集与典型应用

在农产品生产过程中，主要利用全球卫星定位系统、地理信息系统、遥感系统、自动控制系统、射频识别系统等现代信息技术来提高现代农业生产设施装备的数字化、智能化水平，发展优质农产品生产。典型利用如农田管理地理信息系统、土壤墒情气象监控系统、智能灌溉系统、测土配方施肥系统、作物长势监控系统、病虫害监测预报防控系统等。

5.3.1 农产品生产基础数据采集

该系统以地理信息系统GIS进行农田数据分析、处理为核心，结合全球定位系统GPS和遥感技术RS，辅助农田基础数据采集和监测农田利用，为农产品优质生产提供基础数据。充分利用GIS技术的空间信息管理功能，有效地管理、维护和更新基本农田的空间信息资料；利用GIS技术的专题制图功能，可以根据用户需要自动生成各种分析图、评价图和规划图，为管理人员建立基本农田的空间概念；利用GIS技术的空间分析功能，可以综合考虑、正确判断基本农田各种空间综合影响因素，从而获得科学的结论。

系统能够准确地获取农田小区内作物产量和影响作物生长的环境要素在空间与时间分布的差异性信息，生成各种差异性信息的分布图，并在各种辅助决策系统的支持下，生成指导农田内定位作业管理的处方图（Prescription Map），并将处方图提供给智能农机实施定位作业管理，提高农产品生产的科学性与合理性。

数据信息主要有以下3类：一是基础地图数据库，包括农田周围分布数据图，如道路数据，铁路、公路、乡村路等现状地物要素；水系分布数据图，如河流、渠道、湖泊、水库等水系现状和面状地物要素；农田行政区位数据图，如省市界、区县界、乡村界等地物要素；土地图斑数据，如基本农田与一般农田的地物要素。二是属性数据（耕地图斑数据为例），包括耕地空间属性数据，空间数据是指以地球表面空间位置为参照的自然、社会和人文经济景观数据，可以是图形、图像、文字、表格和数字等，如耕地坐标值、唯一性的标识码、耕地面积和周长等；非空间属性数据，包括耕地乡镇和村名及编码、地类性质、土壤类型、产量、地下水深度、土壤中的化学元素含量和气候数据等。同时，属性数据库分为静态数据库和动态数据库，静态数据库包括农田所属、种植制度、作物品种、

产量水平、土壤类型、土壤肥力水平等，动态数据库包括在作物生长过程中随时间变化较大的环境条件如土壤水分、土壤养分、作物长势等动态数据信息。三是多媒体数据，包括农田遥感图像图片、作物生长照片和视频等。

5.3.2 农产品生产气象影响监测数据采集

农产品生产对气候变化敏感，灾害性天气直接影响着农产品生产的质量和产量。气候变化会造成我国大多数主要作物水分亏缺，生育期缩短，产量下降，并使我国现行的农产品种植制度和作物布局发生改变。因此，进行气象监测，研究气象对农产品生产的影响，对于发展可持续农业是极为重要的，并具有极大的现实意义和深远意义。

气象影响监测系统主要是面向农产品生产全过程、多时效、定量化的农业气象监测分析、预测预报和影响评估的技术系统。主要用于农业气象灾害预警、产量预报及人工影响天气业务，提升农产品安全和农产品生产的气象综合保障能力。利用卫星遥感监测作物长势、种植面积和农业气象灾害等；通过气候变化对农业生产力布局、种植结构、农业生态环境和农业气候资源的利弊影响进行分析，定量评估气候变化对农产品生产和安全的影响，防范农业生产的长期气候风险；通过极端气候事件对农业生产影响的预评估，提出相应的应急对策措施；通过开展农业气象灾害的风险评估和区划及精细化的农业气候区划，为提高农业的气象灾害风险防范、风险管理和风险转移提供支撑，为科学规划农业生产布局，合理调整农业种植结构提供决策支撑。

农产品生产气象影响监测数据每天实时采集，包括环境温度、环境湿度、露点温度、风速、风向、气压、太阳总辐射、降雨量、地温（包括地表温度、浅层地温、深层地温）、土壤湿度、土壤水势、土壤热通量、蒸发、二氧化碳、日照时数、太阳直接辐射、紫外辐射、地球辐射、净全辐射、环境气体等数据指标，也可根据农业生产用户科研需要进行灵活配置，同时还可与 GPS 定位系统、天气报文编码器等设备连接，可满足农产品生产气象观测的业务要求。可以根据每日气象监测数据，计算长时间的气候特征，如计算月平均气温、昼夜温差、上旬平均气温、中旬平均气温、下旬平均气温、极端最高气温、极端最低气温等；根据降水量和降水强度，计算月降水量、上旬降水量、中旬降水量、下旬降水量、月雨日、上旬月雨日、中旬月雨日、下旬月雨日等；根据每日监测日照数据计算月日照时数、上旬日照时数、中旬日照时数、下旬日照时数；根据湿度数据分析相对湿度和绝对湿度；根据风的观测数据分析风向和风速等。

另外，根据我国农业气象观测方面的规定，农业气象观测包括对农作物生长环境中物理要素和生物要素的观测和记载。物理要素包括气象要素和有关的土壤

要素。气象要素的大气候观测方法在《地面气象观测规范》中有详细的规定，不同农产品生产有不同的观测数据要求，分为作物分册、土壤水分分册、自然物候分册、畜牧分册、果树分册、林木分册、蔬菜分册、养殖渔业分册和补充篇农业小气候观测等。

5.3.3 农产品生产环境监测数据采集

农产品产地环境监测工作是保障农产品产地环境安全的重要技术支撑，是环境监测机构一项新的重要而艰巨的任务。农业部门积极采取措施加强农产品产地环境的监控，一方面各级农业部门出台了相关的法律法规，比如《农产品产地安全管理办法》及产地环境监测的法律法规等。另一方面，加强环境监测与管理。包括无公害生产基地、绿色产品、有机产品及大中城市郊区的农产品生产基地等的产地环境，通过监控重点地区产地的农业环境质量状况和趋势，为决策提供依据。农产品产地环境监测一方面在保护耕地、实现耕地总量动态平衡、稳定高产稳产耕地面积、提高耕地质量、巩固农业基础地位、深化土地利用管理等方面有重要意义；另一方面还可以根据有关环境监测数据档案或数据库，进行环境现状或影响评价，监测耕地实际土壤状态，为生产安全优质农产品保驾护航。

农产品的质量安全是所有食品安全的基础。随着经济的高度发展，人类对环境的过度开发已对环境带来了严重的危害。农产品产地生产环境污染主要表现为大气污染、水体污染和土壤污染。大气污染主要包括氟化物污染、重金属飘尘、酸雨和沥青等。水体污染主要包括无机有毒物（如各类重金属、氰化物、氟化物等）、有机有毒物（如苯酚、多环芳烃、多氯联苯等）和各种病原体（如生活污水、医院污水和畜禽污水中含有的病毒、细菌和寄生虫等）。土壤污染主要包括农用化学品及工业与生活废弃物污染等。环境污染物的来源非常广泛，如汽车尾气、发电厂废气、矿山和冶炼厂的“三废”排放及各种化学物质的生产与使用。为保证农产品生产环境的安全，防止污染物对作物及生态环境的危害，国家已制定了相应的土壤、水和大气的环境标推，建立严格与完整的农产品产地环境监测网络，加强对产地环境的监测，从生产源头上确保农产品安全。

农产品产地环境监测对象主要是污染农区和主要经济农区的土壤、作物、大气、农用水质和渔业水域。监测的内容包括污染监测，重点是工业、乡镇企业污染区，城市废水、垃圾利用区、酸雨沉降区、农药化肥频施区；基地、大环境影响监测，重点是商品农业、大型工程和经济开发区；农产品生产环境事故监测；为获取未受或少受污染环境要素组成元素的自然含量而进行的环境背景值监测；农业生态因素研究性监测等。农产品安全生产环境监测系统主要内容分为大气、灌溉水和土壤等指标体系中的多个因子作为农产品生产基地环境质量评价的指标

体系和评价因子。其中，大气质量指标体系主要包括 SO_2、NO_2、氟化物、总悬浮颗粒物等；灌溉水质量指标体系主要包括 pH 及镉、铅、汞、砷、六价铬、铜、氟化物、氰化物、氯化物、石油类、挥发酚等的含量；土壤质量指标体系中有 pH 及镉、铅、铬、砷、汞、六六六、滴滴涕的含量等。不同作物的要求有所区别，并分类建立了行业标准。如 NY 5116 无公害食品—水稻产地环境条件、NY 5332 无公害食品—大田作物产地环境条件、NY 5010 无公害食品—蔬菜产地环境条件、NY 5331 无公害食品—水生蔬菜产地环境条件、NY 5294 无公害食品—设施蔬菜产地环境条件、NY 5013 无公害食品—林果类产地环境条件、NY 5104 无公害食品—草莓产地环境条件、NY 5087 无公害食品—鲜食葡萄产地环境条件、NY 5107 无公害食品—猕猴桃产地环境条件、NY 5023 无公害食品—热带水果产地环境条件、NY 5110 无公害食品—西瓜产地环境条件、NY 5181 无公害食品—哈密瓜产地环境条件等。

5.3.4 土壤墒情监测及智能灌溉系统数据采集

1. 土壤墒情监测

土壤墒情主要监测项目为土壤含水量，可根据需要同时进行旱象监测和旱情调查。旱象监测项目包括实地拍摄反映土壤干旱、作物旱情情景图像，录制土壤干旱、作物旱情视频情景等。旱情调查是为统一土壤墒情监测的内容和技术要求，以更好地适应国民经济建设与发展、抗旱减灾等对土壤墒情监测的需求。

土壤墒情监测系统能够实现对土壤墒情（土壤湿度）的长时间连续监测。用户可以根据监测需要，灵活布置土壤水分传感器；也可将传感器布置在不同的深度，测量剖面土壤水分情况。土壤含水量（%）分为 0～20cm、20～40cm、40～60cm、60～100cm 等不同深度。

同时，根据监测需求增加对应传感器，监测土壤温度、土壤电导率、土壤 pH 值、地下水水位、地下水水质及空气温度、空气湿度、光照强度、风速风向、雨量等关联信息，从而满足系统功能升级的需要。土壤墒情农田监测点一般包括如下信息内容：监测点代码、测定日期，测定方法，当季作物，生育期（天），无雨天数（天）墒情评价，旱情评价，降雨日期，降雨量（mm）灌水日期，灌水量（方/亩）作物表象等。

2. 智能灌溉系统

对于不同农作物在不同的生长阶段有不同的需水特性。每种作物都有适合其生长的湿度，湿度过大，植物的根系就会在土壤中腐烂，湿度过小，就不足以满足植物生长所需要的水分。灌溉就是最大限度地满足土壤的湿度在适宜植物生长

的湿度范围之内。灌水时间、灌水量既影响农产品的产量也影响农产品的质量，因此，高效节水灌溉自动控制技术能够适时适量、按需灌溉。智能灌溉首先要获取土壤水分信息，并根据土壤水分信息及温度和作物需水特性来决定灌溉时间与灌溉量的多少。这将摆脱以往仅凭经验灌溉的灌溉模式，使作物灌溉决策建立在科学的基础之上。另外，还要根据土壤条件、土壤水分信息及作物需水特性做出合理的灌溉决策，即将传统的凭经验由人工手动阀门控制灌溉方式改为自动进行适时适量、按需灌溉控制。

智能灌溉流程主要是依托无线传感器网络采集灌区作物需水信息，汇聚到网关节点发送给主控中心，中心主机根据信息确定灌溉状态并计算灌水量，控制灌溉设备工作实现智能灌溉；依托 Internet 管理员有权对系统远程管理，满足了规模化灌溉的需求。后台可将所采集到的数据信息实时反馈到终端进行建模分析，结合农业专家建议制定解决方案并可控制水泵开关，达到自动化、智能化农业的目的。所谓智能，就是不需要人的控制，系统能自动感测到什么时候需要灌溉，灌溉多长时间；系统可以自动开启灌溉，也可以自动关闭灌溉；可以实现土壤太干时增大喷灌量，太湿时减少喷灌量。要实现此功能就要充分利用可编程控制器的控制作用。系统要实现自动感测土壤湿度的功能，必须要有土壤湿度传感器。要实现灌溉水量的多与少的调节，必须要有变频器。智能灌溉系统涉及传感器技术、自动控制技术、计算机技术、无线通信技术等多种高新技术，这些新技术的应用为我国的农业由传统的劳动密集型向技术密集型转变奠定了重要的基础。

智能灌溉监测的数据信息包括土壤温湿度、环境温湿度、太阳辐射强度、叶片湿度、风速、风向、雨量等信息。数据采集仪器有土壤湿度传感器，（也叫土壤水分传感器），一般是采集土壤水分含量大小，以了解土壤的真实灌溉需求，据此确定灌溉与否及灌溉时间长短。它把土壤水含量转化为标准的电压信号，经过转换、信号处理后传到集群控制单元，微电脑处理器根据获得的土壤信息确定灌溉量，然后输出控制信号并结合中央计算机指令，控制电磁阀的开关，即可以实现自动灌溉。同时，由于气象条件对灌溉的影响明显，因此在示范区内还需要配备气象数据监测仪器，自动采集所需的气象数据，作为当地气象参数的补充。自动观测气象站是由一个能自动测量、记录与存贮数据的记录仪与一套相应的传感设备所组成的一个气象观测记录系统，该站安装的农业气象自动站的探测内容以室外有风向、风速、空气温湿度、辐射和降水量等作为参考依据。

智能灌溉系统可以根据作物种类、生长阶段和土壤种类进行设计。以小麦为例，整个生长发育阶段可分为 5 个时期：第一个时期是从种子萌发到分蘖前期。这个时期主要进行营养生长，特别是根系发育快，蒸腾面积小，耗水量少；第二个时期是从分蘖末期至抽穗期（包括返青、拔节、孕穗期）。这一时期小穗分化，

茎、叶、穗开始迅速发育，叶面积快速增大，代谢亦较旺盛，消耗水量最多。如果缺水，小穗分化不良，茎生长受阻，矮小，产量低。第三个时期是从抽穗到开始灌浆。这一时期叶面积扩大基本结束，主要进行受精、胚胎发育和生长。如果供水不足，上部叶因蒸腾强烈，开始从下部叶或花器官夺取水分，引起受精受阻，胚发育不良，导致产量下降。第四个时期是从开始灌浆至乳熟末期。此时主要进行光合产物的运输与分配，若缺水，有机物运输受阻，造成灌浆困难，籽粒瘦小，产量低。第五个时期是从乳熟末期到完熟期，灌浆过程已结束，种子失去大部分水，逐渐风干，植物枯萎，已不需供水。

5.3.5 测土配方施肥系统据采集

肥料是提供一种或一种以上植物必需的矿质元素，是改善土壤性质、提高土壤肥力水平的一类物质，也是生产农产品的物质基础之一。土壤养分含量在一个地块内分布往往不均匀，若采用常规施肥技术，都是同一施肥量，同一种成分从头到尾“一视同仁”地施用，这必然导致应该施肥的地方“吃不饱”，而不应该再施或只要少量施用的地方用量过多造成“吃撑”，即使成本上升，又造成环境污染，甚至还会使部分植株生长不理想，导致平均单产降低。

测土配方施肥技术的核心是调节和解决作物需肥与土壤供肥之间的矛盾，主要以土壤测试和肥料田间试验为基础，根据作物需肥规律、土壤供肥性能和肥料效应，在合理施用有机肥料的基础上，提出氮、磷、钾及微量元素等肥料的施用数量、施肥时期和施用方法，有针对性地补充作物所需的营养元素，作物缺什么元素就补充什么元素，需要多少补多少，实现各种养分平衡供应，满足作物的需要，达到提高肥料利用率和减少用量、提高作物产量、改善农产品品质、节省劳力、节支增收的目的。

测土配方施肥有关的数据源包括以下 5 个方面：一是作物施肥基础数据。田间试验是获得各种作物最佳施肥量、施肥时期、施肥方法的根本途径，也是筛选、验证土壤养分测试技术、建立施肥指标体系的基本环节。通过田间试验，掌握各个施肥单元不同作物优化施肥量，基、追肥分配比例，施肥时期和施肥方法；摸清土壤养分校正系数、土壤供肥量、农作物需肥参数和肥料利用率等基本参数；构建作物施肥模型，为施肥分区和肥料配方提供依据。二是土壤测试数据。土壤测试是制定肥料配方的重要依据之一，随着我国种植业结构的不断调整，高产作物品种不断涌现，施肥结构和数量发生了很大的变化，土壤养分库也发生了明显改变。通过开展土壤氮、磷、钾及中、微量元素养分测试数据，了解土壤供肥能力状况，掌握土壤肥力“存量”底数。三是配方设计关联数据。通过关联作物施肥基础数据、土壤养分数据等，划分不同区域施肥分区；同时，根据

气候、地貌、土壤、耕作制度等相似性和差异性，结合专家经验数据资源，提出不同作物的施肥配方。四是校正参数数据。为保证肥料配方的准确性，最大限度地减少配方肥料批量生产和大面积应用的风险，在每个施肥分区单元设置配方施肥、农户习惯施肥、空白施肥 3 个处理措施，以当地主要作物及其主栽品种为研究对象，对比配方施肥的增产效果，校验施肥参数，验证并完善肥料配方，改进测土配方施肥技术参数。五是配方加工数据。配方落实到农户田间是提高和普及测土配方施肥技术的最关键环节。目前，不同地区有不同的模式，其中最主要的也是最具有市场前景的运作模式就是市场化运作、工厂化加工、网络化经营。这种模式适应我国农村农民科技素质低、土地经营规模小、技物分离的现状。

利用测土配方施肥项目取得的数据，还可以延伸利用。如开展耕地地力质量评价，建立耕地资源管理信息系统，实现耕地资源的数据化、自动化管理；分析汇总测土配方施肥项目数据，分区域、分作物建立了测土配方施肥信息查询系统，以触摸屏、掌上电脑、手机短信、图表等方式发布施肥方案；触摸屏查询系统，应用县域测土配方施肥专家系统进行施肥方案发布，将发布的施肥数据拷贝到装有测土配方施肥查询系统软件的触摸屏电脑指定文件夹内；农民通过查询系统，便可找到自家地块，了解到推荐种植的作物、品种及施肥信息，并打印施肥建议卡。

5.3.6 作物长势监控系统数据采集

作物长势是指农作物的生长发育状况及其变化态势。在作物生长早期，主要反映了作物的苗情发育好坏，在作物生长发育中后期，则主要反映作物植株发育形势及农产品产量丰歉程度。农作物产量可以根据作物长势进行预测，是农业系统的一项重要工作。随着科学技术的发展，预测的方法和手段逐步完善和提高，不但能较准确地估测出各种作物的最终产量，也能跟踪监测各类作物在不同生长期的长势，从而根据需要及时采取有效措施，对农作物的生长进行监控，保证当年产量的稳定增长。

“作物长势监测系统”对农作物长势的数据监测从 3 个方面进行。一是作物长势状况的实时监测。在作物生长期内，利用植被指数、监测各个区域的作物长势好坏（一般分为 3～5 级）。二是对作物生长过程监测。利用作物叶面积指数和净初级生产力从作物生长发育的各个阶段监测不同单元（国别、省、县、乡、农场、地块）的作物生长状况。最终为用户提供及时、准确、可靠的作物长势信息，包括用户感兴趣区域内不同长势等级所占的百分比，以及作物长势比去年好几成。三是专家根据作物长势进行实时会商，可以快速、准确、及时指导农业生产，在生产的关键季节为政府提供决策参考，给农产品生产提供最好的最便捷的

服务，在增产、防灾减灾方面效果显著。

作物长势监测是运用高分辨率传感器，在不同的作物生长期，实施全面监测。可以通过遥感影像数据获取农作物生长信息，影像数据 10 分钟更新一次，主要监控指标包括风速、土壤温度湿度、空气温度湿度、太阳辐射强度、雨量，通过监测与农作物生产息息相关的环境因子，实时掌握苗情、灾情、墒情信息。利用遥感数据对作物的环境动态与分布情况进行宏观估测，即使了解作物的分布状况、生长状况、便于采取管理措施。这种监测是持续进行的，在监测过程中不断提供农业资源的数字变化和图件依据，为作物生产管理者或管理决策者提供及时准确的数据信息平台。

目前，农业物联网技术可以在远程终端上直观地看到农作物的长势和生长环境情况，通过远程监测技术获取田间现场环境信息，可以全天候观测，实现苗情监测自动化、苗情动态可视化、苗情管理科学化，提高了农技人员决策管理和服务水平，同时也为及时了解农作物苗情，掌握生产动态，为指导农产品生产提供有力的科技支撑。

5.3.7 病虫害监测预报与防控系统数据采集

病虫害监测预报与防控系统对主要农作物（粮油、蔬菜和果蔬类其他作物等）的重大病虫害发生数据进行监控、采集、分析。通过信息化手段提高有害生物测报工作的准确性和及时性。系统由多个并发运行子系统组成的大型网络化业务集成平台构成，各个子系统分别完成数据采集、数据分析、监控预警、趋势分析等功能，以此来辅助农业病虫害的测报、防治、药械、检疫各个部门的具体业务工作。实现监测数据采集标准化、传输网络化、管理自动化、分析规范化、处理图形化、发布可视化、决策智能化，显著增强服务现代农业的能力，提升农产品生产的产量和质量。在设计上可以分为以下几个方面（主要以各省小麦为例）。

1. 主要农作物病虫害数据库

病虫害数据采集系统通过技术手段采集病虫害数据。由测报站、区县、省市三级分别进行数据的采集，建立防治、农药械、植物检疫等相关联的数据库。对具体的一个农作物和某种指定的病虫，可能有一到多个数据表与之对应。例如，小麦冬锈病就有如下小麦条锈病菌空中孢子捕捉记载表、小麦条锈病系统调查表、小麦条锈病秋苗期和返青拔节期普查表、小麦条锈病后期普查表、小麦条锈病越夏调查表、小麦条锈病年度发生情况统计表、小麦条锈病发生防治基本情况记载表等数据表。

2. 病虫害趋势分析

系统需要在后台对数据进行处理，有些是需要对原始采集数据进行计算，有些是要对多个表进行合并处理，有些是要进行汇总。例如，病虫名称为螟虫，则特指原始数据表格的 3 张业务表：二化螟、三化螟、大螟 3 种病虫，系统除可以分别对大螟、二化螟、三化螟进行分析外，还可以针对螟虫进行分析，这些计算或者汇总的数据是病虫害信息图形化展示系统的重要数据来源。

结合地图，把病虫发生的程度、虫量、病株（叶、穗）率等信息展现在地图图层上，以区域色块填充、插值渲染、等值线面等图形化手段来展现病虫害发生的宏观动态趋势。用 Flex 矢量图的形式，把病虫害测报、防治等数据在地图上进行空间分析，以地图空间信息为检索条件更直观地分析各类病虫害数据。采用多色曲线实现在同一坐标系内进行病虫数据多项指标的叠加显示，通过对多种指标曲线交叉、背离等信息来分析病虫发生的始盛期、盛期、盛末期的准确时间，同时比照历史数据的交叉、背离信息来预测病虫发生的趋势和动态。

3. 业务数据发布

由原始填报数据经过查询、统计、汇总等操作后会得到以表格、Flex、图片等形式展现的结果数据，该操作过程及结果数据除了专业人员使用之外，还需要对外发布给其他人员参考及使用，因此需要一个数据发布系统，该系统可以把表格、Flex、图片数据生成一个系统内唯一的链接，其他人员可以通过该链接直接得到结果数据，得到结果数据的过程无须再访问数据库，这样系统内的部分数据可以直接发布到网站首页、其他商业网站、论坛等地方。也可以应用 GIS 技术建立强大的空间数据管理系统，形成形象直观、模型化的电子地图，实现病虫害信息的空间化、可视化管理，形象展示出各种病虫害专题图、发生情况分布和数据统计规律。

4. 病虫害专家知识库

专家知识库的内容包含着各种病虫害的特点介绍、防治知识相关的农药等，数据信息从内容上看，一个专题知识相当于一篇文章，除了文字介绍以外，往往还会包含多张高清晰图片，来描述病虫害的症状、病虫的照片等，以便专家知识库的使用者能从很形象的描述中便捷而准确地找到所需要的信息。

5. 外联数据库对接

本省系统内的部分病虫害调查表格可以与国家农作物重大病虫害数字化监测预警系统进行无缝对接，实现一次填写两个系统都入库。它要求熟悉国家农作物重大病虫害数字化监测预警系统内的各类国家周报表和模式报表表格、业务流

程，能够根据国家系统中对本省的填报任务进行数据填报，并由本省各单位在省系统中填报后分别上报到省数据库和国家数据库，并确保数据传输的安全性。

5.4 农产品生产数据采集的支撑技术

5.4.1 地理信息系统（GIS）

地理信息系统又称为“地学信息系统”或“资源与环境信息系统”。它是一种特定的十分重要的空间信息系统。它是在计算机硬、软件系统支持下，对整个或部分地球表层（包括大气层）空间中的有关地理分布数据进行采集、储存、管理、运算、分析、显示和描述的技术系统。在GIS平台上，可以看到复合地形、土壤类型、土地利用和作物分布图，所有这些资料都是数字化储存，并能修改、复制和任意重新生成，如果这些资料结合农学模型和决策支持系统，就能形成强有力的管理工具。在GIS中的两种地理数据成分包括空间数据（与空间要素几何特性有关）和属性数据（提供空间要素的信息）。

在功能上，地理信息系统是一种具有信息系统空间专业形式的数据管理系统。一般的地理信息系统应具有以下几个特点：地理信息系统具有空间性和动态性，是一个空间型的信息系统，具有采集、管理、分析和输出多种地理空间信息的能力；以地理模型方法为主要手段，具有区域空间分析和动态预测的能力，为地理研究和地理决策服务；计算机支持是地理信息系统的重要特征，使地理信息系统能够快速、精确、综合地进行地理定位及其过程的动态分析；由于它综合了地图、表格、图形、图像、文字、声音和符号于一体，所以用GIS来管理各种类型的空间信息，比其他数据管理系统更全面、更方便、更实用，能够对空间信息数据进行图形化输出，形象表达直观，便于决策应用，更受人们欢迎。

在农产品生产应用上，随着地理信息系统理论的产生发展及方法和技术的成熟，在农业领域的应用也逐步深入。具体应用如下：

一是利用GIS进行农产品生产区域区划。利用GIS进行农业区划，可以将现有的资源、经济数据库与GIS结合，很快形成各种农业区划统计图件，突破传统手工绘制区划图模式。也可以将遥感系统（RS）和GIS结合起来，利用RS的遥感结果，结合GIS软件中提供的各种评判方法和区划建模，进行不同区划方案的动态模拟与评价，编绘出综合评价图、区划图，直观定量地显示区划结果。这样，保证了区划方法的科学性、针对性和先进性。

二是利用GIS对农产品生产的土壤作适宜性评价。根据土壤类型、质地、有机质含量、氮磷钾等其他各个元素对某种作物生长的重要性赋予权重，通过地理

信息系统分析运算，生成土壤适宜性评价图，为确定最适宜的用地方式提供依据。同时，可利用GIS依据实际情况建立数学模型，进行农业土地适宜性的单因素评价和多因素综合评价，实现土地适宜性的分等定级。

三是利用GIS对农产品种植作出适宜性评价。农产品种植适宜性评价是针对某种作物在特定地域种植的适宜程度做出的结论性评价。对具体作物在具体地域上能否适宜生长做出定性、定量和定位的评价，不仅能充分利用自然资源，开发土地潜力，实现作物高产，而且能够在现有基础上优化作物种植的总体布局，使区域经济结构和生态环境实现可持续发展。GIS技术已经在种植适宜性评价中开始应用。根据某一作物的生产与气象条件的关系，确定出某一地区某一作物种植的农业气候区划指标，进而采用GIS技术对此地区某作物种植区进行农业气候区划，划分适宜、次适宜和不适宜种植区，为农业结构调整及作物的合理布局提供科学依据。

四是利用GIS开展农产品生产灾害预测与预防研究。由于GIS具有较完备的空间属性信息，如某一区域经过多少河流，有多少铁路线，有多少商业区等。若该区域有灾害发生，如遭受一场洪灾，可以根据GIS空间信息计算出大致的受灾面积，进而估算该区域的经济损失；根据GIS的空间特性，对某一区域历史数据的演变分析，对区域内灾害发生的基本规律、时空分布、概率分布、危害程度等进行综合评价和模拟，并对灾害发展趋势进行预测，如对旱灾、涝灾、水灾、作物病虫害等农业灾害的预测预报、灾情的演变趋势模拟和灾情的动态变化，为防灾减灾提供分析对策。总之，利用遥感、GIS和计算机等技术对重大农业气象灾害进行综合测评，为政府和有关部门提供及时有效和准确可靠的决策信息，使减灾、防灾及救灾等有充分的科学依据，是农产品生产和农村经济稳定发展的保证。

五是利用GIS对农产品生产进行估产和监测。农作物估产和监测对国家及时了解农作物产量、制定粮食进出口政策和价格至为重要，联合国粮农组织（FAO）及大多数国家都将其作为头等大事来抓。作物估产的内容主要有两方面：一是估算作物种植面积；二是由单产模型、长势遥感监测来确定估产模式。利用GIS完成这项任务，而且能做到又快又准又省，在生产中，通过遥感方法获得作物长相长势的遥感图像，判读解译RS影像信息，在GIS中对各种空间数据信息进行分析，识别作物类型，通过统计量算出播种面积；进而分析出作物生长过程中自身的态势和环境的变化，再利用GIS系统的模型功能，构建出不同条件下作物生长模型和多种估产模式，把上述因素信息引入模型中便能估算出大面积的作物的产量和长相长势。早在20世纪70年代，美国和苏联就利用这种方法进行作物的估产。

六是利用 GIS 进行农业资源的清查、核算、评估与监测。农业资源是农业持续发展的基础条件，在进行农业生产决策之前必须清查资源，包括自然资源和社会经济资源，这是一项复杂而费时的工作。而利用 GIS 和 RS 结合，能够快速、准确地查清、核算、监测某一区域的农业资源。利用遥感系统可以快速地获取研究区域内的农业资源的遥感图像；将图像信息传递给 GIS，经 GIS 的判读解析，提取有用信息，建立区域农业空间数据库；利用 GIS 的统计和覆盖功能可以快速地实现农业资源数据的再现；利用 GIS 制作出所需的各种资源要素的图件，如土地利用现状图、植被分布图、水分利用图、地形地貌图等一系列社会经济条件统计图等专题信息图，还可以利用这些图进行叠加分析而获得综合信息图；也可以结合一些模型对具有时空变化特点的资源进行存量和价值量的估算。利用 RS 定期地对农业资源的质和量进行动态监测，及时更新 GIS 空间数据库，从而使人们动态地了解农业资源的变化情况。

七是利用 GIS 进行农业生态环境的监测和分析。地理信息系统在农业生态环境研究中应用广泛，主要有环境监测、生态环境质量评价与环境影响评价、环境预测规划与生态管理及面源污染等。利用 RS 和 GIS，将二者有机地结合起来对农业生态环境质量进行监测和分析是 GIS 在农业中应用的又一个新领域。通过遥感方法获得生态环境的遥感图像，将信息输入 GIS，在 GIS 中对各种空间数据信息进行分析、处理，及时发现情况并进行预警；建立环境的空间数据库，对空间数据进行管理和分析，做出某一指标或多个指标的专题地图，直观形象地表达生态环境的变化；利用 GIS 的模型功能，建立农业生态环境的模型，模拟区域内农业生态环境的动态变化和发展趋势，为决策和管理提供依据。

八是利用 GIS 发展精准农业。精准农业是利用 RS、G IS、GPS（全球卫星定位系统）、计算机技术等高新科技，对农业生产全过程中农作物、土地、土壤从宏观到微观进行实时监测，通过诊断和决策，制订实施计划，并发展田间自动作业的信息化现代农业。GIS 在精准农业中的应用主要包括以下几个方面：一是 GIS 作为精准农业中整个系统的承载运作平台和基础，起着大脑和神经中枢的作用。精准农业作为一个完整的大系统，各种农业资源数据的流入、决策控制信息的流出都要经过 GIS 来执行；GIS 作为精准农业的核心组件，将 RS、GPS、专家系统、决策支持系统等组合起来，起到“容器”的作用。二是作为农田空间数据库的管理系统。在精准农业中，GIS 用于农田土地数据管理，查询土壤、自然条件、作物苗情、作物产量等数据，也能采集、编辑、统计分析不同类型的空间数据。三是绘制作物产量分布图和农业专题地图分析。安装 GPS 导航仪的联合收割机在田间收割农作物时，每隔一定时间把小区的产量记录在地理数据库中。利用这些数据，GIS 就能制作农作物产量分布图；地理信息系统与传统地图相

比，最大优点是能够很快地将各种专题要素地图组合在一起，产生出新的地图，将不同专题要素地图叠加在一起，可以分析出土地上各种限制因子对作物的相互作用与相互影响，从中可以发现它们之间的关系，如土壤 pH 值与产量的关系，这对于指导农产品生产是很有意义的。

5.4.2 全球定位系统（GPS）

利用 GPS 定位卫星，在全球范围内实时进行定位、导航的系统，称为全球卫星定位系统，简称 GPS。GPS 在农产品生产中的应用主要包括 6 个方面：

一是利用 GPS 定位农产品信息采集样点。即在农田设置的数据采集点、人工数据采集点和环境监测点均需 GPS 定位数据，以便形成信息层进入 GIS。

二是利用 GPS 动态定位农产品生产中智能化机械作业。即根据管理信息系统发出的指令，实施田间耕作、播种、施肥、灌溉、排水、喷药和收获的精确定位。

三是利用 GPS 定位遥感信息特征点。即对遥感信息中的特征点用 GPS 采集定位数据，以便于与 GIS 配准。

四是利用 GPS 调查土壤养分分布，绘制土壤样品点位分布图。在播种之前，可用一种适用于在农田中运行的采样车辆按一定的要求在农田中采集土壤样品。采集样品时，GPS 接收机把样品采集点的位置精确地测定出来，将其输入计算机，计算机依据地理信息系统将采样点标定，绘出一幅土壤样品点位分布图。

五是利用 GPS 监测农产品产量。在联合收割机上配置计算机、产量监视器和 GPS 接收机，就构成了作物产量监视系统。对不同的农作物需配备不同的监视器。例如监视小麦产量的监视器，当收割小麦时，监视器记录下小麦所接穗数和产量，同时 GPS 接收机记录下收割该株小麦所处位置，通过计算机最终绘制出一幅关于每块土地产量的产量分布图。通过和土壤养分含量分布图的综合分析，可以找出影响小麦产量的相关因素，从而进行具体的田间施肥等管理工作。

六是利用 GPS 进行精准施肥管理。依据农田土壤养分含量分布图，设置有 GPS 接收机的“受控应用”的喷施器，在 GPS 的控制下，依据土壤养分含量分布图，能够精确地给田地的各点施肥，施用的化肥种类和数量由计算机根据养分含量分布图控制。在作物生长期的管理中，利用遥感图像并结合 GPS 可绘出作物色彩变化图。利用 GPS 定位采集一定数量的土壤及作物样品进行分析，可以绘制出作物生长不同时期的土壤含量的系列分布图。这样可以做到精确地对作物生长进行管理。

据国外相关资料介绍，利用飞机进行播种、施肥、除草等工作，作业费用昂贵。合理地布设航线和准确地引导飞机，将大大节省飞机作业的费用。利用差分

GPS对飞机精密导航，估计会使投资降低50%。在具体应用中，利用GPS差分定位技术可以使飞机在喷洒化肥和除草剂时减少横向重叠，节省化肥和除草剂用量，避免过多的用量影响农作物生长。还可以减少转弯重叠，避免浪费，节省资源。对于在夜间喷施，更有其优越性。因为夜间蒸发和漂移损失小，另外夜间植物气孔 是张开的，更容易吸收除草剂和肥料，提高除草和施肥效率。依靠差分GPS进行精密导航，引导农机具进行夜间喷施和田间作业，可以节省大量的农药和化肥。

5.5 “数眼”看生产

曾经风靡一时的开心农场，让很多玩家欲罢不能，每天在网上用鼠标点一点，就可以为自己种植的蔬菜水果浇水、施肥，其乐无穷。目前，在物联网、大数据、云计算等信息化技术推广下，这一切已梦想成真。

无论春夏秋冬还是严寒酷暑，在办公室或家里，轻轻点击鼠标或是滑动一下智能手机，就能随时监控蔬菜大棚内的温度、湿度、二氧化碳、光照等数据，然后根据需要，发送短信远程控制田地里的水阀开关，给特定的地块浇水，或是发送短信开关大棚里的排风扇、遮阳棚、空调等设备……让种地可以变得如此轻松。在播种季节，农产品生产者可以根据关联的土壤、气候、水源、农产品市场、种苗市场等数据信息确定种植什么样的作物，种植的最佳时间。在生产季节，农产品生产管理者将传感器放在大棚里，可以实时采集大棚里的温度、湿度、二氧化碳、光照等环境数据，通过测土可以获得土壤肥力数据。是否缺水、是否缺营养、是否生病，都可以通过测出的数据判断出来，通过数据读懂植物的“心声”。在成熟季节，通过关联的气候、长势等数据分析评估今年的收成和收获的最佳时机，然后点击鼠标就可以根据市场消费情况确定上市最佳时间及需要贮藏的时间、最佳的贮藏地等。当这些采集数据的“黑匣子”放在大棚里，管理者只要下载客户端，不管在哪里，都可以通过电脑或手机看到大棚里植物生长的状况。当监控的数据中有任何一项超过我们设置的标准值，管理者的手机就会报警。下雨了，一按键就可以把防雨窗帘降下来；缺水了，还可以让喷淋系统自动给瓜苗喷水；温度高了可以自动启动风扇降温等。比如种植西瓜非常讲究温度和浇水的科学控制，使用物联网采集到相关数据后，通过分析能够更为精准地把握西瓜的需求，对蔬菜生长过程进行全程监控和数据化管理，不需要再用人工巡视的方式，从而实现更为高效的西瓜种植。

智能大棚农产品生产，其具体的管理系统架构分为传感信息采集、视频监控、智能分析和远程控制4部分：一是传感数据采集，比如温度、湿度、光照、

含水量等传感器；二是视频型数据监控，比如作物长势状况、病虫害状况、人工活动等；三是智能分析，如空间位置图、时间曲线、报警阈值等；四是远程控制，如温室卷帘控制、微喷控制等。数据采集系统构成如图 5-2 所示。

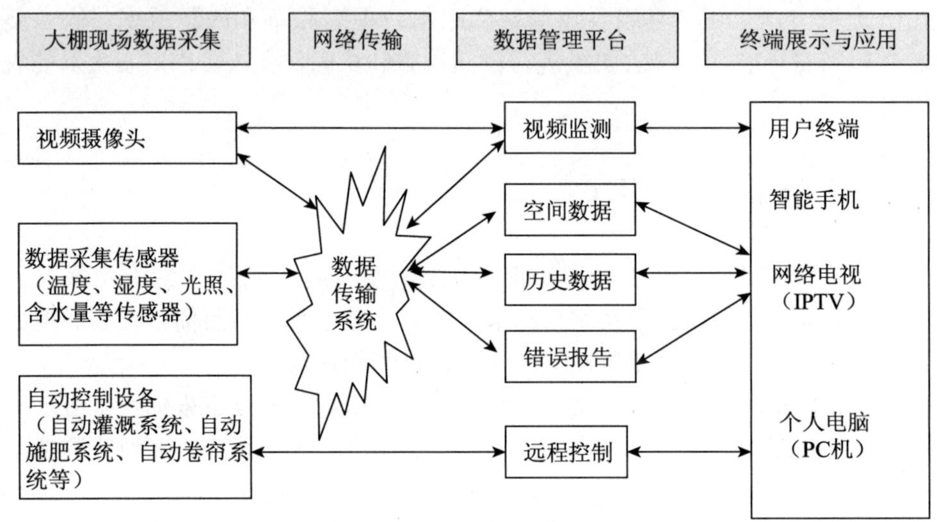

图 5-2　智能大棚数据采集系统

参考文献

[1] 孙忠富，等．物联网发展趋势与农业应用展望［J］．农业网络信息，2010，5：5-8.

[2] 孙忠富．大数据在智慧农业中研究与应用展望［J］．中国农业科技导报，2013，15（6）：63-71.

[3] 高灵旺，等．农业病虫害监测预警信息技术链研究与设想［J］．中国植保导刊，2009，29（11）：32-35.

[4] 张竞成，等．作物病虫害遥感监测研究进展［J］．农业工程学报，2012（28）：1-11.

[5] 王丽，等．测土配方施肥数据管理系统数据及信息的规范［J］．内蒙古农业科技，2011（6）：66-67.

[6] 邓昀，等．智能灌溉系统的无线传感器网络设计［J］．自动化仪表，2013，34（2）：86-88.

[7] 郭佩佩．传感器在精准农业中的应用 [J]．广东农业科学，2014 (5)：232 - 235.

[8] 蔡书凯．大数据与农业：现实挑战与对策 [J]．观察，2014 (1)：1 - 4.

[9] 徐臣善．国内外精准农业研究进展 [J]．德州学院学报，2013 (29)：82 - 84.

[10] 蔺彩霞．农产品监测预警系统的设计与实现 [J]．农业网络信息，2013 (5)：40 - 42.

6 大数据提升农产品物流运输效率

运输是物流运作的重要环节，在各个环节中，运输时间及运输成本占有相当大的比重，实践证明，通过手工控制运输网络信息和运输作业效率低、准确性差、成本高、反应迟缓，无法满足农产品运输的特殊性和客户需求，同时，信息不透明、监控不严，还会造成越来越多的技术和管理"毒瘤"，最终成为运输顽疾。

6.1 农产品物流运输面临的困境

1. 运输成本居高不下

目前，在我国物流成本中，高达40%～50%的成本用于物流运输。根据意大利亚洲观察机构在2007年的调查显示，中国是世界物流运输成本最高的国家之一，每年用在物流运输上的资金高达2000亿美元，是美国的两倍。

2. 农产品运输基础设施相对落后

一是一些地方的交通还不发达，有些偏远的农村甚至没有公路，处在与世隔绝的状况，交通运输线路短且少，农用专用线配备欠缺，总运力不足，农村机动力运输量约占总运输量的20%，这样的运力结构明显不能适应农业运输的需要。二是农业运输专用技术装备落后，也没有专业的技术配套设施，如农产品在途加水、加冰、应急保障等基础设施。由于农产品多为鲜活易腐货物，货运量大，对运输设备要求高，需要大量的专用运输工具。但目前农产品专用工具缺乏，农产品运输技术也相对落后，现代化的集装箱、散装运输发展缓慢，高效专用运输车辆少，农产品运输主要靠中型卡车。卡车能耗大、容量不足，并且大多是敞篷的，缺乏对农产品的有效保护，致使一部分易腐货物互相挤压，造成腐烂变质，损失严重。三是运输过程中装卸搬运的机械化水平低。如粮食运输中叉车、托盘、货梯、升降平台、巷道堆垛起重机等装卸设备数量相当有限，由于信息化水平低，大多数靠人工操作，大大增加了成本，降低了农产品的市场竞争力。

3. 农产品专业运输运力相对不足

主要是农产品冷链运输落后，运力不足。我国大约有95%的果蔬、77%的

水产品、大量的牛奶和豆制品基本上还是在没有冷链保证的情况下流通。冷藏运输率目前欧、美、日等地区和国家均达到80%～90%；从冷藏车辆的保有量占载货汽车总保有量的百分比来看，美国大约是16万辆的保有量，占载货汽车总保有量0.8%～1%；日本达到了12万辆，占货运车辆总保有量的2%；法国有3万辆，占货运车辆总保有量的41%，而我国5万辆左右，仅占到总保有量的0.3%，远低于发达国家1%～3%的水平。

4. 农产品运输信息化技术应用严重滞后

大多数物流运输企业都是由传统的仓储、运输企业转型而来，在管理水平、技术力量及服务范围上尚没有质的提高，信息化程度低、高素质人才缺乏，企业的整体运作水平较低，缺乏先进的管理理念和模式。先进的“智慧物流”中的智能运输、智能冷链及在安全行车、调度货物、跟踪与防盗、监控管理中的GPS也没有完全推广，信息隔离和断链造成运输“潜规则”“隐蔽性罚款”“集装箱黄牛党”运输“毒瘤”，严重影响运输效率，损害农产品的快速流通。

5. 农产品物流运输管理部门条块分割，整体效率合力几乎为负作用

我国物流管理部门各自为政，物流运输合力难以形成，例如，铁路、公路、水运、航空等运输资源，分别由铁道部、交通部、航空总局等管辖，各部门从上到下一统到底，实行纵向化管理，各部门都有自己的物流体系、物流设施和资源，但横向管理方面，各部门为了各自的利益竞争而难以形成物流合力，不能做出有利于物流运输整体发展的战略考虑。物流管理和资源的分散使物流本应具有的整体功能被大大削弱，阻碍了物流运输业的发展，难以形成社会性的物流配送体系。这种条块管理体制形成了自上而下的纵向隶属和管理格局，严重制约着在全社会范围内合理地对物流运输进行整体统筹和规划，阻碍了物流运输的社会化进程，不能发挥物流运输的整体效率。同时，随着物流运输业的发展，信息化中“散”的问题逐步凸显出来，“散”不仅表现在信息资源不共享、软件平台不统一、硬件设备不集约等方面，而且表现在部门间、区域间利用信息化手段解决管理和服务还处在各自为战的初级阶段，这一“散”的特性使得各个部门间甚至在部门内形成了一个个“信息孤岛”，大量的数据得不到充分的利用，无法满足综合业务管理、公众信息服务和政府决策数据支持的需要，不能有效支撑农产品物流行业进一步发展。

6. 农产品物流运输理念落后，无“大运输”“开放共赢”意识

第一，没有“大运输”概念。甩不掉传统的笨重“包袱”，坚守“大而全，小而全”的传统格局，没有考虑“大运输”的现代物流服务概念，没有考虑农产品现代物流的及时性、准确性的要求，导致运输过程中损耗比较高。

第二，农产品运输的专业性没有得到足够重视。由于农产品的季节性和易腐性等特性，使农产品运输方面专业性要求越来越高，传统农产品运输都是简单的搬运、装卸和原始的短途运输，随着运输半径的扩大，这种专业性要求更加明显。

第三，缺乏现代服务理念。物流运输属于服务业，运输供应商在与客户进行方案议定时，总是从成本、价格方面考虑，而不从服务质量方面考虑，轻视物流服务和客户管理，导致交易的一次性现象较多，缺乏稳定的客户关系。

第四，缺乏开放和共赢意识。目前，一些运输企业单打独斗现象比较严重，企业之间联合运输的思想非常薄弱，一些物流企业将业务信息看作企业的机密、盈利的源泉，不轻易泄露，也不进行信息共享，导致货物积压，车辆、库房等重要的运输设施处于“半休眠”状态，浪费大量资源，没有发挥不同运输方式的联合运输和对接的最大效用。

(1) 农产品铁路运输的困扰——“潜、钱”规则引发的毒瘤

发展现代物流，铁路具有自身的优势：一是统一的全国铁路路网体系，为发展现代物流提供了网络化的基础设施。二是遍布全国的铁路仓储设备，为发展现代物流提供了基本的物质条件。三是发达的路网通信能力和具有丰富市场信息的铁路运输信息系统，为发展现代物流提供了共享的信息资源。四是完善的规章制度、管理技术和经验丰富的技术人才，为发展现代物流提供了重要的职工队伍。五是大运量、低运价、全天候、持续均衡运输，为发展现代物流提供了最重要的经营基础。

但是，陈旧、过时的管理体制长期以来使铁路系统集“高度集中、大联动机、半军事化”特点于一身，计划经济色彩浓重，甚至被称为“中国计划经济体制的最后堡垒”。铁路运输的一家独大，使铁路上下习惯了以“老大”模样自居，降低了企业的市场竞争能力和物流活动效率。体制的僵化在物流控制层面与作业层面表现为：对物流服务与信息化不够重视，还在用同一物流服务水平对待所有的顾客，难以及时对物流服务进行评估，对市场形式、竞争对手状况等信息掌握较少，闭关自守，在整个物流系统与外界的互动中调整缓慢。存在的主要问题有：一是托运货物手续烦琐。铁路货运计划的受理及承运方式是货主普遍关注的问题。铁路托运货物手续繁杂，多窗口、多层次的受理承运程序，阻碍了铁路货运在市场经济下的发展。长期以来，托运人要在铁路托运货物，需要往返多次办理手续。从报批计划、受理运单、组织进货到配车、装车，不仅周期长，而且各环节缺一不可。这种状况，虽已有根本性的改变，但由于铁路货运还要受国家和地方政府有关政令的制约，使得铁路货物受理承运时运输限制较多。而公路、航空和水路为适应市场要求，早已改变了这种带有计划经济烙印的烦琐手续。尤其

是公路运输，只要不是违禁货物，货主就可以预交定金、立即签约、货到后付款。一批货物从受理到承运可能只需要 10 多分钟。二是送达货物时间长，且常发生货损货差。铁路货物的送达速度及安全性、完整性也是货主普遍关注的问题。受铁路运输能力的影响，货物在站滞留时间过长，尤其对一些时效性强的货物，会因时间的耽误，给货主造成不可挽回的损失。因此，随着一些货物运距的缩短，货主大多会放弃铁路改由公路运输。此外，由于铁路货物运输设备不良、装卸人员素质不高和铁路沿线治安问题，货损、货差问题时有发生，而货主对货物的运输要求是送达速度快、随到随运、文明装卸、安全可靠，对货损、货差的理赔，要求手续简便、快捷，赔付时间短。铁路货运在这些方面尚存在不少问题，影响了铁路的声誉，使铁路在高附加值、时效性强的货物运输市场，丧失了大量的份额。这些问题是农产品物流的巨大困扰，“南菜北上”和“北粮南下”，均受制于此。农产品运输自身要求快速、准确，这种低成本的运输方式因为资源的稀缺，形成了巨大的市场需求，甚至出现了许多专门倒卖铁路货运计划的“倒爷”，在一定程度上推高了农产品的价格。

以郑州为例。郑州是整个中原地区重要的铁路货运枢纽，郑州北站有亚洲最大的编组站，日均办理车数达两万多辆，担负着全国货车 85%的运量作业。郑州东站是郑州铁路枢纽的重要组成部分，是国家内陆铁路货运一类口岸。《郑州东站运输计划指标完成情况》显示，2011 年郑州东站整车发送数量为 66775 车。关于铁路车皮的审批和运营，郑州铁路局多次下发文件，严禁乱收费等行为。但是实际情况并不乐观，信息不畅的“潜、钱”规则引发铁路运输毒瘤。

毒瘤 1——散货的“点装费”

2012 年，某运输代理商将一车皮面粉从郑州东站发往重庆站。铁路部门开出的红色大票显示运费是 11000 多元，无票的额外付出了 2300 元的代价，这批货总共花费 13000 多元。无票的 2300 元是隐形的花销，也就是收的车皮钱，如果不肯出这笔钱，就拿不到车皮。这 2300 元包括装卸费、铁路多种经营公司的服务费和用于取得车皮计划的费用。以郑州车站为例，一面是在营业厅窗口申请不到车皮，一面是多种经营公司加价出售车皮。南昌局、柳州局、成都局、广州局、昆明局这五局，由于车皮紧张，多年来“点装费”一直都存在。如昆明铁路局方向的车皮需要运费基础上额外多交 2800 元，其中 800 元就是“点装费”。内蒙古包头市，春节前“点装费”一度达到每吨 100 元，东北地区的粮食相当一部分是通过铁路南运，从东北向南方运输粮食，每次都得额外花几千元跑车皮。

毒瘤 2——集装箱的“黄牛党”

铁路集装箱运输是按照集装箱分配运力。也就是说，如果拿不到空箱，货物就不能起运。怎么样能快速拿到空箱子？客户拿着集装箱货物运单，来到中铁联集郑州中心站，在业务受理窗口，接待人员告诉客户没有箱子，箱子都在检测维修。在核算窗口给客户查询运价的时候，另外的工作人员称，现在没有 20 英尺的箱子，只有 40 英尺的箱子，建议客户采用 40 英尺的箱子运输。在中心站营业厅的受理窗口根本申请不到箱子。郑州中心站把调运来的空箱都分配给协议公司，这些协议公司当中有铁路背景的公司又拿到了绝大多数箱子，一个集装箱在辗转腾挪之后，要经过 3 次倒手才能真正到达货主手中，而实际运输成本则涨了又涨。多式联运公司不接业务，没有自己的汽车运输，也不组织货源，等于皮包公司，唯独就是卖箱子。这些拥有集装箱资源的公司自己是没有要运输的货物的，而那些急于运输货物的货主却无法从常规渠道拿到集装箱，这个行业内大家心照不宣的潜规则，不但推高了农产品价格，同时也扰乱了正常的物流秩序。

无论是车皮还是集装箱，不管运力有多紧张，总有人能搞得到，还能利用这样的紧俏大把赚钱，甚至中间赚取的差价已经远高于商业贸易的利润。管理的不透明化，信息的不对等，使货运人要么被迫向这种畸形的“潜规则”低头，要么被迫转向其他的运输方式。毫无疑问，最终被人为推高的成本将转嫁到消费者身上，由社会来埋单。

（2）农产品公路运输的困扰——隐蔽的罚款

中国公路 90%以上在收费，全球的收费公路 90%在中国。根据前几年国家审计署对高速公路的审计报告测算，国家正式批准的收费站有 6000 多个，平均每 30 公里就有一个收费站；但据谷歌地图统计，全国收费站是 86853 个，二级以上公路 35.33 万公里，平均不到 4 公里就有一个收费站，收费公路里程可环绕地球近 5 圈，每公里/年收费超千万元，每米收费超万元，堪称是举世罕见的最暴利的产业。同时，“钓鱼”执法的交警、路政、运管稽查罚款更比猛兽恶虎，将运输司机的“血吸光、骨髓榨干”。高速公路是三步一摄，五步一测，超载要罚，不超载也要罚，交警罚了路政罚、路政罚了运管和城管罚，被超载超限的乱收费和乱罚款没有任何票据。

农产品公路运输中的隐性成本——罚款已经成为运输业的一大特色。某货车司机从河南南阳西峡县出发，运送不到十吨的香菇前往北京，然而在短短两天的行驶过程中，却经历了数次罚款。罚款的理由可能是超载、大号不清、灯光不全，甚至车脏等，而这些理由却让司机们听的一头雾水，而且有的罚款根本没有理由。交警会随时不分缘由的罚你的款。有的甚至光罚款不开票，更不要说给出

罚款的原因了，大部分罚款没有开票，也没有处罚决定书，有的即使开了票，也不知道罚的什么内容。路霸、车匪，公路乱收费……这些都是公路运输所不能绕开的问题，不仅扰乱了经济秩序，也给蔬菜、水果价格增加了运输成本。各种过路过桥费与乱罚款乱收费已高达运输企业成本的1/3，中国运输成本平均是美国的3倍还多。披着合法外衣的非法暴利“执法集团”，将公民社会的所有车辆全当成了取之不尽的摇钱树和随时随取的提款机。

信息的不透明使这些隐蔽罚款最终进不了“营改增”成本核算，给农产品物流运输带来沉重负担。据中国物流与采购联合会上半年发布的《关于减轻物流企业负担的调查报告》显示，2012年90%以上的试点企业实际缴纳增值税与营业税体制对比计算，平均增加120%。燃油、修理费等可抵扣进项税的成本所占比重不足40%，有些还很难取得增值税专用发票，实际进入进项税额抵扣的比例更低。此外，存量固定资产不能抵扣，人力成本、路桥费、罚款费、房屋租金、保险费等主要成本均不在抵扣范围，物流费用随之上涨是税负增加的重要原因。成本越来越高，价格越来越低，给物流运输企业带来的结果就是利润微乎其微，甚至亏损，有些企业因无法支撑从而宣告破产。

（资料来源：根据央视聚焦农产品物流顽症视频进行整理）

6.2 农产品物流运输系统的基本框架

大数据背景下的农产品智慧物流运输提出了一个全新的理念，运用现代运输管理是对运输网络和运输作业的管理，在这个网络中传递着不同区域的运输任务、资源控制、状态跟踪、信息反馈等信息。它将整个农产品物流链数据化，以农产品的生命周期运动轨迹展现在客户面前，将整个过程数据化、流程化、模块化，能大大减少传统农产品物流中烦琐的事务，大幅提高业务吞吐量；能提高物流货物运输的安全性，提高货物运输生产率和经济效益；能降低农产品运输损耗，提高物流效率；能合理调配物流运输资源，降低能耗；能提高物流运输企业管理的智慧化水平；最重要的是，能使信息透明化，消除部分物流顽疾。

以农产品物流大数据整体框架为基础，对于第三方农产品物流企业，其业务的核心是为客户提供生产（流通）供应链管理服务。随着物流服务社会化程度的提高，优化的市场物流管理模式是建立区域的物流交易中心，借助先进的信息技术，通过合理的技术平台，变信息封闭型为开放型，变信息单方向、单通道传送为双方向、多通道的传送，使货运市场的信息、资源在共享的基础上得到优化利用。在智慧运输系统的辅助下，使货物运输全过程始终处于动态控制中，达到社会物流优化目标。第三方农产品物流企业的智慧运输系统的框架如图6-1所示，

基于大数据平台的农产品物流智慧运输系统如图 6－2 所示。

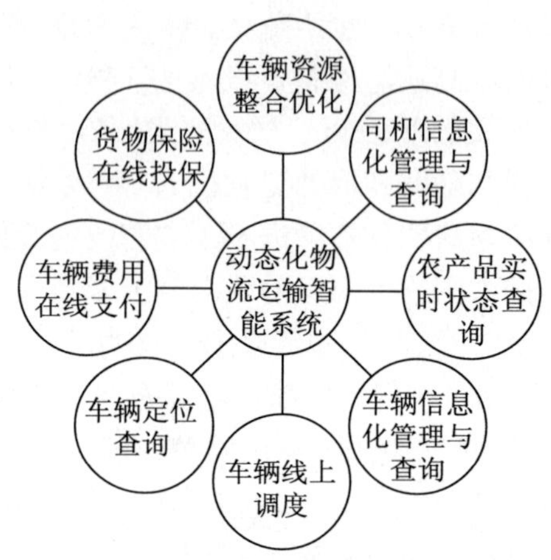

图 6－1　第三方农产品物流企业的智慧运输系统的框架

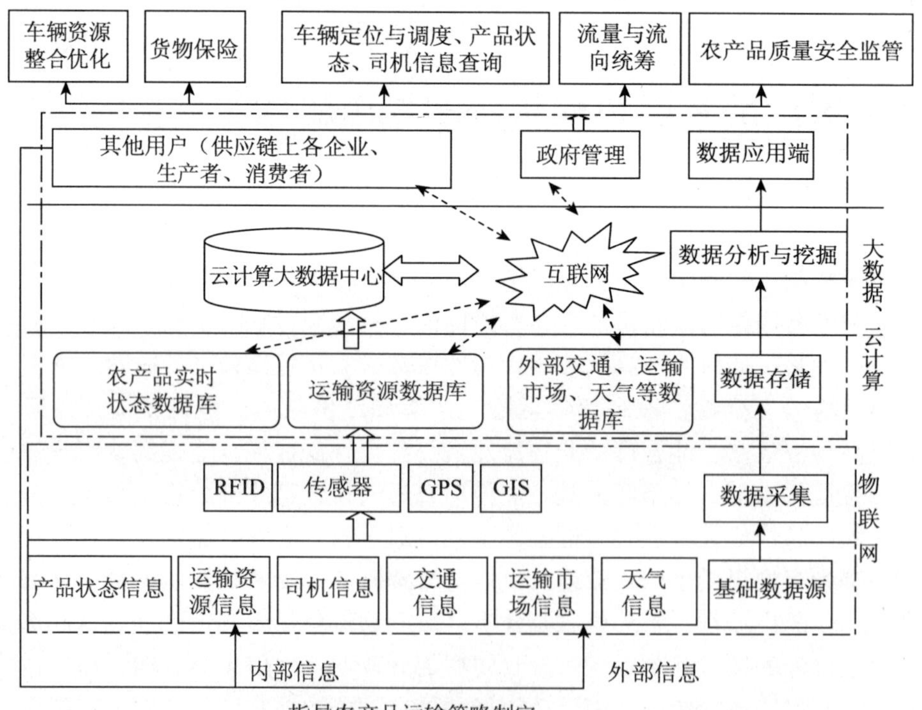

图 6－2　基于大数据平台的农产品物流智慧运输系统

6.2.1　运输系统主要的数据源

1. 收集市场业务信息

信息主要来自两方面：一方面通过通信网络和EDI，接收运输市场的交易信息，参与货物运输“标的”竞标，中标的货物业务即进入本企业的数据库；另一方面通过客户服务系统，取得长期、固定客户的业务需求信息，也同样集中存储于数据仓库中。

2. 取得道路交通信息

通过通信网络和GPS，利用交通控制中心的资源，取得运输网络中的航运、海运、陆运道路交通状态信息，了解空中管制、道路车流及有关道路维修、交通事故等状况，以及海域台风等影响交通的状况、企业运输工具位置动态信息，实现对运输工具的动态跟踪。设置信息咨询服务器，一方面供企业生产管理决策之用；另一方面结合运输工具载货信息，向客户提供货运动态信息。

3. 收集天气信息

天气预报在运输企业调度作业和司机出车中，有着比较好的用途，比如可以在调度室放个显示屏，利用此天气预报接口动态更新天气预报，供司机出车前查看，事前了解、事后预防出车途经地天气情况，如了解到出车目的地天气异常或恶劣天气时，可做出一些天气异常的预防与心理准备等。此接口来源于国家气象局，可免费使用，可在程序设计时放个定时器，每隔多少时间动态更新一次。

4. 获取货物信息

通过RFID条码追溯进行农产品货运在线监测，查询农产品进出口状态信息、农产品生物学特性、农产品运输环节标准、农产品区域调配状况、农产品仓储状态信息等，预测农产品流向，作为制定货物运输方案的依据。

5. 收集运输资源信息

包括车辆、车皮、集装箱、轮船等运输工具及司机等人力资源。比如司机信息包括基础信息、健康状况信息、驾驶经验信息、运输路线熟悉程度信息等。

6. 其他需要的功能

一是可视化管理平台，是物流企业物流运输计划、运输方案优化、运输工具动态控制等工作的平台。它需要开发相应的软件，实现计算机辅助决策的功能。二是仓储管理、财务管理和客户服务子系统，是企业对客户实行全程供应链管理的必要组成部分，也需要开发相关的软件，与运输调度功能相结合，构成完整的智慧物流运输系统。

6.2.2 系统优势

整合云计算、互联网、物联网、RFID 标签技术等进行大数据管理，带来的优势主要体现在两个大的方面：一是当前可以逐步实现整个物流运输过程的透明管理，打破信息壁垒，消除物流管理中的顽疾；二是长远来看，可以实现整个物流运输的开放性整合。

1. 实现物流过程的透明管理

一是实现资源信息的透明化。比如车皮、集装箱使用信息透明化，割除车皮倒爷和集装箱黄牛党。二是实现公路运输罚款透明化，杜绝“钓鱼”执法和违规执法。三是在物流管理中采用 RFID 标签技术，可以自动识别目标对象（货物）并获取相关数据，自动核对承运航班、车辆及其货物清单。加强货物监管，加速货物转关通关，尤其是在航空物流地面各环节中将 RFID 标签技术与 GPS、GIS 系统相结合，利用计算机网络，可以控制转关货运车辆的行进路线和时间，监视整个货运过程，确保货物安全抵达，杜绝货物运输过程中的舞弊行为。采用先进跟踪技术结合计算机网络，可以实现对航空货运的仓储、运输等环节的透明式管理，提高物流作业的效率，增强物流管理的安全性、准确性和及时性，所需要增加的物理设备主要是 RFID 标签和 RFID Reader（无线射频识别读写器）。RFID Reader 可以是基于 Internet 的固定设备或者是基于无线网络的手持设备。

2. 实现开放性的物流运输系统

物流产业是一个蓬勃发展的领域，采用开放性的结构便于实现系统功能的扩充，应对环境的变化，并有利于实现物流系统与其他系统的整合，机场电子物流系统需要与其他航空公司等相关系统及相关政府机构等预留有接口，这种需求也使得电子物流系统需要用开放性的结构提供多种接口。采用 RFID 标签，可以逐步与基于 Internet 的 EPC 代码统一起来，从而实现整个物流环节的电子化管理，把信息流的自动化推进到更宽广的范围。

6.3 大数据时代农产品运输智能化的具体应用

阿里电子商务

当一名北京的消费者选择购买一件位于海南的青皮芒果（10 斤装）的商品时，将有“时效最快”“成本最低”“服务最好”等多种快递组合选择。客户给定优化目标之后，“阿里云计算”根据以往经验，启动农产品生产大数据、农产品

生物特性数据及包装运输标准化数据、交通运输数据、天气数据、司机信息数据、押运员信息数据。通过所有数据分析和运输公司以往的表现、各个分段的报价、即时运力资源情况、该流向的即时件量，甚至可以加上天气预测、交通预测进行计算，得到运输相关优化线路选项。客户选择后，系统立刻将订单数据发送到各个环节完成此次运输。这就是“菜鸟网络”在大数据时代进行的大胆尝试。

运输沿途应急管理

在高速公路漫长的旅途上，一辆载满冻肉制品的半挂货车向其上级公司发去了一条消息：卡车的制冷机组温度正在上升。按照要求，冻肉控制正常温度为许多国家明确规定，冷冻食品、制成品和水产品必须在-18℃或更低的温度下运输。一般在运输中客户要求货物在冷藏运输期间温度保持在-18℃以下。冷藏运输的温度要求是从-18℃～-22℃。温度提升可能影响冻肉制品运输质量。但在大物流公司，在拖车的温度有可能影响到其中所运输产品质量之前，卡车公司已经告知司机在最近哪里可以得到援助，以防止车内产品被损坏。另一端，在公司总部，货运专家与正行驶在路上的司机进行连线，试图找到降低温度方式。在一系列的电话讨论之后，他们共同努力找到了降低温度办法：在附近通过修复设备问题或改进司机原有的驾驶习惯降低油耗。

上面只是两个简单的关于大数据与农产品运输之间业务交集的例子。对农产品物流来说，缩短货物送达时间，随时掌握货物在途中的状态，是整个物流运输管理中的重要环节。近年兴起的智慧运输恰恰能满足货物运输这些方面的需求。智慧运输的核心是应用现代通信、信息、网络、控制、电子等技术，建立一个高效运输系统，它包括先进的交通信息服务系统，先进的交通管理系统，先进的车辆控制系统，营运货车管理系统，电子收费系统，紧急救援系统等，通过这些系统来实现数据采集，进行分析、优化与应用。

那么物流中大量的数据如何采集与处理？智慧运输注重通过泛在网络、移动技术实现无所不在的互联和随时随地随身的智能融合服务，而智能运输是各种信息化技术的具体应用，是大数据来源的基础，数据的收集需要智能物流信息化发展，没有智能化采集，就没有大数据源。智慧物流运输充分利用物流中空间的、时间的和移动的资源，形成货物、车辆、道路协同发展的新物流运输系统，依靠地理信息系统和无线射频等先进技术，对运输整个过程跟踪管理，为管理中心采集车辆、货物在途基础数据提供沿途交通、道路状况信息，提供最佳路线和实时导航信息，为供应商和收货方提供有关货物预计到达信息、货物状态信息，从而保证了货物全面、准确、及时运送到客户手中，提高物流运输网络这个大系统的运行效率。物流运输智能化数据采集应用如表6-1所示。

表 6-1　　物流运输智能化数据采集应用

序号	主要应用方向	具体应用
1	运输工具管理	1. 以 IC 卡为信息载体，对道路运输车辆、船舶的各类证照进行管理，实现资质审查、行车（船）许可、日常稽查、营运行为、客运报班管理、收费管理等功能，为运输工具的信息化、动态化及便捷化管理提供技术手段 2. 采用 RFID 电子标签，对出租车、客运车辆、专用货运车辆、内河船舶等运输工具进行标识，在特定区域建立读写器网络，快速识别和跟踪运输工具，并能够自动采集国内及国际道路运输车辆、内河船舶的准确交通流等统计数据，为行业管理、企业运营服务提供信息资源、动态监控手段和科学决策支持，为保障运输安全提供辅助支持手段
2	客货运场站（港口）管理	在场站（港口）建立 RFID 应用系统，对进客货运出场站（港口）的车辆和货物进行自动识别，实现车辆进出管理、场站（港口）及枢纽操作自动化等功能，提高作业效率，减少集疏运作业的拥堵和差错现象
3	农产品货运安全运输管理	首先要求对每一次运输的农产品信息做读取，其次在集装箱上安装的 RFID 电子标签上做详细记录，在装有农产品的托盘或者包装箱进入到冷藏车之前，车载温度和湿度感应器会被安装到车内，运输开始后感应器会采集环境温度并利用无线电形式收集信号，并利用 GPS 上传到中间件服务器。一旦温度、湿度到达了设定的极限值，就会通知司机对车辆的温度进行调节，保证冷藏车温度的稳定。并且物流企业可以根据实时数据对运输过程的状况进行监督与管理，也可将信息交付客户进行监督，这样就增加了农产品运输的透明化，最大限度地保障了客户与企业的基本利益
4	货物与集装箱跟踪	采用 RFID 电子标签对货物及集装箱进行标识、自动识别和全球跟踪，实现物流过程的可视化，提高集装箱流转作业和管理效率，降低物流成本。使用电子封条，实时地记录集装箱每次开关封条的时间、地点，提高集装箱运输的安全性

6.3.1 企业内部常规运输管理

1. **智能调度**

智能物流调度系统是一款解决物流运输、仓储、装载、配送中计划安排的辅助决策系统；系统以现有的物流调度运作模式为基础，通过对业务流程的改造和优化，提高物流调度的运作效率和服务质量，最终达到提升企业业务运作水平和降低物流成本的目的；系统可以解决传统调度模式的操作难度大、运力资源浪费、成本核算困难、核心竞争力不强等问题；

比如系统具体解决方法是：把每天接收到的大量调度任务，以最优化（最低成本、最高服务质量）为目标，采用动态的优化技术进行调度安排；物流服务的核心目标是在物流全过程中以最小的综合成本来满足顾客的需求。

2. **智能装载管理**

由于物流企业的运输量和货物数量很大，提高每辆车的装载率，可以有效提高人力资源、车辆资源的利用率，从而达到降低运送成本，提高企业的核心竞争力。系统所提供的智能装载管理功能，采用数学建模的方式，结合规划设计可视化技术，利用核心的优化决策引擎，将企业的装载计划进行智能优化处理，同时满足实际的业务限制条件的要求，根据数据分析，自动计算出切实可行的装载方案，提高装载率，合理高效的利用物流配送资源，降低货运成本。

3. **智能标签管理**

将物联网技术引入到铁路运输当中，运用铁路货运物流信息化系统，为每一件货物贴上智能化标签，在货物上车前对其进行扫描操作，从而使货物的信息被写入车站的管理系统当中，管理人员通过该系统对货物与单据信息是否一致进行核对。车厢在到达沿途车站站点阅读器时，不但可实现对货物运输的流程追踪，同时也有利于货物的清点及核对工作，此外还可使消费者了解其所消费的货物何时到达何地。由于物联网中无障碍 RFID 及数字化技术的运用，使得铁路部门从运输追踪、运单传递、接货、出货、验货直至货差货损追查到信用证管理等各个环节得到了简化，降低了复杂度，节省了大量的人力、物力及财力资源，较之传统的物流方式不仅更为先进化、智能化，同时也使得工作效率得到了极大的提高。

以合肥路歌管车宝为例，它是专门针对我国运输业以个体卡车为主体的现状，帮助物流公司提升调车效率、降低运输成本、优化运输管理的创新模式。它充分利用了互联网技术和基站定位技术，实现了社会车辆的整合优化、定位追踪、证件核查、金融支付、网络车场等功能，有效地提升了物流公司整体运营效

益。可以对所有运输工具，包括自有车辆和协作车辆及临时车辆实行实时调度管理，提供对货物的分析、对配载的计算及最佳运输路线的选择。支持全球定位系统（GPS）和地理图形系统（GIS），实现车辆的运行监控、车辆调度、成本控制和单车核算，并提供网上车辆及货物的跟踪查询。

6.3.2 智能化公路运输管理

1. 自动化公路系统

在智能交通领域，应用RFID技术，能提供更先进的道路运输营运车辆与人员的管理手段，能实现各类资格证件、许可证、缴费凭证等的电子化、防伪化，可实现电子稽查、数据采集等管理功能。主要思路是通过提高现有道路的利用率，而不是修建更多道路的办法来满足交通对道路的需求，用高效雷达来控制车速，并保持与其他车及障碍物的间距，给所生产的汽车装上计算机导航系统，以适应情况更加复杂的道路，大大提高了道路运输的通过能力。

2. 智能汽车

该技术主要是在汽车上加入更多的电子控制系统，大大提高驾驶的安全性和效率。在自动驾驶状态下，车载电脑收集来自激光雷达、立体图像传感器、多用途通信系统及交通管理方面发出的各种信息，以操纵汽车的行驶。这些装置还可以将外部的情况提供给驾驶员以避免发生交通意外，如果驾驶员未能及时刹车、误入禁行区、超速行驶或是其他操作错误，汽车的自动信号系统会发出警告，并自动采取相应的措施，如变换车道等；电子制动系统则可以避免因紧急情况而惊慌失措可能带来的不良后果。

3. 海关码头电子车牌系统

在港口码头及海关往来的车辆众多，且可能属于海关、船公司、船代公司、货代公司、港务局、集装箱场站等不同行业的不同单位，如果不采取统一的措施很难调度管理，给通关及货物的流转带来很大的困难。数量巨大的货物在港口码头及海关的装卸、进出港、通关，相当大的部分是用车辆作为运输的手段。因此采用RFID技术来实现的电子车牌管理系统能有效地解决这一问题。该系统通过对往来的车辆统一管理登记、发放车载电子标签，并在关键的出入监控点安放RFID识读设备，可以使安装电子车牌的监管车辆在通过监控通道时，被识别系统准确及时地识别，以完成车辆数据采集的要求。同时采用无线通信等信息技术将采集到的车辆信息提交管理系统，来完成车辆身份的确认，以及查询和统计、调度等功能。通过应用海关码头电子车牌系统可以有效提高海关车辆通行能力，实时统计监测车辆信息，防止误检、漏检，提高通关效率，同时可以阻止偷窃、

打击走私等行为。

4. **交通调度管理系统**

车辆调度管理系统是智能交通系统的核心组成部分，采用先进的信息通信技术，收集道路交通的动态、静态信息，并进行实时地分析，根据分析结果安排车辆的行驶路线、出行时间，以达到充分利用有限的交通资源、提高车辆的使用效率的目的，同时也可以了解车辆运行情况，加强车辆的管理。

RFID技术可以作为交通调度系统信息采集的有效手段，在交通调度管理系统中得以应用。比如利用将RFID应用于物流车辆管理系统，对车进出站信息进行自动、准确、远距离、不停车采集，准确掌握车辆停车场进出的实时动态信息。实现车辆的智能化管理，提升物流运输效率。同时，通过在车上安放电子标签，在特定路段的监控点放置识读设备来监控车辆是否按照规定的路线行驶；在突发情况出现时，及时发现事故车辆。

5. **电子注册管理**

车辆的注册登记及牌照管理一直以来都是交通管理部门的管理重点，也是难点，黑车、假牌照等问题始终都没有得到根除。企业在协作车辆时，也可以避免不必要的损失。车辆注册登记后加载RFID车牌，由于每个标签都有一个全球唯一的ID号码，是在制作芯片时放在车牌中的，无法修改，所以可以实现防伪功能。同时标签可以被远距离识别，无须停车及人为干预就可以监察，因此可以规范车辆管理手段，加强对车辆的监察力度，实现车辆的智能化管理，加强对非法车辆的打击力度。现在该系统已经在军车等方面得到应用，取得了良好的社会和经济效益。

6. **车辆智能称重系统**

通过将称重系统和远距离RFID自动识别技术结合可以实现基于车辆的智能称重系统。该系统在原有称重管理系统上附加了采用远距离RFID自动识别实现的对称重车辆的自动识别功能，并将自动采集的称重车辆信息合并到称重管理系统中。应用智能称重管理系统可提高称重效率，减少车辆在待检处的停留等待，同时通过车号自动识别和精确计量，可有效防止人为舞弊带来的经济损失。此外，系统实施后还大大降低了工作人员的劳动强度和人工称重的失误率。因此，基于RFID的车辆智能称重系统实现了识别、计量、监控的完美结合。该系统可以灵活应用到交通运输的很多方面，如在高速路口自动称重以治理超载，在码头等物资集散地可以加快车辆计重速度，减少拥堵等，具有巨大的应用价值。

7. **智能车场管理系统**

智能车场系统能有效、准确、智能地对进出停车场的系统车辆（装有电子车

牌的车辆）和非系统车辆（未装有电子车牌的车辆）的数据信息识别、采集、记录并按需上传、处理，并在必要时可以通过相应的人工干预进行补充，以避免非正常事件（非系统车进出时）的影响，确保门禁系统有高效的车辆智能放行能力，此外通过正确设计、安装，仅需用同一个频点就可以在许多车道上同时完成车辆不停车通行而互不干扰。

8. 物流运输安全监控系统

电子签封锁是专为物流运输途中安全监控开发的高科技新型锁具，结合 GPS 车载终端可实现运输过程透明化，实时、全面地提升运输安全。GPS 监控系统全程自动记录车辆行驶轨迹数据和电子签封锁状态数据；在运输途中，电子签封锁与车辆的 GPS 车载台进行实时无线通信。锁住箱门的电子签封锁可以将电子签封锁状态信息和感知的信息（如遭遇恶意破坏）实时报警，并通过 GPS 车载台上传到 GPS 监控系统；GPS 监控系统根据事先设定的运输计划，离开起运区域时自动（必要时人工）控制电子签封锁的锁闭，到达指定的区域自动（必要时人工）控制电子签封锁的开启；监控中心的人员利用在 GPS 监控系统的客户端软件可以实时监控或查询每一辆车的行驶轨迹及装卸货物的情况；如剪断锁杆、强拉锁杆或破坏电子锁的事件可实时上报至监控中心。车辆行驶轨迹跟踪，选择指定车辆来进行跟踪，在电子地图上显示出它的具体地理位置及时间、当时的行驶方向、速度等；在电子地图上回放车辆曾经行驶的轨迹路线；车辆在指定的路线上行驶，如偏离指定路线则报警。例如 Trimble（天宝）公司开发的 GPS 车辆监控跟踪系统，功能涉及车辆跟踪、油耗管理、司机管理、车辆维护、调度管理、安全监测、载荷管理、库存管理、后台办公室管理等方面，该系统在实际生活中得到了广泛的使用。法国雷诺公司的 Carminat 车辆定位与调度系统，该系统在车罩监控中增加了自动调度的功能，与同类的其他系统相比具有明显的先进性。

9. ETC 路桥不停车收费系统

路桥不停车收费系统是通过远距离、非接触采集射频卡的信息，实现车辆在快速移动状态下的自动识别，从而实现目标的自动化管理。每一个收费站是系统中的基本管理单元，其数据通过网络连接，将车辆通行的相关资料经专用电缆（通常采用单模光纤）通过计算机网络实时传输至控制中心。图像捕捉设备将自动捕捉存储车辆的图像，以供核查。数据采集系统主要用于实现不停车快速读取通行车辆卡号，并上传至收费管理中心；判断通过车辆所持卡号的合法性，控制红绿灯动作；对持有效卡的车辆绿灯放行；持无效卡的车辆红灯禁行；对无卡车辆向控制中心发出警报信号或抓拍车辆图像。

6.3.3 智能化铁路与物联网铁路运输管理

智能化数字铁路是基于运输系统、全球卫星定位系统、遥感及空间数据库信息化及计算机互联基础，把RFID技术感应安装到铁路、桥梁及一些关键的设施上，利用物联网使现有的信息网整合起来，实现对于铁路设备基础设施的全面管理，实现铁路客运管理的智能化。

1. 车号自动识别系统

在计算机互联基础上，把RFID技术感应安装到铁路、桥梁及一些关键的设施，利用物联网使现有的信息网整合起来，实现对于铁路设备、基础设施的全面管理，实现铁路客运管理的智能化，推进信息组织建设。采用铁路车号智能识别系统来自动识别车辆的车种、车型、车号、自重、标重等信息，避免因人工抄号所带来的各种弊端。铁路运输物流智能化管理系统可以实现对货物车辆实时跟踪管理，掌握运输动态，即对分布在各车站、站间及专用装卸线上的货车进行实时追踪，由计算机网络向各级调度提供日常计划和指挥所需的各种货车资料，包括定时报告和随时查询，还可派生出运输情况统计报告。

2. 车辆监控系统

利用计算机对铁路运输进行调度指挥，对在企业厂内所有铁路车辆（包括路局车辆和厂内车辆及机车）的状态和位置进行实时监控，对路局车从进厂到出厂进行全过程实时跟踪管理。车辆进入，其信息即进入中央数据库并实时更新，直至车辆离厂。全面实现运输管理办公自动化，用电子报表取代所有手工报表。系统提供显示、编辑、查询、统计功能，管理人员借助本系统可随时了解车辆在厂内的位置、停时、载货等情况并打印各种报表。同时对车辆运载的货物进行管理。

3. 车辆调度系统

通过计算机联网，掌握运输动态，即对分布在各条线路的机车和货车进行实时追踪，由计算机网络向各级调度提供日常计划和指挥所需的各种资料，包括定时报告和实时查询，还可派生出运输情况统计报告。通过计算机联网管理全厂货车，动态掌握全厂机车车辆的运行，装卸车等运输生产活动，为车辆调度提供管理与决策信息。

6.3.4 航空物流运输智能化管理

尽管经历了全球范围的经济危机冲击，航空运输都以一往无前的态势迅猛发展。航空物流领域始终是现代信息化应用的领跑者，从刚开始的OCR（光字字

符识别）数字读取到条形码数据解读，发展到现在的磁条储存及风靡全球的RFID技术，航空物流都位于先进技术应用的前端。目前，航运智能化表现明显的就是RFID的应用。RFID对航空物流的最大功效就是快速定位、指导工作、数据清洁。进行空运货物的拣货操作时不仅可以实现对货位的快速、准确定位，而且手持设备中的应用系统还可以提供对工作人员的工作指导，从而缩短了寻位时间，提高了工作效率。另外，手持系统对输入数据的合法性的严密控制，保证了操作过程中数据的完整性和一致性，使得进入系统的数据清洁、有效。同时，在航空物流系统中利用RFID技术，可以有效提高航空货运系统的信息流通效率。

因此，航空物流快捷、高效的优势，已经成为支持中国经济快速、持续增长的重要推动力。据美国波音公司预测，2020年中国将成为仅次于美国的全球第二大民用航空市场，目前，中国航空运输总量年增长率超过9.3%，远远高于同期全球4.7%的平均增长。但是，从目前来看，在国内航空物流管理方法上，与西方发达国家相比，还有很大差距。以航空物流企业为例，国外一些著名的航空快递公司依靠他们的优势，特别是信息服务方面的优势，将过去分散的仓储、陆运、海运业有机结合起来，除了储存、包装、装卸、运输等环节，还有预测、采购、订单处理、配送、物流方案设计、库存控制、维修等增值服务，为客户提供包括信息流、资金流、商流等全面的系统服务。国内航运在信息化建设和应用水平上，资金不足、观念滞后、人才欠缺、条块分割、标准不一。今后国内航空物流信息平台的建立是航空物流企业实现广阔的网络覆盖和密集的航班频率、充足的舱位配备、平稳传递和快速准确的吞吐量、货运分拣中心的高速处理、客户的快速响应、大货主的个性化服务能力、供应链信息透明化、客户优先级划分及舱位可预订和分配等竞争优势的关键。

在农产品物流上，随着中国成为世界制造中心的趋势渐趋明显，已经有越来越多的鲜活产品（如水果、鲜花、海鲜等）需要通过飞机来进行运送。航空货运转型已经不再是一个“新鲜”的话题，潜在的高价值市场除了“快递”外，生鲜瓜果也是一个未来待开垦的金矿。其实对于有些航线，这部分产品的占比已经非常高了，海口的水果海鲜产品所占比重部分时节大概能占到60%以上，新疆的水果所占比重某些时候也能达到30%多，冷链航运前景看好。

6.3.5 航运物流运输与智能化管理

航运物流是依照国际惯例，利用国际化的物流网络、物流设施和物流技术，实现货物在国际间的流动与交换，以促进区域经济的发展和世界资源优化配置。航运物流企业是通过信息化建设，对内使生产经营活动过程中的人流、物流、资

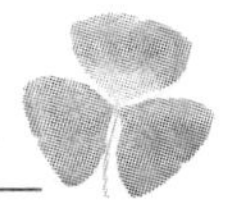

金流、信息流处于最佳状态，以最少的投入得到最大的产出；对外则通过网络平台、设网站等，跨越传统的中间商环节，直接面对客户，从而以更低的价格、更快的速度和更高的服务质量赢得市场。

1. 航运物流全球定位系统

航运物流全球定位系统是基于GPS的计算机管理信息系统，通过GPS和计算机网络实时收集本系统全球运输船舶、车辆、集装箱运输动态信息，实现船舶和车辆追踪管理等。只要知道船舶的船名、航区、船公司及联运货车的车种、车型、车号，就可以从本系统全球运输网上流动着的船舶、车辆中找到需要的运输载体，还能得知船舶或车辆等现在何处运行或停在何处，以及船舶、车辆出发信息和预计到达信息等。航运物流运用这项技术，可以提高运输查询能力，促进动态管理，大大提高物流运输网及其运营的透明度和服务水平。

2. 航运货物跟踪系统

射频识别跟踪货物。射频识别技术的基本原理是电磁理论，射频识别系统的优点是不局限于视线，射频识别卡具有读写能力，可携带大量数据、难以伪造并具有人工智能等。使用RFID技术信息系统可以在一定距离内同时读取多个物品上的多个标签，这就加快了信息采集和流程处理速度，增强作业的准确性和快捷性。射频技术适用于物料跟踪、运载工具和货架识别等要求非接触数据采集和交换的场合。系统途中运输部分的功能就是靠贴在集装箱和设备上的射频识别标签实现的。射频系统接收转发装置安装在运输线的仓库、车站、码头和机场等关键通道点。接收装置收到射频标签信息后，连同接收地的位置信息上传至通信卫星，再由卫星传送给航运物流控制中心，为航运物流运作提供动态管理。航运物流在运作中可通过信息系统分析，迅速地检查供应链活动中货物动态的差异，并通过反馈经营者，及时采取措施，有效保障服务质量。由于航运物流采取电子化、网络化操作，纸质单据的传递工作量大大减少，这节省了信息传递时间，使订单、发货通知、发票等大量的数据、文件信息传递变得可靠和通畅，减少了低效工作和非增值活动，使信息获得速度更快，交流和联系更方便，提高互动服务水平。

3. 内河船舶智能化监管系统

RFID技术在内河船舶管理中的应用不断深入，在提升船舶管理效益和管理水平方面起到积极的作用，尤其在实现船舶信息采集、船舶自动化监管、不停航检查、不停船收费、船舶证书防伪等方面应用前景广阔。主要体现在三大功能上：一是船舶实时数据采集功能。船舶实时数据的采集主要通过航道读卡器和船载电子标签共同实现。航道读卡器通过对船载电子标签定时发送的ID信息进行

船舶识别，实时采集船舶数据。二是船舶实时数据处理功能。船舶 RFID 数据的采集与处理分别通过数据接收、解析、预处理和存储组件来完成。数据接收组件负责多个航道读卡器的并发和双向通信；数据解响，也为各行各业强化管理提供了多种一体化的解决方案。内河船舶智析组件负责航道读卡器与数据采集服务器间的数据通信协议解析；数据预处理组件负责对大量 RFID 数据的去噪声和去重复，过滤掉不符合规范的 RFID 数据，减少 RFID 数据的量，以航次（船舶航行经过固定地点的次数）为标准，记录和发布 RFID 船舶动态数据；数据存储组件负责 RFID 船舶动态数据的存储、查询、备份等功能。三是船舶实时数据监管功能。通过船载电子标签实现了船舶营运状态的数据自动采集，并与后台船舶数据中心一一匹配，检索船舶相关数据信息对船舶实施综合监管、自动预警，初步实现了船舶的定点定位跟踪管理和船舶通行免停船检查，提高了船舶通行率，大大方便了船主。

4. 智能引航系统

以智能引航 LANBO（蓝博）大屏幕监控系统为例。主要有以下几个功能：一是引航。船体上装有船载导航及电子海图等软件，可将船舶实时的出入港信息传至港口监控中心的大屏幕显示系统上，使引航员在进行引航操作时可根据船舶、航道、气象、水温和航行环境等资料，提供助航、报警和导航服务，减轻引导员的工作强度，缩短查询资料的时间，使引航员将更多注意力用在船舶操作上，提高安全操作水平。二是监控和指挥。监控中心将引航员船载单元发送回来的相关航行数据显示在大屏幕上，通过 AIS（会计情报系统）、VTS（船舶交通管理）等对引航员操作情况进行监控，及时向引航员发送航行警告、航行通告和气象、水位等航行信息，将有关水域内发生的或即将发生的可能影响航行和作业的情况，及时准确地通知引航员，使之采取适当措施，以确保船舶航行和作业安全。三是数据储存。系统具有记忆、储存和回放功能，可将引航操作过程在事后进行回放，在发生交通事故和险情后，对事故原因、责任的确定起到重要作用。

智能引航系统通过船舶动态数据的融合，同时整合调度业务、引航作业、潮汐等专业数据，建立一套实现船舶实时信息采集、显示、查询、监控和船舶导航等功能的综合管理系统和引航辅助决策支持系统，从而提高引航作业的工作效率，增强引航调度工作的科学性，保证海上船舶航行安全，保护海洋环境，智能化地在电子海图进行高精度船舶（进出港）引航。

6.3.6 农产品冷链运输智能化管理

目前，我国农产品物流是以常温物流或自然物流形式为主，农产品在物流过

程中损失很大。有数据表明，我国水果蔬菜等农副产品在采摘、运输与储存等物流环节上的损失率在25%～30%，也就是说有1/4的农产品在物流环节中被消耗掉了，而发达国家的果蔬损失率则控制在5%以下。全球对农产品的品质越来越关注，各大机构如美国农业部和澳大利亚检验检疫局都在制定越来越严格的农产品品质保证规则。欧洲政府专门制定了政策白皮书，一系列国际组织也都在加强农产品“冷链”监管措施的制定。目前，我国每年因为集装箱运输农产品腐烂变质而造成的损失保守，估计超过1000亿元，有7%的货物是在运输途中因为监管不善而毁损。同时，消费者对冷冻冷藏农产品的新鲜程度也有了更高的要求，这些都在促进冷藏运输业的发展。

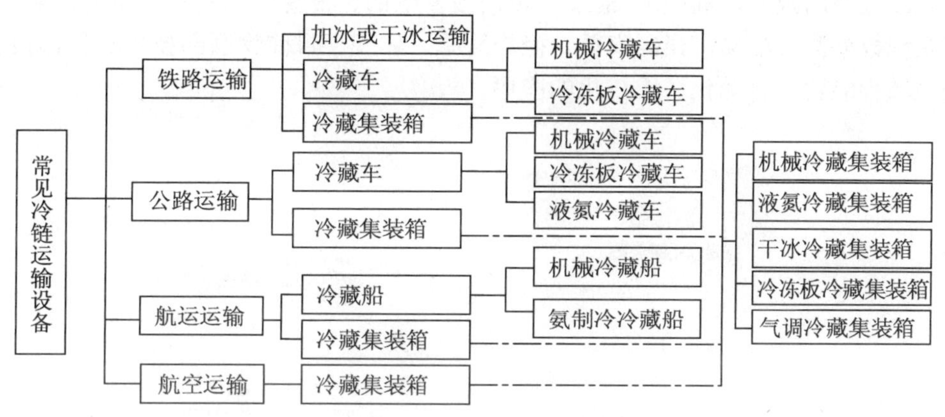

图6-3 常见冷链运输设备

冷链运输对运输工具要求特别高，必须具有良好的性能，对于易腐食品不但要保持规定的温度，更切忌大的温度波动。冷链运输方式主要是铁路运输、公路运输、航运（远洋）运输、航空运输及多种运输方式联合运输。冷链运输装备主要包括铁路冷藏车、冷藏汽车、保温车、冷藏集装箱和冷藏船等，如图6-3所示。

现有的冷藏集装箱（冷藏车）内部监测系统存在着缺陷：一是事后监测系统，即只是事情发生了，在用户开箱时才能发现农产品已经腐烂变质，从而不能避免毁损的发生，而只能确认事件的责任方；二是没有实时性，没有箱内货物的状态信息，没有易腐货物的剩余寿命信息。

因此，应用农产品物流运输装备智能监测与跟踪系统，通过在每一冷藏集装箱（冷藏车）内部分布式布置上传感器，传感器每隔一定的时间间隔采集一次信号，通过对运输装备内部参数的准确监测，从而实现对内部货物品质的监管，确

保货物品质安全。

1. **农产品物流运输装备智能监测系统**

GPRS（General Packet Radio Service，通用无线分组业务），是一种基于GSM系统的无线分组交换技术，提供端到端的、广域的无线IP。连接GPRS是一项高速数据处理的技术，方法是以“分组”的形式传送资料到用户手上。基于GPRS的无线温湿度监控系统，集自动化、即时化、智能化于一体的经济实用的GPRS无线冷藏车温度监测系统，如图6－4所示。该系统不仅能实时显示现场环境温湿度、系统状态等信息，还能将采集数据通过GPRS通信模块经由互联网传送至远端服务器。具备温湿度上下限短信预警功能；通过操作面板按键可设置温湿度报警门限值、远端IP地址、短信报警电话、报警时间间隔、重复次数等。该系统数据测量准确，误码率低，操作简单，体现了目前物联网技术在温湿度监控领域智能化、自动化、无线化的应用。

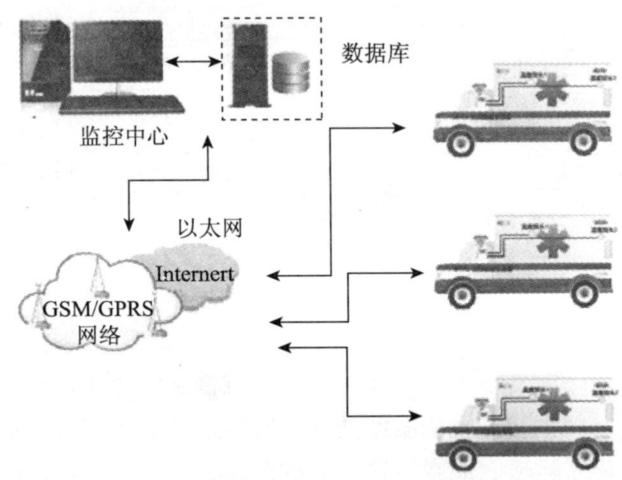

图6－4　基于GPRS的农产品物流运输装备智能监测系统

农产品物流运输装备智能监测主要包括冷藏集装箱（冷藏车）内部温湿度传感器节点、智能终端以及广域监测网。温湿度传感器节点，通过在冷藏箱（车）内部配置上监测节点，形成分布式探测网，对运输装备内部的温湿度进行探测。每隔一定时间采集一次信号，并上行给智能终端。智能终端采集到数据后，将信号以无线数传方式上传服务器，用户可以实时了解在信号覆盖范围内的所有冷藏箱（车）的情况。通过无线传感器网络和无线数据传输技术可以准确实现对冷藏箱（车）内部参数的监控，实现实时监控与本地和远程实时报警，可以有效预防

和避免因为运输环境失调，避免农产品运输环节的监管缺失和运输过程中货物的变质与二次污染发生。

2. 车辆跟踪系统

采用 GIS 技术实现对运输工具的信息显示与实时监管。用户只要通过网络浏览器，就能知道冷藏箱的位置、警告信息和温度信息等。尤其可通过数据库远程调用和在线图表分析，使冷藏箱（ 车）内环境参数的变化和趋势一目了然地呈现在用户面前。用户无论身在何处，只要通过网络可随时了解冷藏箱（车）内温度的时间变化与空间分布，从而能够对冷藏箱内的温度管理提供实时数据，还可结合运输农产品的货架期衰减模型预测农产品的剩余寿命，对运输农产品的管理和控制提供咨询与信息服务。

车载终端通过 GPS 接收天线接收 GPS 导航卫星的定位信号，该定位信号提供被控车辆自身信息（如经度、纬度、车辆速度、方向等），由模块的 GSM 通信部分经 GSM 网络发往物流管理中心，在管理中心通过向短信 MODEM（调制解调器）发送指令，获取车载终端的相关数据。同时物流中心的调度管理命令可直接通过移动通信网络和车载 GPS 通信终端建立数据连接。管理中心在接收到数据包后，进行解包分析处理并发送到操作平台，最后实时地将车辆准确位置展现在矢量化的电子地图上，以便于物流管理中心进行车辆调度、监控等。GPS 卫星发送的导航定位信号，是一种可供用户共享的信息资源。

3. RFID 在冷链中的应用

RFID 技术是物联网的核心技术之一，将它应用在农产品物流管理中可以提高物流效率、缩短运输时间、降低农产品损耗。但是采用 RFID 技术需要增加相应的成本，物流商不愿主动采用 RFID 技术。因此，零售商需要采取措施激励物流商采用 RFID 技术，在保证物流商收益不受损的前提下减少运输损耗、实现双方共赢。

农产品在运输中对运输条件的要求较高，多数农产品在运输中都需要借助冷链系统来运输，以保证其质量不受影响。因此物流企业必须对农产品物流过程进行精细化管理，已达到客户满意的效果。此时 RFID 的信息可重复读写的功能则体现出较大的优势，在 RFID 的帮助下，物流企业可以针对性地监督农产品的运输仓储过程，实现信息查询、流向跟踪、环境检测等，实现对运输中农产品的精细化管理，以此降低农产品因为冷链环节的运输条件改变而造成的损失，在保证农产品的质量与价值的同时提高物流企业对农产品运输过程的监督，提高了物流的市场竞争力，也就保证了效益。

4. 运输途中的信息登记与温度监控

首先要求对每一次运输的农产品信息做读取，其次在集装箱上安装的 RFID 电子标签上做详细记录，封条一般安装在集装箱门把手上，或者安装在车厢壁上，这样可以防止在运输过程中农产品发生意外。对于冷链运输而言，温度控制是十分重要的工作内容，在装有农产品的托盘或者包装箱进入到冷藏车之前，车载温度和湿度感应器会被安装到车内，运输开始后感应器会采集环境温度并利用无线电形式收集信号，并利用 GPS 上传到中间件服务器。一旦温度、湿度到达了设定的极限值，就会通知司机对车辆的温度进行调节，保证冷藏车温度的稳定。并且物流企业可以根据实时数据对运输过程的状况进行监督与管理，也可将信息交付客户进行监督，这样就增加了农产品运输的透明化，最大限度地保障了客户与企业的基本利益。

6.4 农产品冷链物流运输中数据的采集与应用

农产品冷链物流运输中数据的采集与应用过程

假如一家第三方物流公司是做冷链业的，拥有自己的冷藏车队和冷藏库，每辆车都安装有 GPS/GIS，这一系统可以跟踪驾驶时间、燃油效率等数据，还会记录车辆的行驶位置、制动情况、挂车稳定性、控制激活系统等关键事件。所有这一切监测和分析，都将通过卫星或基站，在汽车运行途中实时沟通以获得解决。

通过先进的智慧物流运输系统，在工作计划和决策活动中使用和交换可见的日志数据，来发挥数据的最大优势，收集的数据被用来作为主要的决策依据。

(1) 采购车辆。当需要确定哪一个车辆制造商值得长期合作时，所购买车辆在一个时期的燃料消耗数据、总成本分析模型这些数据分析将成为采购车辆决定的主要因素，避免单纯不依据车辆设备的购买价格做决定的弊端。

(2) 运输策略。未来某天，北京市民刘阿姨午饭做了一盘杭椒牛柳，这杭椒是从哪里来的呢？几天前，在海南省东方市尖峰镇农民田永和的椒田开始第一茬采摘，一箱箱杭椒就这样开始走向通往餐桌的路，其间是如何应用大数据平台进行运作的呢？

物流公司接到了一家公司的长期物流运输业务，需要经常的将海南农产品由海口农产品收购中心运到北京零售企业。物流公司首先同海口农产品收购中心和北京零售企业三方实现信息共享。当北京零售企业下达农产品订单后（比如杭

椒)，需要采购一批杭椒（100 吨）从海口市运往北京。首先海口农产品收购中心启动海南大数据平台（海南农产品流通公共信息服务平台监测系统，http://www.hincps.gov.cn)，海南冬季瓜菜上市量为 1.12 万吨，上市量较大的地区为三亚、琼海、文昌、儋州、昌江、东方，在这些地方进行采购。其次物流公司安排运输计划，查看海口到北京 3000 多千米的运输距离等基础数据。流程依次为运输任务分配—计划调度—运输执行（执行中在途监控）。整个运输计划与相关大数据相关联：一是系统关联的政府气象数据库，通过天气数据平台，系统自动研判沿途天气情况，根据城市或地区名称查询获得未来 3 天内的天气实况、天气和生活指数。二是系统关联的交通运输数据库，查阅沿途交通拥堵情况，研判运输时间及最优运输路线。三是启动企业内部数据平台。调阅海口分公司货车资源和司机信息资源。根据货物情况调度何时合适的集装箱冷藏车辆，根据司机身体状态和对路途熟悉情况调度司机和押运人员。四是制定运输方案。联系相关联的农产品大数据平台，根据杭椒的生物学特性，查找最适合运输的温度、湿度、气体状态，设置好冷运控制参数及沿途参数监控标准和管理标准；根据杭椒包装标准进行包装、车载堆码；进行最经济的运输方案。五是运输完成。杭椒运到北京零售企业，将沿途监控数据全部交付给北京某零售公司。具体操作时可利用 RFID 技术，物流公司在每箱杭椒包装嵌入 RFID 芯片，芯片具有温湿度感知功能，装入安有 RFID 芯片的冷藏集装箱，物流公司和雇主还可以随时了解货物的位置和环境温湿度，高速公路沿途设有 RFID 读取器，不但可以实时监控货物位置，也可以防止物品的遗失、掉包、误送。根据公司雇主的要求，物流公司用配备有 RFID 读取设备的冷藏车辆将杭椒送往零售企业的仓库。送往仓库的杭椒，卸货检验后，由叉车用嵌有 RFID 的托盘，经过具有 RFID 读取设备的过道，安放到同样具有 RFID 读取设备的货架。这样，物品信息自动记入信息系统，实现了精确定位。由于使用了 RFID 技术，仓库内的包装加工、盘货、出库拣货同样高效无误。而且当冷库中货架上的试剂数量降低到安全库存以下时，系统也会自动发出补货请求。由于从杭椒收购，到运输、到跟踪货物、到检验、导入库等等，整个供应链上的任何一家企业通过电脑查询都一目了然，如图 6－5 所示。

通过上述物流案例的介绍，我们可以看到，贯穿全覆盖的物联网技术，使整个农产品供应链呈现了透明、高效、精准的特点，但这些仅仅是海量数据中的少部分数据的筛选与应用（大部分数据，比如实时监控 90%数据是无用的，但必须保持记录，以便事故发生时查找原因）。

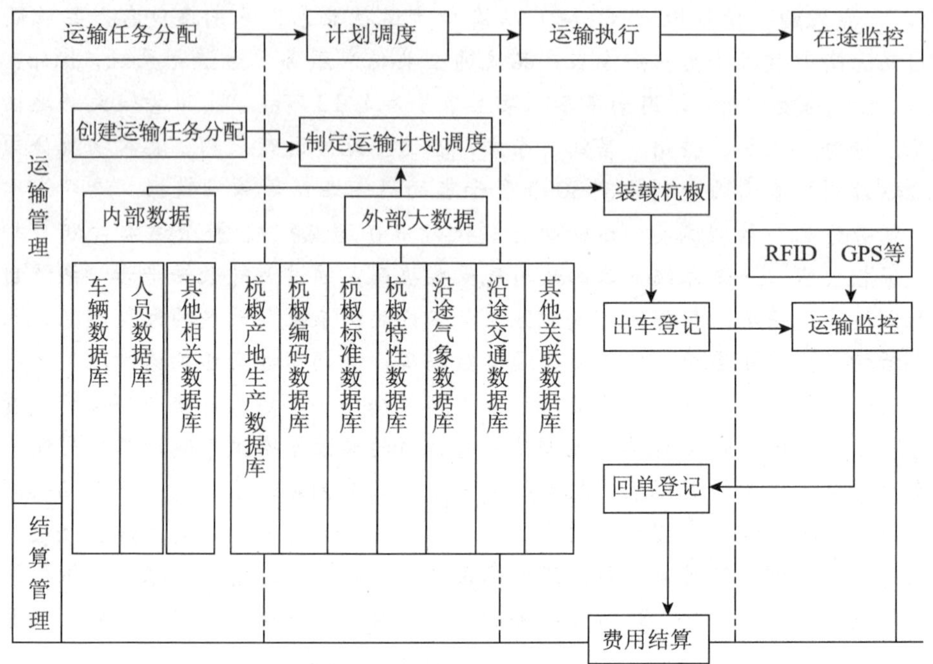

图 6-5　大数据背景下的杭椒运输流程图

参考文献

[1] 付雄新．农产品物流运输装备智能监测与跟踪技术［J］．农机化研究，2010，32（8）：166-169.

[2] 汪晓光．我国农产品冷链运输装备技术现状与发展趋势［J］．农业工程，2013，3（2）：40-42.

[3] 马晓峰．农产品运输中的射频识别技术（RFID）应用研究［J］．河南科技，2013（11）.

[4] 王晶．北京市鲜活农产品流通环节运输监控研究［J］．广东农业科学，2012（3）：158-160.

[5] 李震阳．于流程的项目风险数据库辅助分析——以仓储监控软件联合研［D］．广州：中山大学 2010.

[6] 赵国庆．物联网在物流运输中的应用探讨［J］．中国商界，2010（6）.

[7] 赵争．道路运输物流信息平台的设计与实现计算机工程第［J］.2008（34）：253-255.

[8] 李廷佳．基于数据挖掘技术的物流信息系统的研究与实现［D］．北京：

北京邮电大学，2008.

[9] 李冉．基于 GPS/GIS/GPRS 的可视化物流配送系统设计［J］．物流科技，2010，33（12）：80－83.

[10] 李正艳．基于数据挖掘的物流运输系统研究［D］．重庆：重庆大学，2010.

[11] 金波．智能配送信息系统的研究与开发电子［D］．成都：电子科技大学，2011.

[12] 强丽丽．基于 RFID 技术的生产配送物流管理系统研究［D］．合肥：合肥工业大学，2009.

[13] 徐琪．物流仓储配送优化及其基于射频识别的可视化运作管理［J］．中国流通经济，2011，25（1）：26－30.

[14] 吕俊杰．基于鲜活农产品冷链物流配送的车辆路径优化研究［J］．广东农业科学，2013（9）：178－181.

[15] 郑志辉．我国运输与配送环节顽症分析［J］．魅力中国，2013（29）：373.

[16] 姜川川．未来十年我国运输结构的可能演变及趋势［J］．青年科学：教师版，2013，34（6）：243.

[17] 张平，朱志强，任朝晖，等．国内外现代果蔬物流运输保鲜环境调控系统发展现状及展望［J］．保鲜与加工，2010（2）：1－4.

[18] 刘潇亭．浅谈射频识别技术（RFID）在农产品冷链运输中的应用［J］．河南科技．2013（11）：220－221.

[19] 孙云．运用供应链管理思想发展铁路运输物流技术［J］．2005（10）：166－168.

[20] 刘潇亭．浅谈射频识别技术（RFID）在农产品冷链运输中的应用［J］．河南科技，2013（11）：216－218，229.

[21] 赵皎云．物流运输信息化建设与相关技术．物流技术与应用［J］．2014，19（3）：86－89.

[22] 蒋雯．基于车辆动态监测系统内存数据库系统设计与实现［D］．武汉：武汉理工大学，2013.

[23] 蔚田，等．智能物流［M］．北京：北京大学出版社，2013.

[24] 李子豪．智慧物流平台——公路运输管理系统的设计与实现［D］．北京：北京交通大学，2011.

7 大数据驱动农产品物流仓储的变革

农产品仓库管理是农产品物流过程中的一个重要环节，对物流全过程有着很大的影响。传统的农产品仓库管理一般依赖于一个非自动化的、以纸张文件为基础的系统来记录、追踪进出的货物，由于仓储管理完全由人工实施，效率低下，管理繁杂，能管理的仓库规模也很小。随着农产品种类、数量和出入库频率的不断增加，仓储管理作业也已十分复杂和多样化，传统的人工仓储作业模式和数据采集方式已难以满足仓库管理的快速、准确要求，只有通过技术的应用与升级来提高仓库管理的工作效率。那么，在大数据背景下，农产品仓储物流该何去何从?

7.1 农产品仓储的制约瓶颈

由于农产品仓储具有量大且频繁、点多且面广、季节性及易耗性等特性，决定了农产品仓储在实际运作中的复杂性，这些特征影响农产品仓储业的整体发展。总体来看，我国农产品仓储整体水平较低，不论是产业链链条还是仓储设施设备，都跟与日俱增的市场需求之间还存在很大差距。尤其是农业信息化网络不健全，使得农产品仓储无法及时掌握市场信息，加大了农产品仓储环节的风险。农产品仓储主要面临着以下几方面的制约瓶颈：

1. 冷链仓储成本高

冷链仓储成本高主要体现在 4 个方面：一是土地资源寸土寸金，推高仓储建设成本。在大中城市周边，土地寸土寸金，仓库地点的不断外迁和仓库资源的供不应求，无形中推动了整个社会的仓储成本。二是冷库投资大。冷链投资大是冷链仓储设施薄弱的重要原因之一，投入冷链物流及仓储设备必然会使成本增加，例如，一个中型冷藏库的造价约是一个同样规模的常温仓库的 2～3 倍，超低温冷藏库的成本是一般冷库的 2 倍。三是冷链配套设施不完善，损耗高。与发展日益成熟的零售终端相比，与之相关的物流领域还没有形成配套的发展。不少仓储公司没有专业的食品仓储和运输设备，业内估计这部分商品损耗可能高达 10%。

据国家发展改革委员会的资料数据显示，我国人均冷库容量不足 10 千克，汽车冷藏运量仅占总运量 20%，铁路冷藏运量占总量的比例也不足 10%，冷链基础设施非常薄弱。分品种来看，肉类冷库建设较多，果蔬冷库建设还比较少而且落后。四是我国居民总体消费能力低，冷链仓储投入成本难以消化。我国城市人口中的 20%的富人拥有金融资金的 66.4%，而 20%的穷人仅拥有金融资产的 1.3%，由于收入差距过于悬殊，造成多数财富集中于少数人的手中，而真正消费能力的拉动仍然需要大部分的群体。整体来看，我国的居民消费能力明显不足，难以消化冷链带来的价格上涨。

2. 部分地区冷库“吃不饱”，冷库建设结构性失衡严重

近几年，冷库市场“供大于求”和结构性分布不均的矛盾已经出现。我国冷库建设有“过火”苗头，在政策的引导下，重复集中建库、经营同质化问题等逐渐凸显，造成部分地区资源浪费。主要有 3 个方面原因：一是冷库量的供需不平衡让各地冷库租赁价格有巨大的落差。超过 60%的冷库分布在东部地区，中西部地区冷库占比却不足。以西安地区最成熟的冻品交易市场方欣国际食品城为例，目前其冷库的租赁价格在每吨每天 3 元左右，并且其库位供需处于相对偏紧状态。雨润的 10 万吨冷库投入使用后，租赁费会下降到 1 元。对于西安现有的冷库市场而言，未来市场则会出现供大于求的局面，价格战在所难免。而在重庆，由于冷库容量不足，导致租赁价格偏高。当地万吨冷库基地今年年初新投运的 4 万吨冻库现在已经“一库难求”，月租金已经达到每吨每月 150 元，而全国的平均水平仅为每吨每月 60～70 元。二是冷库类型比例失调，冷冻库占比超过 50%，而超低温冷冻库占比不到 1%。在储藏商品种类上，果蔬类产品占比超过 30%，而水产品、肉禽类产品占比有待提升。三是由于对农产品仓储先进技术推广的重视程度不同导致差异大。如中原经济区，由于先进的仓储技术前期投入成本大，收益慢，长期的巨大效益难以在短期内实现，因此新技术推广程度慢，大部分农产品仓库为普通仓库，特种仓库（低温库、冷藏库、立体库等）极为缺乏。因此，农户在储存农产品时一般用简易仓库并混合储存、分散储存，甚至露天堆放，使农产品的价值和品质大大下降。

3. 农产品仓储技术水平较低

我国农产品仓储行业主要分布于农产品批发市场、农产品物流园区、农产品物流中心等，全国大约有 80%的鲜活农产品是通过批发市场流通的，但我国的农产品产业链及仓储设施设备落后，和与日俱增的市场需求存在较大的差距。主要有两个方面的原因：一是仓储功能较为单一，仓储方式落后。仓储物流业的服务水平低，管理层次不高，缺乏市场竞争意识，获取信息的能力低，经营方式单

调，而且仓储设施资源利用率低，仓储水平较低。同时，农产品是特殊的物品，本身具有呼吸性、吸附性、易受虫害等特性，这些特性使农产品在仓储时容易发生质量的变化，如农产品能吸收氧气和释放二氧化碳，通过呼吸作用产生的热量和能量能使农产品内部温度升高从而造成腐烂。这就要求农产品在仓储时要使仓库保持一定的温度和湿度，以降低农产品因呼吸作用而产生的热量。但由于先进的仓储技术投入大、资金需求高，特别是对于鲜活农产品进行仓储的冷库只有少数批发市场才有，大部分农产品仓储还是以常温或自然仓储为主，仓储效率低，安全系数也低。二是冷库的技术创新运用水平不够。很多新上马的项目依然采取几十年前的冷库建造方式，完全不能满足市场新形势的需求，严重阻碍农产品仓储作业机械化、自动化。主要体现在叉车、吊车、货梯、输送机、堆垛机的使用率较低、包装标准的统一与推行、托盘标准的统一与使用、编码规则的确定和信息存取系统的建立等。

4. 农产品仓储信息化严重滞后

我国仓储整体水平尚处于较低层次，特别是农产品中小仓储物流企业的信息化水平很低。一方面，先进的信息技术应用较少，应用范围有限。调查显示，在国外仓储物流企业得到广泛使用的条码技术、RFID（射频识别）、GPS（全球定位系统）、GIS（地理信息系统）和EDI（电子数据交换）技术在中国仓储物流企业的应用不够理想。同时，立体仓库、条码自动识别系统、自动导向车系统、货物自动跟踪系统等仓储物流自动化设施应用不多。另一方面，信息化对企业运营生产环节的渗入层次较低。在信息化水平较高的大中型仓储物流企业，其企业网站的功能仍然以企业形象宣传等基础应用为主，作为电子商务平台的比例相对较少。同时，已建信息化系统的功能主要集中在仓储管理、财务管理、运输管理和订单管理，而关系到仓储物流企业生存发展的有关仓储物流网络信息化建设所占比例却很小。事实上，目前较低的信息化应用水平已经成为制约我国农产品仓储物流发展的重要因素。

5. 仓储基础数据缺失，共享率低

在日本，农产品存量仓库的利用率很高。这主要得益于日本的大型物流配送企业对于整体仓储资源的整合。日本国土交通省每年在各地区建立分支机构或仓库业协会，委托专业的调查公司进行数据收集，建立仓储共享平台。在美国，通过网络系统将散置在各地的分属不同所有者的仓库连接起来，进行网络化、规模化、组织化管理，进行统一调配使用。我国近几年物流园区的数量快速增长，但对于仓储资源的掌握度和利用率都很低，整个仓储行业都面临着基础数据缺失的尴尬，规划缺乏数据支撑，物流园区经济往往被当作增加GDP（国内生产总值）

的重要抓手。一个城市，到底需要多大的物流园区，说不出来，仓储企业普遍存在投资额大、收益率低的问题，因此能够从中真正获益的仓储企业并不多，物流园变成了商贸区甚至商业楼盘。

仓储案例

在北京、上海等大城市，自动化仓库、运输设施、包装设备、物流信息系统等都是比较先进的，但是由于土地资源宝贵，仓库也已经成为稀缺资源，完整的农产品物流供应链条对接不顺畅，仓储费用越来越高，成为物流业中处境艰难的一个环节，影响物流对整体经济发展的作用。

以北京为例，大型超市基本上都集中在市中心，要想在超市周边寻找一个动辄需要上万平方米的仓库可不是一件容易的事情，三环四环已经是寸土寸金，现在连六环之内都很难找到适合做仓库的地方了，使经销商处于进退两难的境地，原有的仓库面临拆迁，如果距离比较远，配送也是一个大的问题。2010—2013年，只用了短短三年时间，有的仓库从三环退到六环，而与仓库位置越来越偏远相对应的，是仓库面积越来越小，成本越来越高，最后成本转嫁到底下商户的身上，价格的涨幅就非常快。2013 年，北京租的库房 1 平方米从年初的 0.5～0.6 元到年底 0.7～0.8 元，短短一年时间里涨了 20%～30%。同时，整个仓储业还没有成为一个信息共享的整体，仓储信息化严重滞后，加剧了仓储和土地之间的矛盾，仓储效率低，使仓储成为资源稀缺与资源浪费并存的矛盾体。

7.2 农产品仓储信息化现状

大数据背景下，仓储管理信息化是解决目前农产品仓储合理化瓶颈的最重要途径。仓储信息化、智能化是农产品仓储大数据源的基础。但是，在农产品物流领域，由于行业的效益低，流通环节多，信息化水平相当落后。同时，在推进信息化工作时遇到了很大的困难，如基础数据不健全、难以及时获取精确的信息等。传统仓储管理模式普遍存在人力成本偏高、业务流程多、货品跟踪困难、资金和货品周转效率较低、物流管理的信息化手段落后等缺点，已不能保证快速正确地进货、库存控制及发货，因此，会导致管理费用增加，服务质量难以得到保证，从而影响企业的竞争力。传统的物流仓储管理系统只能实现货品信息的“静态化”管理，而无法实现对物流全过程地实时跟踪和监控。

国内农产品物流仓储信息化管理的不足，体现在以下几个方面：

1. 数据信息采集和处理的手段落后

在农产品仓储企业中，大多数企业采用人工采集和处理的方式，即入库验

收、在库盘点、在库、出库分拣等作业操作全靠工人手工完成，效率十分低下。即便是采用了条码技术，也仅仅局限于某一个环节，只是加快了相关作业操作的处理速度，仍然不能脱离人工处理的方式，所以难免会出现一些人为差错的产生，并且处理效率的提高十分有限。

2. 大量基础数据缺失，可利用的较少

农产品传统物流仓储管理一般采集到的信息都是一些“静态”的盲数据信息，如现有库存信息、农产品的生产厂家信息、产品的销售信息等；对于“动态”的信息，如种养植进度、种养植存量变化、仓储分布、销售过程状态等，则极少涉及，因此，很难对农产品物流仓储管理对象的仓储安全与产品安全进行实时监控。

3. 不能实现农产品全程质量追溯

由于对仓储农产品的信息缺乏实时监控，如温湿度等重要指标，也就不能实现对过程信息的实时追踪，导致信息发布的滞后，或者产品质量的变化难测。一旦出现质量安全问题，溯源与召回问题就会出现，为了查找根源，还要花费大量的人力、物力，给企业带来巨大的经济损失。

4. 数据信息不能实现集成和共享

传统农产品物流仓储管理建设初期没有考虑与企业信息系统实现集成共享，没有共享平台。不能实现物流仓储管理信息和企业内部的管理信息、财务信息的有效互动，不能对企业生产活动进行实时控制；仓储作业在一定程度上依赖手工操作，作业处理的效率难以提高，数据信息更新不及时；企业内部系统信息与外部数据间不能有效地实时共享。因此，仓储企业之间、企业内部不能实现信息的共享和集成，企业一些有价值的信息不能得到应用，从而失去企业信息化的功效。

7.3 大数据背景下农产品仓储信息系统建设

现代仓储物流与信息技术的联系越来越紧密，为了降低农产品物流成本，避免价格暴涨暴跌，实现农产品仓储“高效率、短在途”的目标，必须运用大数据技术。大数据技术的运用是通过数据化来实现农产品物流的准确配置，将生产地和流通过程中的仓储物流库存降到最低，从而让农产品的流动具有最佳的目的性和经济性，降低整体物流成本，为仓储提供最优策略。充分利用信息技术，让大数据“信息流”带动“物质流”，充分利用大数据的价值，从海量的数据中发现新的知识，创造新的价值。而农产品仓储正是一个产生大量数据的环节，在货物

流转、入库、出库车辆追踪、仓储、报检等各个环节的动态监测中都会产生海量的数据，如此多的资源若不加利用就是浪费。应用大数据技术，通过对农产品对仓储物流各个环节的数据进行归纳、分类和整合，可以清楚地查看企业网络任何一个网点的仓库经营现状和业务情况、产品状态等，同时，通过运用科技信息化手段进行分析、提炼，为物流仓储企业战略规划、运营管理和日常运作提供重要支持和指导。

7.3.1 构建目标

宏观上，物流仓储大数据的主要任务是基于大数据的理论和技术，不断推进物流仓储大数据技术的创新与应用实践，结合国家物流现代化和物流信息化发展战略，突破物流仓储大数据的一些关键技术，谋划和凝练一批物流仓储大数据的示范和应用项目，推进智慧物流仓储不断发展。

1. 仓储数据库内各信息平台（子）系统之间的数据共享

农产品仓储业务管理系统作为企业信息化系统的核心和农产品仓储信息化的基础，通过大数据技术，不同数据类型相互转换，使仓储数据库系统的不同数据相互转化利用，以确保实现系统与系统之间、上下级之间的数据共享、业务协同，避免出现信息孤岛。

2. 农产品仓储网络化远程监管

农产品及物流行政管理部门或企业上级单位与农产品仓储企业之间通过物联网、云计算、大数据和移动互联等信息技术，实现仓储动态数据共享和远程监测、控制。

3. 公共信息系统的数据交换

农产品仓储企业信息数据库系统可以实现与特定气候、交通等公共数据平台的信息之间的数据交换，使公共信息数据为仓储服务，提高企业管理效率。

4. 农产品仓储日常管理和业务处理的网络化管理

大数据技术的利用，可以将传统人工和纸质单据的管理模式逐步过渡到电子识别、自动信息录入、网络传输、计算机处理，使农产品的入库、装卸、分类、包装、储存、实时监控、出库等动态业务数据相互关联，使纷繁复杂的管理简便化、直观化。

5. 数据采集和生产作业控制的自动化

农产品出入库作业实现自动化控制；采用 RFID 等技术，实现地磅自动称重或半自动称重；实现车辆和物品的库区跟踪，实现农产品货位和物品等属性信息

的电子化记录与识别；实现农产品入库数据的自动采集，并与业务管理系统相互关联。

6. **农产品仓储智能化管理**

利用智能仓储测控系统，定时、自动采集温度、湿度、气体、虫情、疫情等数据，通过智能决策模型判断，智能化控制仓库的通风、熏蒸、调温等农产品仓储保管作业；利用农产品仓储安防系统。通过视频监视、热敏传感、电子巡更、自动报警等技术手段，实现企业安全保卫的自动化控制。

7. **农产品仓储企业管理的可视化**

仓储系统获取的入库、监控等大量数据，运用先进的数据处理技术，如计算机图形仿真技术、多媒体技术、人工智能技术、监控图像处理、结构化数据和非结构化数据相互转化等，对库内的仓储设施、办公楼等进行三维图示化建模等，与农产品仓储业务管理系统、远程监管系统相互关联，支持仓储管理决策，实现农产品仓储企业管理的可视化。

8. **优化仓储管理模式**

通过大数据技术，可以整合信息化和智能化的系统监控和管理业务流程、规范员工业务操作、节约管理成本、记录准确的生产过程数据、提供详细的决策数据、提高仓储利用率。通过优化系统管理，最大化地利用库房使用面积和设备使用效率，提供更多增值服务，提升总体服务质量。信息系统可为客户个性化服务，利用系统管理货物的数量及进出、费用查询、信息共享等服务。提高客户货物安全。全面的监控设备与信息管理系统，有效防止货物变质与损害。通过信息化的管理系统，对货物进出、库房使用率、人工核算等做到精准地掌握和严格地管控。

7.3.2 构建框架

物流仓储大数据平台建设是为了进一步提升智慧物流仓储业发展进程，全面、及时掌握物流业的发展动态，这需要依托物流仓储大数据及相关大数据分析处理技术，建设一个物流仓储大数据分析应用平台。在技术上，该平台应该基于先进的大数据系统框架，充分融合物联网在数据获取及云计算在数据处理方面的技术优势，建设具有高效性、先进性和开放性的业务化应用平台，平台应具有稳健的设计构架、良好的用户体验和良好的扩展性、应用性，如图 7－1 所示。

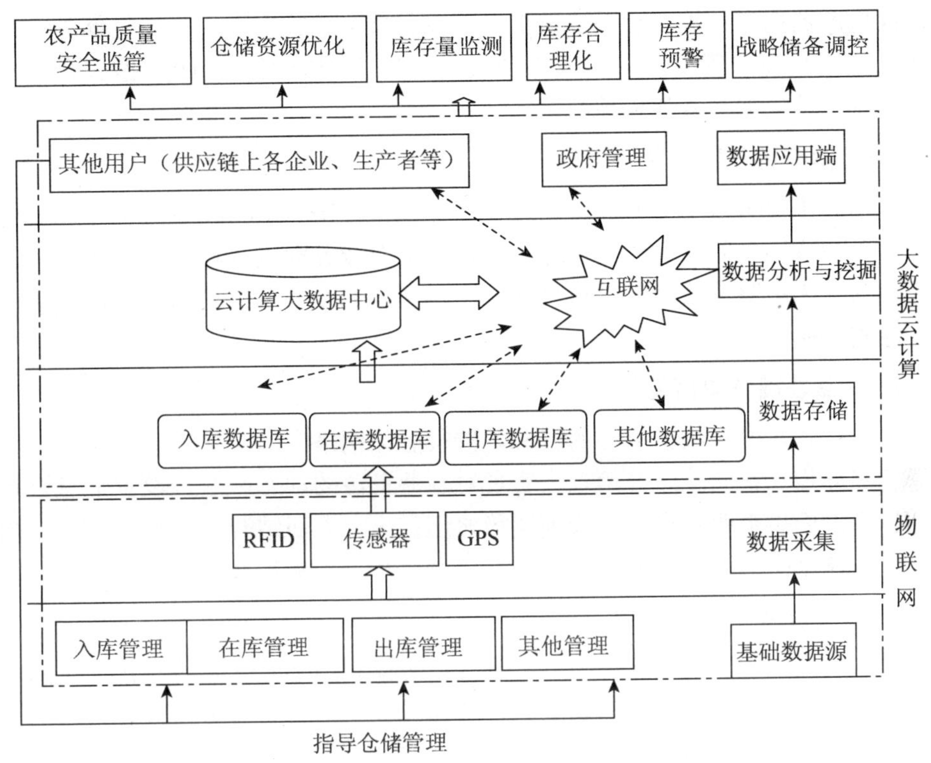

图 7-1　基于大数据平台的农产品仓储系统模式

从系统应用角度，基于大数据平台的农产品仓储系统的功能主要分为 3 个层次。层次一：调配业务系统，提升仓储效率。这是基本的功能，通过配置信息系统来支持企业内各种仓储业务活动的日常运作，利用各种信息化技术代替手工进行数据处理和事物处理，促进仓储合理化、提升仓储效率，这是应用的核心。层次二：管理仓储资源，提升资源利用率。企业在不断地发展中，由于各自需求不同，信息化技术与仓储资源配置不一样，造成数据冗余或形成“信息孤岛”，造成大量资源浪费。因此，信息系统规划的第二个层次的功能就是将企业信息资源共享与集成，提升仓储资源利用率。层次三：公共数据库资源，提升政府监管力度。政府通过大数据仓储平台，实时监测仓储环节中的农产品质量安全、农产品库存量、农产品战略储备状态等，为制定合理政策提供依据。

7.3.3　仓储数据源

仓储系统的数据主要分外源数据（如仓储市场信息、仓储基础资源数据库、农产品生物特性数据库、农产品物流相关标准数据库、农产品基础编码数据库、农产品生产数据库、农产品消费数据、气象数据、道路交通、相关仓储分布等其他相关数据）和内源数据（如入库数据、在库管理数据、出库数据、仓管员数据、基础环境数据、其他相关数据等）。

1. 仓储市场业务信息

该信息主要来自于两方面：一方面通过通信网络和EDI接收仓储市场的交易信息，参与货物仓储“标的”竞标，中标的货物业务即进入本企业的数据库；另一方面通过客户服务系统，取得长期、固定客户的业务需求信息，也同样集中存储于数据仓库中。

2. 仓储基础资源信息

利用关联政府大数据中心的资源，取得仓储网络中的常温库、高温库、低温库等仓容面积、存储状态等信息，实现对仓储资源的动态跟踪。设置信息咨询服务器，一方面供企业仓储生产管理决策之用；另一方面结合仓容储存信息，向客户提供仓储动态信息、仓库设备信息、库管人员等人力资源信息。

3. 天气信息

天气预报在仓储企业管理中不可忽视，可以利用外界气温的变化控制库内温度，节约成本；另外，当了解到出车目的地天气异常或恶劣天气时，可做出一些天气异常的仓储预防与心理准备等。

4. 农产品基本信息

通过农产品生产数据库了解农产品生长期状态、病虫害情况、水分情况，作为制定农产品仓储方案的依据。

5. 其他需要的信息

主要是供应链上各信息库：一是可视化管理平台，对整个仓储进行动态化管理；二是配送管理、运输管理、财务管理和客户服务子系统，是企业对客户实行全程供应链管理的必要组成部分，也需要开发相关的软件，与仓储功能相结合，构成完整的智慧仓储系统。

物流仓储业各环节产生大量数据，数据涵盖区域广，数据源复杂。随着计算机、信息化技术的发展，农产品仓储工作重点必须转向农产品的控制和管理，要求信息实时、协调和一体化。计算机之间、数据采集点之间、机械设备的控制器之间及它们与主计算机之间的通信可以及时地关联信息，仓库计算机可以及时地记录订货和到货时间，显示库存量，库存农产品在库保存的位置、温度、湿度、气体成分状态，计划人员可以方便地做出供货决策，管理人员随时掌握货源及需求。利用数据化管理减少甚至消除在农产品产地、类别鉴别、地点确认、数据输入和准确分拣

方面可能产生的传统错误，避免数据输入的延误、即时更新库存、随时找到所需的货物。在美国，信息化技术在仓储管理中的运用日益广泛。它可以把复杂的数据处理简单化，同时还发展了许多成熟的仓储管理软件供企业挑选采用。

农产品仓储数据化可使供应链上的存货人、提货人、承运人、海关、商检、港口码头、贸易商、供应商通过大型的电子平台完成自己的工作，基于当前物流信息技术主要应用领域和产生物流仓储大数据的主要来源分析，物流仓储大数据的主要应用领域包括以下几个方面：仓储入库数据、仓储在库数据、仓储出库数据、盘点数据、损耗数据、设备管理与维修数据、标签数据、储位数据等，以及在口岸检测鉴定服务数据、装运前检验服务数据、验货服务数据等方面。

7.4 仓储大数据管理的支撑系统

7.4.1 自动入库作业系统

基于 RFID 电子标签和物联网的农产品仓储自动入库作业系统是集机、电、微机、数据库为一体的产品，整个过程主要通过数据信息关联来实现。通过电子标签来标识各种物品，这种标签根据无线射频标识原理而生产，它与读写器通过无线射频信号交换信息。触摸屏的采用降低了人机沟通的障碍。人机界面（HMI）是操作人员与机器设备之间双向沟通的桥梁，用户可以自由地组合文字、按钮、图形、数字等来处理、监控、管理或应付随时可能变化信息的多功能显示屏幕。使用人机界面，增进了人员与设备的信息交流，数据的修改、故障报警的识别变得易如反掌。

1. 主要功能

自动入库作业系统主要有以下功能：一是可以通过射频将物品信号传送到接收器，可以实现非接触、无视觉识别。因此完成产品识别工作时无须人工干预，便于实现自动化。二是阅读距离远，识别速度快，可实现远距离监测电子标签系统，使货物快速进入仓库。三是可实现多目标同时读取，便于监测大量货物同时入库。四是电子标签相对于条码来说是进行单个产品的标识，因此便于通过物联网来实时获取产品的信息。物联网的应用给产品入库时获取产品原始信息并自动生成入库清单提供了一种有效手段，电子标签可以实现自动化的产品识别和产品信息采集，这两者的有机结合使自动化的产品入库成为可能，这会大大降低入库管理中人工干预的程度，同时提高产品入库的自动化和智能化水平。

2. 主要组成部分

智能仓储系统的现场人机界面采用触摸屏，对电机的控制采用变频器，控制系统主控单元采用先进的智能化设备。可编程控制器具有可靠性、灵活性、适应工厂现场控制等诸多优点，并能对上位机传送的数据进行分析判断，完成数据采集、逻辑运算输入输出控制等功能，然后把指令发给变频器控制电机操作完成动作。该系统主要是由信息采集系统、PML 信息服务器、ONS（Obyect Name Service，产品命名服务器）和应用管理系统四部分组成。数据信息采集系统包括产品电子标签、读写器、驻留有信息采集软件的上位机等，主要完成产品的标识和产品 EPC 码（产品电子代码）的采集和处理。存储有 EPC 码的电子标签在经过读写器的感应区域时，产品 EPC 码会自动被读写器捕获，从而实现自动化 EPC 信息采集，采集的数据将交由上位机信息采集系统进行进一步的处理，如数据校对、数据过滤、数据完整性检查等，这些经过整理的数据可以为上层应用管理系统使用。PML（Physical Markup Language，实体描述语言）信息服务器由农产品生产商建立并维护，他们根据事先规定的原则对产品进行编码，并利用标准的 XML（标准通用标记语言）对产品的详细信息进行描述。PML 服务器在物联网中的作用是以通用的格式提供对产品原始信息的描述，如农产品的品种、产地、产品标准、检验检测报告等数据，并设有扩展智能仓储系统的外接输入，便于其他节点的访问，如单一记录数据链路或表格式数据链路。ONS 在各信息采集节点与 PML 信息服务器之间建立联系，实现从产品 EPC 码到产品 PML 描述信息之间的映射。应用管理系统通过和信息采集软件（如 Savant）之间的接口获取产品 EPC 信息，并通过 ONS 找到产品的 PML 信息服务器，从而获取产品详细信息，以实现诸如入库管理、产品路径跟踪等应用功能。

在农产品物流过程中，物联网通过互联网信息世界的互联，实现物理世界任何农产品的互联，实现在任何地方、任何时间可识别任何农产品，使农产品成为附有动态信息的“智能产品”，并使产品信息流和物流完全同步，从而为产品信息共享提供了一个高效、快捷的网络平台。这也为农产品入库时获取产品原始信息并自动生成入库清单提供了一种有效的手段。

3. 系统模块

基于物联网的自动入库管理系统的技术就是以电子标签作为农产品识别和信息采集的技术基础，通过在仓库出入口设置读写器对产品进行自动识别，同时通过物联网获取产品的详细信息从而自动生成入库清单，以达到自动化入库管理的目的。入库管理就是对进入仓库的农产品进行识别，并对产品进行分类、核对和登记，生成在库产品清单，记录产品的名称、分类、规格、入库时间、生产厂

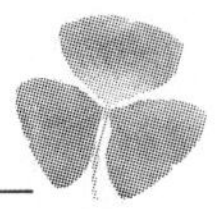

家、生产日期、数量等数据化信息，并将这些信息更新到库存记录。系统模块中，一是产品数据识别模块。物品识别系统的核心是农产品的编码和识别。基于电子标签的入库管理系统采用 EPC 码作为物品的唯一标识码，EPC 码是 Auto-ID（自动识别）应用于电子标签的编码规范，它使全球所有的物品都具有唯一的标识，其最大特色就是可以进行单品识别。物品识别系统包括电子标签和读写器，每个物品都附有一个电子标签，电子标签内写有 EPC 码作为物品的唯一编码。存储有 EPC 码的电子标签在经过读写器的感应区域时，EPC 码会自动被读写器捕获，从而实现自动化的物品识别和 EPC 信息采集。入库读写器设置在仓库入口，对进入仓库的商品进行自动识别，并将捕获的产品 EPC 码通过数据采集接口传送到入库管理模块做相应处理。二是入库数据管理模块。入库管理模块是系统的核心功能模块，它通过数据采集接口、远程数据接口和本地数据接口 3 个接口同其他几个功能模块进行交互，从而实现物品自动入库管理的功能，入库数据管理的作业流程如图 7-2 所示，物品入库时，由设置在仓库入口的入库读写器读取物品的 EPC 码并通过数据采集接口交由入库管理模块，入库管理模块通过远程数据接口访问 PML 服务器以获取物品的详细信息，并自动生成物品入库清单，然后通过本地数据接口将入库物品信息更新到本地数据中心。

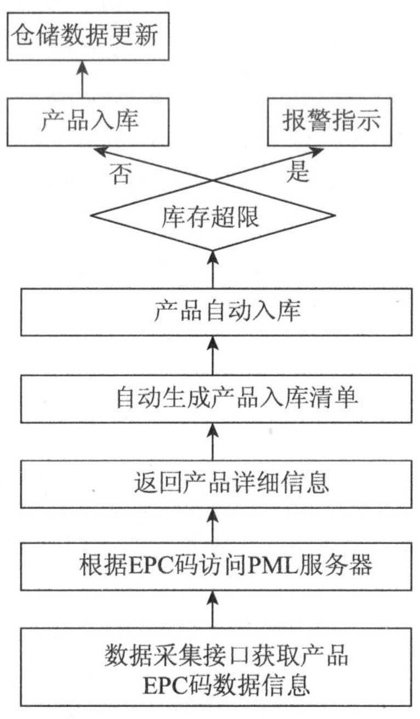

图 7-2 自动入库管理的数据采集与更新流程

入库的数据信息体现在入库单中（物品 EPC 码、物品名称、生产厂商、物品分类名、单位、生产日期、有效期、入库时间、产品说明），物品 EPC 码由入库读写器自动识别，同时记录物品的入库时间，其他的物品信息则可以根据物品的 EPC 码通过访问 PML 服务器获取，整个入库清单的生成通过数据库关联，自动完成，既提高了物品入库的自动化水平和智能化水平，同时也确保了入库物品信息的准确性。

4. 应用案例

以自动立体仓库为例。当一批牛奶到库后，进行入库操作。根据货物的流向，系统的主要流程分为入库操作流程和出库操作流程，其中入库作业流程如下所述：一是入库准备。系统的入库准备包括系统状态的初始化和数据初始化，此时堆垛机处于初始状态，ID 控制器做好检测货物的准备。二是入库单下达。入库单下达可以通过手动方式或电子版形式送达到主控制器中，主控制器根据入库单的信息，识别出货物的种类，同时还需要处理读写头反馈的检测货物的 ID 信息，将二者信息进行比对，当货物信息与入库单一致时，系统自动分配一个库位号给入库货物，由读写头写入到电子标签中去。三是入库进入。堆垛机由入库口转移到取货台上去。系统根据货物分配的库号，给堆垛机分配一个空间坐标点，此时堆垛机由初始状态运行到入库口，将货物由载货台转移到堆垛机的取货台上去，为下一步上架做准备。四是入库上架。这是仓库入库的最后一个操作步骤，堆垛机将取货台上的货物放入到指定的库位中去。堆垛机根据系统分配的空间坐标点，自动寻找一条最优轨迹，将货物从入库口位置送达到一众体仓库中去，入库结束。货品上架后，堆垛机返回到待命状态，系统更新库位数据并完成相应的记录。

7.4.2 基于 RFID 的智能货架标签系统

RFID 智能货架，能实时对在位仓储的物、账、卡进行清查、清点、核对。一方面可以定期进行统计报表打印，改进现有库存物品管理方式，提高管理水平，降低工作强度，实现对仓储货物的定位及跟踪，帮助仓储管理实现货物与账面相一致。另一方面为仓储企业建立一套先进的、规范的、优化的管理机制，帮助企业最大限度降低仓储运营成本和风险，提高企业仓储资源的利用率、资产盘查效益及投资回报率。

基于智能货架的货品在位管理系统，采用先进的 RFID 技术和计算机软件技术，以 RFID 电子标签作为信息存储媒介并粘贴在货物上，在芯片中存储该货物的基本信息和存储状态，可以实现货物的登记、入库、查找、清点、出库、在线

检测等工作过程的信息化管理。系统对货品进行统一编号、建账、建卡，能够对仓库内的物品进行严格的状态管理，实现物品出入库精确登记、智能库存清点、物品流向追踪等功能。系统还可以严格监控仓库内所有物品的在库情况，即某件物品是否在库，并能随时查询所有单位的资产出入库和在库情况。

这种电子标签具有数据存储功能、容量大、频段高、识别距离远等特点。实践证明，采用电子标签要比条码具有投入资金小、可重复使用、每年运营费用低、货物数字化基本单元为托盘批量等优点。通过以上手段，在数字化仓库管理信息系统中实现了收货管理、托盘入库管理、仓库业务管理、托盘出库管理、接口服务等软件功能。

1. 系统功能

基于RFID智能货架的货物管理能够实现货物出入库控制、货物存放位置及数量统计、信息查询过程的自动化，以及进出货物的自动选库，从而方便管理人员进行统计、查询和掌握物资流动情况，以达到方便、快捷、安全、高效的管理目标。该系统主要功能包括：一是实现货物的唯一标识。首先根据RFID标签的唯一性，实现与货物的唯一对应，然后通过RFID读写设备在标签中录入货物的名称、类别、产地、数量、存放位置等信息，最后在该货物上安装标签。二是实现货物的自动定位。系统能够根据输入的货物编号或名称，实时扫描智能货架上的在位货物，当定位到该货物后，智能货架将自动开启指示灯，提示该货物所在的货架位置，整个过程仅需要10秒钟就能完成。三是实现库存货物的自动清点。进行清点时，不需要人工对每一件货物进行一一清点，只需要启动“在线清点”功能，智能货架将依次循环读取货物上的RFID电子标签信息，并通过通信接口将所读取到的货物信息传给服务器，服务器通过应用软件再对货物信息进行相应的处理，实时对库存货物进行清点和计数，并与库存数据进行比对，如果发现扫描的数据和数据库中现存的数据有冲突，则产生提示信息，最后可以根据用户的需求打印货物清点表。四是货物入库管理。当货物需要入库时，管理人员会根据发货单制作入库单，系统根据入库单信息确定该货物应该存放的仓库及货架，通过RFID读写设备读取货物的RFID标签，记录该货物的信息，并将货物放置到指定的货架，然后与货位上的电子标签信息核对，最后将信息登录到系统数据库中。五是货物出库管理。当货物需要出库时，管理人员会根据销售合同制作出库单，系统根据出库单信息确定该货物应该存放的仓库及货架，智能货架上实时检测并定位到该货物，并与货位上的电子标签信息核对，最后将信息登录到系统数据库中。六是货物的安全管理。通过在仓库门口安装智能安全检测门，实时地收集标签信息，如果货物未经过授权出库，系统就会马上与保安系统联动报警，保证货物的保管安全。如果是经过授权的货物出库，软件就会自动记录出库信息，并进行统计。七是电子货架标签系统通过服务器把数据下传到现场的价格服务器电脑。电脑通过 ESL（电子系统级）软件中间件把需要修改的价格信息通过网线下传到基站。八是分布在卖场的基站通过无线下传指令给价格牌标签。价格标签接收到指令，应答基站上报数据到软件中间件。价格服务器通过内部网络汇总标签数据到后台系统处理报表。九是系统的数据流主要交换地就是价格服务器软件中间件。超市的系统数据下传到这里，在这里整理成公司的协议数据传给基站，基站用无线方式跟标签交换数据。软件中间件实时收集基站标签数据，整理成超市要求的格式数据。

2. 系统优势

系统优势主要包括 5 个方面。

第一，实现对货物的优化管理。数据化仓库项目建设前，传统配送中心仓库库存管理依靠的是手工的方式，只能实现楼层级的管理，根本无法区分各批次的库存货物，从仓库出货时，很难做到货物的先进先出管理，导致部分货物长期存放在仓库中，使农产品腐烂变质。数据化货架利用 RFID、无线局域网、云计算、大数据等先进技术，可以实现托盘货位管理。对于每一批入库的货物，其入库时间、存放货位等信息均由系统自动记录，当货物出库时，就可在此基础上实现货物的先进先出管理。

第二，可以对仓库库存进行实时化动态管理。传统仓库的库存管理依靠的是手工报表、人工统计的方式，导致仓储主管人员和电话订货中心等相关部门无法及时确切了解仓库的库存信息。此外，随着仓库规模化经营，日进出货物数量、品种逐步扩大，客户需求也日趋复杂。能否实现仓库库存的实时化动态管理已经成为了影响建立快速、高效的运营体系的重要因素。数字化仓库帮助管理人员和相关部门可以实时、准确地掌握配送中心仓库的库存情况。仓库库存的实时化管理为公司领导和相关部门的经营决策提供了科学的依据。同时，电话订货中心等相关部门可以实时地掌握仓库中各种货物的品牌、数量的情况，确保每天客户订货及公司经营顺利进行。

第三，对物料进行跟踪及图形化管理。在实现托盘货位管理的基础上，该系统还能实现物料跟踪及图形化管理的功能。这一功能使得库存物料可以非常直观、迅速地以图形化的方式反映出来，极大地提高了物品管理的仓储效率和精细度。

第四，对业务流程进行优化，提高工作效率。数字化仓库项目建成后，结合计算机技术和托盘管理在很大程度上优化了配送中心的业务流程。入库时，货物

在传送带上扫码后，直接堆放在托盘上，由在系统控制下的提升机自动将该托盘送到相应楼层，最后叉车将托盘送到系统分配的货位存放。出库时，叉车根据系统指示，按照先进先出的原则将目标托盘送到提升机，再送至分拣中心进行分拣，通过对托盘的有效管理和运用，减少了货物的搬运次数和破损概率，提高运行效率。

数字化仓库的建设不仅实现了更快地找到所需货物，同时实现了减少商品供应品种中脱销情况的发生，保持了准确的适当存货，杜绝人为操作失误，缩短了供销计划时间，从而减少存货占用的资金、降低运费。数字化仓库的建设，需要整合现有技术、资源，利用无线数据通信、RFID 技术、网络技术及现代物流信息软件等成熟技术，实现了集物流、信息流和价值流为一体的综合物流信息管理系统，同时实现了对库存的精准控制。充分利用现有资源，依靠现代物流信息软件技术，使整个仓储系统实现定位管理和优化，最终提升了网建工作的水平。

第五，使进出货方便快捷。进货时，当货物通过进货口传送带进入仓库时，每托盘货物信息通过进货口读写器写入托盘，然后通过计算机仓储管理信息系统运算出货位，并通过网络系统将存货指令发到叉车车载系统，按照要求存放到相应货位。出货时，叉车接到出货指令，到指定货位叉取托盘货物。叉取前叉车读写器再次确认托盘货物准确性，然后将托盘货物送至出货口传送带，出货口传送带读写器读取托盘标签信息是否准确，校验无误出货。通过对物品托盘的货位化管理，可以全面实现在平面仓库中先进先出管理，在极大程度上提高了仓库的存储能力。

7.4.3 远程监控系统

主要用于各级农产品行政管理部门和上级单位对农产品仓储企业经营管理情况和储备管理情况的远程监督管理。远程监控系统应具备以下主要功能：各级农业和农产品行政管理部门、农业发展银行等相关部门能够对企业承储的农产品数量、质量、储存安全进行实时远程管理，对于下属企业的日常经营管理情况进行实时远程监管。远程监管系统（如全国农产品战略储备仓库）一般由储备农产品业务管理系统、远程视频监控系统、可视化管理系统等组成。

1. 储备管理系统

主要包括储备农产品计划管理、储备农产品存实物台账管理、储备监测管理、储备农产品出入库管理等功能。采集监控的数据信息包括储备农产品的品种、数量、质量、出入库时间，对仓储环境温度、湿度进行监控，根据监测到的异常高温或者异常空仓预警信息。并通过远程启动测控系统获取储备农产品的实

时信息，以及通过远程视频监控系统对储备农产品的仓储管理和作业现场进行监控。同时，对各农产品仓储企业上报的储备农产品数据进行处理，并自动统计产生各类储备农产品的统计报表。

2. 远程视频监控系统

实时动态监控、定期报备、主动抽查、自动报警。各农产品仓储企业在已经完成本库视频监控系统建设的基础上，通过向农产品行政管理部门或上级单位开放硬盘录像机远程服务或架设流媒体服务器或云计算的方式，提供库内所有（或必须接受远程监管的部分）摄像头的远程视频服务。农产品行政管理部门或上级单位可以不受干扰和限制地实时、远程查看各仓储的监控视频，并对其中的摄像头进行方向、焦距缩放等远程控制，对监控画面进行录像、拍照等操作。

3. 远程监控可视化管理系统

利用企业的有关数据，应用GIS地理信息系统、三维建模等技术对储备农产品仓储的地理位置分布、农产品品种及数量分布等信息进行直观、可视化地展示。

7.4.4 安防系统

农产品仓储企业的安防系统可采用视频监控、电子巡更、电子周界、自动报警系统或上述系统的不同组合。因为采集时的视频数据较多，一般按照以下要求进行数据采集。

1. 视频监控系统

数据采集要求有以下几个方面：一是系统应符合《视频安防监控系统工程设计规范》（GB 50395—2007）和《安全防范技术工程设计规范》（GB 50348—2004）。二是点位覆盖全面。摄像头要覆盖仓储企业内的主要进出通道、主要作业点及药品库、器械库等重要场所；对于重要的仓房，可以考虑在仓内安装摄像头。三是录像数据保存一个月以上。摄像头监控视频应录像并存储一个月以上。四是提供远程访问功能。为行政管理部门或上级单位提供远程、实时视频访问服务。

2. 电子巡更系统

电子巡更系统数据采集符合《电子巡查系统技术要求》（GA/T 644）和《安全防范技术工程设计规范》的要求；点位覆盖。巡更点要覆盖主要进出通道、药品库、器械库、重点防火防盗场所及视频监控的盲区；可以与视频监控等系统整合集成，接口符合国家相关标准；具备巡查信息采集、巡查信息查询、巡查信息

统计、巡查班次路线安排等功能。

3. 电子周界系统

电子巡更系统的要求应符合《安全防范技术工程设计规范》的要求；覆盖区域为整个建筑场所的一周，出入场所通道除外；可以与视频监控等系统整合集成，接口符合国家相关标准；具备阻挡威慑、入侵报警、区域性报警、图像化显示等功能，并支持与其他安防系统的报警联动。

4. 自动报警系统

数据采集符合《安全防范技术工程设计规范》的要求；应覆盖药品库、财务室、重要办公场所等重点区域；可以与视频监控等系统整合集成，接口符合国家相关标准；应能准确及时地探测入侵行为、发出报警信号；对入侵报警信号、防拆报警信号、故障信号的来源应有清楚和明显的指示。自动报警系统不允许有遗漏报警，自动报警条件在一定的授权下可做调整。

7.4.5　智能仓储管理系统

大数据技术整合柔性生产系统、个性化定制、农产品生产管理自动化和智能化运输系统等技术，通过系统关联，实现智能化仓储。

现代化仓储管理要求的提高需要更可靠、更实时、更精准的信息，生产和仓库中的物流必须伴随着并行的信息流。智能仓储管理系统综合应用 RFID、传感器、无线传输等多种物联网先进技术，大大加快物资周转效率，实现对仓储物资从入库、移库、盘点到出库等全过程的动态、精准化管理，从而对仓库物资的种类、数量、状态、存放位置等做到及时了解，准确地把握仓储物资的全面信息，实现仓储物资资产的科学管理和高效运营。智能仓储系统可应用于仓储业，可实现商品智能盘点、快速出入库等功能。

系统模块包含系统管理、标签制作、入库管理、出库管理、盘点管理、调拨管理、退换管理、报表分析、终端数据采集程序。一是系统管理。系统设置及系统用户信息和不同层级管理人员、操作人员授权。二是标签制作。依据入库系统及标签制作申请单录入的货物信息生成每个物品的电子标签，在标签表面上打印标签序号及产品名称、型号规格，在芯片内记录产品的详细信息。三是入库管理。仓库管理员监控入库数据系统的运行，根据入库系统订货清单，运用监控系统清点检查入库和库存品，确保仓库中每一种物品的位置、数量、规格型号等都与系统记录一致，实现了仓储状态的可视化。四是在库管理。利用仓储温度、湿度、气体等环境监测智能设备，实现仓储环境的温湿度、气体浓度的监测和虫鼠的监测，以确定仓储环境是否是食品仓储的安全状态。根据仓库具体分布情况，

可以根据不同农产品储存的要求，采用分别显示集中采集和集中显示远程监控等多种形式。其中分别显示集中采集是在每个库外设置一个或多个显示点，再在机房采用计算机集中采集温度。而集中显示远程监控则是在机房直接显示每个点温度。五是出库管理。仓库管理员根据领料申请查询仓储状态，然后做出预出库单；保管员根据预出库单将指定库位的物品取出，使用手持机扫描库位标签和物品标签将出库信息进行登记，数据记入出库数据表；仓库管理通过系统和监控视频核实出库货品与出库申请一致性，并授权系统将货品信息传输至相关环节。六是盘点与调拨管理。根据入库和出库数据，进行帐物核对，并根据需求进行盘盈、盘亏等操作。出现调拨情况时，授权管理调拨，完成调拨流程。七是作业设备监控管理。在农产品仓储作业中，避免因物流设备的损坏而导致的安全隐患，如传送带摩擦系数降低、温控、湿控等实施设备，导致仓储损失，进行实时监测管理。八是退换货管理。客户退货的时候，通过电子工具核实产品的相关信息(包括销售时间等)，并且方便查询当时的销售信息，以进行有效的监督和管理。对于确认需要退货的产品，履行授权程序进行货物替换管理。九是报表分析。对系统的数据进行统计分析，生成相关报表。人工智能技术的发展必将推动自动化仓库技术向更高阶段即智能自动化方向发展，在智能自动化物流阶段，生产计划做出后，自动查询农产品产地和人力需求，查看各地产量、存货单和购货单，规划并完成物流。如果甲地产量不够，无法满足生产要求，系统会自动推荐修改计划以便调出其他地区产品。这种系统是将人工智能集成到物流供应链中。

该系统将整个仓库管理与射频识别技术相结合，通过不同授权，高效地完成各种业务操作，改进仓储管理，提升效率及价值；提高物品出入库过程中的识别率，可不开箱检查，并同时识别多个物品，提高出入库效率；缩减盘点周期，提高数据实时性，实时动态掌握库存情况，实现对库存物品的可视化管理；采用射频技术能大大提高拣选与分发过程的效率与准确率，并加快配送的速度、减少人工、降低配送成本；精确掌握物资情况，优化合理库存。

7.5 全国棉花交易市场仓库远程视频采集系统

全国棉花交易市场仓库远程视频采集系统

全国棉花交易市场在全国设立了174家指定交接（监管）仓库。覆盖了全国的棉花生产、加工、经营和纺织用棉企业，分布在全国18个棉花主要产销省、区和直辖市，仓库存储能力达1200万吨，约占年度社会棉花周转库存总量的95%左右。为保证交易市场业务棉花的在库安全，规范交易行为，2011年，交

易市场针对仓库远程视频采集系统进行了规划设计，并于2012年投入使用。

在用户授权与分配上，仓库远程视频监控系统使用者有交易市场、合作仓库、交易商、第三方监管等不同单位的人员。每一个单位分为不同的操作组（如交易市场使用人员可分为领导组、业务组等），各组对应着能够远程的仓库视频前端机。使用者从管理上分为不同的角色（超级管理员、管理员、普通用户），仓库远程视频监控系统中超级管理员具有系统使用授权、创建组和为所创建组分配管理员的职责。每一个组中对应有一个或多个管理员（管理员能够创建组和分配用户）。同时，仓库远程视频监控系统要对其所操作的用户日志做记录，包括用户ID、用户姓名、操作的仓库视频名称、操作性质、登录时间、退出时间、登录地点、统计当天登录次数、访问量，以便操作查询分析。

在库信息共享与仓库局域网独立监控上主要有3种方式。一是对已有视频监控系统的仓库能通过分频布线的方式实行双方共享监控。二是对没有视频监控系统的仓库，交易市场授权后，仓库用户可通过本地局域网浏览实时视频监控画面。三是通过交易市场总部授权的方式来分配使用用户，通过终端远程访问。

软件及数据库对接方面，主要是交易市场授权的交易商可根据仓单详情查询相应仓库视频；第三方监管平台中银行端保险公司等客户端通过交易市场授权使用后可根据仓单详情查询相应仓库视频；全国棉花库存通用软件在交易市场授权后，仓库在图形化管理及仓单详情等能够查看视频信息；交易市场仓管软件中每一批棉花对应视频信息，同时可根据仓单详情查询相应仓库视频。

在视频采集与保存上。一是标准化设定所有视频与相关的参数，包括清晰度、帧率、码流、音频、巡航等，能分时传递录像至监控中心硬盘。二是视频采集网点对仓库大门应进行24小时视频采集与录像。可以通过列表条件浏览地图（无缩放）的方式，查看所有合作仓库网点，显示出哪些仓库安装了几个摄像头；也可以通过树形结构查看仓库网点摄像头的安装情况。控制中心可以通过仓库远程视频监控系统平台对其视频进行远程实时监控，对其预设置报警进行处理。视频文件保存可以选择保存地点，默认为中心机房和仓库本地双向保存，保存方式可选择滚动覆盖等方式，保存时间可根据服务器硬盘大小设置。针对不同仓库出现的视频监控盲区，采用射频应用模式进行监控。三是针对各地仓库具体情况出现的视频监控盲区，直接在每批库棉包上增加RFID电子标签，利用射频识别技术和现代互联网通信技术，对棉包的温度、湿度、移动等存储环境与流转信息进行识别、记录、跟踪，并及时向监管中心报送。在库棉包射频监控应用系统采用标准化读写操作、可兼容支持棉包条码质检监控系统；除实现对在库棉花监控功能外，还应具备可扩展性，为日后借助于物联网技术、建立棉花行业统一物流公共信息平台创造条件，控制中心可以通过仓库远程视频监控系统平台对其仓库大

门录像可选择日期及时点进行查调并进行回放、快（慢）放、下载、另存为等。能够实时巡航播放视频并保证视频的清晰，视频文件自动备份。

图片识辩与传输上，可对其采集视频自定义时间进行画面抓拍，以指定时间间隔和指定图片形式存储并上传到北京监控中心服务器上。还可以对每一张图片中预先设置的设防区域（可以多个）与指定的前一张中的相应设防区进行自动辨认，如有不同就向服务器上发送报警信号，如垛位棉花减少，或发生异常等。用户也可以通过仓库远程视频监控系统平台，找到具体仓库号对应的组图片，对其中一张图片以手动浏览方式进行对比。

用户可通过仓库远程视频监控系统中的监控平台从任何地方通过公共互联网查看相应仓库里的实时图像。用户可通过仓库远程视频监控系统中的监控平台根据不同的垛位信息查看到相关的实时视频。可通过几种方式进行筛选查询到相关图像：出、入库时间查询；分仓库查询；分交易商查询；仓单中批号、重量、件数等信息查询。用户可通过仓库远程视频监控系统中的监控平台对上次浏览的照片或上一次抓拍的照片和当前抓拍的照片进行核对，对发现异常的图片进行提取保存。管理员可通过仓库远程视频监控系统对其用户所做操作日志进行查看。用户可以通过仓库远程视频监控系统平台可以对棉花以垛为单位进行入库加锁，即在指定的图像里标出需要设防的棉花垛区域（可以多个），当相应垛位棉花出库时自动对其所加的锁进行释放。设防的参数对多个区域同时进行实时分析，如果设防区域的图像与设防时相比有大的变化，则发出预警信息和相应的快照到控制服务器，同时记录该状态作后续处理之用，在棉花入库时用户通过仓库远程视频监控系统平台在图像中画出相对应的垛位区域并保存，可以通过鼠标上移对垛位区域，在界面里显示批次信息。

总之，全国棉花交易市场仓库远程视频采集系统覆盖全国棉花仓储网络的远程智能视频采集系统，使棉花从入库申报开始，定位具体的垛位，棉花出库、垛位变更等操作实行实时智能判断，通过监控管理软件及相关业务管理软件视频管理功能，能够实时查询。

参考文献

［1］王兴旺．上海农产品仓储温湿度控制系统设计与实现［J］．农机化研究，2013，35（1）：125－127.

［2］李震阳．基于流程的项目风险数据库辅助分析［D］．广州：中山大学，2010.

［3］陈立彬．关于物流仓储大数据的研究与应用［J］．中国电子商务，2014

(8)：46－47.

［4］张平，朱志强，任朝晖，等．国内外现代果蔬物流运输保鲜环境调控系统发展现状及展望［J］．保鲜与加工，2010（2）：1－4.

［5］林元乖．基于物联网技术的智能农业应用系统［J］．物联网技术，2013（3）：71－73.

［6］刘南星．基于 WSN 的农产品仓储安全监控系统研究［J］．安徽农业科学，2014，42（12）：3678－3680.

［7］王兴旺．上海农产品仓储温湿度控制系统设计与实现［J］．2013（1）：125－128.

［8］白铁成．基于物联网技术的农产品仓储管理系统设计［J］．湖北农业科学，2014，53（5）：1173－1175.

［9］王俊修．智能仓储物联网云平台设计与研究［J］．警察技术，2013（2）：16－18.

［10］胡雯．智慧仓储 让物流仓储智能化——物流仓储的智慧性研究［J］．运输经理世界，2013（5）：79－81.

［11］吉建邦．浅析热带果蔬加工与贮藏环节对产品质量安全的影响［J］．保鲜与加工，2011，11（5）：51－53.

［12］基于 RFID 的智能电子货架标签系统［J］．中国防伪报道，2013（1）：56－58.

［13］王玉泉．基于 RFID 技术的智能货架的研究［J］．微计算机信息，2010，26（23）：132－134.

8 大数据引领农产品物流配送

农产品配送是农产品供应链的重要环节，与一般产品的物流配送相比，农产品物流配送具有装卸的多次性、运输的不均衡性及对时间因素有很强的敏感性等特点。除此之外，其对运输的技术性要求高，具有较高的时效性和响应性要求。作为伴随农产品整个物流过程的配送活动，农产品物流配送是实现物流服务功能的最后一个环节，配送系统的效率高低是农产品物流企业能否成功的关键。

8.1 农产品配送面临的困惑

我国大部分的农产品物流企业是由原来的运输公司或个体企业转型过来的，信息化水平低，经营和管理还处于低层次发展阶段。物流配送企业仍然沿用传统的作业管理模式，整个物流配送作业过程也存在着诸多问题。如何有效降低农产品物流配送成本，提高物流配送效率，对我国的农产品物流企业来说，还面临许多困难。

1. 缺乏统一的物流信息分享平台

各类农产品配送运营市场有上千家，其中不乏大型、中型农产品批发市场、农产品的综合及零售市场，由于物流信息平台等公共设施落后，农产品配送资源没有较完整的数据统计资料，数据不能有效利用，资源不能整合，彼此各自为政，没有形成产品配送信息共享平台。第一，配送企业无法及时、无误的接收市场需求信息；第二，整个行业未形成一个集鲜活农产品生产指导、供应、需求、物流、质量监督等为一体化的信息沟通渠道，导致鲜活农产品出现无序流动，出现囤积和缺货等弊端。第三，现有的配送主体之间基本是各自为战，信息隔离。由于规模小，品种单一，缺乏竞争力，重复配送导致物流资源利用低下；配送企业之间缺乏信息即时分享和即时协同机制，配送货运信息，无法协作分享配送业务，不能形成集约化共同配送；无法将物流配送过程的进展状态与供应链上其他企业进行即时分享，导致农产品物流供应链上的供给方、配送方和采购方等各环节动态响应，不能形成一体化的点到点物流配送体系，相互隔离脱节，从而形成

效率浪费和资源浪费。

2. 企业内部管理缺乏有效的智能化配送信息系统支撑

据调查，我国的物流服务企业中仅有39%的企业拥有物流信息系统，农产品物流比率更低。具体表现在：第一，物流信息数据采集率低。由于某些条码识别率不高、不可读、不兼容，或者一些人为错误，使得存货统计数据不是十分精确，进而影响到配送调度中心对配货及采购做出正确决定。第二，数据有效性差，订单的处理不规范。由于订单没有正确填写及存在人为输入的错误，因此很难保证配送调度中心每次都可以将正确数量的所需货物发送到正确的地点，更加不能做到提高下单速度、及时掌握订单进度、增强对订单的快速反应力。第三，货物盘点效率低。传统物流仓储在盘点货物时，通常都是人工作业，效率很低，而为了及时了解货物的库存状况或者为了满足企业的（准时生产管理）配送要求又需要随时进行盘点，为此需花费大量的人力、物力。第四，实时跟踪货物配送情况能力差。企业和客户对货物配送情况跟踪需求日益增加，传统的配送方式不能准确且及时给用户信息反馈。

3. 农产品物流专业化水平和服务水平低下

目前，农产品自营配送物流还占绝大多数，农产品第三方物流发展比较缓慢。主要表现在：第一，在专业化水平上，配送基础建设薄弱，配套性不强。配送车辆也因政策的影响而形成一种车辆装备不能满足现实需求的情况；农产品配送中蔬菜、瓜果、肉类等对保鲜程度要求高，这就要求配送中心拥有冷藏车、保温车，如水果采摘后直接装箱运输进入市场，缺乏保鲜设施，对水果采摘后的田间热没有进行预冷处理，致使在配送环节损耗严重，货架期短；在运输方式上，以普通货运、汽运为主，对冷链认识不足，导致农产品配送中损失大，增加物流成本。第二，从配送服务水平上看，无法化解由于天气、道路状况或者自身易腐性要求等原因造成无法按时送货的风险，很难做到“即时”配送，在质量上也无法保证产品的新鲜度，同时，由于利益最大化的驱使，配送企业会优先考虑大订单，忽略小订单，大大降低配送企业的服务水平。

4. 配送规模小，成本高

目前，由于利润薄，覆盖半径大、功能集约化和辐射能力强的生鲜配送中心的数量并不算多。我国生鲜配送加工中心管理粗放，存在规模不齐和功能不完善等缺陷，单个企业的业务量往往无法达到经济的配送规模，接收到的订单量少，配送量小，对订单进行拆分重组的余地不大，不能充分实现配送路径的最优化，增加配送频率，配送成本高。配送成本高主要基于两方面原因：一方面，配送量少。有时有为了完成一个小客户的订单可能要动用单独的车辆去跑较远的配送距

离，这样就提高了车辆空载里程，造成配送成本的提高；另一方面，配送品类多。比如客户需要冻肉、活鸡、蔬菜、螃蟹、鸡蛋等农产品，一个车载量但是有不同的配送要求，使配送难度加大，损失大，成本高。目前，整个物流成本是制造业总成本的40%～60%，但生鲜农产品在采摘、运输和存储等物流环节的损失率就占物流成本的80%，然而发达国家对生鲜农产品的损失率则一直控制在5%以内，这些不合理的损失率大大增加了生鲜农产品的流通成本。

5. 产品与流程非标准化

我国超过80%的配送企业对农产品运输与配送的冷链运输温度、湿度、气体成分和包装的相关技术、政策、规定等缺乏了解，更谈不上在农产品运输与配送中采用规范化、标准化的作业流程进行操作，再加上农产品种类多，特性差异大，非标准化配送成本增加。比如，对于生鲜类农产品，为节约成本，在储存、配送环节没有根据产品的特点选择合适的仓库和配送车辆，对于冷冻、冷藏的温度没有严格的标准，往往是混存混送，包装也不规范，作业人员没有标准化的作业操作流程。

6. 配送企业业务人员缺少专业培训

从事农产品的配送企业多数都是个体经营者，真正拥有“果蔬配送”或“农产品配送”资质的配送公司不多，形成品牌的专业农产品配送更少，这些经营者没有经过专业物流配送的技能培训，对于物流作业环节了解不充分，对于生鲜农产品的储存、加工、包装的制度规定没有认识，导致物流配送中农产品的损耗增大，农产品配送质量没有保障。

2013年11月26日，在商务部举办的商贸物流专题发布会上，商务部流通业发展司副巡视员王选庆表示，城市人口、商业集中，物流配送面临着通行难、停靠难、装卸难和收费多、罚款多等问题。“最后一公里”一直是制约物流成本的重要因素。

农产品配送是农产品物流中的末端环节，也是整个农产品供应链的重要环节，关系到农产品能否及时有序地到达消费者手中。2013年以来，商务部先后印发《全国城市配送发展指引》《第三方物流综合信息服务平台建设案例指引》《关于加强城市共同配送试点管理的通知》《城市配送统计指标体系及绩效评估办法》等业务文件和配套标准，指导地方开展工作。但由于利润薄、管理粗放、信息化水平低，经营和管理还仍然处于低层次发展阶段。因此，发展物流配送，尤其是农产品物流配送，是完善城市农产品配送物流网络，解决农产品物流“最后一公里”难题的重要手段。

8.2 大数据时代农产品配送的突破

传统的配送流程是按客户订单组织货源，并按照计划好的预定线路配送到户。但是一旦订单发生大幅波动，这种配送模式将无法适应。市场需求和订单数量总是在不断发生变化，按计划进行配送和动态变化的市场需求是相互矛盾的。在大数据时代，通过GPS/GIS、RFID、传感器等技术采集送货车、送货员、零售户的实时数据，再进行数据融合和综合分析可以达到弹性配送。例如，通过采集和分析数据，动态调整某一车辆配送线路，如延长或缩短配货距离甚至跨区域配送，从而最大化地降低物流成本。

大数据技术的战略意义更在于对已掌握信息的专业化处理和价值挖掘。通过大数据可以挖掘配送客户的潜在需求，预测农产品销售的种类和数量，分析市场中长期发展等。而随着行业物流应用大数据的逐渐深入，未来行业获取的数据已不只是行业内部信息，还包括大量的外部信息，通过对这些数据的收集、整理和分析，甚至可以做到为每一个客户量身定制个性化服务。在这一方面，国内电商配送企业已经有所动作。

城市配送物流是一个较新的行业，是伴随电子商务、网络化、人们购物习惯改变而产生的现代服务业。在城市物流成本中，运输和车辆配送的费用占有很大比重。我国的农产品物流业起步较晚，在车辆调度方面的技术比较薄弱，基本上还处于凭经验进行调度的阶段。伴随连锁商业、大型卖场等现代流通业、电子商务和电话购物等业态的发展，城市农产品物流配送面临着诸多问题：城市道路网日趋复杂、交通管制、交通拥堵、客户订单数量增长、客户地点不断变动、客户收取货时间窗变化、配送车辆增多等，造成运输资源管理难度大、车辆利用率低、员工工作强度增加、成本日益升高、盈利水平下降等难题。

下面以城市大型农产品配送中心为例进行配送系统设计。

8.2.1 农产品物流配送系统设计框架及目标

大数据背景下，配送系统各环节需要信息化、智能化、数据化。智能配送决策支持系统（见图8-1）以满足客户配送要求为前提，以车辆最少、里程最少、运输费用最低、时间最快、满意度最高等因素为目标，把配送订单科学地分配给可用的车辆，生成装车单和派车作业单，协同仓库部门一起完成配送任务。系统可提供配载订单的明细列表、装货顺序、车型、送货顺序、上下货时间窗、任务完成时间表等，为城市物流配送业务提供有力的支持，配送业务透明可控，降低总成本，提高客户满意度，为企业创造持久的竞争力。

以第三方农产品配送中心为例，建立以供应链为基础的农产品配送系统。在配送规划设计中，以供应链上的关联数据进行配送优化。大数据管理可以做“减法”来降低配送成本，也可以做“加法”来增加配送效益。在一些特殊时期或节点，比如节假日、举办大型活动等都会带来一些特殊需求，终端客户的订货数量会爆发性增长。对于这种情况，目前行业解决的手段还不够丰富，服务水平也不够高。在正常配送外，一旦客户有紧急需求，配送中心会根据即时运力资源等情况，加上天气预测、交通预测等数据，进行相关的大数据分析，利用优化后剩余的车辆和人员，以最快的速度进行配送，以满足客户需求。这些智能化配送需要以物联网为基础。物流配送智能化作业，是基于物联网环境下，利用物联网各类传感装置、RFID 技术、视频识别技术、红外感应、GPS、激光扫描器、读写器等信息自动采集设备，通过 Internet（互联网）技术和无线通信技术，借助自动控制等智能技术，实现从订单处理、配货理货、搬运装卸、储存、运输送货、送达服务等连贯化的智能配送作业过程。

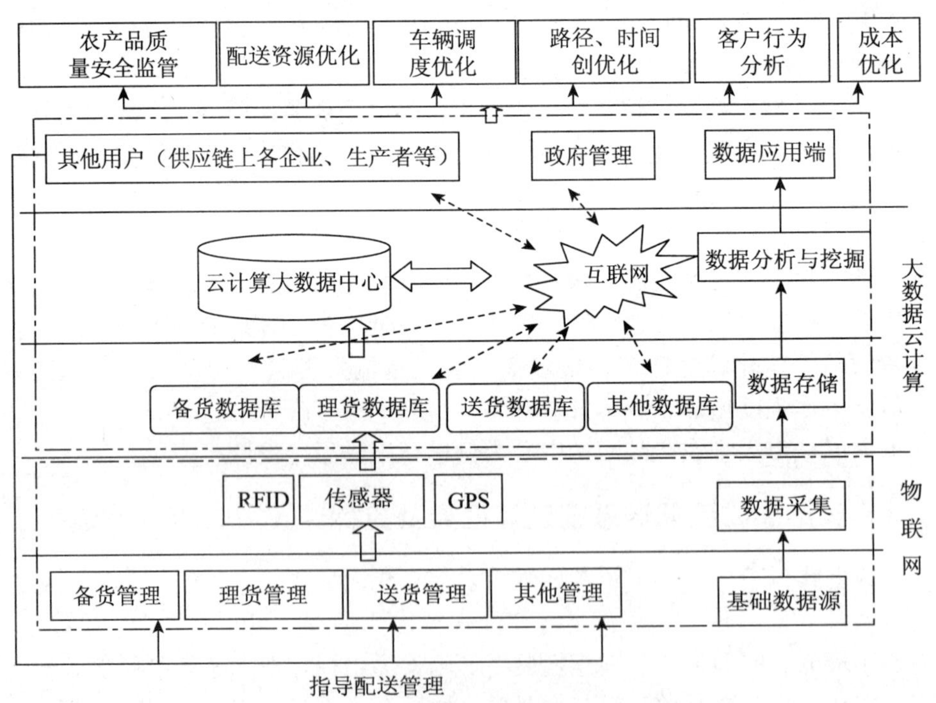

图 8－1　基于供应链的农产品配送系统模式

农产品物流配送系统设计目标包括以下几个方面：

1. **信息共享，合理优化资源配置**

结合农产品供应链管理理念，并采用先进的计算机与通信技术，融合现代物流技术，将配送客户、生产商、承运商、代理商、分销商等按业务关系和关联数据连接起来，形成更为科学合理的企业物流配送系统、区域物流配送系统、全国物流配送系统和国际物流配送系统，全面优化物流配送管理，降低配送成本，提高服务质量。

2. **流程无缝对接，提高作业效率**

采用网络化的射频识别、无线传感和计算机技术及现代化的硬件设备、软件系统先进的管理手段，使作业数据相关联，实现备货、理货、送货等环节无缝对接，减少生产企业库存，加速资金周转，提高物流效率，降低物流成本。

3. **优化配送路线，降低能耗**

通过以 GIS、GPS 和无线网络通信技术为基础的物联网技术，计算出最优交通指挥方案和车行路线，实现合理化运输，提高货物送达的准时性。同时，通过监控系统，实时了解配送车辆信息，保障人、货及车辆安全。

8.2.2 配送系统设计特点

1. **配送系统设计要具有先进性**

物流配送运用现代技术和方法，与电子商务发展相融合。在信息化管理方面，一是信息传递预处理逐渐采用 EDI 系统。二是计算机在进货、配货和选址等方面辅助决策逐渐成为趋势。三是计算机与其他自动化装置的操作相结合。物流配送和电子商务发展相融合，充分利用国际内联网、物联网和电子商务安全等技术。四是在构筑物流信息系统、控制系统方面，电子数据交换系统 EDI 和卫星导航与定位 GPS、移动通信、电子地图将会大范围普及。五是物流供应链采用先进的系统模式。根据供应链管理理念，并采用先进的计算机与通信技术，融合现代物流技术（（EAN/UCC 编码技术，自动识别技术，GPS 技术），通过 Internet/Intranet（内联网）/短消息平台将客户、承运商、代理商、分销商等按业务关系连接起来。六是配载车载计算机的体积会更小，功能会更强，成本会更低，在物流链管理方面使用高新技术设备将会更加方便，管理功能更加完善。在组织结构方面，物流经营组织的交流和关系也将走向全球化发展，组织结构也将会从金字塔式的组织结构向网络化方向发展，形成更为科学合理的企业物流系统、区域物流系统、全国物流系统和国际物流系统。

2. **配送系统的智能化**

物流配送系统智能化，就是构建信息化、网络化、现代化的现代物流配送系

统。具体是指物流配送企业采用网络化的射频识别、无线传感和计算机技术及现代化的硬件设备、软件系统和先进的管理手段，针对社会需求，严格地、守信用地按用户的订货要求，通过数据管理，实现分类、编配、整理、分工、配货等物流合理化的一个有机统一体，能定时、定点、定地把商品交给没有范围限度的各类用户，满足其对商品的需求。智能物流配送系统是以数据为基础，以一种全新的面貌，成为流通领域革新的先锋。它能使商品流通较传统的物流配送方式更容易实现信息化、自动化、现代化、智能化、合理化，使货畅其流，物尽其用。既减少生产企业库存，加速资金周转，提高物流效率，降低物流成本，又刺激了社会需求，有利于加强社会的宏观调控，提高整个社会的经济效益，促进市场经济的健康发展。

一般来说，数据化的智能配送系统的数据源主要包括管理系统、作业系统和网络系统的数据。

（1）管理系统。管理系统通过对配送所有关联数据进行分析，提出管理决策方案。该系统是由配送系统的计划、控制、协调和指挥等组成的系统，是整个配送系统的支柱。管理系统的决策包括配送系统的战略目标、能力及配送需求预测、创造及配送过程管理和网络管理等。

（2）作业系统。作业系统是配送实物作业过程所构成的系统，数据来源于作业系统中采集的数据。在电子商务时代，配送实物作业应根据管理系统下达的数据信息指令来进行。作业系统数据源主要包括货物的接受、装卸、存货、分拣、配装及送货和交货等数据信息。

（3）网络系统。网络系统是由接受、处理信息及订货等所组成的系统。目前，在配送方面应用较多的电子商务网络系统的数据源主要来源于以下几种：POS（销售时点管理系统）、VAN（增值网系统）、EOS（电子订货系统）、MIS（管理信息系统）、EDI（电子数据交换系统）等。

3. 配送系统的物联网化

物联网是大数据的主要生产来源。在智能物流配送作业中，主要采用传感器、RFID、条码、GPS、激光、红外、蓝牙、语音及视频监控等感知技术，对配送中心的仓储货物实现感知、定位、识别、计量、分拣、监控等。在智能物流配送领域的物流中心信息系统中，通常采用企业内部局域网、无线局域网技术、通信网技术将配送车辆与配送中心、配送用户终端设备和配送中心系统进行数据传输，保持信息和通信互联。现代物流配送中心涉及的作业流程复杂，有存储，有移动，有分拣，有包装，有运输等。采用自动控制技术、智能机器人堆码垛技术、智能货架技术、移动计算技术等，实现从订单处理、配货理货、搬运装卸、

储存、运输送货、送达服务等连贯化的智能配送作业过程。

4. 配送系统的数据化

大数据技术的战略意义更在于对已掌握信息的专业化处理和价值挖掘。具体工作中，在前期数据采集的基础上，物流中心建立庞大的配送数据库。数据库包括配送所需要的全部数据，例如人员、车辆、路况等。配送前，物流中心综合分析配送的数量、地点、时间等信息，并将分析结果和配送安排发送到配送人员手中。配送中，通过或延长（缩短）某一线路配货距离，或增加（减少）某辆车配送数量，减少配送车辆、配送人员、油料消耗等，降低物流成本。在农产品供应链基础上，与配送相关联的数据非常多，但是，主要的数据化的模块如图 8-2 所示。

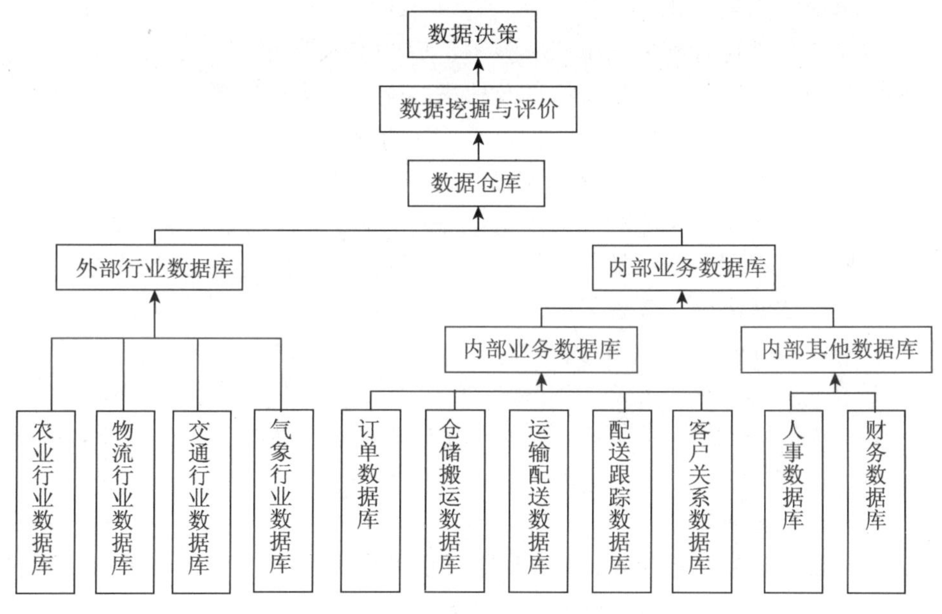

图 8-2 与农产品配送相关联的数据模块

（1）订单数据化

在配送中心的业务活动中，订单处理是一切作业活动的起点，订单工作的质量和效率，直接影响配送中心的其他环节作业的工作质量和效率及其对客户的服务水平。订单处理包括订单的接受、存货库存的查询、存货分配、订单处理资料输出、订单异常变动处理等作业内容。订单配货一贯化作业管理从客户端接受订单资料后，将订单处理输出与存储管理系统进行数据交互，订单系统可以详细了解货物库存情况、存放位置等，然后仓库人员根据处理过的订单资料开始进行拣货、配货、验货、出入库等连串的作业。自动分拣系统的应用，将订单中的货物拣选出来，由于货物带有 RFID 标签，因此作业期间不需对物品进行重新贴标签，读卡器感应 RFID 标签，读取货物信息，验收和出/入库几乎同时完成，也不需要对货物进行停顿重新扫描。整个作业过程是连贯化的、高效的、准确的完成。数据化的具体内容包括订单、出入库、搬运装卸、储存、送货等数据信息。整个配送作业过程尽量数据化，避免人工操作环节，减少中间停顿时间，紧凑不间断，一贯化完成，实现智能管理。这样的数据化管理模式对配送中心而言，可以减少人工成本，提高工作效率；对客户而言，不但能让客户清楚知道配送货物到达的时间，还能实时查询配送订单全过程处理的订单状态、分装贴标签、出库、发货配送、货物在途位置、车辆状况、送达签收等状况。

（2）仓储搬运数据化

仓储作业数据化管理采用 RFID 技术、EP（Electronic Product Code ，电子产品编码）技术、读卡器（终端机）及扫描器配合货架标签系统的应用，货物到达配送中心后，贴上 RFID 电子数据标签后，直接利用叉车进行搬运，在经过入口处时，验货入库记录、货位分配等。当货物出入库时，出入口处的读卡器自动获取托盘或包装箱上的 RFID 标签，不需停止即可进行扫描，读写器可以远距离、动态地同时识别多个标签，计算机根据所阅读到的信息对数据库进行访问，并进行相应的数据记录，节省了出入库的作业时间，提高了作业效率。在出入库作业过程中，验收和出入库几乎同时完成，减少了货物在配送中心内的搬运次数，降低了搬运所带来的设备费用和人工费用。需要进行盘点时，利用手持式 RFID 读写器依次经过所有货架，读写器就自动获取所有标签上的信息，并记录数据。不仅提高了盘点作业的效率，而且增加了信息的准确性。

（3）运输配送数据化

运输配送数据化，通过以 GIS、GPS 和无线网络通信技术为基础的物联网技术，从货物配装、配送线路优化、配送车辆定位、路况信息传送、货物实时跟踪到货物送达的提醒和客户签收等作业。配送中心仓库人员根据订单做好货物配装，信息中心根据收集起来的车辆和道路信息，实时计算出最优化交通指挥方案和车行路线。配送人员据此送货，避免了交通拥堵，实现了合理化运输，提高了货物送达的准时性。在货物配送过程中，通过 GPS、无线网络通信技术，配送中心及客户都可以实时了解配送车辆信息，跟踪货物状态；货物送达后，通过移动物联网技术的应用，利用移动设备对货物的签收情况进行留存，并及时把信息传送到信息中心进行数据处理，信息中心确认整个配送业务结束，并与客户进行资金的结算。

5. **配送跟踪与分析的精准化**

监控中心记录每辆配送车辆的运动轨迹，特别是监测冷链配送中的温度配送，系统信息化的核心是实现资源调度优化和主动配送职能。主动配送的实现要依靠系统的自动补货计划，主动配送计划的制订要根据配送点前日销售数据和当日库存数据核算，其中，前日销售数据被储存成为销售趋势，根据销售趋势来预测配送点未来的销售量，当日库存数据用来判断配送点每种货品的可用量及可卸量，结合预测销售量来计算是否需要补货及补货量；资源调度优化的作用是合理配置配送中心的有限资源，合理控制库存，合理使用运输车辆及司机，合理选择配送路线，做到货品配送环节综合成本最小，资源利用率最高；资源调度优化和主动配送功能的实现，依靠系统对原始业务数据的采集是否准确、及时，在实际应用中若发生突发事件时，系统应允许使用手工调整的方法，以保证系统正常运行及配送业务的顺利完成。通过 GPS 轨迹回放可实现事后责任鉴定、成本利润分析、工作绩效评估等分析操作，为进一步优化管理提供决策依据。

6. **车辆运行轨迹的可视化**

对配送车辆运行轨迹进行可视化管理。当 3G 和 GIS 终端接收到卫星发射的精确位置、速度、运行方向、时间等信号后，将数据信息传递给车辆运行监控调度中心进行定位查询；连续跟踪车辆行驶情况，并详细地记载储存被跟踪车辆的行驶路线，同时将跟踪车辆位置及行驶情况信息传递给车辆运行监控调度中心进行连续跟踪功能；通过 IC 卡和读卡器进行驾驶员标识和车辆授权管理，实现驾驶员分配标示的识别和授权驾驶指定的车辆；当有人拆卸 GPS 车载防盗器及附属设备时，系统将自动向监控中心报警；当发生抢车、抢劫、交通事故、车辆故障或其他意外时，驾驶员可按下紧急求助报警器，向监控中心报警，进行紧急求助；当车辆进入或超出规定的行驶区域时，系统自动向车辆运行监控中心报警。

7. **车辆调度的合理化**

系统实现与销售公司配送业务数据的自动交换，自动采集信息数据，记录车辆的行驶里程、车辆停驶时间、油耗统计、货品装卸情况及驾驶员违规情况，通过系统内的报表对这些信息数据进行统计和分析，便于管理者对配送情况了如指掌，加强运营成本的控制，提高车辆的运行效率。需要做到以下几点：一是优化运输路线。通过车辆的运输轨迹回放及统计数据分析，可以进行优化配置，计算出最佳配送路线。二是运输装卸作业点的监控。系统自动监控运输车辆是否按计划时间到达、离开配送中心和配送点运输装卸作业点，延时到达或提早离开运输装卸作业点等违规情况发生时，会及时向车辆运行监控调度中心报告。三是全程监控车辆运输行驶过程。系统自动监控车辆运行状态和数据，清晰地在 GIS 系统

的电子地图上显示出来，包括停车地点、速度、经过地点等一览无余；监督驾驶员防止疲劳驾驶和超速驾驶，确保货品及配送车辆的安全。四是智能指挥调度。根据配送任务的变动，及时通过系统利用通信平台向承运商驾驶员下达调度指令，实现运输车辆的智能调度。

8. 资源利用的高效化

配送系统信息化的核心是实现资源调度优化和主动配送职能。主动配送的实现要依靠系统的自动补货计划，主动配送计划的制定要根据配送点前日销售数据和当日库存数据核算，其中，前日销售数据被储存成为销售趋势，根据销售趋势来预测配送点未来的销售量，当日库存数据用来判断配送点每种货品的可用量及可卸量，结合预测销售量来计算是否需要补货及补货量；资源调度优化的作用是合理配置配送中心的有限资源，合理控制库存，合理使用运输车辆及司机，合理选择配送路线，做到货品配送环节综合成本最小，资源利用率最高；资源调度优化和主动配送功能的实现，依靠系统对原始业务数据的采集是否准确、及时，在实际应用中若发生突发事件时，系统应允许使用手工调整的方法，以保证系统正常运行及配送业务的顺利完成。

8.3 配送信息数据化的现实应用

8.3.1 智能配送决策支持系统

配送中心需要完成仓储运输部门协同订单管理、货物接收、货物分拣、货物集拼、运输资源管理、派车等业务，同时需要把相关作业信息及时反馈给客户。随着社会的发展，农产品物流配送面临着诸多问题，如何在满足客户要求的前提下，既能降低农产品物流配送成本，又能获得比较好的收益成为急需解决的难题。

目前，智能配送成为提高配送效率的一大趋势。通过智能配送体系统，建立合理配送运输计划，提高配送效率，才能发挥配送中心的作用，降低配送成本。智能配送决策支持系统（Auto Dispatch），是指利用地理信息技术、多目标决策技术、路径优化模型、数据库技术等，依托高精度电子地图，对物流配送调度业务进行订单处理、优化分析、可视化调度报表输出、订单动态查询等，而建立的智能化、可视化的新型配送系统，旨在降低物流成本，提高客户服务水平，减轻调度人员和司机劳动强度，满足城市配送、电子商务、电话购物等现代城市物流配送业务的发展需要。

1. 智能配送决策支持系统的功能

利用信息化技术，通过数据信息分析，智能配送决策支持系统在数据信息分析与应用基础上，能够以满足客户配送要求为前提，以车辆最少、里程最少、运输费用最低、时间最快、满意度最高等因素为目标，把配送订单科学地分配给可用的车辆，生成装车单和派车作业单，协同仓库部门一起完成配送任务。系统提供了配载订单的明细列表、装货顺序、车型、送货顺序、上下货时间窗、任务完成时间表等数据信息，为农产品物流配送业务提供有力的支持，配送业务透明可控，降低总成本，提高客户满意度，为企业创造持久的竞争力。功能上可包括以下数据模块：

（1）监控显示数据模块

包括数据显示和地图显示两种功能。数据显示采用列表的形式，提供了对订单信息、车辆配送信息等数据的展示。地图数据显示提供了地图相关操作，如地图显示、缩放等基本操作，并能将订单及车辆监控过程中的实时数据展示出来，使用户更直观明了地了解订单及车辆状态。

（2）资源管理数据模块

提供了对产品信息、客户信息、车辆信息、配送员信息及订单信息的增加、删除、修改等数据管理功能。

（3）查询数据分析模块

提供了对多种信息的查询，如对所属车辆的实时状态及历史信息进行查询、对订单信息的实时状态及历史信息进行查询、对地理位置进行查询等。

（4）配送调度数据管理模块

主要包括产品配载、送货通知和到货签收。产品配载是根据最优路径原则，自动生成最佳配送方案，通过短信的方式，向车载终端发送当日订单任务。送货通知通过自动发送短信的方式，通知用户到达时间。到货签收是系统接收来自车载终端配送信息采集子系统的到货通知，并自动将订单状态由正在配送变为配送完成。

（5）任务监控与数据接收数据模块

通过接收车载终端配送信息采集子系统上报的订单配送状态短信、车辆位置短信等信息，该模块实现了对实时车辆位置及订单位置的查询，并能实时了解到配送车辆及订单的状态等。数据接收主要是通过该模块及时接收各种状态报告短信及位置短信。

2. 系统的核心内容

（1）实现多仓物流共同配送模式

一般配送业务是由配送中心拣货后，车辆依顺序配送到各个顾客点的单点装

载配送作业。有了大数据技术后，智能配送决策支持系统支持车辆从出货仓库装货后，再到下一个出货仓库装货，再依顺序将货物配送到各个顾客点的多仓库装载共同配送作业（包含出货仓库间的回程车应用），实现配送业务的一体化管理。

（2）实现“送货与取货”双向配送

对农产品来说，农产品集与农资等其他农业投入品如果实现双向配送，对农业物流来说是极大的提升。这样可有效运用装载空间，增加车辆装载量，提高车辆利用率。在大数据平台下，智能配送决策支持系统可以实现将送货订单与收货订单自动分配给最适当的车辆来执行作业，支持同一张订单中同时有送货与收货的业务要求，可由同一车辆在顾客点同时进行送货与收货。

（3）实现复杂条件的配送

根据车辆资源数据采集，如车辆的可使用时间、指定车型、指定车辆、指定车队（运输公司）、物品可否混合装载等，以及客户要求的信息，如客户要求时间或时段等，与现有 ERP、OMS 等系统进行无缝集成，当计划受到需求、产能及存货状态影响时，可快速调整配送计划，迅速获得顾客的交货时间，实现延展性最高的营运现况洞察力与物流决策执行力。自动选择最适当配送时间段进行送取货等的多种配送限制条件。

（4）实现最适配送路径选择

根据采集的市区道路、高速公路、快速道路各时间段交通数据和季节、气候数据，同时考虑数千个顾客地点的配送距离、配送时间的最合理的组合条件等数据信息，智能配送决策支持系统可实现针对各种道路等级的复杂道路网络时间运算技术，提供多种行车速率模式，自动分析时间，实现对经常性塞车的路段指定及禁行路段等的道路封闭与高速公路是否使用的指定，自动规划最适当配送顺序的路径。

（5）实现可视化配送

智能配送决策支持系统可视化的排程结果画面，可以通过鼠标的拖、拉、点、选的操作，迅速有效地即刻满足调度人员所有工作上所需的配送决策分析信息需求。弹性化的排程编辑功能可以将各车辆的配送顾客以鼠标拖拽相互交换，以及弹性调整配送顺序的先后，从而实现以最经济的方式与企业内部现有系统进行无缝的整合。支持多个道路网络数据，各自建立不同的配送计划；智能型运算核心引擎，能同时满足多种配送模式、多种限制条件与配送条件的最佳求解。当公司产能策略或客户需求有临时增加时，调度人员可在计划建立后，利用固定车辆再计算功能，在不改变已经计划完成的车辆排程结果下，快速地进行自动再排程计算。

（6）解决配送瓶颈

应用智能配送决策支持系统后，可以解决以下瓶颈问题：一是降低成本。

自动选择配置最经济的必要车辆数、自动规划最佳配送顺序的巡访路径，降低整体物流配送费。二是减少作业时间，提高效率。自动生成各车辆配送顺序的货物装载顺序的拣货明细指示，提升拣货作业效率，缩短车辆装货作业时间。三是增强计划性。自动计算预定到达时间、预定离开时间、货物上下货时间，事先掌握运作效率。四是提高服务质量。按照顾客的指定条件（到达时间指定、车型、车辆指定等），提升装载率的同时实现物流服务差异化。五是提升标准的应用。推动配车、配送规划作业的标准化管理，消除配车业务中的人为问题。

8.3.2 车载终端配送信息采集系统

车载终端配送信息采集系统主要是智能集成“3G”技术应用，实现快捷的物流运输、配送与快递服务。这里所谓的物流“3G”技术，是指将 GIS、GPS、GSM 三项技术集成到一个移动物流智能终端上。“3G”技术集成的核心在于 GIS 可以作为基础的信息系统平台，具有可视化、地理分析和空间分析、数据库统一管理等优势；GPS 定位技术和导航技术根据具体的应用需要，可以实时获取不同精度的目标位置信息；GSM 通信技术可以实现大范围内数据传输，对于信息系统指挥、调度、监控、管理等具有重大的意义。这三项技术的集成，可以有效实现对运输车辆实时动态的追踪与监控。

1. 参数设置模块

参数设置模块提供了系统运行所需的系统及硬件环境参数的设置，如通信端口参数、GPS 设备端口参数、通信间隔时间、是否自动匹配导航路径等。

2. 数据信息传输模块

该模块分为发布子模块和接收子模块。发布子模块向配送中心配送管理与决策子系统发布当前车辆及订单的实时状态，以及车辆实时位置等信息。接收子模块负责接收配送中心配送管理与决策子系统的订单任务信息及其他指令。终端与配送中心系统通过既定协议进行通信，保证了数据的安全性和有效性。

如北京海淀区某公司从亦庄某农产品物流配送中心订了 2 吨粮食。移动通信终端通过 GPS 服务确定用户（海淀区）的位置，将此位置数据与用户订单的物流配送信息转换为物流配送消息发送给服务中心，并接收外部输入的物流配送列表的最佳路线列表信息的移动通信终端；接收所述移动通信终端发送的物流配送消息，选取当前用户的位置数据与物流配送列表之后进行传送，并将接收自外部的物流配送列表的最佳路线列表转换为最佳路线信息发送给所述移动通信终端的消息服务中心；从所述消息服务中心接收用户的位置数据与物流配送列表，并通

过计算最佳路线的最优算法确定所述物流配送列表的最佳路线列表，并传送给所述消息服务中心的最佳路线处理服务器。

3. 车辆配送行驶导航模块

该模块提供了地图显示、路径引导和车辆定位3个功能。地图显示功能使配送人员能够直观地在地图上查看当前配送目的地及订单信息；路径导航为配送人员提供了各个配送目的地之间的最短距离路径，并在地图上高亮显示，易于选择参考，若实际行驶偏离最优路径，自动重新计算路径；车辆定位通过GPS模块得到当前位置信息，并在地图上标识出当前车辆位置，使驾驶员及配送中心能精确掌握当前车辆的位置，并提供到达目的地的智能提醒服务。

该模块由GIS、GPS和无线通信技术组成，对配送线路进行路线优化和车辆定位。GIS实现配送线路的优化，GPS实现车辆定位，无线通信技术实现数据的移动传输。物流配送路线通常会受到交通路况、客户需求、物品本身特性等因素的影响，这些因素还往往具有不确定性的特点，在实际配送过程中，首先需要将配送中心订单系统的配送信息可视化到GIS电子地图上，然后利用GIS特有的空间分析技术对客户的位置、订单数量及种类等进行分析，最后结合配送中心的位置、道路的交通状况及车辆的装载能力，通过车辆的运输轨迹回放及统计数据分析，可以进行优化配置，计算出最佳配送路线。确定配送路线后，每条路线上的客户数量、订单数量、配送商品的总体积、总重量、物品特殊性等信息也就确定了。根据这些参数和配送中心的车辆及人员状况，就可以决定装车方案。车辆运行过程中，通过车辆运行监控设备，实现与销售公司配送业务数据的自动交换，自动采集信息数据、记录车辆的行驶里程、车辆停驶时间、油耗统计、货品装卸情况及驾驶员违规情况，通过系统内的报表对这些信息数据进行统计和分析，便于管理者对配送情况一目了然，加强运营成本的控制，提高车辆的运行效率。

4. 配装/卸货模块

装货模块提供了对车辆当前任务的所有订单查询及扫描装货功能，模块提供了普通扫描装货和快速扫描装货两种方式，装货完成后将自动向配送中心配送管理与决策子系统报告装货完成状态。卸货模块与装货模块类似。

5. 配送监控系统模块

物流配送监控中心利用3G技术进行配送监控，是整个系统的核心，负责接收各车载移动终端发出的信息，同时将配送监控中心的信息发送给相应的车载移动终端，并将收到的各车载移动终端发来的信息送往地理信息系统（GIS），实现数据存储和数据库更新。监控中心电子地图上可以准确地显示所有车辆的实时位

置，电子地图本身可以任意放大、缩小、还原、切换，并可开多个窗口以分别跟踪不同的车辆。配送监控中心根据系统的规模可设置下一级分中心，实现车辆的监控与智能调度。达到移动资源的优化配置、调度和管理，提高调度效率的目的。

8.3.3 自动拣选系统

一个大型物流配送中心每天接收成百上千家供应商或货主通过各种运输工具送来的成千上万种商品，如果想在最短的时间内将这些商品卸下并按商品品种、货主、储位或发送地点进行快速准确的分类，将这些商品运送到指定地点（如指定的货架、加工区域、出货站台等），这是一项复杂烦琐的工作。

自动分拣系统（Automatic Sorting System）是先进配送中心所必需的设施条件之一，具有很高的分拣效率，通常每小时可分拣商品 6000～12000 箱，可以说，自动分拣机是提高物流配送效率的一项关键因素。自动分拣系统能够依据物品不同的类别、批次、流向等信息，快捷、准确地将物品从输送或仓储系统中拣取出来，并按下发的指令自动完成分类、集中、配装等作业。当供应商或货主通知物流中心按配送指示发货时，自动分拣系统在最短的时间内从庞大的高层货存架存储系统中准确找到要出库的商品，并按所需数量出库，将从不同储位上取出的不同数量的商品按配送地点的不同运送到不同的理货区域或配送站台集中，以便装车配送。

分拣系统通常由控制系统、分拣信息识别系统、计算机管理系统、输送设备和分拣设备组成。其中输送设备有动力辊筒输送机、皮带输送机、板链输送机等；分拣设备有摆轮分拣机、垂直分拣机、滑块分拣机等。该系统具有以下优势：①采用先进的分拣信息识别技术，分拣误差率低；②依据计算机管理系统下发的指令自动进行物品的分拣，实现无人化作业；③分拣方式多样化，能够依据不同的分拣要求，进行模块化自由组合；④智能化、集成化程度高，实现对物品连续的、大批量的分拣；⑤能连续、大批量地分拣货物。由于采用大生产中使用的流水线自动作业方式，自动分拣系统不受气候、时间、人的体力等的限制，可以连续运行，同时由于自动分拣系统单位时间分拣件数多，因此，自动分拣系统的分拣能力是人工分拣系统可以连续运行 100 个小时以上，每小时可分拣 7000 件包装商品，如用人工则每小时只能分拣 150 件左右，同时分拣人员也不能在这种劳动强度下连续工作 8 小时。分拣误差率极低，自动分拣系统的分拣误差率大小主要取决于所输入分拣信息的准确性大小，这又取决于分拣信息的输入机制，如果采用人工键盘或语音识别方式输入，则误差率在 3%以上。分拣作业基本实现几乎无人化（少数除外），国外建立自动分拣系统的目的之一就是为了减少人

员的使用，减轻工人的劳动强度，提高人员的使用效率，因此，自动分拣系统能最大限度地减少人员的使用数量，基本做到无人化。

8.3.4 配送订单管理系统

订单管理系统（OMS）是物流配送中心管理系统的一部分，通过对客户下达的配送订单进行管理及跟踪，动态掌握订单的进展和完成情况，提升物流配送过程中的作业效率，从而节省运作时间和作业成本，提高物流企业的市场竞争力。

配送订单管理系统主要对配送订单进行管理和处理。配送中心通过网络、电话、传真等受理订单，系统进行订单处理，并把处理好的订单传递到存储中心管理系统进行交互。订单管理功能设置在基础信息菜单里面，订单管理的数据信息包括系统管理、客户管理、电话管理、采购订单管理、库存管理、配送管理、财务管理、供货商管理等。

智能订单管理系统可根据所采集到的数据信息实现单次及批量订单，订单管理与库存管理相连接，并且在下订单时有库存预警及提示功能，订单管理同时与客户管理相连接，可查询历史订单情况以及订单的执行情况。订单管理中的用户信息管理是不可或缺的，安全有效的信息对整个系统的稳定、可靠都是十分必要的。科学的订单管理可以提高信息处理速度，增加信息完整性，完善的统计分析功能可以提升配送决策效率。

（1）系统管理数据采集。系统管理包括登录权限、系统参数、员工管理、数据维护和系统日志等。

（2）上游供应商和下游客户管理数据采集。客户管理包括客户编号、客户名称、客户地址、订货日期、订货内容、订货数量、订货价格和配送方式等；供货商管理包括供货商编号、供货商名称、供货商地址、供货商供货日期、供货内容、供货数量、供货价格和运输方式等。

（3）电话管理数据采集。电话管理包括电话类型（供应商或者是客户）、电话记录、统计分析和参数设置。

（4）采购订单管理数据采集。采购订单管理包括采购商品名称、采购数量、采购价格等。

（5）库存管理数据采集。库存管理包括库存商品名称、存库数量、库存位置、库存交易、库存参数和统计分析等。

（6）配送管理数据采集。配送管理包括配送货物清单、送货类型、配送日期和参数设置等。

（7）财务管理。财务管理包括收款、付款和财务参数等。

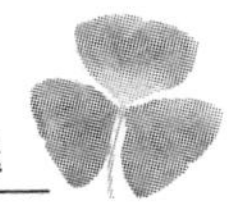

(8) 统计分析。包括商品出入库统计、销售商品统计、客户订单统计、客户毛利统计、客户媒体来源时段统计、客户来源区域统计、销售员业绩统计、销售订单媒体来源时段统计、销售财务统计等。

订单管理系统的主要功能是通过统一订单提供用户整合的一站式供应链服务，订单管理及订单跟踪管理能够使用户的物流服务得到全程的满足。订单管理系统是物流管理链条中的不可或缺的部分，通过对订单的管理和分配，使仓储管理和运输、配送管理有机结合，稳定有效地使物流管理中各个环节充分发挥作用，使仓储、运输、订单成为一个有机整体，满足物流系统信息化的需求。

8.3.5 RFID 在配送管理中的应用

以第三方农产品配送中心为例。农产品配送中心的基本流程是农产品供应商将产品送到配送中心后，经过核对采购计划、进行农产品检验等程序，分别送到不同的库房与货架区的不同位置存放。当客户提出要货计划后，电脑系统将所需农产品的存放位置查出，并打印带有客户代号的标签。整包装的货物直接由货架上送往传送带，零散的货物由工作台人员取出后也送到传送带上。一般情况下，客户要货的当天就可以将货物送出。

为应对少量多样的客户需求环境，强调配送效率，即时反应的配送中心逐渐替代了传统的多层次，复杂的配销渠道。而顾客需求变化的波动性，往往是影响配送中心运营绩效的主要原因，如何掌握瞬息万变的客户需求，提高配送决策和操作效率，便成为配送中心作业规划的关键问题。

1. RFID 在配送管理中的应用效果

以农产品配送中心为例。配送中心扮演着将农产品从生产者转移到零售商或消费者的中介角色，其目的在于整合物流、资金流、商流及信息流，有效促进产品流通并达成顾客需求，故配送中心着重于建立合作渠道、改善作业效率及提高企业经营绩效。

(1) 降低损耗，扩大收益。农产品属于易腐品，作业过程中的重复搬运等造成的损耗较大。采用 RFID 技术不仅可以降低劳动力成本，还可以解决商品断货和损耗这两大零售业难题。

(2) 提升效益。由于 RFID 标签可以唯一地标识商品，通过同电脑技术、网络技术、数据库技术等的结合，可以在物流的各个环节上跟踪货物，实时掌握商品的动态资讯和质量状态；同时缩短作业过程时间，降低损耗；改善盘点作业，提高盘点效率；增大配送中心的吞吐量，降低运转费用，实现可视化管理；资讯的传送更加迅速、准确。

（3）快速追踪货物，实现质量追溯。RFID 技术的先进性，在于利用无线电波，非接触式、远距离、动态多目标大批量同时传送识别资讯，实现真正的“一物一码”，可快速地进行物品追踪和数据交换。由于 RFID 技术免除了跟踪过程中的人工干预，在节省大量人力的同时可极大地提高工作效率，所以对物流和供应链管理具有巨大的吸引力。

2. RFID 在各环节的应用

RFID 在配送中应用的重要信息化系统是远距离货物识别系统。主要对物品进行远距离扫描和数据读取。该系统由 RFID 电子标签、固定（手持）读写器及数据交换、信息管理系统等组成。读写器通常放置在仓库的出入口处，在物品包装袋或托盘上贴上 RFID 标签，当货物经过仓库出入口时，读写器读取包装或托盘上的 RFID 标签，并通过数据传输系统将标签里面记录的物品详细信息传达到仓储管理中心系统存储，并统计数量。对日常库存的盘点，可以采用手持读写器，通过对包装和托盘上 RFID 标签的读取，来完成盘点作业。

主要流程如下：

（1）收货环节数据采集。货物在供应商发货时就配置了电子标签，该电子标签中记录了货物的名称、数量、特征、发送地、到货地、送货单号、订单明细等信息。当送货车辆驶入天线场域时，固定读写器批量读取货物单元的标签，就可以取得货物单元中的全部货物数据信息，并传入管理系统，同时打印出实际到货清单。司机将送货单交至工作人员处，工作人员核对送货单与收货通知单（根据系统已导入的预入库货物基本信息打印，数据信息包括货物名称、数量、尺码、预计入库时间、货物 RFID 信息、送货卡车的信息等）。在核对完之后将收货通知单交给仓管员，仓管员安排卸货和验收，同时在仓库卸货平台上粘贴电子标签。仓管员根据系统提供的实际到货单进行货物验收。验收完毕后，在待检区货位标签上写入货物品种及相应的实际数量，并将其传入管理系统，系统将待检区电子标签 EPC 码与其货物实际到货单相关联。

（2）入库和检验环节数据采集。当贴有电子标签的货物运抵配送中心时，入口处的阅读器将自动识读标签，根据读到的数据信息，管理系统会自动更新存货清单，同时，根据订单的需要，将相应货物发往正确的地点。这一过程将传统的货物验收入库程序大大简化，省去了烦琐的检验、记录、清点等大量需要人力的工作。

（3）存储环节数据采集。存储中心管理系统对仓库存货进行管理。该系统还包含货架自动存储与分拣系统。存储中心的货架自动存储与分拣系统通过 RFID 读写器读取物品电子标签中的相关信息，与订单相比对后，控制自动堆垛机、机

械手、轨道输送机将货物送出并装货。自动存储与提取系统对货架的物品数量实时统计并把存货的信息传给仓储管理系统，同样，存储管理系统和订单系统进行数据交互，一旦在订单管理系统输入订单，订单系统会显示存货信息以方便订货。在仓库取货配货的整个工作流程中的相关人员登记留存信息，以便出现问题时进行追踪查询。出库时，若发现出库物品与审核数据不符，系统将给出报警提示。符合出库条件的物品，系统记录该物品代号、名称、去向、出库时间、审批人、经手人等信息。如果配送的货物出现问题，还可以通过存储系统进行追踪查询。当采购物品入库时，系统登记物品名称、种类、等级、时间、存放地点、来源等信息，并分配电子标签，通过读写器在电子标签内写入相关信息，然后入库。货物在入库时被放置在托盘上运送，叉车将装有货物的托盘运至库门附近时，阅读器可以批量读出托盘及其上面的货物的 RFID 信息。在货物进入理货区之后，仓管员扫描货物条码，并判断产品是进入平仓还是上货架。如果进入货架，货物通过传送带送入具体的货位（货物传输带上方已安装阅读器，当货物通过传输带时，系统通过阅读器快速获取货物的信息，并即时传输到 WMS（仓库管理系统），由系统根据货位信息安排入库位置，在每个库位上设置有专门的升降设备自动帮助存放货物）。如进入平仓，由叉车直接送入具体库位，此时在库位标签上记录货物的名称、数量、规格、计量单位等。在同一批次的货物扫描完之后，仓管员将扫描器所扫描的信息以文本的形式上传到 RFID 系统中。RFID 系统根据扫描器所扫描的信息、RFID 阅读器获得的 EPC 码及从企业系统中导入的信息，建立入库单号、EPC 码、订单号及入库时间的关联。

（4）整理和补货环节数据采集。装有移动阅读器的运送车自动对货物进行整理，根据计算机管理中心的指示自动将货物运送到正确的位置上，同时将计算机管理中心的存货清单更新，记录下最新的货物位置。存货补充系统将在存货不足指定数量时自动向管理中心发出申请，根据管理中心的命令，在适当的时间补充相应数量的货物。在整理货物和补充存货时，如果发现有货物堆放到错误位置，阅读器将随时向管理中心报警，根据指示，运送车将把这些货物重新堆放到指定的正确位置。

（5）配送拣选环节数据采集。拣选系统能够到配送中心管理系统的服务器上下载配送单并将之转换为拣货单，再以电子方式传到各组件上。工作人员通过手持阅读器读取库区货位标签，取得当前货物名称和实际数量等的数据信息。对拣货单的信息核对后，拣选出所需货物并移出存储区，而后利用读写器实时更新库位电子标签信息。最后将现场数据的实时收集传入配送中心管理系统，并立即更新拣货信息，管理人员便可以根据计算机显示掌握拣货现场的各种状况。

（6）分选环节数据采集。配送中心分拣区安装识别系统，在进行货物分流的

同时，实现自动复核出库。

（7）订单填写。通过RFID系统，存货和管理中心紧密联系在一起，而在管理中心的订单将发货、出库、验货、更新存货目录整合成一个整体，最大限度地减少了错误的发生，同时也节省了人力。

（8）货物出库配送与运输环节数据采集。货物进入配装区后，工作人员根据各分销点的配装作业单进行配装。每种货物分别用包装箱进行封装，此时在包装箱上粘贴电子标签。货物配装完毕后，在包装箱标签上写入货物名称、数量、配装时间等相关信息，在车辆标签上写入所储货物的各名称和数量。车辆电子标EPC与货物EPC相关联，当货物离开配货中心时，通道口的解读器在读取标签上的信息后，将其传送到处理系统自动生成发货清单。

在配送运输管理中，配送线的一些检查点上安装了RFID接收转发装置，当贴有RFID标签的车辆经过时，接收装置便可接收到RFID标签信息，并连同接收地的位置信息上传至通信卫星，再由卫星传送给运输调度中心，送入数据库中，从而可以准确预知货物到达时间，实现对货物配送运输的实时监控，确保货物能够准时、完好地送到客户手中。应用RFID技术后，货物运输将实现高度自动化。当货物在配送中心出库，经过仓库出口处阅读器的有效范围时，阅读器自动读取货物标签上的信息，不需要扫描，就可以直接将出库的货物运输到销售商手中。

3. RFID在配送监测中的数据采集

如果配送过程中车辆或货物发生被盗现象，RFID与移动终端就会发生数据信息反馈。由于在车辆和货物上贴上RFID标签，并且每辆货车配备GPS接收机和GSM信息终端，送货时，将车辆、货物的基本信息通过RFID读写器存入运输调度中心信息数据库中，同时将司机的身份信息存入运输调度中心信息数据库中。可以通过终端读卡器直接将司机的身份信息存入运输调度中心信息数据库中，非常方便有效。在运输途中，阅读器每隔一段固定的时间以一定的频率自动无线扫描车辆和货物的电子标签，并将扫描的信息存入车载GSM信息终端，同时，将通过GPS技术获得的车辆位置信息也存入车载GSM信息终端，司机也要将其身份证信息通过车载读卡器存入车载GSM信息终端，再通过GSM通信系统将所有采集的信息传回运输调度中心，送入中心信息数据库中。以GIS作为基础的信息系统平台统一管理中心信息数据库。将收集到的信息与数据库中存在的发货时的原始信息进行比较，包括司机的信息和车辆的信息是否匹配，车辆和货物的信息是否匹配，一旦三者间有任何两者不匹配，说明该车货物出现了问题，必须采取紧急应对措施。如果信息完全匹配，则将新的车辆位置信息存入中心数

据库中，以做货物追踪之用，通过不断地扫描修正，运输调度中心可以掌握货物和运输车辆的实时信息。如图 8-3 所示。

图 8-3 RFID 在物流配送中的应用

8.4 大数据对农产品配送管理的提升

8.4.1 大数据对订购行为分析的改进

当前物流配送大多是基于已有销售订单进行运作，即配送是在销售环节之后进行，这容易造成整个配送系统运作高峰与低谷的差异过大，不利于整个配送系统能力的高效利用。在大数据支撑下，可以对消费者的订购数据进行挖掘，构建订购品类与时间维度的关联规则，再按照一定概率将配送行为提前，利用直通配送模式，将配送车辆作为活动仓库，实现“预配送”业务流程。该类运作模式对于城市餐饮服务配送尤其有效，餐饮消费时间通常比较固定，配送品类与时间的关联规则比较明确，提早进行准备并装载，有益于提高整个配送系统的运作效率，同时也有利于提高顾客满意度。例如，2013 年亚马逊就申请了一项名为“预判发货”的专利。亚马逊通过对用户行为数据的分析，预测顾客的购买行为，在顾客尚未下单之前提前发出包裹，从而最大限度地缩短物流时间。判断是否“预判发货”的数据信息包括：顾客此前的订单、商品搜索记录、心愿单、购物车，甚至包括用户鼠标在某商品页面的停留时间。通过分析顾客行为数据进行“预判发货”显然是一种大数据行为。

8.4.2 大数据对配送时间窗管理的改进

当前配送过程中，配送时间的管理还没有配送时间窗的概念，往往依赖配送员与客户在配送过程中的动态联系，容易造成配送员等待时间过长，降低配送效率。在大数据支撑下，获取城市范围内每位顾客的取件时间统计信息，通过对每位顾客每次收货时间的分析，在配送过程管理中，引入时间窗的概念，为每位顾客提供差异化的配送时间窗口和配送服务定价信息。

8.4.3 大数据对车辆调度及装载的改进

在当前城市配送中，车辆的调度及装载还停留在考虑车辆载重约束方面，缺乏与路径、配送顺序关联的联合优化。在大数据支撑下，根据每天的配送计划安排，基于可用配送车辆的载重、容量、存储条件等信息，构建车辆调度优化的机器学习模型，将需要配送的任务进行分类，与每台车辆、每个批次的配送作业计划关联，尽量提高车辆的装载率；根据关联任务的时间窗约束，利用静态的车辆路径优化模型，获取较优的车辆配送路径方案，在此基础上利用车辆装载优化模型，按照先进后出的原则，对车辆装载的方案进行优化，形成车辆装载方案。

8.4.4 大数据对成本管理的改进

在当前城市配送乃至整个物流运输中，对成本的管理大多是事后的财务管理，缺货运作过程中实时成本数据的搜集与管理能力，这不利于配送设备的选型及成本管理的精细化。在大数据、云计算、物联网等新技术的支撑下，通过配送车辆车载数据模块及配送员手持设备的使用，可以实时搜集配送车辆在整个生命状态周期内的运行状态信息，这为运作过程中实时的成本管理提供了翔实的基础数据资料。例如，梅赛德斯-奔驰卡车 2013 年在中国市场推出的“T. C. O. 运盈智汇”成本计算服务，该成本计算服务能在一辆卡车的生命周期内根据客户提交的实际情况做出分析报告，并提出解决方案。该计算器包含了对物流企业从购买车辆到运营过程中整个生命周期内总成本的核算，其中不仅涵盖了购车费用、车贷利息、折旧等不变成本，还包括了如油耗、胎耗、护费用及驾驶员工资等可变成本。通过成本计算器，物流企业不仅对卡车使用期间每公里所产生的费用一目了然，而且对每年每车的效率及盈利能力也尽在掌握。

8.5 农产品物流智能配送规划设计

在农产品配送实际过程中，由于路况、客户要求、商品本身特性等条件的制约，配送规划设计往往是一个极其复杂的系统工程，如何规划配送才能达到上述 3 个要求，这是摆在农产品配送企业面前的一个难题。

智能配送在设计配送规划时，运用计算机技术、图论、运筹、统计、GIS 等方面的技术，由计算机根据配送的要求选出一个最佳的配送方案，包括配送路线、使用车辆、装载的商品等内容。因此，在作配送计划时，以智能配送为基础，以信息化技术为前提。例如，一个国际性冷链物流中心采用智能配送系统，为北京几个大型快餐连锁企业、零售超市完成订货、储存、运输及分发等一系列

工作，使得整个快餐连锁企业的系统得以正常运作，通过物流中心的协调与数据联接，使每一个供应商与每一家餐厅达到畅通与和谐，为快餐企业餐厅的食品供应提供最佳的保证。根据客户在城市中的分布和道路交通、天气状况（交通数据信息、天气数据信息），以及物流中心的具体位置，先调整每天的路线。由于农产品的特殊性，客户要求送货时间不同，这就必然要根据当天客户的订货情况，由系统来调整配送路线。根据订货情况，在路线分配完成后，就可以分析该路线上的商品特性及数量，由系统计算出需要的车辆、车辆上装载的商品、行车的先后顺序、司机、装卸人员等。车辆在配送途中可以利用 GPS 技术随时反映车辆的在途状况，物流中心可以向司机随时发出指令。具体数据信息应用如下：

1. 配送方案的制定

（1）配送路线的制定

在物流中心的客户中，根据客户的分布（客户位置数据信息）、道路的交通状况（交通数据信息）、天气状况（气象数据信息）及物流配送中心的位置等因素，先制定出一条或者几条固定路线，数据模型设计时注意将位置比较集中的客户尽量划分在一条线路上；在运力允许的条件下，尽量用最少的线路划分客户；划分线路时，尽量使线路最短。

（2）进行配送路线的优化

物流中心由于每天的配送客户和订单数量不是固定的，就需要根据每天的订单情况，对配送路线进行优化。设计数据模型是注意一些特殊情况，比如某条线路当日需要配送的客户非常少，派车不值得；客户要求紧急，需要紧急配送；遇到道路施工、下雨、下雪天气，某些道路拥堵需要临时改变线路等。某条线路上如果客户量太少时，可以考虑将其合并到其他路线上，合并的原则是在满足客户配送要求的前提下，以最低成本来优化线路。系统可以给出一个或者多个优化方案，并将每一个方案的结果给出；对紧急配送的考虑：如果客户要求紧急配货，一是可以只装该客户的货，直接送到，二是顺带装别的客户的货，但是中途不卸车，而是等紧急配送客户卸车后，在返回途中再给其他客户卸货。紧急配送时采取哪种实际措施，需要看具体的情况；遇到道路拥堵、雨天、雪天情况时，一般采取的是绕行的措施。当配送路线方案选定时，该路线上的客户数量、订单数量、配送商品的总体积、总重量等也就决定了。

（3）装车方案的选择

农产品装车方案比较复杂，一般情况下，以温度为界限，常温产品、冷藏产品、冷冻产品进行分类装车；假定农产品在配送时，是将物品先装到标准化容器中，然后再将容器放到车上，这就需要设定农产品装车的标准化容器（笼车、包装盒），设定容器的体积、体积安全系数和承重量等；根据当日订单，计算出订单所需要的容器数，根据订单所包含的商品的体积、重量，计算出订单所需要的容器数；根据物流中心指定参与配送的车辆的载重量和容积，计算出车辆能容纳的订单总数和客户数；根据路线上以距物流中心最近的客户点作为最后装车客户为基础排序，决定该车上的订单装车顺序，一般采用“一车多送，先到后装”的原则进行装车。

（4）决定该车的司机和装卸人员

当车辆上的订单选择和线路选择完成之后，就可以指定该车的司机和装卸人员，这时需要调用企业内部的人员资料数据库，根据司机对线路的熟悉情况和车辆情况进行选择。

（5）打印装车指示单

当上面的一切都完成以后，系统打印装车指示单，司机和装卸人员根据装车指示单来装卸商品，并将商品配送到客户手中。

2. 车辆的在途跟踪和管理

车辆出门以后，利用GIS和GPS技术，对车辆实行在途跟踪，物流中心可以根据实际情况对在途的车辆进行各种指示，如指示车辆顺路拉回退货的商品、回收商品的容器等。在途车辆也可以向物流中心发出各种紧急信息，请求处理意见，如遇上交通堵塞，请求物流中心重新指示行车路线；车辆损坏请求维修支援等。

参考文献

［1］孙承志．农产品冷链物流城市配送问题研究［J］．经济研究导刊，2014（7）：115－117.

［2］严霄蕙．北京市农产品市内共同配送体系研究［J］．物流技术，2014（11）：21－23.

［3］贝小为．关于鲜活农产品高效配送的分析与建议［J］．农业经济，2014（4）：25－26.

［4］万志鹏．基于共同配送模式下的农产品配送研究——以贵阳市为例［J］．管理观察，2014（29）．

［5］赵争．道路运输物流信息平台的设计与实现计算机工程第［J］．2008（34）：253－255.

［6］李晶．虚拟库存管理及协同物流配送管理系统研究［D］．沈阳：东北大学先进制造与自动化技术研究所，2009.

[7] 李冉．基于 GPS/GIS/GPRS 的可视化物流配送系统设计［J］．物流科技，2010，33（12）：80－83.

[8] 沈程鹏．协同配送模式下的物流管理系统的设计与实现［J］．计算机光盘软件与应用，2014（4）：58－59.

[9] 强丽丽．基于 RFID 技术的生产配送物流管理系统研究［D］．合肥：合肥工业大学，2009.

[10] 徐琪．物流仓储配送优化及其基于射频识别的可视化运作管理［J］．中国流通经济，2011，25（1）：26－30.

[11] 吕俊杰．基于鲜活农产品冷链物流配送的车辆路径优化研究［J］．广东农业科学，2013（9）：178－181.

[12] 尤宝庆．基于电子商务的农产品城市配送模式创新［J］．物流技术，2014，33（10）：77－80.

[13] 刘杨青．电子商务环境下生鲜农产品配送模式研究发展现状［J］．物流工程与管理，2014（2）：107－108.

[14] 任小洋．果蔬农产品配送联盟的组织功能与利益分配研究［J］．物流科技，2014（2）：32－35.

[15] 汤继贵．农产品配送企业的复杂性在哪儿［J］．中国畜牧业，2014（11）：85－86.

[16] 贺丽花．基于供应链管理的农产品配送研究［J］．产业经济，2014，29：31.

[17] 杨浩雄．北京市鲜活农产品虚拟共同配送体系构建研究［J］．江苏农业科学，2013，41（1）：411－414.

[18] 汤继贵．农产品配送企业面临的挑战［J］．农产品加工・综合刊，2014（2）：26－27.

[19] 杨信廷，等．农产品物流过程追溯中的智能配送系统术［J］．农业机械学报，2011（5）：125－130.

[20] 郑志辉．我国运输与配送环节顽症分析［J］．魅力中国，2013（29）：373.

[21] 向军．物联网在农产品物流配送中的应用［J］．湖南交通科技，2013，39（2）：225－234.

[22] 李明泽．城市农产品冷链物流配送路径优化研究［D］．大连：大连海事大学，2013.

9 大数据时代的农产品追溯

由于我国农户生产种植分散、销售渠道分散、缺乏直供渠道等，农产品流通中间环节多、农产品品质自然损耗多，大大增加了危害食品安全的可能性。大数据可以渗透到耕地、播种、施肥、杀虫、收割、存储、育种、销售等各环节，可以为我们提供数据查询、数据分析、行业资讯、竞争情报、模型系统、预警系统等功能。基于这些数据基础，我们能够缩减渠道成本，减少流通环节对食品安全的干扰，缩减中间流通环节，提高流通效率和农产品的新鲜度，提升农产品的可靠度。当大数据平台形成规模后，订单农业将得以实行，互联网企业能凭借资源、人才和知识优势，向农户提供技术支持和生产服务，有利于从源头上提高农产品安全性。

所以，在信息和大数据时代，用现代科技手段为农产品质量安全提供有力支撑，无疑是行之有效的途径和必然的选择。大数据的出现，为提高全覆盖追溯提供了可能。当您作为消费者在购买苹果的时候，想知道苹果的来源及安全情况，可以掏出手机，打开一个扫描软件，对准一盒苹果包装盒上的二维码，全程可追溯系统的界面马上出现。数据信息包括生产基地、加工工厂、监测信息、物流运输及销售信息。消费者可以看到这盒苹果生产流通环节的信息，信息细致到了土壤和水的检测、农残指标，还有加工工厂具体的地址、生产人员等。所有这些信息都由强大的后台系统支撑，涵盖了生命周期的所有环节，包括生长期的灌溉、修剪、授粉、施肥、病虫害、降雨量等，如果想进一步知道一个子基地施了什么肥料，直接从后台点击该基地，系统马上就会显示肥料类型、每株的施肥量及施肥负责人的信息等。

在精细化智慧农业大发展趋势下，采用各种信息化系统和工具（物联网、云计算、二维码或者 RFID、数据挖掘等）精确掌握各项生产、流通数据，强化农业标准信息、监测评估管理、实验室运行、数据统计分析、“三品一标”认证、产品质量追溯、舆情信息监测与风险预警等信息系统的开发应用，使农产品质量追溯系统的真正应用不再只是一句口号。

9.1 农产品质量追溯存在的问题

总的来说，我国农产品质量追溯体系建设，取得了较大成果，但还存在一些问题，主要表现在以下几个方面。

1. 编码不统一

我国在食品编码方面，动物类产品走在前列。国家标准《动物射频识别——代码结构》（GB/T 20563—2006）规定："把一只电子芯片植入动物，利用专用设备，就可从中读取到养殖户信息、免疫信息、违法信息、年检信息等。而动物一经植入电子芯片就拥有唯一的身份证明，而且不会重复"。该标准确定了全国统一的射频识别动物编码结构，可实现每一个被管理动物在全球范围内唯一的编码，并且与国际标准相兼容，是采用信息技术及自动化手段有效管理动物的重要基础标准。但是，从 2006 年 7 月 1 日起，农业部开始实施《畜禽标识和养殖档案管理办法》（即农业部第 67 号部令）。农业部同样推行给家畜、家禽等农场动物的生产环节实行"身份证"管理。不同的是，农业部的编码方法与国家标准略为不同，采用的是由畜禽种类代码、县级行政区域代码、标识顺序号共 15 位数字及专用条码组成。商务部提出的《SBT 10680—2012 肉类蔬菜流通追溯体系编码规则》规定编码由经营者主体码和交易号组成，共 20 位数字。因此，要真正做到每一个活体动物都有自己的"身份证"，还有很长的路要走。

2. 覆盖范围有限

由于条件、时间所限，虽然各地在高调推进产品质量追溯工作，但市场上真正能够追溯的食品不到 30%，现实情况很严峻。以批发市场为例，食品追溯制度在食品批发市场遭遇推而不行的尴尬。从生产者角度来看，食品追溯制度实行的前提是标准化、规模化生产，而标准化生产对各项指标的要求会比较严格，执行的标准要远高于国家标准，这样势必会造成生产者成本的增加，如果没有较高的销售价格或者是完善的制度约束，就没有哪个生产者会主动增加成本。食品批发市场的定位一般都不是很高端，国家对食品追溯制度目前也还不是强制执行，所以追溯制度在食品批发市场还不是很多。从食品流通经营企业的角度看，实行追溯是为了打开高端市场、提高产品的附加值才决定实行食品追溯制度，这项制度从实践中来看，并没有在业界成为一种常态，很多时候还只是提高产品档次的方式，而追溯制度在很多食品批发市场推行有一定的难度。从消费者角度，消费者支付行为与安全需求不对称，当价格与安全相悖时，价格仍是其首先要考虑的因素，而对品质的要求有时会让位于价格，这导致很多定位高端的食品在一些定

位低端的食品批发市场往往有价无市，出现了“劣币驱走良币”的现象；同时，即使有追溯，很多消费者在发生问题时，也不知道去投诉，不利于追溯制度在食品批发市场的推行。

3. 小生产经营导致追溯难，成本上升

首先，在小农经济的时代格局下，食品、食品原材料生产的主体是千家万户的农户，要从他们开始食品溯源制度的建立需要花费巨大的管理成本，而且还存在无数由不诚信可能导致的纠纷隐患，造成管理成本的“冰山效应”，这使绝大多数的企业和个人难以承受。其次，千家万户的农户各自拥有的资源量普遍性的相当有限，使他们鲜有能力直接进入门槛极高的现代化食品加工、包装、营销的行列，因此从农户开始溯源制度也成了梦幻泡影。最后，千家万户的农户组织化微弱，不可能形成互相监督的一个整体来建立食品溯源制度，企业不能为此埋单，政府不能代劳或建立长效机制，所以造成了全社会食品溯源制度建立的困难。

实现食品质量安全追溯的成本可从 3 个角度分析：一是数据信息采集成本。生产者、流通企业实施食品质量安全追溯管理建立在一个强大的电子信息记录和管理系统基础上，需要制定相应的食品质量追溯工作制度，配备相应的硬件及软件，购置信息采集和标签打印等专用设备。二是标签制作成本。因为制作并使用食品质量追溯标签，并对参与项目实施的生产、流通经营和管理人员进行专项培训，所以生产、流通阶段投入成本比较高。三是终端查询组织成本。主要是流通终端零售追溯识别设备投入。购买追溯的相关技术设备需要花钱，每套软件大约要 10 万元，相比之下这项花费并不算大，但是在管理过程中还会有一些额外的成本。因此，实施食品质量安全追溯的组织成本也很高。

4. 段式监管造成信息割据，产生“信息孤岛”问题

我国初级食品的生产以农户为主，规模较小，科技化、标准化水平很低。食品质量安全追溯涉及生产、加工、流通、销售和消费等多个环节，按照国家相关规定，不同环节的质量安全问题由不同的部门进行监管，这些部门处于各自为政、分散发展的状态。以沈阳市发现了“药水豆芽”为例，记者举报投诉，打了一圈电话，竟被 4 个部门推了回来：质监部门称自己负责食品生产加工环节，市场上的豆芽归工商部门管理；工商部门称豆芽是初级食品，应该归农业部门管；农业部门称没有拘留资格，很多违法商贩在检验结果出来前就逃跑了；食品药品监督管理部门则称自己只负责检测饭店或食堂里做好的饭菜……“4 个大盖帽管不了一棵豆芽菜”“出了问题，到底谁管”“好管的时候大家都管，不好管的时候大家都不管”，这种分段管理的主要问题在于信息采集标准不统一，信息共享难，

部门之间互推责任，进而影响整个监管的效率，属于典型事后监测溯源，没有达到事前预防效果。在养殖领域，当面对疫病可能带来的质量安全时，监管部门能发挥的作用也很有限，以前我国猪肉质量监管的体系比较混乱，养殖是由农业部门负责监管，屠宰是由商务部门负责监管，加工后进入市场又是由食品药品监督部门负责监管。所以当猪肉质量安全事件出现时，每一个部门都会试着把责任推给其他环节，“八个部委管不了一头猪”，这个时候就需要一套完整的可追溯体系。

5. 信用缺失使数据信息真假难辨，形成大量冗余的数据垃圾

一方面，市场没有能够提供消费者需要的信息。根据调研，消费者仍然表现出对信息的渴望，希望这些信息能够得到政府的认证，能够有效有用，也愿意为政府认证“埋单”，出价甚至高于所提供的信息。另一方面，数据失信于消费者，不愿意为质量追溯额外费用埋单。我国有机食品、绿色食品和无公害食品质量追溯实施多年，但消费者并不认同。由于认证过程不透明化和造假，认证和追溯被企业当作借机进行虚假宣传的噱头，数据失真严重，形成大量消费者不愿埋单的数据垃圾。企业惯用虚假广告进行不实宣传，使得消费者怀疑可追溯的真实性，不愿意为质量追溯的额外费用埋单。缺乏诚信基础的食品质量安全追溯系统无法满足消费者的知情权，自然消费者也不愿意为贴有可追溯标签的食品支付更高的价格，而在没有溢价的情况下，市场缺乏对生产者的激励机制，因此出现许多企业在政府高额补贴的诱导下被动实施可追溯系统的情况。如果社会诚信缺失，将会增加不必要的信息成本支出。消费者对追溯信息的信任度低是我国建立食品安全可追溯体系面临的重大障碍。

6. 标准不清，信息不明

2010 年“圣元奶粉致婴儿性早熟”的传闻让不少家长人心惶惶。随后不久，卫生部通报调查结果：奶粉检测结果符合国内外文献报道的激素含量范围。“医生讲医生的，专家讲专家的，没有统一的标准。”奶粉中的激素，部分来源于奶牛吃的饲料，就像为了让肉猪长的快就给它们吃含激素的饲料，为了让奶牛多产奶也会给它们吃含激素的食物。问题的关键在于，我们国家的奶粉标准中，没有定激素的本底是多少。哪一些属于内源性的？哪一些属于外源性的？这样一来，食品安全标准的不统一、不完整，或多种标准冲突，不仅困扰着执法者，也让守法的企业茫然无措。

7. 数据库建设相对滞后

目前，中央数据库在统计、分析等多方面的软件尚未开发，难以全面展现追溯体系的功能和作用。据相关专家介绍，现在全国已有九成以上的生猪佩戴了电

子耳标，然而因为没有相应的数据库，能实现可追溯的还不到三成，有专家更是直言称该系统现在处于“名存实亡”的状态，追溯体系成了摆设。

9.2 困扰农产品质量安全的典型案例

农产品供应链的质量安全管理——洋快餐品牌心中永远的痛

农产品安全一直是公众所关注的问题。“毒韭菜事件”和“海南毒豇豆事件”“问题银鱼”“苏丹红染色馒头”，让消费者谈“质”色变，本土企业在农产品安全问题上屡屡犯错，一次又一次触动消费者敏锐的神经，让国内消费者信心全无。一向被认为管理标准、安全标准极高的国外快餐品牌则趁乱而入，呈现爆炸式扩张，目前，百胜旗下肯德基在中国门店数目即将接近5000家。截至2014年7月，麦当劳中国门店数超过1700家。再加上其他洋品牌，数量将更加可观。但事实却告诉我们，洋品牌快餐的质量安全问题不过也是一个传说。2014年，上海“福喜事件”再一次打击了公众的消费信心，继“三鹿事件”之后，这次农产品安全事件再次揭露了我们农产品供应链领域的漏洞。

2014年7月20日晚间，上海电视台曝光上海福喜农产品有限公司存在大量采用过期变质肉类原料的行为。这家公司被曝在厂区之外还有一个神秘的仓库，专门把别的品牌的产品搬到仓库里，再换上福喜自己的包装。通过过期农产品回厂重做、更改保质期标印等手段加工过期劣质肉类，再将生产的麦乐鸡块、牛排、汉堡肉等售给麦当劳、肯德基、必胜客等大部分快餐连锁店。经上海市食品药品监督管理局和上海市公安局等部门联合调查，福喜公司涉嫌有组织实施违法生产经营行为。主要涉案农产品分别为6月18日及30日利用过期原料加工的麦乐鸡、烟熏风味肉饼及利用过期和霉变的牛肉加工的小牛排，共计5108箱。同时，对22家下游农产品流通和快餐连锁企业进行紧急约谈，麦当劳、必胜客、汉堡王、德克士等连锁企业，以及上海真心农产品销售有限公司普陀分公司等9家企业已经封存福喜公司产品约100吨。对经营、使用福喜公司产品企业的问题农产品，均已采取下架、封存等控制措施，中国百胜终止与中国福喜合作，同时，全国各地食品药品监督管理部门均开始彻查福喜产品，警方已依法对5名涉案人员采取了刑事拘留。福喜母公司OSI集团在官网宣布，必须从市场中召回上海福喜所生产的所有产品。

这起过期肉换装重回市场风波，令诸多洋快餐供应链上的“顽疾”大曝光。过期产品再次流入市场，对消费者来说不是新鲜事，但洋快餐中招过期肉还是不多见。洋快餐在中国市场风光无限已有数十年，仅麦当劳在中国内地的餐厅数量

已经在2015年4月突破2000家。此次上海福喜的被曝光，明星供应商“放倒”麦当劳、肯德基、必胜客、东方既白、小肥羊等连锁企业，一批国际知名快餐品牌纷纷中枪，又一次掀起了农产品安全的风浪，撕开了洋快餐巨头们的辉煌外表。

这些过期食材是如何有组织、堂而皇之地流向麦当劳、肯德基、必胜客的？到底是在哪些环节出现了问题？问题关键点在哪里？

第一，供应企业“失德”，诚信丧失，低利润下的“美容换装”潜规则，造就永不过期农产品。这种情况在国内并不是第一次曝光，经常会出现配送一箱货物，另外再附带额外包装标签的情况，如果货物销售不佳，过了销售期，厂家又不愿意接受退货时，经销商会要求厂家再寄送外包装。这其中经常出现的就是打印生产日期的事情，或者直接用香蕉水涂改。不管采用哪种方式标注生产日期，都有可能让不法分子找到对策。问题并不在于油墨喷涂的生产日期容易被香蕉水涂抹掉，除了加强监管外，关键是诚信体系的健全和追溯体系的完善。

第二，政府监管失灵，成为瞎子摸象，生产与检查“两个样”，记录“阴阳两本账”。

据媒体报道，上海福喜曾安全度过了质监部门多次检查，包括修改原料保质期，质监部门未必能第一时间发现。企业造假手法非常隐秘，甚至会逃避监管制作两本账，日常监管很难发现。与农产品安全相关的法律法规只赋予了农产品监管部门“巡查”“不定期检查”、查看台账记录等权力，而这些检查内容很容易做假账。同时，造假在工厂内部并非什么秘密，有工人负责改生产日期，有人负责生产线上的造假，甚至有人专门登记造假内容。这些公开的秘密能轻易逃过质监部门的监督，充分说明了监管的乏力。

第三，下游企业在供应链环节质量“失控”，成为洋快餐品牌心中的痛。

很多洋快餐企业虽然对供应商的资质、生产技术、企业品牌形象等有着严格的要求，但最终问题在于执行力不够。有标不依背后，除了洋快餐的管理模式在中国遭遇水土不服外，也与整个养殖产业的从业人员素质不高、利润率偏低有关。相比肯德基、麦当劳两位数的利润率，一些洋快餐上游养殖加工企业的利润率只有2%左右。如果持续目前的失控状态，洋快餐品牌受到供应商违规行为的拖累，导致业绩下滑，洋快餐抗打击力恐怕也维持不了多长时间。

第四，监测与标准双重弱化，检测机制“失效”。

监管部门监测时更多的只是对台账、进货渠道登记的文字进行检查，而这些统统都可以造假。但是，检测呢？部分地方实行送检政策，由企业送样品，这样的结果可想而知，如果农产品抽检能像酒驾执法那样，到零售店随时不定期抽检，相信造假者的数量就会少很多。同时，全国对农产品保质期尚没有统一的检

测标准，这是当今农产品供应商敢任意修改保质期的关键所在。

如何治理农产品流通安全问题，彻底治理“失德”“失灵”“失效”“失控”等问题？这需要全社会、政府、企业的一致努力。如果将所有原料、产品归类、编号，实现唯一“身份证”的大数据管理，实现从田间到餐桌的物流运行轨迹全监控，让问题产品无所遁形，那么，农产品安全问题是否会迎刃而解？

9.3 影响农产品质量安全的因素分析

农产品质量安全是食品安全的源头和基础。农产品质量安全是指防范农产品中有毒有害物质对人体健康可能产生的危害，农产品内在品质和外观满足贮运、加工、消费、出口等方面的能力。农产品质量安全水平指农产品符合规定的标准或要求的程度。一般来说，农产品质量安全水平是一个国家或地区经济社会发展水平的重要标志之一。

农产品生产不同于工业产品生产，有其持殊性。一是易腐性。农产品一般都是生鲜易腐产品，商品寿命期短，保鲜困难，需要繁复的保存技术和方法。二是环境依赖性强。土壤、大气、水源质量好坏直接影响安全性。三是品种繁多。既有可以直接食用的，也有用作食品原料的。四是形式多样。包括生鲜农产品、简单腌制品、初加工晾晒品，以及加工包装的产品，并且还有易腐、难储藏等特点。五是农产品生产环节多。从农田到餐桌，要经过农业投入品使用、种植、采收、储藏运输、保鲜、加工、包装等多个环节。六是生长周期较长。农产品生产周期最短也在 30 天以上，或长达数年。

影响农产品安全的因素有很多。这些因素涉及产地、生产过程和采收储运等诸多环节，危害因素多、挟制技术复杂、污染评价的手段有限。按照农产品供应链流程，从田间到餐桌全过程可分解为产前、产中和产后 3 个阶段。

1. 农产品生产的本底环境因素

主要把好产地环境质量关。产地环境的形成包括地理和生态条件形成的原生要素和人类生产建设等活动影响形成的次生要素。一是土壤。土壤的原生矿物质是否含有重金属和影响人体健康的放射性物质；土壤是否遭受过自然变化和人类活动过程中产生的重金属、有害化合物和病原微生物的污染；其有害物质的含量是否超过国内外有关规定的限量指标。根据环境保护部和国土资源部联合发布的《全国土壤污染状况调查公报》显示，我国土壤环境状况总体不容乐观，生产农产品的耕地土壤环境质量堪忧，耕地土壤点位超标率为 19.4%。二是大气。空气质量方面，飘移的空气由于受到废气的污染也会影响农产品的安全生产，如汽

车含铅的尾气、工厂烟囱排出的氛、硫、砷等在局部地区浓度过高，同样影响农产品的安全，蔬菜和茶叶中铅超标大多数是大气污染所致。三是水源。水源的地理和环境是否造成水中带有有害物质，水源及其流动过程中是否受到有害物（如工业废水、废渣、城市生活污水等）的污染，污染物含量是否超标。

2. 农产品生产中的投入品

农产品生产中常用的农业投入品主要有种子、肥料、农药等。以有机肥为例，有机肥料的原料来源十分重要。常用的农家堆肥、厩肥、粪尿、饼肥、绿肥、草木灰等一般都是良好的有机肥。但要注意人兽药的污染问题、病原菌传播问题和重金属污染问题，尤其是工业垃圾、城市垃圾等原料生产的有机肥必须严格把关，必须使用符合国家标准的产品。除了对化肥质量的严格要求外，更重要的是对其有效成分的合理搭配和营养平衡，以及使用总量的控制。要求根据不同作物种类、生长时期、土肥条件等特点进行合理施肥，达到优质丰产，将农产品中硝酸盐和亚硝酸盐等有害物质含量控制在容许的限量以下。

3. 农产品产后流通中的投入品

主要指在产品收获后的加工、保鲜、储藏、包装、运输等过程中，不合理使用保鲜剂等添加剂、使用含有害物质的包装物和容器等，均是造成有害物质污染和病原微生物污染的原因。

9.4 国外农产品追溯体系建设的借鉴

可追溯系统最早应用于汽车、飞机等工业品的产品召回制度中。1996 年，英国疯牛病引发的恐慌，以及丹麦的“猪肉沙门氏菌污染事件”使食品安全监管缺乏信心，直接促成了畜产品可追溯系统首先在欧盟范围内的建立。近十年来，溯源系统在发达国家和地区食品安全管理中得到了迅速发展，除最先实施的欧盟以外，美国、日本、加拿大、新西兰、澳大利亚、荷兰等食品生产和进（出）口大国都建立了食品供应链的可追溯机制，因此有许多成功的经验可供借鉴。

1. 建立追溯完善的法律法规体系

法国的经验告诉我们，要保障畜产品质量安全必须实行质量追溯，而要切实实行畜产品的质量追溯，必须有促进、扶持这项工作的有关政策，在实行的初期对于开展追溯探索的企业给予政策支持和经费支持，营造政府支持质量追溯的社会环境，倡导、鼓励、奖励质量追溯。在一定时期，进入到质量追溯的法规管理阶段，出台相关的法规，强制执行质量追溯。

2. 完善信息化数据采集

具备先进的管理技术和手段。质量追溯在全国实现了计算机网络管理，有统一的管理软件、国家的信息中心等。法国的质量追溯信息是将牲畜的“护照”和卫生手册等基本信息输送到国家牧业中心数据库，虽然屠宰场、批发市场的信息不输送到国家信息中心，但这些信息在产品的相邻环节是可以查询和追溯到的，因此一方面保证了当事故发生时能及时发现问题原因，及时解决问题，另一方面节约了日常管理的成本，保证了追溯体系的有效运行。

3. 培养生产者和经营户高度的诚信、责任意识

质量追溯基本信息的收集和传输需要养殖者及时真实地自己填写、记录、上报，积极配合政府的管理要求，法国的养殖、经营者能主动积极做好记录工作，具有很强的责任意识和很高的诚信度，从根本上保证了追溯体系的有效运行。

4. 政府强制和企业自主导入并存

尽管许多发达国家食品质量安全追溯制度的建立是政府强制和企业自主导入并存。但各国的实践证明，在食品质量安全追溯体系建设过程中，政府责任重大。其原因在于食品的质量安全事关人类健康甚至生命，而食品市场是典型的“柠檬市场”① 消费者与生产者、生产者与生产者之间的信息不对称，会导致低质食品“驱逐”高质食品，使得市场上安全食品的有效供给和需求不足，因此需要由政府对其进行监管。政府不仅要参与有关食品质量安全追溯标准的制定，而且要通过立法对食品质量安全追溯制度的执行情况进行监管，及时向民众发布食品质量安全信息、普及有关食品质量安全追溯方面的知识，并鼓励食品生产和加工企业自主导入质量溯源系统。

9.5 大数据背景下的农产品追溯体系建设模式

分析影响因素可以看出，产地的土壤、水源、大气等因素是刚性的，但多数是非刚性因素，如兽药、农药、添加剂的使用，这些是人为造成的。根据安全因素制定追溯数据采集模块，严格信息采集和管理，可以通过严格的管理进行规避。

① 柠檬市场（Thw Market for Lemon）也称次品市场，又称阿克洛夫模型。是指信息不对称的市场，即在市场中，产品的卖方对产品的质量拥有比买方更多的信息。在极端情况下，市场会止步萎缩和不存在，这就是信息经济学中的逆向选择。“柠檬”在美国俚语中表示“次品”或“不中用的东西”。柠檬市场效应是指在信息不对称的情况下，往往好的商品遭受淘汰，而劣等品会逐渐占领市场，从而取代好的商品，导致市场中都是劣等品。

大数据可以实现全国农产品身份唯一性的标识，通过大数据平台贯通上下游，聚合资源，实现信息、资源的无缝对接，向上追溯可以实现农产品生产环境、投入品追溯，向下追踪可以掌握农产品流通数据；通过大数据挖掘，合理利用资源，实现农产品供应链顶层设计，最终推进农产品质量安全提升。针对农产品从生产到销售各环节的质量安全数据进行及时采集上传，为消费者提供及时的质量安全追溯查询服务，为监管部门提供有效的质量安全监督管理机制和手段。对农产品进行追溯以及对生产经营企业进行诚信监督，实现政府对生产、包装、运输、销售等环节的有效监管。

9.5.1 平台的设计目标

追溯平台的定位是利用二维码、互联网及移动互联技术，建立面向全国农业领域的物联网农产品公共服务平台。根据“质量因素分析—物流节点控制”打造农产品大物流追溯平台。平台将为农业企业和农户提供企业产品品牌管理、防伪追溯、移动订购、产销对接、会员服务、远程监控和人力资源管理等功能，产业政策和在线咨询等功能，以提升企业品牌价值、管理水平和促进企业增收；同时，为农业主管部门提供第三方数据服务平台，对农业企业的产品质量、渠道销售和服务进行监督管理，并为农业企业提供种植、养殖指导、病虫害防护、产销对接和市场信息等公共信息服务，创新管理模式，提升服务水平。

同时，平台形成的农产品品牌防伪、产品质量追溯体系可以帮助企业建立品牌形象，提升社会效应和经济效益。全程化的追踪管理，既加强了企业质量管理，减少了纠错成本，又方便企业收集产品情报，了解消费趋势，提高快速响应能力。

9.5.2 平台的架构

平台以基于国家 OID（对象标识符）体系的二维码（i - OID）作为基本载体，但是有所改进和提升，农产品追溯系统遵循国家统一条码规则，设置农产品唯一码（身份证），把种植、养殖产品各环节相关数字数据、视频监控、图片等信息，与企业上下游供应链系统整合对接。消费者通过唯一码，在终端即可通过进入政府公开的农产品大数据监控平台，进行农产品供应链全程回溯，包括产地环境、种子仔苗、饲料（农资）配给、防疫检疫（植保检疫）、屠宰加工、胴体分割、冷链运输等，在整个农产品生产、加工、流通、销售过程中，最大限度地提高农产品信息的广度、可追溯信息（向前和向后）的长度、产品特性的准确性程度，以确定问题产生的根源，做到 24 小时无间断展示生产流通的全过程，真正实现从土地到餐桌的无缝对接，它集成整个供应链的全程商务活动，实现一体化动态实时管理，让消费者亲见农产品生产、加工和运输全程，吃得放心，最终解决食品安全问题。平台构建如图 9－1 所示。

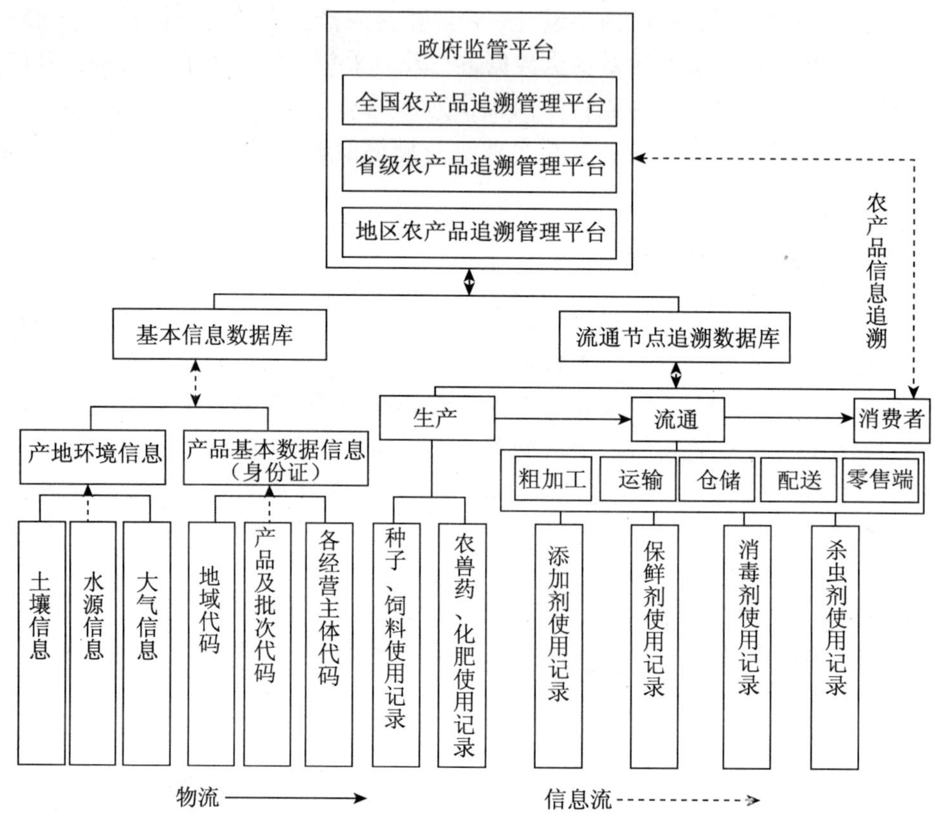

图 9－1　基于大数据背景的农产品质量追溯平台

平台层级架构说明如下：

1. 全国农产品追溯管理平台（大数据中心）

全国农产品追溯管理中心作为大数据顶层设计的重要组成部分，聚集了全国各省市农产品生产、经营、流通中采集的所有信息，并支持全国跨区域追溯信息链条合成、突发事件管理、信息综合利用、各省安全问题考核等大型模块系统。为全国信息集中管理中心和全国追溯体系日常运行的指挥调度中心，开放公开信息接口。

2. 省级农产品追溯管理平台

承担全省数据统计汇总、信息综合开发利用及对全省进行农业监控、监督考

核等功能。汇集全省各地区农产品生产、经营、流通中采集的所有信息，将相关数据信息同时传送全国追溯管理平台。

3. **地区农产品追溯管理平台**

将本地区（城市）农产品数据汇总，将相关数据信息同时传送全国追溯管理平台和省级追溯管理平台，为本地区实现与中央追溯管理平台和各流通节点追溯子系统互联互通，作为城市追溯信息的集中管理中心及追溯体系日常运行的控制中心。

4. **基本信息数据库**

主要包括农产品产地环境信息和产品基本数据信息（身份证）。

5. **流通节点追溯数据库**

按照标准的数据采集格式、传输格式和接口规范，在生产、流通、消费等环节的流通节点作为数据采集点，与各地区产品追溯管理平台连接，实现流通与生产之间信息的无缝衔接。

6. **各平台之间关系**

管理全国追溯中心管理上传的所有数据，并开放数据接口，同时赋予各使用者相应的权限，如赋予省级部门调度与监管，赋予各地区管理部门调度与监管权限，赋予各节点上的经营主体和消费者查询权限。下一级向上一级主管部门定期上传数据，并保证基础数据的真实性、可靠性。

9.5.3 平台的作用

1. **政府监管层面**

一是质量监管。严格对农业生产单位的农资采购、农业生产、产品检验检疫和产品流通各环节实施质量监管，通过 PC 和移动智能终端实现各环节质量数据实时、便捷上报，可对所辖区域农产品的质量进行集中在线监管。二是物流监测。通过平台应用，可对农业企业及合作社的产量、销量、流量等经营管理数据进行实时的、动态的网络化监控，可运用技术手段解决企业经营数据的谎报和瞒报情况。三是市场数据分析。可按行政级别（省、市、区、乡镇级、村组级）、时间、生产单位、产品分类等多个维度对本地区乃至全国农业生产和市场数据进行统计分析，辅助产业决策。

2. **服务层面**

一是农产品质量追溯服务。将传统的手工质量记录或 PC 质量记录手段，转变为移动应用模式。在种植、养殖和物流过程中用手机即可记录每个环节的质量信息及作业时间节点，通过手机拍照和摄像上传更生动的质量信息，企业审核并激活二维码后，消费者可快速查询农产品质量信息，保障其消费权益，做到消费者明白消费，放心消费；有利于企业责任主体意识的提高，强化防范措施，形成溯源追责机制；有利于企业品牌形象的树立，履行企业诚信，同时提升产品忠诚度；政府及企业管理者可通过上传信息监管作业流程，准确查询作业环节的操作责任人，便于企业标准化生产管理。二是农产品电子商务服务。随着3G技术的普及和4G的投入试运行，未来手机上的便民应用将成为趋势。平台为每一种产品赋予唯一的销售二维码，客户/消费者扫描二维码即可购买农产品，开辟了农产品O2O营销模式。销售二维码可印制在宣传册、促销单、海报甚至广告中，此应用以低成本方式大大拓展了农产品的销售渠道，促进企业/合作社创收。三是品牌塑造服务。各地市可对全区特色较为鲜明、拥有一定市场推广价值的产品统一实施高端农业品牌塑造工程，并利用信息技术搭建公共服务平台，推动本区特色农业、高效农业、科技农业和安全农业建设，打造区域品牌；利用信息技术实施企业一物一码的产品防伪，在农产品上印制二维码，消费者拍码即可验证真伪，打造高端企业（合作社/大合作社）品牌。四是宣传推广服务。可在地区、企业/合作社宣传册、户外广告上印制二维码，将文字、图片、音视频等多种格式的宣传信息存储在上面，读者受众用手机即可更直观、生动地了解企业；可在农户、员工名片上加印二维码，可升级为物联网名片，可将多媒体的企业介绍和个人信息传递给客户与合作伙伴。

9.5.4 平台的实施

一是凭卡交易。在各交易环节，对所有参与生产与流通的经营单位或个人进行实名登记备案，发放IC卡，凭卡进行交易，实现索证索票、购销台账电子化，通过IC卡、溯源电子秤和无线局域网等信息化设备，使农产品批发、零售、团体消费等环节的信息互联互通，交易数据及时上传，最终实现“交易信息化、台账电子化、来源可追溯、去向可查证、责任可追究”的质量安全目标。

二是凭票追溯。消费者可根据购买的溯源电子秤信息小票，对所购买的农产品追根溯源，有利于查询相关信息和维权，做到明白消费、放心消费。

基于大数据背景下的农产品质量追溯流程如图9-2所示。

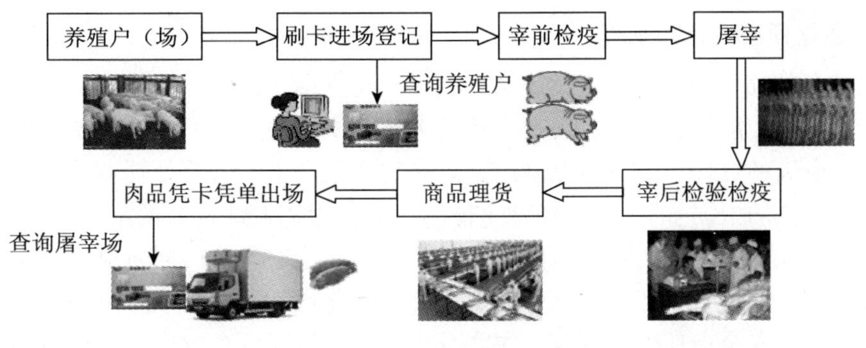

批发环节

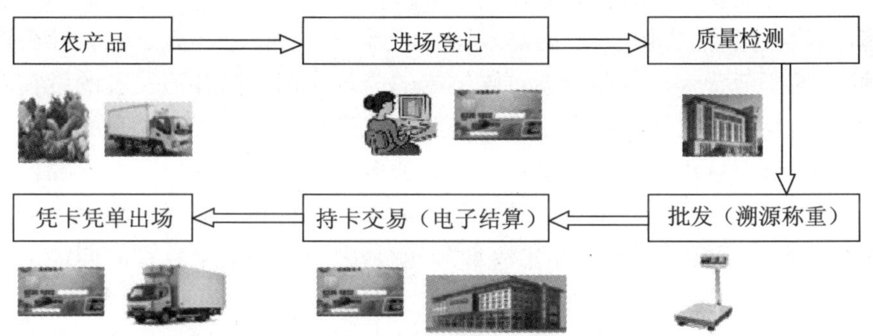

图 9－2　基于大数据背景下的农产品质量追溯流程（以肉类农产品为例）

9.6　大数据背景下农产品追溯实现的几点建议

由于农产品种类繁多，即使同一种农产品，由于生产农户、企业不同，也有不同的生产流程，因此，必须建立标准化的追溯体系，系统适应现代化大农业生产管理需要，结合农业生产主体多样化、农业产品多元化、运销流通市场化、监管控制分段化的特点，构建以责任追溯为重点的追溯系统，有效满足政府、企业、农户、消费者对食品安全追溯的需要。建立农产品统一的追溯编码规范，完成土壤、大气、水源的质量检测管理、农业投入品采购管理、生产过程管理、仓储管理、加工管理、运输管理、农产品终端销售管理、公众农产品质量追溯查询等功能模块的开发。同时实现手机短信数据采集功能，支持手机、计算机等终端对平台的访问。同时运用物联网、自动标识等先进技术和装备，提高农产品质量追溯系统自动化操作水平。

1. **强化顶层设计与管理**

建立全国统一的农产品追溯体系和制度，建立严格的法律法规。一是对农产品生产、运输、加工、仓储、终端销售等各环节实施最严格的全过程管理，强化各经营者主体的责任，完善追溯制度。二是建立最严格的监管处罚制度，用法治成就“舌尖上的中国梦”。对各经营主体的违法行为加大处罚力度，构成犯罪的，依法严肃追究刑事责任。对政府监管部分和人员，建立严格的问责制度。三是健全风险监测、评估和农产品安全标准等制度，强化认证责任、风险分级管理等要求。四是建立安全责任保险制度。农产品生产和流通经营企业应当按照国家有关规定投保农产品安全责任强制保险。既可以为农产品经营者加一把“安全锁”，保障消费者在发生事故时能够得到应有赔偿，并通过投保来分散低利润农产品的经营风险，又可以减轻政府的财政压力，维护社会稳定。五是建立社会协同共治格局。发挥消费者、行业协会、媒体等的监督作用，提升消费者的维权意识，社会共治是实现公共利益最大化，也是解决农产品安全监管中存在的公共服务分散不均、监管力量相对不足和微观环境复杂多变等突出问题的有效手段。

更重要的一点是，建立食品安全追溯体系，有利于彻底终结食品安全监管的“九龙治水”痼疾。所谓“九龙治水”，就是因为食品安全监管的职能交叉造成的责任模糊、监管空白和职责衔接难以及无法形成合力的问题。食品最初的种植、养殖环节由农业部门管理，到了加工环节是工业部门管理，流通环节又变成流通部门管理，中间很多具体领域还包括质监、食监、公安、工商、卫生等部门。国家食品药品监督管理总局的成立，在机构组织层面上为“九龙治水”画了一个句号。实现食品安全信息全追溯，为在具体的监管操作上彻底终结“九龙治水”提供了现实前提。它保证了食品安全信息完整，不会因为各司其职造成信息断裂或片段化，任何一个监管环节都可以掌握和监管食品安全全过程；更重要的是食品安全信息衔接，就保证了食品安全监管的职责和职能充分衔接，任何一个环节发现问题，不光能找到出现问题的环节，同时也能够厘清相应的监管责任。

2. **统一的追溯编码体系，建立唯一“身份证”**

按照农产品可追溯的管理模式，如果要对农产品进行跟踪和溯源，则须给不同品种、不同批次农产品赋予唯一的“身份证”。借鉴编码与国际接轨国际物品编码协会（GS1）开发了以商品条码为基础的农产品安全追溯解决方案，采用商品条码系统，对农产品在生产和流通各个环节进行源头监管和跟踪追溯。编码的原则：①唯一性，一个编码对象仅有一个代码，一个代码只唯一表示一个编码对象；②可扩充性，代码应留有适当的后备容量，以便适应不断扩充的需要；③简明性，代码结构和形式简单明了，便于手工输入或扫描；④防伪性，具有防伪功

能，展现形式简单、统一，易于识别和读取。同时，各部门标准要“六统一”，进行互联互通。要制定农产品质量追溯相关规范和标准，实现统一的编码规则、统一的数据采集指标、统一的数据储存格式、统一的数据传输方式、统一的数据接口、统一的追溯规程，不同地区、不同城市、不同部门、不同行业的数据要互联互通。

3. 农产品单元化

为了建立农产品信息系统中跟踪模型与产品物流实体间的对应关系，需要解决物理实体编码标识与管理系统中相应数据的映射问题。农产品个体多，不可能对每个个体进行贴标处理，因此，要实现追溯，必须对农产品进行单元化，也就是包装。一方面，由于我国农产品特别是果蔬类产品在物流过程中损耗变质情况严重，如果在地头就以周转箱整理进行单元化包装，通过托盘运输系统直接送达销售终端，不仅避免损耗，还可提高效率，保持产品新鲜。另一方面，目前农产品冷链物流由于监督起来比较难，所以“断链”现象严重。如果将微电子智能技术和单元化运输相结合，则可以有效解决这一难题，普通的货运车辆也就可以作为冷藏车来使用，通用性和便捷性得以大大加强。可追溯单元作为产品物流跟踪和追溯的对象，可以是产品原辅料、产品半成品、单品、包装箱、托盘、集装箱等可追溯单元。

4. 建立经营主体诚信机制

提高农产品质量安全水平是一项长期而艰巨的任务，是一项复杂的系统工程，参与主体众多，影响因素复杂，其中最重要的是参与各环节的经营者的责任、态度与诚信。在生产环节，将传统农户从“自然农户”过渡到“法人农户”，在提高农业生产组织化率的同时，能有效促进农业生产者农业经营理念、运行机制、经营模式等重大变革，缩短农产品供给链，并使生产优质安全的农产品逐渐成为自觉行为，如实填写生产过程记录，从源头上控制农产品安全；在流通环节，加强加工、运输、储藏过程中技术培训和法律法规宣传，禁止擅改标签或记录的情况。

5. 建立“链式记忆法”系统

食品安全的可追溯系统，等于是为“舌尖上的安全”建立了一条保障锁链。这对于食品安全的具体作用绝不仅仅体现在销售终端的可追溯上，而是在任何一个环节都实现了可追溯。一方面，任何环节发现问题，都可以追溯到这个环节的源头；另一方面，任何一个环节都有溯清其上游所有环节的任务。有一种保障记忆的方法叫 做“链式记忆法”，就是记忆第二步的时候要追忆第一步，记忆第三步的时候要追忆前两步，记忆第四步的时候要追忆前三步……以此类推，记忆最

后一步的时候要追忆前面每一步的内容，以此形成牢固的记忆链条。实现食品安全信息全追溯，就等于建立了一种食品安全的链式保障体系，不管在哪个环节发现的问题环节，都可以依据追溯体系，找到出现问题的环节。以往食品安全追溯体系只能追到食品生产环节，这让人想起当年乳制品的三聚氰胺问题，如果当初就建立安全信息可追溯制度，将饲料和养殖环节全部纳入追溯体系，就不会出现那么大的问题，出现问题之后也不会造成那么大的恶果。

6. 持卡经营

批发商在与客户交易时，通过 IC 卡驱动电子秤，可打印出带有生产企业、批发市场、批发商、产品信息的一维条码与二维条码产品销售单；还可以通过农产品质量安全追溯系统集成条码、手机短信、触摸屏计算机、扫描枪和互联网终端等技术，实现多种方式产品溯源。一旦产品出现问题，便可通过相关信息追溯到批发商及原产地。同时，农产品安全预警与应急系统的运行，对农产品安全风险的监测也起到了积极作用。

系统对屠宰企业、批发市场和肉菜流通经营者发放具有高度防伪的 RFID 流通卡，持卡经营，建立从零售二维码到屠宰环节进场批次完整的追溯链体系，肉菜质量安全、生产视频实时监控的监管体系，可实现肉菜各个流通环节的监管与追溯。

9.7 重庆农产品质量追溯系统的应用

2011 年，重庆市开始在潼南、涪陵、永川、渝北的蔬菜、生猪龙头企业或专业合作社进行小规模试点农产品追溯系统，未来还将在璧山、铜梁、武隆等蔬菜重点县和所有年出栏量超过百万头的生猪大县推广，到“十二五”末，全市将在蔬菜、猪肉、牛奶、禽蛋等产品中广泛推行。此追溯系统从生产到流通全过程追踪农产品，有助于对农产品实行质量控制，并在必要时及时、快速地召回产品，是控制农产品质量安全的有效手段。农产品追溯系统的建立，具有以下优点：一是出现农产品质量安全问题时，企业可及时召回不合格产品，将损失降到最低；二是提高了生产过程的透明度，增强购买者的消费信心；三是便于农业执法部门追究责任，顺藤摸瓜找到责任人；四是该系统的推行，也将进一步加快“菜篮子”相应品种的规模经营程度。

以全球最大酸性水果出口商熙可集团重庆分公司为例。2008 年，熙可集团在重庆江津圈了 4 万亩田地生产橘子、蓝莓等水果，这些水果最终变成罐头出口到美国。由于国外对水果的来源有着严格的要求，公司花费大量资金建立可追溯

系统，建立信息数据库。每棵果树都有一个条码，记录了树木的生长、施肥和农药使用情况。公司指导农民按标准对每一棵树木进行施肥和喷洒农药，若发现农户违规操作，公司将拒绝收购农户的水果。同时在水果的运输、加工、装柜等环节都有相应的条码，记录了产品出炉的全部过程和物流轨迹。农产品可追溯系统让消费者觉得产品安全性高，因此公司水果在美国的卖价比对手的高三成以上，给企业带来较大的经济效益。

总之，在农产品安全倍受关注而建设又面临瓶颈的当下，大数据时代的到来，其颠覆性的变革力量给农产品安全建设提供了新的思考空间和契机，为解决农产品安全顽疾带来新希望。数据可以渗透到产前（环境及投入品）、产中（施肥、杀虫、收割）、产后（仓储、运输、配送、销售）等各环节。通过大数据平台的农产品产业链，对农产品的种植时间、采摘地、采摘时间、发货时间等各个环节实行可追溯，能看到农产品从“田间”到“舌尖”的运行轨迹。同时，根据数据实时性提高物流效率，降低成本，提高农产品“鲜度”，缓解农产品供求不对称的“卖难买难”问题，达到链条末端消费者和前端农民利益双赢，最终推进农产品质量安全水平的提升，达到“流通千万里，追溯零距离”的目的。

参考文献

[1] 李克强人民网．2014 年政府工作报告［EB/OL］．［2014－03－14］．http：//news. xinhuanet. com/politics/2014－03/14/c _ 119779247. htm.

[2] Golan E，Krissoff B，Kuchler F，et a1. Traceability in theU. S. Food Supply：Econofilic Theory and Industry Studies［J］. usDA/Economic Research service/AER — 830，2004（3）：1－48.

[3] 张雅燕．食品质量安全可追溯体系的运行机制及发展路径研究——以猪肉为例［J］．黑龙江畜牧兽医，2014（05 下）：11－13.

[4] 胡浩，高蕾，等．我国肉菜流通可追溯体系试点已覆盖 50 个城市［EB/OL］．［2014－07－17］. http：//news. xinhuanet. com/fortune/2014－07/17/c _ 1111673368. htm. http：//traceability. mofcom. gov. cn. 2014－07－17.

[5] 张天琪．大数据时代农产品物流的瓶颈及突破［J］．商业时代，2014（18）：10－12.

[6] 李敏波，金祖旭，陈晨，等．射频识别在物品跟踪与追溯系统中的应用［J］．计算机集成制造系统，2010（1）：202－208.

[7] 徐志，张艳玲．分散农户经营模式下农产品质量追溯体系建设之我见［J］. 农产品质量与安全，2012（6）：60－61.

[8] 曾益．基于RFID技术的农产品质量追溯体系探讨［J］．湖北农业科学，2011，50（13）：2736－2739.

[9] 邢文英，李清泽，等．澳大利亚农产品质量安全管理［J］．世界农业，2012（7）：66－69.

[10] 张玉香．中国农产品质量安全管理：理论、实践与发展对策［M］．北京：中国农业出版社，2005.

[11] 环境保护部，国土资源部．2014《全国土壤污染调查公报》［R］．2014.

[12] 中国电子商会物联网技术产品应用专业委员会．农产品追溯公共服务平台［EB/OL］．［2010－03－21］．http：//ny. i－oid. org. cn/News/Info/20.

[13] 人民网．2014政府工作报告［EB/OL］．［2014－03－05］．http：//cpc. people. com. cn/n/2014/0305/c64094－24536194－6. html.

[14] 新华网．我国肉菜流通可追溯体系试点已覆盖50个城市［EB/OL］．［2014－07－17］．http：//news. xinhuanet. com/2014－07/17/c_1111673368. htm.

[15] 人民网．名洋快餐供应商被曝用过期劣质肉，各地展开查处行动［EB/OL］．［2014－07－23］．http：//society. people. com. cn/GB/369130/387004/.

10 大数据促进农产品电子商务的整合

互联网的迅猛发展，使信息化成为助推农产品产后物流及营销变革的重要力量。2014 年，马云在遂昌参观农产品电子商务时表示集团下一步的投资重点："一是农村电子商务，二是跨国贸易，三是大数据研究"，预示大数据技术将会给农产品电子商务带来翻天覆地的变化。

电子商务由基于用户时代和基于销量时代进入大数据时代，"有数有财"的企业通过对消费者的海量数据地收集、分析、整合，挖掘出商业价值，促进个性化和精确化营销，数据成为越来越有用的资源，数据已经作为电商企业之间、企业与消费者之间的桥梁纽带。阿里巴巴的聚石塔、京东商城的"云鼎"云计算架构平台等"大数据思维"推动电商飞速发展，农产品也实现了"买世界、卖世界""买全国、卖全国"目标，如图 10－1 所示。

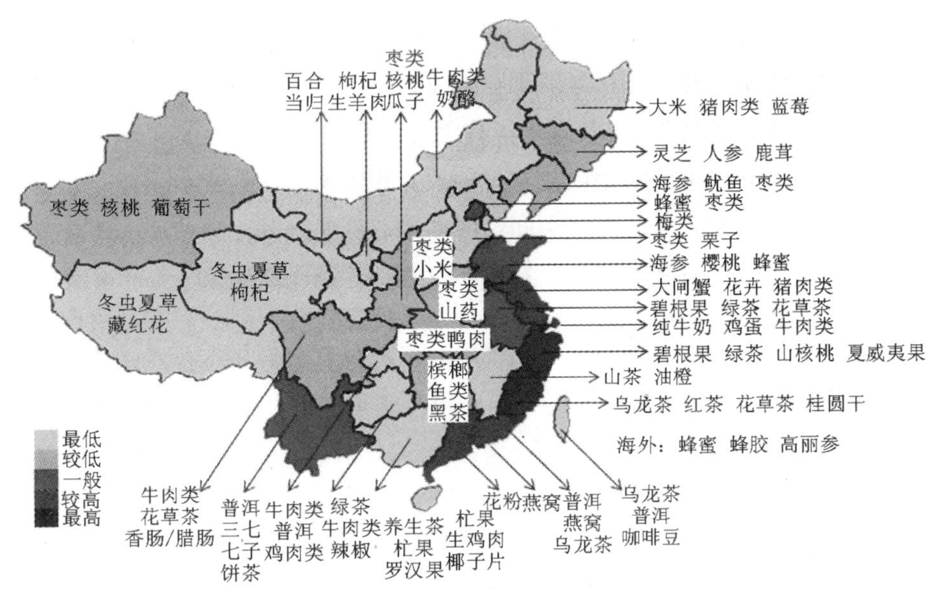

图 10－1 淘宝电商的全国农产品分布（南海诸岛除外）

资料来源：阿里农产品电子商务白皮书（2013）。

在各大电商全力开发大数据应用的同时，农产品电商如何突破瓶颈？农产品进入电商行业最大的障碍在于物流与信任。农产品一般质量比较大、保存条件苛刻、运输成本高，作为电子商务的品类来讲，具有一定的运营难度，过高的物流费用也打击了用户的购买欲望。不过，随着中国物流体系的完善，农村物流正在成型，物流的成本进一步降低，运输水平和能力都在大幅度地提高，农产品物流问题得到了根本性的解决。在质量保证方面，价格、渠道、供应链、物流，这些电商类的基本玩法，并不是特质，能否提供最优质的农产品，这才是农产品电商企业能够抓住消费者的根本。目前，各地的特色农产品和原产地保证方式和手段逐渐得到了消费者认可，老百姓的购买更加放心，随着一些现代化质量保证体系农业企业的加入，农产品的质量可信度问题将更加容易解决。

因此，农产品电子商务平台如何利用大数据技术，充分发挥其信息聚合挖掘能力，实现农产品产品同质化与消费者个性化需求有机对接，引导电商企业向“供应链融合订单化、物流整合高效化、个性化精准定位与服务”逐步转型，为未来农产品电商企业精准营销、高效物流和智慧农业发展带来融合性影响，那么，大数据将会带给农产品电子商务哪些变革呢？

10.1 农产品电子商务优势

农产品电子商务极大提高了传统商务活动的效益和效率。互联网上的电子商务与传统商务体系相比有其自身的独特优点，这些优点体现在以下几个方面。

1. “买世界，卖世界”“零休息”的全新时空优势

事实上，互联网上的购物已没有了国界，也没有了昼夜之别。电子商务突破传统店铺式销售模式，使传统的空间、时间概念发生变化，出现了有别于实际地理空间的虚拟空间或者虚拟社会，处于世界任何角落的个人、公司或机构，建立虚拟社区、虚拟公司、虚拟商场，在任何时间、任何地点都可以通过互联网紧密地联系在一起，进行虚拟谈判、虚拟下单，交易活动可以随时随地进行，从而出现“买世界，卖世界”“零休息”现象，可在更大程度上、更大范围上满足网上用户的消费需求。

2. 降低成本

与传统的商务相比，利用互联网渠道可避开传统商务渠道中的许多中间环节，加快了信息流动的速度，降低流通费用、交易费用和管理成本。一方面，农产品零售企业为应付变幻莫测的市场需求，不得不保持一定产品库存，而农产品的冷藏成本昂贵。通过电子商务可以将市场需求信息传递给仓储企业，同时仓储

企业的需求信息可以马上传递给农产品供货商，供应商适时补充供给，从而实现零库存管理。另一方面，通过电子商务，根据销售情况实时优化配送路线，在提高规模情况下降低配送成本。

3. 突破信息壁垒

在信息爆炸时代，信息就是财富，而信息传递速度的快慢对于商家而言可以说是生死攸关。互联网以其传递信息速度的快捷而备受商家青睐，可以说，北半球刚刚发生的事情，南半球的人们便可在十几分钟、几分钟甚至更短时间内通过上网获知。通过互联网，可以知道哪些地方农产品滞销，哪些地方需求量大，进行地域间调配，真正使整个地球变成了一个地球村。

4. 拉近与消费者的距离

由于电子商务中互联网的实时互动式沟通，商家之间可以直接交流、谈判、签合同，消费者通过新消息反馈，更易表达出自己对产品质量或服务质量的评价，这种评价可以使网上的零售商们可以更深入了解消费者的实际需求，更好地改进服务和提供更优质的产品。

5. “产消”对接更容易实现

电子商务使“产消”对接更容易实现。“产消”对接主要是实现上游生产者（农户、合作社、农业企业）与终端消费者的直接对接，形成比较固定的流通模式，农产品本身的易腐性特征，更适合直接销售，减少了中间环节，使得生产者和消费者的直接交易成为可能，从而在一定程度上改变了整个社会经济运行的方式，实现生产者和消费者双方共赢。

6. 加快订单农业发展

通过电子商务，越来越多的涉农企业和涉农经纪人在网上“找商机、交商友、建商铺、看商情、促交易”。现在新兴起来的订单式农业因其特有的产销模式，深受广大农户的信赖与好评。以“抢鲜购”为例。2012 年 10 月，在淘宝网的“抢鲜购”预售模式为我国订单农业做了一次电子商务的全新注释。首先，提前在网络预售，集聚消费者需求，然后按照订单组织果农进行采摘加工和销售，做到“以销定产”；其次，通过二维码等质量追溯技术，保证从农田到餐桌全程监控，确保“流通千万里，追溯零距离”；再次，减少流通环节，提高流通效率，做到生产与消费“产消对接”；最后，通过消费者在社交媒体的评价及传播，影响更多买家，做到了“体验营销”。“抢鲜购”模式解决了以往规模小的问题，有效地解除了农民对销售、消费者对产品安全的后顾之忧，更好地体现了信息化带动农业发展的步伐。

10.2 农产品电子商务发展历程

电子商务的大发展，也是最近10年的事情，从我国农产品电子商务的信息与交易方式看，农产品电子商务业务呈现3个层次的特点。一是低层次的信息发布形式。主要是为农产品交易提供网络信息服务，即在网上做广告或者提供商情。这是广泛的低层次的农产品电子商务。如一些企业建立的农产品网上黄页，在网络平台上发布企业信息和产品信息。大型农业集团建立的超大现代农业网。小企业或是个体农户则依托各类农产品信息网发布信息。二是较高层次的网上签约形式。一些网站不仅提供农产品的供求信息，还提供了网上竞标、网上竞拍、委托买卖等在线交易形式，有了明确的买卖双方，可以网上签约，这就会牵涉法律认证和法律效力问题，比如生产者可以直接在网上与自己需要的运输公司洽谈，但尚未实现交易资金的网上支付。资金的支付还是依靠传统的邮局或银行实现。三是高层次的网上交易形式。这是高级层次的农产品电子商务阶段，核心就是能够电子支付和电子结算，逐步实现物流和资金流的网上结算，不仅实现了农产品电子商情的网上发布和农产品在线交易，还实现了交易货款的网上支付，是完全意义上的电子商务。

我国在农产品行业的电子商务实践，除在郑州、上海、大连3大期货交易所之外，还有大型中远期现货交易市场（俗称“电子盘”），如农垦交易网带动广西木薯淀粉、木薯、糖等行业的发展，大宗农产品交易将与期货市场形成良性互动。但是期货市场和大宗商品中远期电子交易市场因被怀疑为炒作重灾区被当作众矢之的。期货市场和中远期市场其实只是农产品定价体系中的一环，200余家以“电子商务”为由注册的大宗商品中远期交易市场构筑了一个规模巨大的、类似于期货的场外交易市场。由于监管真空，此类“电子交易”经常曝出炒作黑幕，大蒜、生姜等一系列遭到游资爆炒的品种都可以通过这种平台交易。大致有以下几个发展期：

第1阶段：发展雏形（1995—2005年）

1995年12月12日，郑州商品交易所集诚现货网成立，开始探索粮食在网上的流动。2000年，中华粮网（更名）成立。2005年10月，开创中央储备粮网上交易探索。1998年3月，我国第一笔互联网网上交易成功。1999年，全国棉花交易市场成立，1999年12月以来，交易市场接受国家有关部门委托，通过竞卖交易方式累计采购和抛售国家政策性棉花近2000万吨，成交金额近4000亿元。2000年8月至2002年6月，交易市场还接受国家有关部门委托，通过竞卖方式抛售国家储备糖230多万吨。

第 2 阶段：初创期（2006—2009 年）

2005 年易果网成立，2008 年出现了专注做有机食品的和乐康及沱沱工社，这几个企业开始都是做小众市场。“菜管家”电子商务有限公司于 2009 年 12 月 26 日正式运营，注册资金 1500 万元，依托强大的信息技术、物流配送实力和广泛的农业基地联盟，迅速成为中国农业电子商务 B2C 领域的佼佼者。“菜管家”以发展农村经济为根本，以创造健康生活为核心理念，给人们带来新鲜优质的安心食材和科学营养的饮食规划。在这期间，国内频发食品安全事件，导致消费者对品质高、安全性高食材的需求大增，这使得很多企业看到了这个巨大市场。

第 3 阶段：调整期（2010—2012 年）

2009—2012 年，涌现了一大批生鲜电商。很多商家进入这个行业，导致行业泡沫的产生，当时的市场需求并没有那么大，而生鲜电商模式也是原封不动地照搬其他电商的模式，最终很多企业倒闭。

第 4 阶段：成长与发展期（2012 年后）

生鲜电商的转折是从 2012 年年底开始的。当时刚成立一年的生鲜电商“本来生活”凭“褚橙进京”营销事件一炮走红，随后又在 2013 年春挑起了“京城荔枝大战”，此事使生鲜电商再度引起人们热议。以顺丰优选、1 号生鲜、本来生活、沱沱工社、美味七七、甫田、菜管家等为代表的商家都获得了强大的资金注入，而且每个企业都有各自的行业资源优势，进而相继进入生鲜电商竞争。B2C、C2C、C2B、O2O 等各种模式竞相推出，越来越多的网络工具，如宽带电信网、数字电视网、新一代互联风、云计算、大数据及 2013 年微博、微信等为各商家提供了更多的选择工具。中国地理标志产品商城、“遂昌模式”农产品电子商务、龙宝溯源商城等特色网站出现，促进了农产品电商模式创新。但仍然在不断向纵深方向调整，有一些农产品电商下线，如永辉“半边天网”上线不足百日下线等，另有一些生鲜电商亏损，如电子菜箱等。生鲜电子商务也十分艰难，如 2013 年年初的北京“优菜网”曾经寻求转让、上海“天鲜配”被下线等。

10.3 农产品电子商务发展瓶颈

10.3.1 规模问题不解决，农产品电商走不远

效益决定电商企业的生命，规模成就电商企业的发展，创造企业的品牌，只有规模效益有机结合，相互促进、相互制约，才能把企业做大、做强。目前，农产品电商发展在规模上的制约主要分 3 个方面：

1. **电商平台端规模小**

农产品电子商务正呈现加速发展的态势，根据阿里研究中心的估算，经营农产品的网店数量有望在2012年26.06万家的基础上，在2013年突破100万家。目前，农产品网商规模较大，盈利较好的不足20家，大多是以家庭或个人为主的形态，店铺等级偏低，经营管理能力有限，产品数量、规模等制约其发展。

2. **供应链前端供应集中度极低**

源头货源不具备规模化，商品的标准化程度低，多数产品仅处于原材料倾销的阶段，没有品牌化运营的基础，从而无法进行系统性的包装和营销，不能满足流通市场的需求。我国农产品一般是“一家一户”小农生产为主，生产散乱。农产品季节性和地域性强。供应集中度“散”增加供应前端物流成本。反映物流问题较多的地区是宁夏、云南、湖南、新疆、安徽、山西、甘肃、贵州、黑龙江、青海等边远省市。国内的农产品电商的老总已经明白采购基地的整合了，忽视对基地的整合是当前农产品电商面临的问题，很多农产品电商仅仅是以定向采购方式与基地合作，谈不上打造什么战略协同的供求关系。至于是否以市场导向来指导基地有计划的种植产品，这个国内还仅仅是一种远景。它的商业价值不仅仅是质量的保证，也是品牌化、集约化采购和需求协同的重要方式，当然更是降低成本，降低浪费，获得利润的重要手段。

3. **农产品网购成熟度低，客户端消费群体小**

农产品的“劣币驱逐良币”现象严重，消费者缺乏信心和安全感。农产品电子商务目前针对无时间有实力的高富帅人群，以白领为主。因为他们的收入较高，对几元钱的差价并不是特别在意，而且他们平时没有太多时间逛菜市场或集贸市场，加之他们中大多数人原本都有网购习惯，且具备上网条件，因此他们才是生鲜商品的主力消费群体。对于习惯“眼见为实”的大爷大妈们来说，生鲜电商肯定不会是他们的最佳选择。即便在大城市，菜市场也会遍布在各个社区周围。但是，群体小，产品局限性受限，如何产生电商流量？流量越小，成本与风险越大，所以，如何实现目标客户的精准营销和大群体营销，是各大农产品电商需要思考的问题。

10.3.2 高成本问题不解决，农产品电商盈利只是幻想

1. **单价低是农产品电商致命的伤**

根据行业数据显示，假如在一笔电子商务交易中客单价（即单笔交易额）为100元，那么农产品的物流成本将占到25%～40%，相比之下电子产品、服装的

物流成本则在 5%以下。如果每单农产品单价低于 200 元，那电商经营将是血本无归。就目前农产品生鲜电商的经营情况来说，每单 40 元的物流成本+损耗是必然的，因此如果单价起不来，物流成本降不下来，盈利那只能是一种幻想。就连顺丰优选做高档的进口食品和应季商品，在选择品类上都会从每单单价上来定位的。

2. **损耗高足以让每位电商“恼火”**

农产品自身具有易腐性，损耗高。现在整个物流成本占制造业生产成本的 40%～60%，在整个农产品物流环节，我们国家总的平均损耗是 30%，而发达国家比如像美国、日本农产品损耗是 3%，甚至在 3%以下，相差 10 倍多。

3. **冷链物流是生鲜电商最大挑战**

在供应链末端，冷链的基础配套很薄弱，我们的配送网点还不够丰富，同时我们还没有足够的能力可以降低配送成本。冷链物流是生鲜农产品电子商务发展的必然基础，是保证食品安全的重要节点。我国冷链较落后，所配送的农产品质量难以保证。由于农产品大多是生鲜产品，需要进行冷链流通，冷链管理较为复杂。据有关资料，近年我国果蔬、肉类、水产品冷链流通率分别只有 5%、15%、23%，大部分生鲜农产品仍在常温下流通，而欧美发达国家的肉禽冷链流通率已经达到 100%，蔬菜、水果的冷链流通率也在 95%以上。由于冷链物流的不完善，造成农产品流通损耗率高达 25%～30%，这成为我国农产品电商发展的一大挑战。

10.3.3 物流配送模式不合理

电子商务的快速发展需要良好的物流配送体系作为支撑，而目前我国农产品电子商务能实现现代化物流配送的却较少，农产品物流配送公司呈现规模小、层次低、联合力弱等特点。

1. **配送服务能力较弱**

由于农产品鲜活易腐的特点，在存储及配送过程中需要有专业的高质量保鲜、冷藏、冷冻技术及其相关的设备，而专业设备价格昂贵，限制了农产品物流配送公司的发展。一方面，与普通商品相比，农产品（尤其是鲜活农产品）具有保存时间短、上市期集中、运输损耗大的特点。另一方面，电子商务严重依赖物流配送体系，物流行业虽然经过近些年的快速发展，在一般商品的配送能力上相对成熟，但在冷链物流业务上，基本上还停留在概念和萌芽状态。因此，在当前阶段，物流配送服务能力将是阻碍农产品电子商务发展壮大的一个主要因素，并将困扰农产品电子商务发展相当长的一段时间。

2. 配送时间与品质要求严，单笔的配送成本较高

按当前的行业数据测算，如果客单价低于200元，农产品电商就将处于亏损状态。生鲜冷链物流成本比普通商品物流成本高出一倍，这已足够让不少电商乃至于传统商家都望而却步。以物流见称的京东生鲜频道2012年即已成立，但在初期京东并没有自建冷链，而是通过销售商的自建物流及协作的顺丰速运来完成。这种模式下产品质量很难保证，配送速度才是竞争关键所在，许多生鲜产品，不是储存出了问题，而是送慢了，不同产品配送要求各异，大大增加配送成本。比如荔枝在上线前，顺丰就做了1个多月的测试。经测试发现，荔枝的最佳保存温度在5～15度，最佳食用宜在24小时内，超过48小时口感就会变差；荔枝若进冷库，在0度以下的环境中存储一天，表皮就会变黑，果肉就会变味，因此最好不要入冷库；运输过程中的碰撞、挤压也会容易引起腐烂，为此顺丰要在包装箱内增加冰袋用于降温保鲜，泡沫箱用于隔离保温，吸塑盒用于固定荔枝的位置，防止荔枝与冰袋直接接触而被冻伤。

10.3.4 非标性问题不解决，农产品电商还会“伤”

目前，非标性主要是产品分类标准和产品质量标准很少，消费者难以下单；没有标准，经营者难以界定“生鲜”质量，造成经营者和消费者都难以界定的两难问题。“家庭农场就是从他家里头，把产品直接送到你家就行，这中间省去很多环节。”同时要注意产品标准化，“我买的甜的，你不能给我送不甜的来”，所以对标准化提出了很重要的要求。

1. 农产品分类与分级标准化不够

农产品分级，是指按农产品商品质量的高低划分商品等级。它是生产者能否将产品投入市场的重要依据，也是经营者便于质量比较和定价的基础。农产品的概念非常广，产品种类繁多，产销链很长。同样的3斤牛肉，到底买到的是牛腿肉、腱子肉，还是其他部位，到底肥膘有多少，这些都是电子商务下单时无法控制的；同样的大桃，买的是偏甜、偏酸，还是偏硬、偏软，在电子订单上看不到分类标准。电子商务是看不见实品的买卖，非标性和信任度缺失就会失去大部分客户群。

2. 物流配送非标准性，使流通中质量保证难，保证“生鲜”难

从产业链看，有生鲜品（水果蔬菜蛋品），初加工品（粮食 肉奶鱼鲜 冷冻产品），加工品（各种方便食品），每个环节都有加工服务者，服务内容差别大，标准化程度低。从某一种产品看，最终产品形式多样。从物流特性看，农产品的物流具有相对独立性，对技术要求高、专业性强、难度大，同时又具有季节性和

地域性特点。生鲜是非标商品，每种商品生命特征都不一样，温度、存储要求也都不一样，例如叶菜类要呼吸，肉类需要冷链，草莓要立着放，等等，这些都不是普通仓管员能做到的，行业也没有形成标准。再以大桃为例，有人喜欢收到的时候绿色脆甜，有人喜欢红色软绵，有人喜欢带叶能多保存几天。不同批次蔬菜的品质参差不齐，且因蔬菜不易保存，引发用户对品质的不满。众口难调的结果是，大量的退换货如何处理?

3. 农产品电子商务质量安全标准体系不健全

我国目前虽已基本建立起农产品质量安全标准体系，但随着农业科学技术的进步及市场农业的快速发展，对农产品的品质、安全等方面的要求越来越高，现有的农业标准体系就显得不够完善。同时，我国标准化的管理体制分散，农产品质量安全标准分散于多个部门，而且已有的标准大多是产品标准和生产技术规程，产前和产后标准比较缺乏，一个标准同时存在国家标准、行业标准和地方标准的现象严重。农产品具有品种多、级别多、地域差异大等复杂性特点，如果没有一套权威而完整的质量安全标准体系，用户很难有统一的语言和产品标准，很难有效地实现信息定位，农产品的质量安全也难以得到保障。

10.3.5 我国农产品电子商务网站专业化水平较低

1. 电商专业人才供应不足

目前，国内不少涉农网站从形式到内容都有很多雷同之处，缺少专业水准和特色，更新周期长。相当一部分网站以信息撮合功能为主，支付等功能还不完善。农产品电子商务建设对人员素质的要求有其特殊性，需要一大批既精通网络技术、又熟悉农业经济运行规律的复合型人才。但长期以来，国内对农业信息网络人才的培养不够重视，投入经费少，这方面人才十分缺乏。

2. 农产品电子商务基础设施不完善

根据中国互联网络信息中心（CNNIC）第 35 次公布的数据显示，截至 2014 年 12 月，网民中农村人口规模达 1.78 亿，占比为 27.5%，增加了 188 万人。尽管农村地区网民的规模、互联网普及率不断增长，但差异率仍然有扩大趋势，城镇化进程在一定程度上掩盖了互联网在农村的推进。大部分网民是城市打工人员，真正农民仅占 5.9%，绝大部分是农业管理与技术人员，且高度集中于经济发达地区，真正上网的农民寥寥无几。受经济、文化程度的制约，相当多的农民没有条件及时、直接地从网上获取信息，也没有能力对获取的信息进行分析筛选，更没有可能上网发布信息。

10.4 大数据下的农产品电子商务平台构建

1. 平台的构建目标及框架

在农产品电子商务的平台上，电商企业可以直接联系上游农产品供货商（家庭农场、合作社、企业等）、分销商和客户。从生产的原材料（商品）供应商到最终消费者（买家）的整个过程，对线下物流、线上信息流和资金流进行集成管理，通过农产品供应链中的单个卖家或上下游多个卖家提供全面的金融服务，促进了供应链核心企业及上下游配套企业“产—供—销”链条的稳固和流转畅顺。实现线上信息流、资金流与线下物流的深度融合。

比如农产品电子商务与供应链管理平台统一为客户提供信息、质检、交易、结算、配送仓储等线上全程电子商务服务；支持网上挂牌、网上洽谈、竞价等交易模式，涵盖交易系统、交收系统、仓储物流系统和结算系统等；融合物流仓储、配送服务、物流交易服务、信息服务、融资担保类金融服务等于一体。平台系统将实现基础业务、运营业务、平台管理和运营支持 4 个层面的业务功能；实现各层级会员管理、供应商商品发布、承销商在线下单交易、订单结算、交易管理、担保授信等全程电子商务管理。核心包含 CRM、客服系统、市场营销仓库管理、销售决策、统一结算、产品追溯、商品发布及管理等功能模块，为商家及消费者提供全方位的服务。同时，为了支持平台业务向农产品产业链两端延伸，满足开展订单农业、跨国电子交易及跨国贸易融资等业务的发展需求，平台支持多种交易管理流程共存，支持标准及可灵活拓展商品，具备交易规则灵活性、结算多样性及管理复杂性的特点。如图 10 - 2 所示。

2. 平台的作用

电子商务使农产品营销竞争从企业间的竞争逐渐演化为供应链之间的竞争。而大数据时代电子商务环境下的供应链管理直接打通了供应链中企业与客户间的联系，并且在开放的公共网络上可以与最终消费者进行直接对话，从而有利于满足客户的各种需求，提升客户的满意度与忠诚度，保留住现有客户。

平台的建成，对物流行业、电商、供应链各企业、消费等将带来巨大变革。具体的作用有以下几点：①有效解决我国农产品交易环节多、物流运输费用高、运输损耗大、库存成本高等问题，积极促进农产品流通效率的提高及农产品产业链的优化；②使供应链各个企业降低生产成本，缩短电商企业的采购周期、缩短商品的循环周期、加快订单处理和农产品的发送，有利于降低成本，缩短需求响应时间和市场变化时间，能为客户提供全面服务，使客户能够获得最好品质的产

品和服务，同时实现最大增值与多赢；③能为供应链中各个企业提供完整的电子商务交易服务，实现全球市场和企业资源共享，及时供应和递送订货给顾客，提高运营绩效，有利于分享物流、资金流和信息流等信息资源；④供应链中的各企业借助电子商务手段可以在互联网上实现部分或全部的交易，从而有利于各企业掌握跨越整个供应链的各种有用信息，及时了解顾客的需求及供应商的供货情况，也便于让顾客网上订货并跟踪订货情况；⑤在大数据驱动下，推动电子商务平台与企业内部业务和管理信息系统的集成，实现企业“采购、流通仓储、销售”供应链一体化协同能力，推进企业间网上协同研发、设计和制造，增强在产品、产成品、存量产品有机转化衔接，使供应链中各企业通过电子商务手段实现有组织、有计划的统一管理，减少流通环节，降低企业之间的商务合作成本，减少企业内耗，降低成本，提高效率，使供应链管理达到更高的水平；⑥支持大型农业企业利用电子商务增强与产业链下游企业的协同能力，促进产品分销和售后服务水平提升，实现农产品从田间到餐桌全链条质量安全监管保障体系和可追溯体系的建立；⑦利用大数据预测产品的价格及差异趋势，为客户省钱并找到最好的购买时间，更好服务于消费者，从而提升企业自身的竞争力。只有借助大数据技术这样的利剑，电商企业才能在一片红海的行业竞争中笑傲群雄。

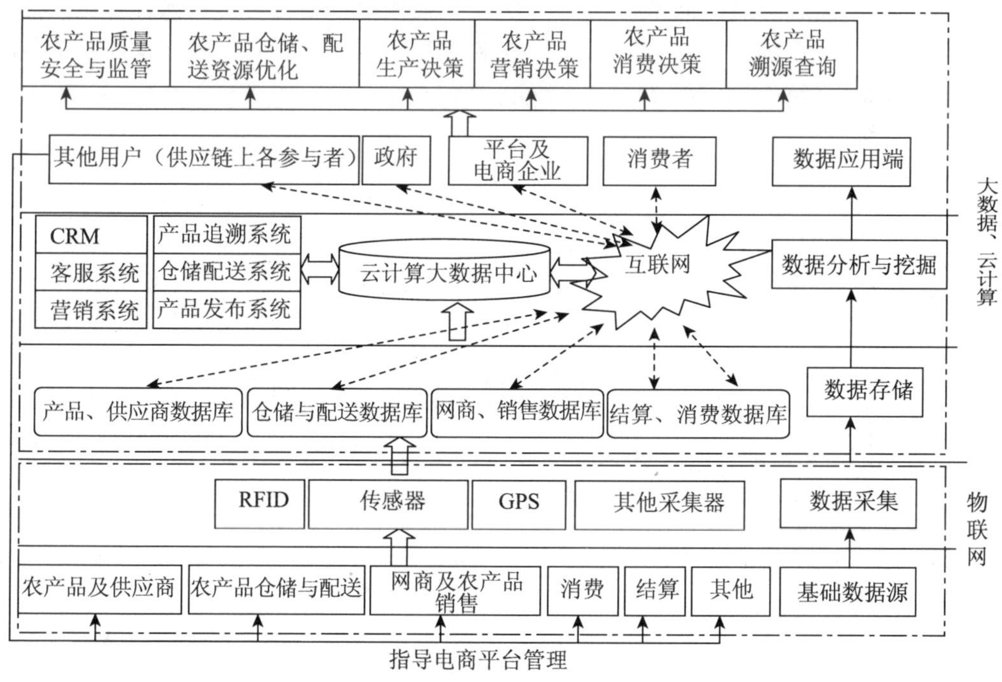

图 10－2 基于大数据下的农产品电子商务平台模式

3. 平台的建设基础

平台的建立基于大数据驱动的供应链一体化，主要依赖于物联网的建立。农业物联网是农产品电子商务的顶层设计，农产品电子商务是农业物联网的有机组成。农业物联网是通过信息感应设备，按约定的协议，把农产品的生产、运输、销售各环节各要素信息及农业投入品的使用情况与互联网连接起来，进行信息交换和通信，以实现智能化识别、定位、跟踪、监控和管理的网络系统。电子商务方面侧重在农产品生产流通环节，通过设置产地行政村（农产品基地）信息工作站、一级批发市场 RFID 芯片识别、二级市场二维条码、城区超市、城区菜市场二维码识别等信息采集和处理节点，实现我市农产品质量安全从田间到餐桌全链条的检测和追溯，确保农产品质量安全。凭借农业物联网技术高端，通过 RFID、定位跟踪、传感器件、信息安全及物联网集成技术，抢占现代农业物联网发展制高点。通过成都农业物联网的建设与运行，实现全市农业面源污染源智能监控；土地质量、水资源智能监测；实现通过农业物联网各类要素信息与数据的自动获取和智能处理，达到农业标准化、生产智能化，为科学决策提供支撑；实现对全市农产品的生产—加工—流通—销售各个环节的全程监控，以“智慧农业”引领都市现代农业全面、科学、可持续发展。

基于物联网农产品电商系统结构可分为 5 个部分，即电子商务预订系统，生态终端感知管理系统、数据传输系统、数字管理控制中心系统和智能仓库物流管理系统，整个系统的构成如图 10 - 3 所示。

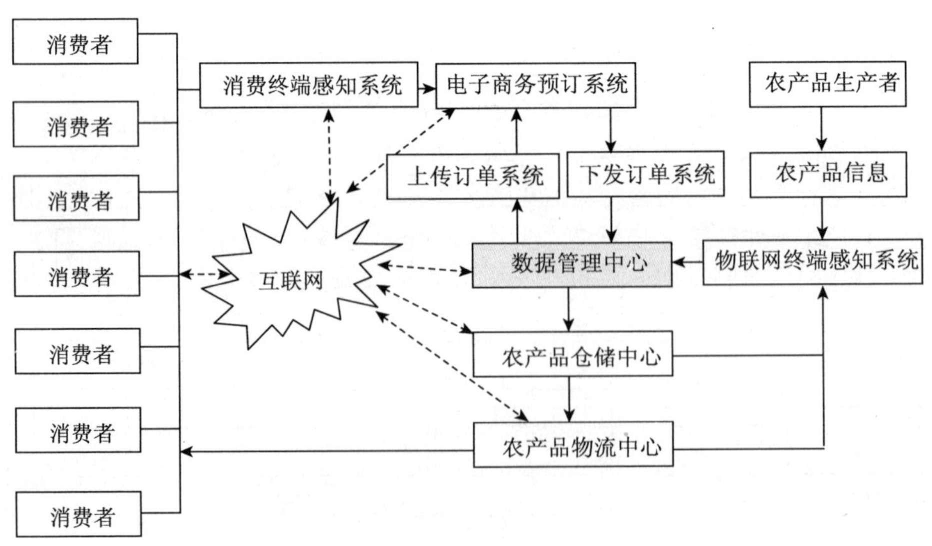

图 10 - 3　基于物联网的农产品电子商务系统

10.5 大数据带来农产品电子商务的转型升级

10.5.1 海量数据驱动农产品电子商务实现精准营销

从农产品特色馆“抢鲜购”模式，到聚划算平台的“聚果行动”，在农产品电商各类创新模式背后，我们可以看到基于互联网的电商企业呈几何数增长的庞大数据量。走在数据前面的阿里研究中心，面对数据量的快速增长，通过分析互联网端消费者购物习惯、频率和诉求、企业营销等，将以大数据为中心的分析与挖掘已经变为可能。大数据的分析控制与应用，被视为企业未来竞争优势的基础，它将改变企业决策、价值创造和价值实现的方式。通过对大数据的深度分析，我们能够弄清市场未来的发展方向、消费者采购行为及企业营销的增长。一方面，用户可以快速“淘”到满意的产品。另一方面，电商可以实现精准营销。网上琳琅满目的农产品让人无从抉择，消费者能做的就是反复对比同类产品的优缺点，凭过往买家的评论来决定自己的选择，这对消费者来说并不是那么容易。如果电商后台“为消费者所想”能对海量的用户基本信息、消费习惯、兴趣爱好、健康状况、关系网络行为数据进行快速分析，形成一份份用户个人属性和购买习惯调查报告，消费者访问哪个农产品品牌、其产品知名度、美誉度、用户关注点、退货率、搜索引擎呈现率，这些均通过监测数据在几秒钟内进行统计、深入分析，之后提出专题营销的改进建议。然后进行跨平台和跨终端的整合，推荐出用户阶段性最需要、最适合的产品，将能极大地促进商家的销售额。目前推荐做得较好的网站有亚马逊和当当网等，能针对用户需要，动态地给予极其准确的推荐信息，推荐结果准确，推荐更新度极快，这些分析结果在营销工作上起到了个性精准化的作用，为用户匹配更加精准的“喜欢”的商品，同时开展主动营销策略，提高商品的主动购买销售机会，能够实现整个电商价值的更大提升。

没有数据分析支撑的决定将越来越不具有可靠性，沃尔玛、亚马逊、特易购等企业在用户分析和精准营销数据模型基础上，对于自己的产品和服务随时进行改进，实现了以“数据驱动”精准营销，农产品的电商营销也应如此。

1. 精准预测用户未来的需求

从每个用户的购买行为中获得信息，还将每个用户在其网站上的所有行为都记录下来：页面停留时间、用户是否查看评论、每个搜索的关键词、浏览的商品等。这样能知道每一个客户的消费倾向，他们想要什么样农产品，喜欢什么样的农产品，每个人的需求有哪些区别等。

2. 实现精准推荐

在亚马逊上买过东西的朋友可能对它的推荐功能都很熟悉，“买过 X 商品的人，也同时买过 Y 商品”，推荐功能看上去很简单，却非常有效，同时这些精准推荐结果的得出过程也非常复杂。通过数据帮助人们做购买决策，购买的产品组合告诉消费者什么时候买什么产品，什么时候买最便宜，同时，还可以预测产品的价格及差异趋势，为客户省钱及找到最好的购买时间。

3. 实现精准促销

通过大数据为消费者量身预测未来的购物清单，进而设计促销活动和个性服务，让他们源源不断地为之埋单。以特易购为例，通过用户会员卡的购买记录获取大数据，了解一个用户是什么“类别”的客人，如速食者、单身、有上学孩子的家庭等。店内的促销就可以根据用户的喜好、消费的时段来确定促销方式，使促销更加有针对性性。从而提高货品的流通。这种做法为特易购带来了丰厚的回报，仅在市场宣传一项，就能帮助特易购每年节省 3.5 亿英镑的费用。根据大数据，这背后的驱动力就是大数据，使各个业务环节都离不开“数据驱动”的身影。

4. 实现精准优惠组合

特易购每季会为顾客量身定做 6 张优惠券。其中 4 张是客户经常购买的货品，而另外 2 张则是根据该客户以往的消费行为数据，分析出其极有可能在未来会购买的产品。仅在 1999 年，特易购就送出了 14.5 万份面向不同的细分客户群的购物指南杂志和优惠券组合。更妙的是，这样的低价无损公司整体的盈利水平。通过追踪这些短期优惠券的回笼率，了解到客户在所有门店的消费情况，特易购还可以精确地计算出投资回报。发放优惠券吸引顾客其实已经是很老套的做法了，而且许多的促销活动实际只是来掠夺公司未来的销售额。然而，依赖于扎实的数据分析来定向发放优惠券的特易购，却可以维持每年增长超过 1 亿英镑的销售额。

5. 实现精准定价

特易购同样有会员数据库，通过已有的数据，就能找到那些对价格敏感的客户，然后在公司可以接受的最低成本水平上，为这类顾客倾向购买的商品确定一个最低价。这样的好处一是吸引了这部分顾客，二是不必在其他商品上浪费钱降价促销。

6. 实现精准运营及管理

特易购的精准运营：这家连锁超市在其数据仓库中收集了 700 万部冰箱的数

据。通过对这些数据的分析，进行更全面的监控并进行主动维修，以降低整体能耗。

7. **实现精准的客户流失预警**

一个客户使用某品牌的大米，每月购买3次，每次5千克。如果按照传统的数据分析，可能这是一位客户满意度非常高、流失概率非常低的客户。事实上，当收集了包括微博、社交网络等新型来源的客户数据之后，正在面临客户流失风险。这就是大数据分析的应用场景。通过全面获取业务信息，可能颠覆常规分析思路下做出的结论，打破传统数据源的边界，注重社交媒体等新型数据来源，通过各种渠道获取尽可能多的客户反馈信息，并从这些数据中挖掘更多的价值。

10.5.2 内外部大数据融合驱动物流资源的整合，实现农产品电商的高效物流

电商物流蛋糕虽大，中国物流业吃起来却不轻松。据统计，美国的物流成本占GDP的比重为8%左右，而我国达到了18%。此外，我国企业的物流费用平均占商品价格的40%，物流过程所用的时间几乎占整个生产过程的90%，库存周转期长，库存控制难，而美国的物流费用平均只占货价的10%～20%，最高为32%。“生鲜”农产品对于电商而言，是一道难题，极具挑战性。瓜果蔬菜生产周期长，容易霉腐且卫生安全要求高，运输难、运费高，供应链和物流都是问题，而冷链物流配送又一直被国际物流行业称为该领域的“黑色地带”。目前，农产品物流配送散、小、乱，缺乏有效的配送信息系统支撑，企业之间未建立即时分享和协同机制。

在大数据思维下，如果单纯停留在自身内部数据中，往往容易出现“盲人摸象”的尴尬。因此，电商企业内部数据与行业数据结合，在提高行业集中度和统一标准前提下，以大数据共配中心思路建立统一的信息平台，通过有效的整合，用数据化的平台助力整个物流行业的发展。

1. **提速物流建设，提高物流效率**

把生产、流通各个环节的信息和数据打通，通过数据和信息的流转使得物流的距离更短、效率更高，通过数据、仓储、配送平台，让商业的运转越来越快。如阿里巴巴“天网”与“地网”的整合，一方面通过平台控制电商资源，另一方面通过建设平台掌控物流资源，通过减少流通环节、提升物流行业的集中度，提升我国物流效率，并且降低物流成本，这对传统物流业将是一个很大冲击，同时，也将推动行业的变革。

2. **提升电商供应链企业间合作的紧密度**

电商企业通过物流服务中用户的评价进行大数据分析和行物流合作企业的筛选，从而更好地进行高效合作与无缝对接。

3. **整合电商各个独立分布的配送场所，降低配送成本**

利用物联网、互联网等技术，解决车辆利用效率低、不同配送企业之间交错运输等问题，以适应农产品配送“多品种、小批量、多批次、短周期”的柔性化特点。使农产品电商配送实现共配化，使无序走向有序，从而促进配送的合理化和服务的高效化。通过大数据处理可以把小规模物流整合、减少空驶、减少成本、提高效率、优化配送中心等物流设施的规划布局，鼓励发展专业化、规模化的第三方物流。

4. **电商降低库存，加快周转率**

通过对仓储大数据分析处理，合理进行农产品仓储资源优化配置，减少能源耗费；监测仓储防病虫害用药管理，保证农产品质量和安全；监测仓储农产品库存状况和作业规范情况，提高作业绩效，方便保管运作，实现合理库存，减少损耗，降低仓储成本。一方面，进行仓储安全管控。通过大数据，掌控农产品仓储全过程，如货物进库、过磅、装卸、仓储、仓储用药、产品保鲜、初加工等，并可进行事后查询，为事故的责任追溯提供依据，保障农产品安全。通过数据的采集和处理，提升农产品仓储的利用效率。另一方面，可进行仓储环境参数可视化。可实时查看仓库的运行参数，如烟雾、温度、湿度等，出现异常可自动报警，为仓库管理提供及时信息，实现仓储管理的智能化。同时，还可以通过数据仓库，将数千家连锁店每一笔销售的详细记录进行分析，分析购买行为可以更加了解客户。通过这些数据，业务员可以分析顾客的购买行为，从而供应最佳的销售服务，更好地降低库存，更好进行仓储管理。

以京东海产品物流为例。2014 年 4 月，京东集团与大连獐子岛集团签署《战略合作框架协议》，利用京东网络营销平台推广鲜活海珍品，打造 O2O 电子商务模式。獐子岛运用冷链的模式联手京东，利用双方各自的海洋产品、物流体系、网络平台、客户资源、便利店体系等优势资源，搭建从海洋到消费者手中的全供应链海洋食品战略合作，共同拓展獐子岛系列海洋食品业务。同时，对整个电商物流环节中的供应链进行了优化，直接实现了生鲜销售渠道到消费者的通联。目前，獐子岛的海产品从大连运输到上海只需要 24～26 小时。除和獐子岛合作之外，京东于近期宣布与北京、河北共 18 家果蔬农业基地达成合作，推出新的概念“互联网定制私人农场”，并且推出“地主”产品，在此基础上京东还提供农产品定期宅配。据悉，消费者登录京东认领私人农场后，便可在京东生鲜

基地认领土地“当地主”，收获各类果蔬，足不出户享受果蔬到家服务。

10.5.3 以大数据追溯体系保障电商农产品质量安全

农产品从田间到餐桌，供应链长，环节多，质量安全的影响因素多。在农产品生产环节，如何保障农产品不滥用农药、化肥？在流通环节，如何保障仓储中不滥用添加剂？如何保障运输和配送中冷链 不“断链”？这些问题足以让电商头大。作为电商，如何控制农产品质量安全，成为生鲜“触网”障碍。农产品作为信任产品，安全看不见，摸不着，因此，质量追溯尤为重要。

大数据的出现，为提高农产品全覆盖追溯提供了可能。凭借农业物联网高端技术，通过 RFID、定位跟踪、传感器件、信息安全及物联网集成技术，建立电子商务产品追溯平台，以农产品条码数据库为核心，链接国家、地方、企业农产品质量安全数据库、产品质量信用数据库、标准数据库、检测数据库等已有的资源，建设面向消费者、可以通过手机移动终端查询及互动的开放式质量诚信平台标准作为电子商务平台的诚信评判依据，实现数据实时对接，进行假冒伪劣产品的自动监管。

1. 电商可与农产品质量安全大数据库对接，进行上下游质量追溯

通过农产品身份唯一性的标志，向上追溯可以实现农产品生产环境、投入品追溯，通过企业身份代码和商品唯一编码采集、关联电子商务商品生命周期中生产、检测、销售、物流等质量追溯信息，提供追溯验证、追溯分析、商品验证、品牌服务等功能。利用物联网智能追溯系统，收集所有数据源，并建立农产品质量安全信息追溯大数据中心，将农产品生产、物流的信息相关联，形成完整的信息追溯链。通过建立农业种植、养殖，农产品运输、批发（配送）交易，零售、团体采购等监管子系统，实现从农产品生产批发到零售终端相关信息的正向跟踪和农产品零售终端到农产品来源相关信息的逆向溯源，通过大数据控制和有效分析，真正实现农产品质量安全监管的突破。

2. 消费终端质量查询，吃的放心

应用移动互联网、二维码等技术，将编码查询、产品查询、标准查询、追溯查询、防伪查询、保质期查询、物流溯源查询等电子商务商品追溯信息融合，建立信息追溯服务平台，供消费者查询，提高产品信誉度。比如一箱玉田包尖白菜，消费者可通过查询终端追溯到：河北省唐山市玉田县玉田镇桃源村 55 号地 2013 年 8 月 20 日种，2013 年 9 月 29 日收，种植户桃源合作社，桃源运输公司运输到新发地。具体编码采用二维编码技术和 CPC 商务产品编码体系。

3. 建立电商供应链质量安全信息共享机制，合作共赢

实现供应商与采购商信息交互，建设与网上交易相适应的信息交换机制，提升电子商务企业的诚信水平，建立质量安全共享平台，推动大中型电子商品平台与电子商务追溯平台对接。平台根据企业和电商需求使产品认证信息与各个环节无缝衔接在一起，并得以有效地应用。在现行政策下，通过优化结构、引入新技术、拓展新运营模式，使系统平台与电子商务、移动商务平台合作共赢。

4. 可实现农产品质量安全可视化监控

在生产环节，电商可利用物联网、无线互联、大数据背景，在每地块、每个大棚、每个猪舍等生产地都可建立监视系统和标准化档案管理体系。监控生产过程和肥料、农药等投入品使用状况等，使消费者真正吃得放心。在物流环节，如利用 RFID、GIS、GPS、车载终端、物联网等运输智能系统，通过收集数据和处理，可以提高物流运作水平，根据农产品流向、流量，合力调配运输车辆，减少物流资源浪费，节约时间，加速周转，从而加速保质期内的周转；利用车辆“黑匣子”，可以监测温控设施的使用情况，时时监控冷链车辆运行参数，通过冷链保证农产品质量安全。比如监控调度终端接收到智能车载终端发出的紧急报警信息，自动显示对话框并发出声响报警提示；终端通过 GPS 接收模块实时接收车辆当前 GPS 定位信息，并根据监控指挥中心的要求或设定方式，向中心发送；车载 GPS 终端采用温度电子标签监测冷运车辆的冷藏箱温度，实时传输到监控中心，用户可通过互联网方便地查询冷藏车的温度变化。

10.5.4 大数据促进农产品电商供应链线上线下深度融合

目前，农产品电子商务的 B2C 平台完成了电商企业与用户之间“以数据形式面对面”消费模式转变，积累了海量用户基础信息与交易数据，作为企业与消费者之间的桥梁纽带，B2C 农产品电子商务平台应更充分发挥其信息聚合挖掘能力，实现企业大规模同质化生产能力与消费者个性化需求有机对接，引导电商企业向“柔性化按需生产、个性化精准定位、社会化核心聚焦”逐步转型。农产品供应链“冷”“快”要求与现状的“小”“少”“弱”“散”所导致的直接后果是农产品物流费用偏高。如果农产品电商能够依托现代高新信息技术形成的由生产到消费整个信息采集，使农产品电子商务与供应链的信息化管理相结合，将农产品从收购、加工、运输、分销直至最终送达客户手中的这一过程链条化，对整个供应链系统中的物流、信息流、资金流进行计划、协调、操作、控制和优化的各种活动和过程进行大数据化管理，最终将顾客所需要的产品在正确、最快的时间，以准确的数量、要求的质量和状态送到正确地点，达到总成本最小。这样就

是把农产品供应链上的各企业内部及节点企业之间的各种业务看作一个整体功能过程，形成集成化、数据化供应链管理体系，对物流、信息流和决策流进行有效的控制。这种数据化经营模式将会极大地促进农业经济全球化的进程。

大数据下的农产品电子商务供应链将企业之间的竞争转使化为供应链之间的竞争，供应链电商互联网服务平台可以实现供应链交易过程的全程电子化，彻底变革传统的上下游商业协同模式，实现线上线下的深度融合。大数据对农产品电商供应链影响明显，主要表现在以下 5 个方面：

（1）大数据可以利用模型预测控制技术，准确判断农产品供应链的整体需求方向和需求量，提升市场反应速度，控制成本，优化运营流程。

供应链上终端消费量地变动必然会引起上游各环节的变动。大数据的使用可对其供应链进行翔实地掌控，更清晰地把握库存量、订单完成率、物料及产品配送情况等，进行合理的库存优化，并协助需求发生急剧变化环境下订单计划的制定；通过预先进行大数据分析来调节市场供求，合理配置市场资源和进行有效的调控，利用新的营销策划来优化销售渠道战略，完善农产品供应链战略及市场竞争的优先权，从而增加企业利润。

（2）大数据可以用于风险的分析、警示和控制。

随着农产品电商供应链变得越来越复杂，必须采用更好的工具来迅速高效地发挥数据的最大价值。在大数据与预测性分析中，有大量的供应链机会。例如，问题预测可以在问题出现之前就准备好解决方案，避免措手不及造成经营灾难。通过大数据进行行情分析和价格波动分析，可以尽早对风险提出预警。比如下单前考虑好仓库容量限制，以及保存期限等各种各样的条件考虑，从而计算出最合适的下单量；对未来需求量进行预期，从而决定最合适的进货量；通过大数据对未来市场进行长期分析，从而在最恶劣事态出现的情况下也可以将损失降到最低。

（3）可以利用大数据对目标客户进行资信评估。

在客户同意的情况下，利用大数据可以对客户的财务数据、生产数据、电水消耗、工资水平、订单数量、现金流量、资产负债、投资偏好、成败比例、技术水平、研发投入、产品周期等一系列数据进行研判，这些数据可以作为评判的指标，可应用于对短期小额贷款的审批。

（4）大数据可用于农产品电商打造“智慧供应链金融平台”。

供应链金融服务，主要从整个供应链管理角度出发，提供综合财务金融服务，将处于供应链条上的相关企业（在电商领域，即为入驻平台的农产品卖家）作为一个整体，根据交易中构成的链条关系和行业特点设定融资方案，将资金有效注入到供应链上的相关企业（卖家），提供灵活运用的金融产品和服务。农产

品供应链上下游企业的订单、应收账款、存货和运输仓储等信息可以通过该平台进行分类，归集和传递到所需的供应链各方。银行通过实时分析处理业务项下的额度信息、交易信息、资金信息、物流信息等各类数据，自动识别和控制信用风险。同时，供应链上企业可以在线随时测算当前可以在银行申请贷款的金额，自助发起融资申请，平台在线自动审批，实时放款。由于大数据的助力，银行缓解了核心供应商的应收账款问题，也加快了供应商的销售货款回收。大数据给银行跨区域授信带来了便利。有专家将数据供应链金融服务模式称为"1＋N"模式，"1"就是核心，"N"指经销商和供应商。这种模式最早在汽车行业实行，现在已经拓展到很多行业，银行也和物流公司、仓储监管部门、保险公司等建立了不同程度的合作关系。

供应链线上化已经成为必然的趋势，充分利用交易数据信息，可以有效解决信息不对称的问题，也为金融供给的数量和方向奠定了基础。互联网供应链金融不需要任何"物"的担保物，但是必须有信用担保，而信用是靠大数据积累起来的。在大数据对供应链各个环节都造成一定影响的情况下，供应链金融具备了速度、流程、融合的特点。具体来说，大数据供应链金融交易速度极快，对支付速度的要求也相应较高；大数据供应链金融所具备的信息化和透明化特点便于平台操作，所以不可能再依赖于核心企业发展流程；大数据供应链金融融合则包括制造业、商贸业、金融业、物流业及市场的融合。基于供应链金融的这些新特点，通过提供交易信用拔高的形式使客户能够获得免担保的银行授信是大数据分析与金融结合的创新需求，而电商、金融、物流合建平台则成为一种新趋势。平台汇集了电商大数据，与支付系统集成、交易融资系统集成达到了信息流、资金流、物流、商流的统一，并确保了交易资源和贸易行为的真实可靠。

（5）大数据促进供应链线上线下资源融合，协同农产品物流升级转型。

供应链电子商务以企业级内部 ERP 管理系统为基础，在统一了人、财、物、产、供、销各个环节的管理，规范了企业的基础信息及业务流程的基础上，可以建立全国范围内农产品经销商的电子商务协同平台，并实现外部电子商务与企业内部 ERP 系统的无缝集成，实现商务过程的全程协同，使农产品商贸、金融和物流 3 大服务业的合作看作物流业的升级转型，同时，利用供应链电子商务可以把供应链上下游的供应商、企业、经销商、客户等进行全面的业务协同管理，从而实现高效的资金周转。而在转型的过程中，做到信息透明、物流操作控制及防控供应链金融风险至关重要。实现线上资金流和信息流流通，客户关系管理与信息管理一体化，实现供应链业务协同，完善企业的信息管理，通过平台帮助企业快速地实现信息流、资金流和物流的全方位管理和监控。

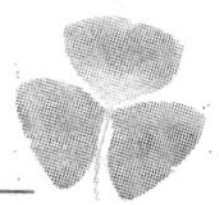

10.5.5 大数据打造诚实守信的农产品电商环境

根据中国互联网络信息中心（CNNIC）第 34 次公布的数据显示，截至 2014 年 6 月，我国网民规模达 6.32 亿，比 2013 年年底增加 1442 万人，其中有 3 亿人使用电子购物，占网民总数的 50%。最近，中国电子商务协会发布的电子商务诚信报告显示，现在有接近 25%的企业和 26%以上的个人都认为电子商务中最让人担心的一个问题就是“诚信”。“宝可不淘，信不可弃”是古老的商业规则，在社会道德当中具有基础性地位，既是现代市场经济的精髓，又是社会主义核心价值观倡导的重要内容。《2014—2020 社会信用体系建设规划纲要》的出台，将成为我国经济体制改革过程中“从市场体系向信用体系发展”具有里程碑意义的转折点。如果你要表述一个单位的诚信、一个人的诚信、一个企业的诚信、一个国家的诚信，当然需要评级体系和制度。这些都是跟数据有关系的。

农产品网购火爆的同时，电商服务也备受投诉。无论是专家、第三方机构还是媒体、用户评分，电商售后服务得分低，是对消费者服务的薄弱环节。农产品电子商务在配送、产品退换货等环节，依然是短板所在。电商不诚信的表现主要在以下几个方面：发布虚假信息，实施网络诈骗；商品质量低劣，以次充好误导消费者；不履行服务承诺，不能在承诺的时间内及时送达，影响了消费者的信心；商业秘密和客户隐私得不到保护，等等。

“每天，我们拥有 6000 多万笔交易，流动着的是 6000 多万份诚信。”正如马云在“诚信创造价值”研讨会上所说，“发生交易的双方互不认识，最终靠的正是诚信”。如何建立一个诚信的电商环境？大数据给出了大智慧，阿里诚信体系值得借鉴。“好评”“差评”的信用评价体系，是阿里巴巴诚信系统建设的缩影。由用户信息认证体系、信用等级评价体系、业务流程保障体系、惩恶体系、扬善体系、平台外开放合作体系及大数据底层信息体系 7 大体系组成的阿里诚信体系，形成行业诚信基本规则，通过诚信体系，阿里可形成大量个人或企业的信用报告。阿里诚信体系的基础就是海量的大数据、云计算，阿里巴巴各平台上的数据全部打通，用于建立一个大数据信息体系。这些数据经过顶级的专业数据分析和复杂的数据模型运算，用以支撑阿里诚信体系中的每一个小环节。比如在阿里平台上的各种基于诚信等级的排名，就是通过海量交易数据、评价数据的运算和分析最终得出的。其特色体现在以下几方面：

1. 建立海量诚信信息数据库

阿里诚信体系有 3 亿实名用户，覆盖近一半的中国网民，涵盖购物、支付、投资、生活、公益等上百种场景数据，每天的 PB 级数据相当于 5000 个国家图书馆的

信息量。数据包括商家的身份信息及发布的信息；支付宝实名认证创造性地使用“双因子”认证方式对个人身份进行认证；消费者对每一笔交易给商家的评价记录，让消费者对卖家的商品描述真实性、服务态度进行描述：不正当竞争、违规价格促销等会被记录在案。这里的每个商家都是真实存在、可以追根溯源的。

2. 快速的数据处理及信用评价

淘宝网建立以星、钻、皇冠等为等级和标志的商家信用等级体系，并标注在商家网店显著的位置上，供消费者参考；早在2010年，阿里就已经建立了“淘宝小贷”，通过对贷款客户下游订单、上游供应商、经营信用等全方位的评估，就可以在没有见面的情况下，给客户放款，这当然是对阿里平台上大数据的挖掘。数据来源于“聚石塔”——一个大型的数据分享平台，它通过共享阿里巴巴旗下各个子公司（淘宝、天猫、支付宝等）的数据资源来创造商业价值。这款产品就是大数据团队把淘宝交易流程各个环节的数据整合互联，然后基于商业理解对信息进行分类储存和分析加工，并与决策行为连接起来所产生的效果。同时，2014年阿里还利用“互联网纯信用贷款”模式，用大数据助推互联网金融。小微企业在申请小额贷款的时候，阿里诚信体系几秒钟之内就能作出判断。支付宝的一切行为，都在记录所有商家和用户的行为细节的数据，后面有一套体系进行测算。没有任何担保、抵押，就可以办贷款手续，因为对方的信用大概是在什么范围内，这套体系已经算好了，让守信用的人赚钱，让不守信用的人不赚钱。

3. 开放的数据源

一方面，阿里巴巴与其他企业开展合作，对有限制的数据结果进行分享，并将阿里巴巴对用户信用评估的结果应用在外部场景中，如与百合网合作，将阿里巴巴平台上的个人信用评分用作百合网会员诚信度的参考标准。另一方面，阿里巴巴积极与政府机构合作，共同建设社会诚信体系。截至目前，阿里巴巴已与浙江省政府、杭州市政府等多个政府部门开展诚信建设方面的合作，涵盖公安、工商、质监等多个领域。一套有效的信用等级评价体系让网络诚信“落地”。“诚信通”给每个商家建立诚信档案，将商家每一笔交易都记录在诚信档案中，诚信档案向所有用户开放，客户都可以查询。淘宝网建立以星、钻、皇冠为等级和标识的商家信用等级体系，客户可以查看消费者对店铺商品的每一个评价，了解第一手消费体验。全民动员、全民参与，让信用等级评价体系更开放、更高效。

4. 数据监控

阿里巴巴从业务发展之初，就开始摸索对网上交易出现的非诚信体系的遏制和打击手段，着手建立一系列对网上行为的监控措施，识别可能出现的非诚信商家和行为，进行惩恶扬善。阿里安全团队以大数据技术为基础，投入巨大资源，

建立庞大、复杂的技术监控体系，实时监控各种异常行为的发生，并进行实时的处置。打击的行为包括欺诈、账户盗窃、违反知识产权、售卖假冒伪劣商品、售卖国家法律禁止或限制销售的商品、违法信息发布等多个领域的不诚信行为。阿里巴巴一直坚信“诚信等于财富”，对诚信行为采取多方面的鼓励措施，将信用体系积累的信用等级直接融入业务流程的设计之中，利用有利于信用优良用户的搜索排序机制、流量分配机制、营销活动参与机制等，坚持让信用好的商家获得更多更好的商业资源，使信用与商业价值高度关联，促使商家真正将信用视作生命一样去重视和维护。

阿里的诚信已经远远超出了商业的范畴。一是法律层面。由 7 大体系组成的阿里诚信体系，形成了行业内的基本规则，为我国电子商务诚信体系的法律推进积累了实践经验。二是道德层面。阿里不仅为广大商户提供了一个实现支付的行业平台，而且确立了一种“让诚信的人先富起来”的商业伦理。三是技术层面。阿里始终紧跟时代的步伐，把大数据作为继平台、金融之后发展的战略，思考谋划对现有和未来数据的挖掘和使用。“惩恶扬善机制”是保障诚信的关键。阿里巴巴一位负责人说，他们现在每天发生欺诈案件的概率是每百万笔交易会发生7～8起，在惩治假冒伪劣行动中，去年在网络上发现的 1.2 亿件商品都及时下架，同时对于涉及 140 万人次的卖家进行了相应的处罚。大数据是互联网的未来，网商贷高级版，是阿里巴巴以“数据公司”之名在外贸市场最淋漓尽致的一次表演。网商贷高级版，一语概之，是阿里巴巴基于其一达通外贸平台推出的中小企业纯信用贷款产品，主要是利用大数据作为企业诚信凭证，用互联网调动传统银行的资本为信用可靠的中小企业服务。用信用换财富，企业在一达通平台上交易时产生的大数据，是外贸企业的信用凭证，也是网商贷高级版的基础。

10.6 大数据成就农产品“电商传奇”

“东奔西跑，不如回家淘宝”，这一标语出现在浙西南遂昌县三仁畲族乡各村的墙上。遂昌县总面积 2539 平方公里，总人口 23.1 万，辖 9 镇 11 乡，203 个行政村。近年来，县农产品电子商务发展引人注目，创造了一个个被广泛提及的名词——“麦特龙”“遂昌模式”。2012 年年底，全县共有网商 1500 多家（见图 10－4），电子商务从业人员已经超过了 6000 人，电子商务网上零售总额近 2 亿元，电子商务的发展带动了一大批中小微企业和农民专业合作社的快速发展，形成了一个以网店协会为平台，以政府部门为后盾，联结网商、供应商及第三方服务机构合作共赢的电子商务生态圈。“农户＋公司＋网络”的模式正在广泛蔓延，电子商务已经成为遂昌打造的“第二条高速公路”。“从自然和人文禀赋来讲，遂昌是名副其实的‘生态谷’，在生态文明和信息化潮流席卷下，遂昌更可以成为一个‘智慧生态谷’。”眼下，遂昌正立足生态优势，打造生态化、电商化、标准化、人本化的遂昌品牌。

一个生态农业颇具特色，但是信息闭塞、营销手段缺乏、交通不便的小山城，是如何守着“金山”过幸福日子的？

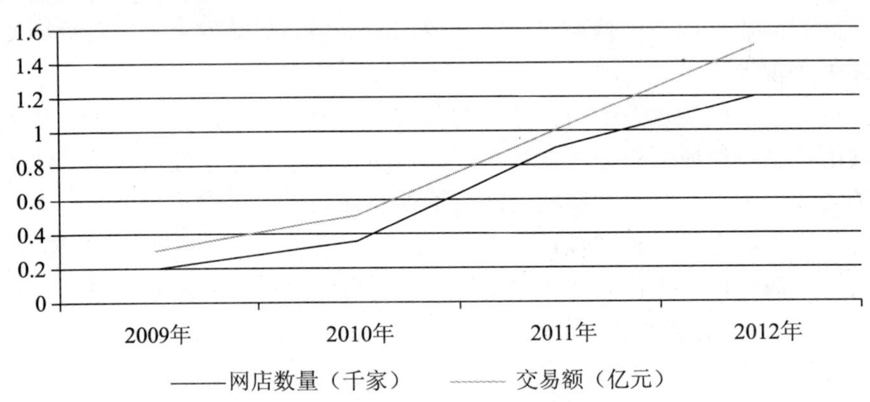

图 10-4　遂昌县网店协会店数量及交易额变化趋势

1. 政府引导，四驱联动，共同打造遂昌模式

政府、协会、农民、合作社四驱联动，探索农村电子商务发展的“遂昌模式”。2003 年以来，县政府扮演推手角色，将电子商务作为经济转型升级的重要手段大力推进，全力打造遂昌县山区科学发展示范区的升级版。将各方优势、特长发挥到最大化，一个个将“单兵作战”变成“抱团作战”。农民在生产第一线做自己擅长的事，生产出优质农产品，管好农业生产基地；组织网店协会，以最灵活的营销方式，打开农产品营销渠道；政府出政策出资金做协调，各主管部门做好服务和监管。2012 年 5 月 17 日，与阿里巴巴集团淘宝网签订战略合作协议，并成立了领导小组，同年 9 月，在阿里巴巴集团淘宝网的大力支持下，着手准备开设全国首家县级特色馆。2013 年 1 月，淘宝网中国特色·遂昌馆正式开馆。

2. 协会搭建电商平台，聚合各方资源

网店协会是“遂昌模式”电子商务的关键节点，遂昌县网店协会于 2010 年 3 月 26 日正式成立。作为非营利组织性质的遂昌网店协会，协会的定位是服务性、互助性、自律性。网店协会是实现网店会员与供应商“信息共享、资源互补”的服务性公共联合平台。协会以发展及培养优秀卖家为核心主体，致力于不断增强卖家

力量，帮助所有会员成长进步，进而推动本地电子商务的稳步健康发展，努力维护卖家的形象和协会成员各项权益，打造一个真诚的，互帮互助的交流团体为己任。在集中优秀卖家的基础上，通过协会定期筛选、推介优质供应商，与卖家形成互为关系销售联盟，在共同发展的目标下，坚持诚实守信价值观，形成一个产业上下游互动、诚信经营，自律互助的组织。遂昌县网店协会的加入实现了当地农产品电子商务的集约化营销。它向上整合了120家供应商资源，通过寻找农业合作社、生产基地和一些零散农民，将他们的产品资源集中到会员仓储配送中心——麦特龙分销平台，之后做好产品包放在网上。网商们只要将产品包放进自己的网店里销售，接到订单之后再来分销平台上下单，实现了统一配送和物流。

3.“麦特龙”仓储＋线下实体超市，打造线下一体化服务平台

在遂昌开一家淘宝店，你不用担心货源和物流。这里的淘宝店主只要在下午3点前，他们需要将成交的订单交到县城的麦特龙超市。如果想上新货，你可以去麦特龙超市拍照，放在自己的淘宝网店上。如果经营不顺利，店主可以在协会的Q群交流，参加各种免费培训。因此在遂昌出现了没有电脑知识基础的四五十岁的大妈，却在两年时间里开出四钻网店的案例。“麦特龙”仓储式特产超市兼顾线下实体销售和为网店协会会员提供仓储、代发货、物流、配送等多功能为一体的新型创业服务平台。“麦特龙”的释义由此而来，“麦”为买卖，“特”为乡土特产，“龙”指仓储、发货、物流、配送一条龙服务 。

4.“网络销售、网络代购两步走”实现农村农产品和生活用品双向物流

农村电子商务的崛起，带给山区人民全新的经营理念。开网店已成为时下很多年轻大学毕业生、下岗工人、农村务工人员创业、就业的重要渠道，他们开始适应网络销售，依靠“遂昌馆”，迅速找到了市场，同时“网络销售、网络代购两步走”实现农村农产品和生活用品双向物流。相信未来在阿里的支持下，遂冒打造中国最大的农村电子商务服务网络将成为现实。

参考文献

[1] 中云网．大数据在农业生产中的应用［EB/OL］．［2013－08－09］．http://www.ciotimes.com/bi/alfx/82912.html.

[2] 腾讯科技．农业公司偏爱大数据，孟山都收购天气保险公司[EB/OL]．[2013－10－03]．http：//tech.qq.com/a/20131003/005491.htm.

[3] 福布斯中文网．Farmeron 用云技术促进农产品生产［EB/OL］．

[2012-08] . http://www.forbeschina.com/review/201208/0019117.shtml.

[4] 36大数据. 硅谷生鲜电商 Grub Market 新玩法 Lyft + 大数据 [EB/OL]. [2014-09-17] . http://www.36dsj.com/archives/13289.

[5] 中国供销合作网. 山东成立国内首家农业大数据产业技术创新战略联盟 [EB/OL]. http://www.chinacoop.gov.cn/HTML/2013/07/08/86844.html.

[6] IT专家网. M6社区生鲜店利用大数据，实现逾20%综合毛利率 [EB/OL]. http://datacenter.ctocio.com.cn/406/12781406.shtml.

[7] 遂昌模式 如何让农产品电商平台落地 [J]. 创新科技，2014 (7).

[8] 遂昌县网店协会简介 [EB/OL]. [2010-03-24] . http://www.wdxh.org/About.aspx.

[9] 阿里研究网. 阿里农产品电子商务白皮书 (2013). http://www.aliresearch.com/blog/article/detail/id/18882.html.

[10] 陈云海. 大数据处理对电子商务的影响研究 [J]. 电信科学，2013，29 (3)：17-21.

[11] 王茜. 大数据环境下电子商务个性化推荐服务发展动向探析[J]. 商业究，2014 (8)：150-154.

[12] 刘志超，等. 大数据时代的电子商务服务模式革新 [J]. 科技管理研究，2014，34 (1)：31-34.

[13] 姜姝. 大数据下的电子商务逆思维 [J]. 中国信息化周报，/2013年/7月/22日/第031版产品与技术.

[14] 杨聚平. 电商物流中"最后一公里"问题研究 [J]. 商业经济与管理，2014 (4)：16-22.

[15] 吴倩. 电子商务发展的新趋势：C2B模式研究 [J]. 商业时代，2013 (33)：63-64.

[16] 王娟娟. 电子商务时代的物流发展分析 [J]. 中国流通经济，2014 (3)：54-59.

[17] 王岩. 电子商务推动现代物流创新发展的路径探讨 [J]. 商业时代，2014 (8)：23-24.

[18] 张冲. 电子商务物流发展模式分析 [J]. 电子商务，2014 (4)：100-101.

[19] 郭林. 电子商务物流配送模式比较——以淘宝网与京东商城为例[J]. 商业时代，2013 (16)：42-43.

[20] 周露莎. 论大数据在电子商务领域的应用 [J]. 中国电子商务，2014 (1)：15-17.

11　驾驭大数据的技术与方法

11.1　大数据技术分类

面对大数据时代，农产品物流只有迎头赶上，抓住机遇，才能够让实体农产品物流世界变成虚拟物流信息世界，才能满足农产品物流“快”“准”“优质”的要求。大数据时代的超大数据体量和占相当比例的半结构化和非结构化数据的存在，已经超越了传统数据库的管理能力，大数据本质上也是数据，其关键的核心技术依然逃不脱大数据存储和管理、大数据检索使用（包括数据挖掘和智能分析）方面。因此，围绕大数据，一批新兴的数据挖掘、数据存储、数据处理与分析技术将不断涌现，让我们处理海量数据更加容易、更加便宜更加迅速。在农产品物流中，由于冷链物流、仓储等大体量和非结构化数据的存在，大数据技术将成为农产品物流企业业务经营的好助手，甚至可以改变物流行业的经营方式。

支撑大数据应用的技术主要可以分为数据采集、数据传输、数据存储、数据管理、数据分析与挖掘 5 大类。

11.1.1　数据采集类

数据是指通过 RFID 射频数据、传感器数据、EDI 交互数据及移动互联网数据等方式获得的各种类型的结构化、半结构化（或称之为弱结构化）及非结构化的海量数据，是大数据知识服务模型的根本。数据采集与处理的新技术、新方法，直接或间接地引发其革新和变化，实时监控（远程监控）与仿真技术（包括传感器、数据采集、微机芯片数据、可编程控制器 PLC、现场总线处理、流程控制、曲线与动画显示、自动故障诊断与报表输出等）把数据采集与处理技术提高到一个崭新的水平。数据采集含义很广，包括对面状连续物理量的采集，同时，在计算机辅助制图、测图、设计中，对图形或图像数字化过程也可称为数据采集，此时被采集的是几何量（或包括物理量，如灰度）数据。

数据采集即采集信息端，即识别、定位和感知。首先是身份识别，对每一个管理单元都要求有身份识别，包括人、车、农产品、单位等。身份识别决定了管理精度或者是管理颗粒度。其次是位置管理，定位是一项基础技术。农产品物流是通过时空管理创造价值的，所以位置是非常重要的一个要素，位置管理会成为采集信息的一个重要方面。最后是感知，通过传感器、摄像头、或者其他设备采集需要管理的信息。

数据采集技术广泛应用在各方面，摄像头、麦克风都是数据采集工具。被采集数据是已被转换为电讯号的各种物理量，如温度、水位、风速、压力等，可以是模拟量，也可以是数字量。采集一般是采样方式，即隔一定时间（称采样周期）对同一点数据重复采集。采集的数据大多是瞬时值，也可是某段时间内的一个特征值。准确的数据测量是数据采集的基础。数据测量方法有接触式和非接触式，检测元件多种多样。不论哪种方法和元件，均以不影响被测对象状态和测量环境为前提，以保证数据的正确性。在互联网行业快速发展的今天，数据采集已经被广泛应用于互联网及分布式领域，数据采集领域已经发生了重要的变化。首先，分布式控制应用场合中的智能数据采集系统在国内外已经取得了长足的发展。其次，总线兼容型数据采集插件的数量不断增大，与个人计算机兼容的数据采集系统的数量也在增加。国内外各种数据采集机先后问世，将数据采集带入了一个全新的时代。

11.1.2 数据传输类

数据传输就是依照适当的规则，经过一条或多条链路，在数据源和数据宿之间传送数据的过程，也表示借助信道上的信号将数据从一处送往另一处的操作。物流的信息传输技术目前基本定位在移动互联网技术，用互联网的标准架构，能够支持实时管控的要求，技术主要体现在智能终端上。人、车、货实现无线通信是通过两类智能终端，一类是手持终端，跟着人走；一类是货载或车载终端，跟着物走。这两类终端分别承载着移动通信的基本职能，同时它又是采集信息的Hub（转发器）。

随着近年来SOA（面向服务技术架构）的兴起，越来越多的信息化管理应用系统开始进行分布式的设计和部署。系统由原来单一的技术架构变成面向服务的多系统架构。原来在一个系统之间可以完成的业务流程，通过多系统之间的多次交互来实现。应用系统之间数据传输有3个要素：传输方式，传输协议，数据格式。数据传输方式一般包括以下几种：

1. Socket 数据传输方式

Socket（插座）数据传输方式是最简单的交互方式，也是典型的C/S（Client/Server，客户机/服务器）交互模式。有了这样一种接口技术，一台计算机就可以通过软件与任何一台具有Socket接口的计算机进行通信，端口在计算机编

程上，也就是Socket接口。一台客户机，一台服务器。服务器提供服务，通过IP地址和端口进行服务访问，而客户机通过连接服务器指定的端口进行消息交互，其中传输协议可以是TCP/IP协议。如图11－1所示。

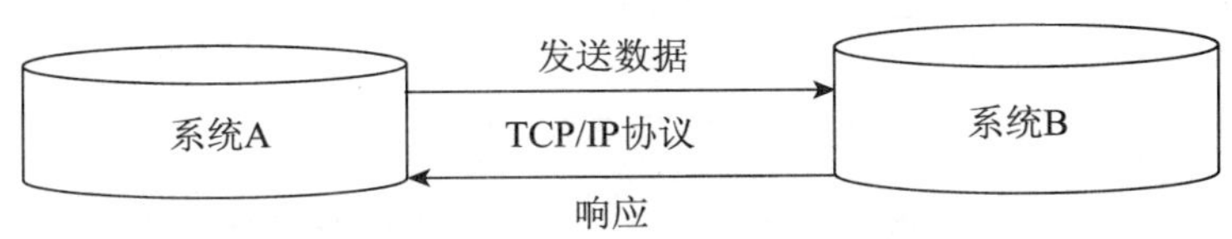

图11－1 Socket数据传输方式

目前，我们常用的http调用接口，Java远程调用接口，Webseirvces，都是采用的这种方式，不同的是传输协议及报文格式不同。Socket方式具有易于编程、容易控制权限、通用性比较强的优点。

2. FTP/文件共享服务器方式

对于大数据量的交互，采用这种文件交互方式最适合不过了。系统A和系统B约定文件服务器地址、文件命名规则、文件内容格式等内容，通过上传文件到文件服务器进行数据交互，如图11－2所示。

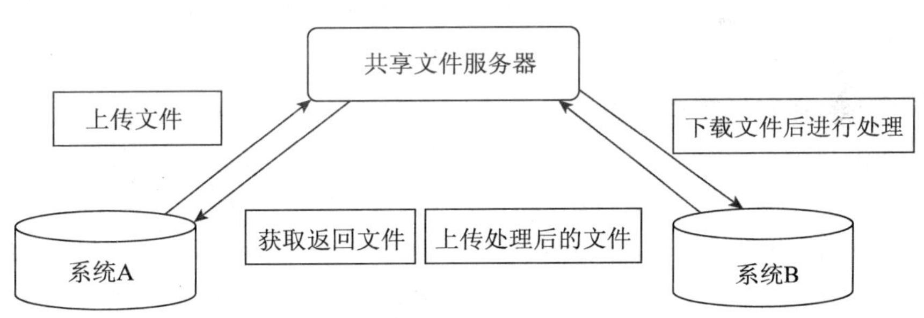

图11－2 FTP/文件共享服务器方式

最典型的应用场景是批量处理数据。例如，系统A把今天12点之前要处理的数据生成一个文件，系统B第二天凌晨1点进行处理，处理完成之后，把处理结果生成一个文件，系统A 12点再进行结果处理。这种状况经常发生在A是事物处理型系统，对响应要求比较低，不适合做数据分析型的工作，而系统B是后台系统，对处理能力要求比较低，适合做批量任务系统。这种方式在数据量大的情况下，可以通过文件传输，不会超时，不占用网络带宽。同时，方便简单，避免了网络传输。

3. 数据库共享数据方式

系统A和系统B通过连接同一个数据库服务器的同一张表进行数据交换。当系统A请求系统B处理数据的时候，系统A插入一条数据，系统B选择系统A插入的数据进行处理，如图11-3所示。

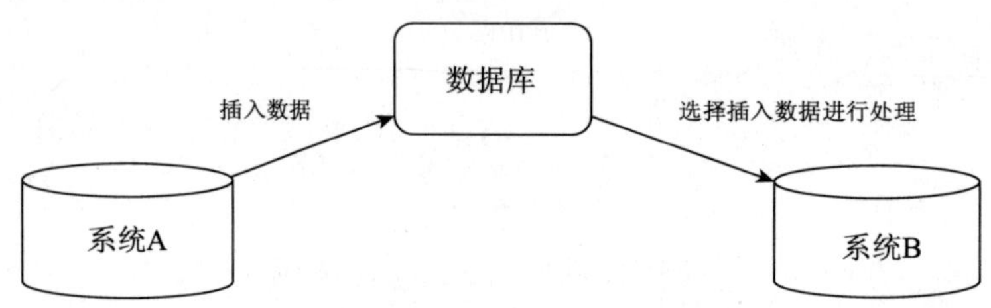

图11-3 数据库共享数据方式

这种方式相比文件方式传输来说，因为使用的同一个数据库，交互更加简单，而且，交互方式比较灵活，通过数据库的事务机制，还可以做成可靠性的数据交换。但是存在一定缺陷，由于数据库的连接池是有限的，导致每个系统分配到的连接不会很多，当连接B的系统越来越多的时候，可能导致无可用的数据库连接；一般情况，来自两个不同公司的系统，不太会开放自己的数据库给对方连接，因为这样会有安全性影响。

4. Message数据传输方式

Java消息服务（Java Message Service，JMC）是Message数据传输的典型的实现方式。系统A和系统B通过一个消息服务器进行数据交换。系统A发送消息到消息服务器，如果系统B订阅系统A发送过来的消息，消息服务器会将消息推送给B。双方约定消息格式即可。目前，市场上有很多开源的JMS消息中间件，如图11-4所示。

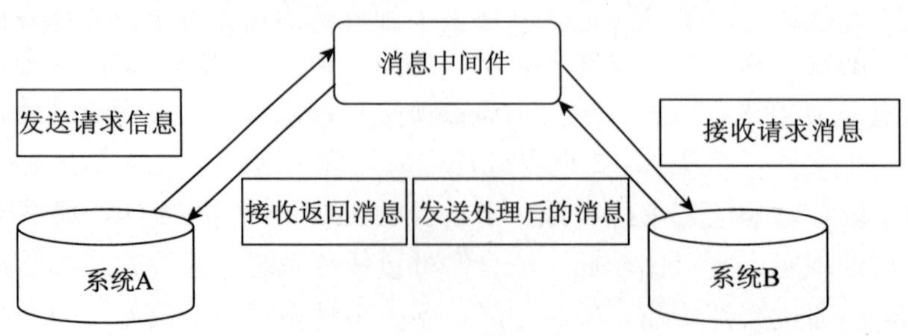

图11-4 Message数据传输方式

这种方式由于JMS定义了规范，有很多的开源的消息中间件可以选择，而且比较通用，接入起来相对也比较简单。同时，通过消息方式比较灵活，可以采取同步、异步、可靠性的消息处理，消息中间件也可以独立出来部署。但是在大数据量的情况下，消息可能会产生积压，导致消息延迟，消息丢失，甚至消息中间件崩溃。

11.1.3 数据存储类

随着信息社会的发展，越来越多的信息被数据化，尤其是伴随着互联网的发展，数据呈爆炸式增长。从存储服务的发展趋势来看，一方面，是对数据的存储量的需求越来越大，另一方面，是对数据的有效管理提出了更高的要求。首先，存储容量的急剧膨胀，从而对于存储服务器提出了更大的需求。其次，数据持续时间的增加。最后，对数据存储的管理提出了更高的要求。数据的多样化、地理上的分散性、对重要数据的保护等都对数据管理提出了更高的要求。随着数字图书馆、电子商务、多媒体传输等的不断发展，数据从GB、TB到PB量级海量急速增长。存储产品已不再是附属于服务器的辅助设备，而成为互联网中最主要的花费所在。海量存储技术已成为继计算机浪潮和互联网浪潮之后的第三次浪潮，磁盘阵列与网络存储成为先锋。

数据存储是数据流在加工过程中产生的临时文件或加工过程中需要查找的信息，数据以某种格式记录在计算机内部或外部存储介质上。数据存储要命名，这种命名要反映信息特征的组成含义。数据流反映了系统中流动的数据，表现出动态数据的特征；数据存储反映系统中静止的数据，表现出静态数据的特征。数据存储技术经历了从手工管理到文件管理、再到数据库管理系统3个阶段，数据库技术中关系数据库占据了主要地位。互联网络的兴起，促使用户数据暴增，大数据时代已经来临，对存储介质容量和数据检索速度都提出了更高的要求，传统的关系数据库难以胜任这一角色。

常用的存储介质为磁盘和磁带。数据存储组织方式因存储介质而异。在磁带上。数据仅按顺序文件方式存取；在磁盘上则可按使用要求采用顺序存取或直接存取方式。数据存储方式与数据文件组织密切相关，其关键在于建立记录的逻辑与物理顺序间对应关系，确定存储地址，以提高数据存取速度。分为3类方式：

1. DAS（Direct Attached Storage）直接附加存储

这种存储方式与我们普通的PC存储架构一样，外部存储设备都是直接挂接在服务器内部总线上，数据存储设备是整个服务器结构的一部分。

2. NAS（Network Attached Storage）数据存储方式

全面改进了以前低效的 DAS 存储方式，采用独立于服务器、单独为网络数据存储而开发的一种文件服务器来连接所有存储设备，自形成一个网络。这样数据存储就不再是服务器的附属，而是作为独立网络节点而存在于网络之中，可由所有的网络用户共享。

3. SAN（Storage Area Network）存储方式

这是 1991 年 IBM 公司在 S/390 服务器中推出的 ESCON（Enterprise System Connection）技术。它是基于光纤介质，最大传输速率达 17MB/S 的服务器访问存储器的一种连接方式，创造了存储的网络化，顺应了计算机服务器体系结构网络化的趋势。SAN 和 NAS 系统已经可以利用类似自动精简配置（Thin Provisioning）这样的技术来弥补早期存储分配不灵活的短板。然而，之前它们消耗了太多的时间来解决存储分配的问题，以至于给 DAS 留有足够的时间在数据中心领域站稳脚跟。此外，SAN 和 NAS 依然问题多多，至今无法解决。

11.1.4 数据管理类

数据管理是利用计算机硬件和软件技术对数据进行有效的收集、存储、处理和应用的过程，其目的在于充分有效地发挥数据的作用。实现数据有效管理的关键是数据组织，随着计算机技术的发展，数据管理经历了人工管理、文件系统、数据库系统 3 个发展阶段。在数据库系统中所建立的数据结构，更充分地描述了数据间的内在联系，便于数据修改、更新与扩充，同时保证了数据的独立性、可靠、安全性与完整性，减少了数据冗余，提高了数据共享程度及数据管理效率。

1. 应用程序的人工管理阶段

20 世纪 50 年代中期以前，计算机主要用于科学计算，这一阶段数据管理的主要特征是：一是数据不保存。由于当时计算机主要用于科学计算，一般不需要将数据长期保存，只是在计算某一课题时将数据输入，用完就撤走。二是数据需要由应用程序自己设计、说明和管理，没有相应的软件系统负责数据的管理工作。三是数据不共享。数据是面向应用程序的，一组数据只能对应一个程序，因此程序与程序之间有大量的冗余。四是数据关联较强，不具有独立性。数据的逻辑结构或物理结构发生变化后，必须对应用程序做相应的修改，这就加重了程序员的负担。

2. 软件化的文件系统阶段

20 世纪 50 年代后期到 20 世纪 60 年代中期，这时硬件方面已经有了磁盘、

磁鼓等直接存取存储设备；软件方面，操作系统中已经有了专门的数据管理软件，一般称为文件系统；处理方式上不仅有了批量处理，而且能够联机实时处理。用文件系统管理数据具有如下特点：一是数据可以长期保存。由于大量用于数据处理，数据需要长期保留在外存上反复进行查询、修改、插入和删除等操作。二是由文件系统管理数据。同时，文件系统也存在着一些缺点，其中主要的缺点是数据共享性差，冗余度大。在文件系统中，一个文件基本上对应于一个应用程序，即文件仍然是面向应用的。当不同的应用程序具有部分相同的数据时，也必须建立各自的文件，而不能共享相同的数据，因此数据冗余度大，浪费存储空间。同时，由于相同数据的重复存储、各自管理，容易造成数据的不一致性，给数据的修改和维护带来了困难。

3. 数据库系统管理阶段

20 世纪 60 年代后期以来，计算机管理的对象的规模越来越大，应用范围也越来越广泛，数据量急剧增长，同时多种应用、多种语言互相覆盖地共享数据集合的要求越来越强烈，数据库技术便应运而生，出现了统一管理数据的专门软件系统——数据库管理系统。用数据库系统来管理数据比文件系统具有明显的优点，从文件系统到数据库系统，标志着数据库管理技术的飞跃。

4. 面向数据应用的资源化管理阶段

随着信息技术的进步，管理信息系统将面向大规模的组织提供业务支持，不仅要覆盖整个组织的各类业务，而且要覆盖整个组织（全国或者全球）。为此，作为管理信息系统的核心功能，数据管理进入一个新的阶段，具有以下新特点：一是管理面向数据应用，庞大数据已成为数据资源。二是对数据动态变化的管理。针对描述数据的数据（元数据）的管理，数据管理的方式（阶段）也会随之提升，致力发展处理企业数据生命周期的适当的建构、策略、实践和程序。三是管理方式趋向标准化。增加了通过标准化的手段描述流程、表单、数据项、算法等应用对象的数据（即它们对应的元数据），以及记录各类数据变化结果的档案，记录运行状态的日志等非直接面向业务的数据，以实现对各类应用业务需求的加载、变化、记录、复用等过程的管理。四是管理范围实现全覆盖。覆盖整个组织所有管理业务和所有用户的管理信息系统，将运行状态信息实时捕获，加以记录，综合分析，及时反映，实现整个系统运行时状态的综合管理。

11.1.5 数据分析与挖掘

数据分析是指用适当的统计分析方法对收集来的大量数据进行分析，将它们加以汇总和理解并消化，以求最大化地开发数据的功能，发挥数据的作用，是为

了提取有用信息和形成结论而对数据加以详细研究和概括总结的过程。由于数据分析只是在已定的假设，先验约束上处理原有计算方法，统计方法，就是数据、算法、统计、数值等，重点是将数据分析转化为信息，如果数据分析需要进一步的获得认知，转化为有效的预测和决策，这时就需要数据挖掘。数据挖掘一般是指从大量的数据中通过算法搜索隐藏于其中的信息的过程，通常与计算机科学有关，并通过统计、在线分析处理、情报检索、机器学习、专家系统（依靠过去的经验法则）和模式识别等诸多方法来实现上述目标。近年来，数据挖掘引起了信息产业界的极大关注，其主要原因是存在大量数据，可以广泛使用，并且迫切需要将这些数据转换成有用的信息和知识，获取的信息和知识可以广泛用于各种应用，包括商务管理，生产控制，市场分析，工程设计和科学探索等，如图 11 - 5 所示。

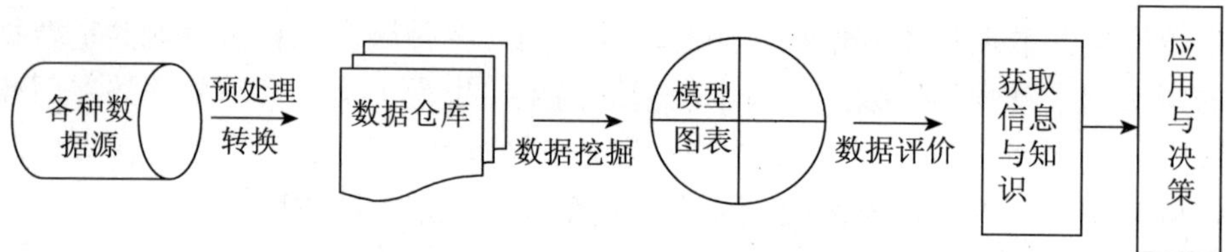

图 11 - 5　数据挖掘的应用流程

数据挖掘与数据分析两者紧密相连，具有循环递归的关系，数据分析结果需要进一步进行数据挖掘才能指导决策，而数据挖掘进行价值评估的过程也需要调整先验约束而再次进行数据分析。因此，从数据量上，数据分析的数据量可能并不大，而数据挖掘的数据量极大；从限制条件上，数据分析是从一个假设出发，需要自行建立方程或模型来与假设吻合，而数据挖掘不需要假设，可以自动建立方程；从数据对象上，数据分析往往是针对数字化的数据，而数据挖掘能够采用不同类型的数据，比如声音，文本等；从分析的结果上，数据分析对结果进行解释，呈现出有效信息，数据挖掘的结果不容易解释，对信息进行价值评估，着眼于预测未来，并提出决策性建议；在应用上，数据分析是把数据变成信息的工具，数据挖掘是把信息变成认知的工具，如果我们想要从数据中提取一定的规律（即认知），往往需要数据分析和数据挖掘结合使用，因此，只有数据分析与数据挖掘的完美结合，才能将数据的有用性发挥到极致。

传统针对海量数据的存储处理，通过建立数据中心，建设包括大型数据仓库及其支撑运行的软硬件系统，设备（包括服务器、存储、网络设备等）越来越高档、数据仓库等平台越来越庞大，但这些需要的投资越来越大，而面对数据的增

长速度，越来越力不从心，所以基于传统技术的数据中心建设、运营和推广难度越来越大。另外，一般能够使用传统的数据库、数据仓库和BI工具能够完成的处理和分析挖掘的数据，还不能称为大数据，这些技术也不能叫作大数据处理技术。

面对大数据环境，包括数据挖掘在内的商业智能技术正在发生巨大的变化。传统的商业智能技术包括数据挖掘，主要任务是建立比较复杂的数据仓库模型、数据挖掘模型，以进行分析和处理不太多的数据。也许由于云计算模式、分布式技术和云数据库技术的应用，我们不需要这么复杂的模型，不用考虑复杂的计算方法，就能够处理大数据，对于不断增长的业务数据，用户也可以通过添加低成本服务器甚至是PC机，来处理海量数据记录的扫描、统计、分析、预测。如果商业模式变化了，需要一分为二，那么新商业智能系统也可以很快地、相应地一分为二，继续强力支撑商业智能的需求。这实际是对传统商业智能的发展和促进，商业智能将出现新的发展机遇，面对风云变幻的市场环境，快速建模、快速部署才是新商业智能平台的强力支撑，而不是像过去那样艰难前行，难以承受商业运作的变化。

案例

我们已经处在大数据时代，大数据的应用和挖掘正在从互联网行业向传统的商业零售业渗透，带来的精准营销不但重新增加用户的黏性，也给传统商业带来直接的经济效益，减少了传统商业的管理成本，改变了以往物流仓储库存、配送等管理方式。世界各地的零售商业巨头已经利用大数据驱动市场营销、驱动成本控制、驱动产品和服务创新、驱动物流管理和决策的创新。大数据里面包含了企业运营的各种信息，如果能对它们进行及时有效地整理和分析，就可以很好地帮助企业做出经营决策，为企业带来巨大的增值价值效益，为商业零售业在电子商务的竞争下，找到了一条零售商业突围之路。

以物美集团为例，往日只记录购物明细的小票多目前多出来一截——“凭此券购买蔬菜、水果、肉类产品满100元立减20元”。这就是物美的最新应用大数据技术进行的商品关联促销。就在消费者结账机发出提示音的那一瞬间，消费者的购买信息已经传输到了物美北京总部的中央数据库，在数据库中，白菜、萝卜、苹果、梨等几十种商品早已被设置为“关联商品”，只要顾客购买任意一种，就会触发关联的促销提示。几秒钟内，当超市结账员的手还没摸到下一件商品时，中央数据库发出的关联促销信息就已传回到了超市的结账机，在小票打印程序内，自动增加了关联商品的优惠券内容。那么，物美集团在大数据物流的利用方面有哪些突破呢？

物美集团自1994年成立以来，一直在连锁超市领域摸索创新。据财报显示，物美上市公司统计的2009年营业额达到105.11亿元人民币，净利润为4.38亿元，而将集团下所有营业额统计出来则达到327亿元，用需求拉动供应，在竞争中物美提出“天天低价，永远物美”的口号。价廉物美的竞争力来自哪里？来自统一采购、统一配送、统一管理、统一结算和统一形象5个统一。物美在整合大卖场、综合超市和便利店3大采购系统之后，开始严格的内部成本控制和物流整合，这些措施都是基于信息的数据化管理。2008年，物美集团ERP项目（WINBOX）在旗下所有配送中心、大卖场、综超和便超成功上线，第一次实现了后台的SAP系统和前台的Retalix POS软件的集成；第一次在零售行业引入了商业智能（BW）系统；第一次在项目实施的过程中主动引入了SAP的保驾护航团队——Safe Guarding；第一次在业务蓝图开始之前引入了业务流程再造（BPR）；第一次实现了Owner制度；并在项目管理中第一次将SAP的双周滚动计划、风险监控融入一周作业指南，尝试将系统变革、业务变革、组织变革进行一体化运作。

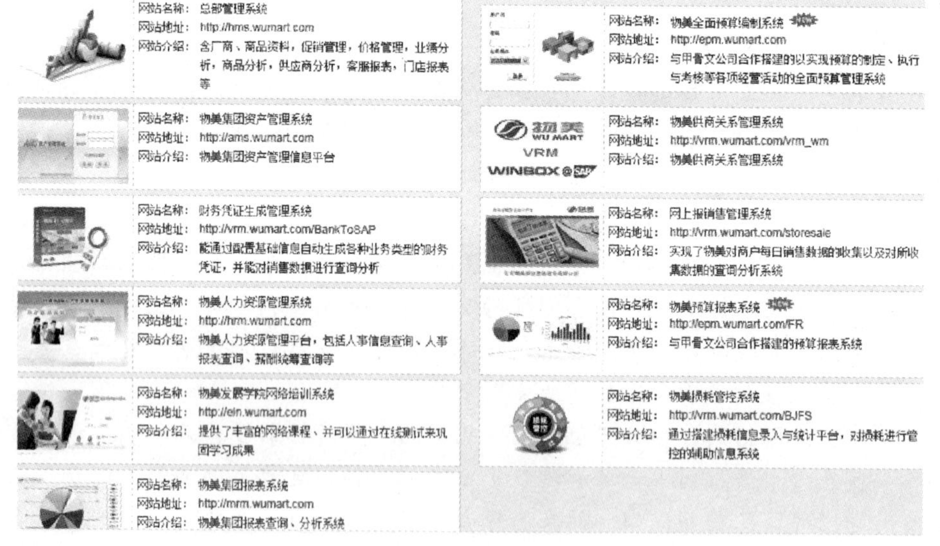

图11－6 物美信息化系统

资料来源：物美官网 http：//portal. wumart. com。

在物流配送方面，因为物美拥有便利店、生活超市、标准超市和大卖场等多种经营方式，配送任务极其复杂，但正是这4大配送中心在物流方面的探索使得物美积累了宝贵的经验，从仓库管理系统、分拣系统、配送要求、车队管理到商

品直供都有所尝试，这为日后物美的供应链建设打下了坚实的基础。物美主要由4个配送中心支撑其运营，分别为大红门拆零配送中心，杨台天津配送中心、百子湾综超、大卖场配送中心和西红门果菜配送中心，建筑面积加起来总共有4万多平方米。这4大配送中心主要是按照分类配送的方式来完成门店的配送任务，即一个配送中心负责一类业态或一类特殊商品的配送。2009年，物美70000平方米新配送中心项目开始建设，把北京周边的4大配送中心集中到华北新物流中心，采取供应链上集权的共同配送的物流模式。物美集团为提高配送效率实施了一系列措施，如集中采购模式。首先主力供应商建立战略合作，形成策略联盟，目前前30名主力供应商占采购量的25%，供应商数量从原来的2000多家精简到1000多家。其次是压缩供应链。通过信息系统的建立，中间商所占比例从原来的73%下降到50%。如农超对接去掉了售地批发和经销商，山东、新疆、福建等几个省市直接为其供应新鲜水果蔬菜。这些措施取得了良好的效果，配送中心的库存从2006年的14天下降到2009年上半年的7.5天，库存周转加快了一倍。店铺订单满意率从2006年的88%增加到2009年的98.5%，配送费用率从2006年的2.25%下降到2009年上半年的1.6%，使配送中心通过吸收供应商的费用扭亏为盈。

物美发展的核心竞争力是具有4个模块的信息系统。第一是销售模块，用销售积累下来的数据形成下一个季度的销售方案，比如如何定价、采购哪些东西、如何促销等。第二是采购模块，根据销售方案决定采购哪些商品、在哪里采购、确定价格和订单周期。第三是物流模块，物流模块解决用车、仓储，商品到达时间、批次等。第四是ERP模块，ERP把所有的方案综合起来，形成每一个员工每天的工作方案。员工不需要知道在这背后的战略部署是什么，手持终端上会有员工今天的工作、怎么做、顺序及考核目标，只需要每天按着清单去完成工作即可。公司越来越像数据公司，核心竞争力变成数据方案——如何采集加工这些数据，从而形成完善的运营方案。

11.2 与大数据技术应用相关的核心技术

大数据时代是信息化发展到一定阶段的必然结果，信息化的发展离不开信息技术的支撑。物联网综合应用了5大关键技术：数据采集（主要包括各类传感器和RFID）技术、数据传输（主要包括各类远近程、有线无线通信技术）、数据存储（主要包括各类云计算、云存储）技术、数据管理技术、数据分析与挖掘技术等。从信息化技术领域来说，物联网也是互联网发展的目标产物，最终将万事万物互联到一个网络，彼此交换信息。在《互联网进化论》中，作者将云计算、物联网、大

数据、移动互联网与传统互联网有机地结合在一起，辩证提出相互关系，物联网对应了互联网的感觉和运动神经系统；云计算是互联网的核心硬件层和核心软件层的集合，也是互联网中枢神经系统萌芽；大数据代表了互联网的信息层（数据海洋），是互联网智慧和意识产生的基础。包括物联网、传统互联网、移动互联网在内源源不断地向互联网大数据层汇聚数据和接收数据，如图 11－7 所示。

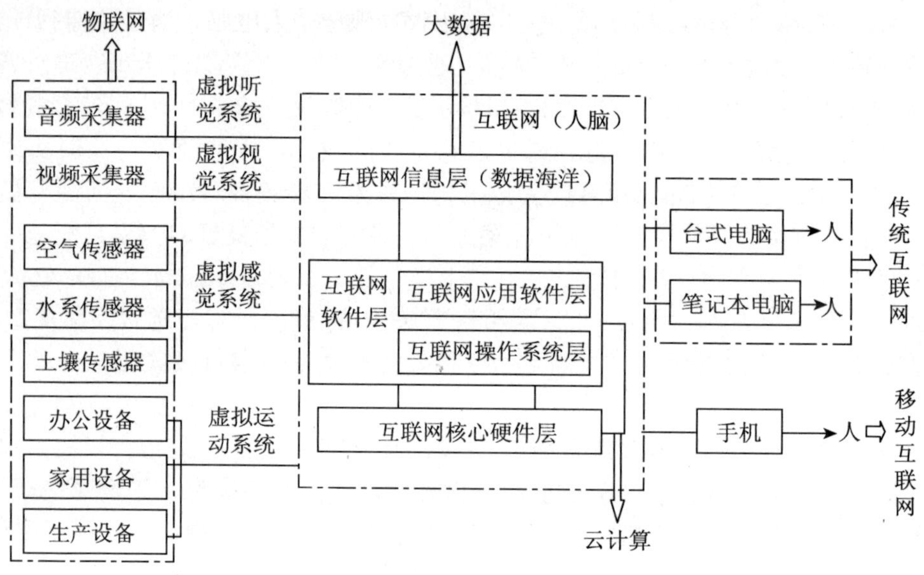

图 11－7　物联网、大数据、云计算、移动互联关系

资料来源：刘峰．互联网进化论．清华大学出版社。

基于整体供应链考虑的农产品物流行业，从农产品生产前端到销售末端拥有海量的数据资源。物联网、移动互联网再加上传统互联网，每天都在产生海量数据，而大数据又通过云计算的形式，将这些数据筛选处理分析，提取出有用的信息，这就是大数据分析。但由于信息化建设的不足，目前大部分数据资源处于空白状态，有的数据虽然采集了但是没有合理利用，还处于“沉睡”状态。农产品物流要真正适应大数据潮流，农产品物流人员必须掌握常用的核心信息技术，这些技术相互融合，共同推进农产品物流的信息化建设与大数据时代的有效对接。

11.2.1　物联网

1. 物联网的特征及构架层次

与 RFID 相关联的物联网技术在 2009 年受到空前的重视。首先是美国总统

奥巴马就职后，将“物联网”列为振兴经济的战略重点。随后物联网迅速升温，是《物流业调整和振兴规划》最重要的技术措施，物联网技术研发进入了一个空前的高潮期。物联网是新一代信息技术的重要组成部分，是指通过 RFID、红外感应器、全球定位系统、激光扫描器等信息传感设备，按约定的协议，把任何物品与互联网相连接，进行信息交换和通信，以实现对物品的智能化识别、定位、跟踪、监控和管理的一种网络，即“物物相连的互联网”，实现智能化管理。物联网的核心和基础是互联网，不过用户端不仅局限于个人电脑，而是延伸到任何需要实时管理的物品和物品之间。物联网通过智能感知、识别技术与普适计算、泛在网络的融合应用，被称为继计算机、互联网之后世界信息产业发展的第三次浪潮。

物联网技术是将各种信息传感设备，如摄像激光扫描器等与互联网结合起来，形成一个巨大的网络，汇聚这个大网络上的资源信息，并对信息进行处理、加工和应用。利用物联网技术，整合联网信息感知、传输与智能控制技术、配套技术及标准规范，构建一个可靠感知、全面互联、智能服务和实时调控的设施农业物联网应用模式。它不仅贯穿农产品安全生产整个流程的农业投入品监管、农产品生产管理、农产品质量安全检测服务、还可以延伸到农产品运输、仓储、配送等物流领域，实现农产品流动监控。

物联网产生大数据，大数据助力物联网。物联网产生的非结构化数据的量级、多样性、价值和速度均超出了传统数据处理工具所具备的捕捉、存储、管理和分析能力。随着物联网的应用增多，越来越多的来自传感器和设备的数据不断产生，比如在基础设施的监控、环境感知、智能仓储、公路与铁路运输设备及各种移动设备上应用，物联网的普及让越来越多的数据汇入到信息网络，进一步紧密地联系了信息网络系统与物理世界。从物联网的运营模式来看，它是一个数据产生、数据收集、数据处理、决策和应用的过程，而对数据进行处理和决策应用是整个运营模式的核心，也就是说，大数据产业发展水平决定了物联网应用的深度和广度。

物联网具有 3 大特征：全面感知、可靠传输与智能处理。物联网作为一个系统网络，与其他网络一样，也有其内部特有的架构，也有 3 个层次。一是感知层，即利用 RFID、传感器、二维码等随时随地获取物体的信息。感知层由各种传感器及传感器网关构成，包括二氧化碳浓度传感器、湿度传感器、二维码标签、RFID 标签和读写器、摄像头、GPS 等感知终端，也包括在数据传送到接入网关之前的小型数据处理设备和传感器网络。感知外界温度、湿度、压强、光照、气压、受力情况等信息，通过采集这些信息来识别物体。感知层主要实现物理世界信息的采集、自动识别和智能控制。感知层是物联网发展的关键环节和基

础部分，涉及的主要技术包括RFID技术、传感和控制技术、短距离无线通信技术，以及对应的RFID天线阅读器研究、传感器材料技术、短距离无线通信协议、芯片开发和智能传感器节点等。二是网络层，通过各种电信网络与互联网的融合，将物体的信息实时准确地传递出去。网络层由各种私有网络、互联网、有线和无线通信网、网络管理系统和云计算平台等组成，相当于人的神经中枢和大脑，负责传递和处理感知层获取的信息，神经系统将感觉器官获得的信息传递至大脑进行处理，传输层将感知层获取的各种不同的信息传递到处理中心进行处理，使得物联网能从容应对各种复杂的环境条件。目前，物联网传输层都是基于现有的通信网和互联网建立的，主要实现感知层数据和控制信息的双向传递。通过对有线传输系统和无线传输系统的综合使用，结合6LoWPAN，ZigBee、蓝牙、UWB等技术实现以数据为中心的数据管理和处理，实现对数据的存储、查询、挖掘、分析及针对不同应用的数据决策和分析。物联网传输层技术主要是基于通信网和互联网的传输技术，传输方式分为有线传输和无线传输。这两种通信方式对物联网产业来说同等重要，相互补充。三是应用层，把感知层得到的信息进行处理，实现智能化识别、定位、跟踪、监控和管理等实际应用。应用层主要包括各个应用系统，以支持各个应用的运行。应用系统根据各自的功能需求由不同的功能模块组成。应用层是物联网和用户（包括人、组织和其他系统）的接口，它与行业需求结合，实现物联网的智能应用。物联网把周围世界中的人和物都联系在网络中，应用涉及广泛，包括家居、医疗、城市、环保、交通、农业、物流等方面。家居方面包括家居远程监测及控制、智能家居等；工控与智能楼宇方面涉及工厂的智能控制、博物馆和体育馆的智能监控；交通方面涉及公共交通工具定位、道路拥堵状况监测、车辆状况监测等；农业包括智能大棚/温室、农机定位、农产品溯源等。

2. 物联网在农产品物流中的应用

物联网技术是实现各种智慧应用的基础技术之一。物联网通过传感器设备对物体进行感知和测量，将物体的状态转换成为有形数字值，并通过通信技术传输至数据处理中心进行分析和处理，使得人们可以快速、方便、直观地了解到多个物体的实时状况，并结合专家系统，使得整个物体的状态监测和控制更加智能化和自动化。物联网和各个行业的有机结合，形成各种不同的智慧应用。

物联网本身是一个框架，其中具体包括传感器技术、标识技术、网络和通信技术、数据分析和处理技术等多种技术，物联网与农业、物流业的有机结合是实现农产品智慧物流的开端。在农产品物流的应用中具有以下功能：①实时监测功能。温室生产中通过传感设备实时采集空气温度、空气湿度、二氧化碳、光照、

土壤水分、土壤温度、棚外温度与风速、营养液供给及 pH 值、EC 值等数据，数据通过移动通信网络传输给服务管理平台，服务管理平台对数据进行分析处理，使栽培条件达到最适宜水平，实现合理利用资源，提高产品的产量和质量。②远程控制功能。针对条件较好的大棚，安装有电动卷帘、排风机、电动灌溉系统等机电设备，可实现远程控制功能。农户可通过手机或电脑登录系统，控制温室内的水阀、排风机、卷帘机的开关；也可设定好控制逻辑，系统会根据内外情况自动开启或关闭卷帘机、水阀、风机等大棚机电设备。③查询功能。农户使用手机或电脑登录系统后，可以实时查询温室（大棚）内的各项环境参数、历史温湿度曲线、历史机电设备操作记录、历史照片等信息；登录系统后，还可以查询当地的农业政策、市场行情、供求信息、专家通告等，实现有针对性的综合信息服务；农产品物流企业查询农产品整体流通状况；消费者可以查询农产品来源情况。④警告功能。生产上，警告功能需预先设定适合条件的上限值和下限值，设定值可根据农作物种类、生长周期和季节的变化进行修改。当某个数据超出限值时，系统立即将警告信息发送给相应的农户，提示农户及时采取措施。流通上可以对流通量进行预警。

（1）农产品生产上的应用。物联网在现代农业领域的应用包括，如监视农作物灌溉情况，监测土壤空气变更、畜禽的环境状况以及大面积的地表检测，收集温度、湿度、风力、大气、降雨量等数据信息，测量有关土地的湿度、氮浓缩量和土壤 pH 值等，从而进行科学预测，帮助农民抗灾、减灾，科学种植，提高农业综合效益。以自动控制的大棚为例，运用物联网系统的温度传感器、湿度传感器、pH 值传感器、光传感器、CO_2 传感器等设备，检测环境中的温度、相对湿度、pH 值、光照强度、土壤养分、CO_2 浓度等物理量参数，通过各种仪器仪表实时显示或作为自动控制的参变量参与到自动控制中，保证农作物有一个良好的、适宜的生长环境，使远程控制的技术人员在办公室就能对多个大棚的环境进行监测控制，采用无线网络来测量获得作物生长的最佳条件，可以为温室精准调控提供科学依据，达到增产、改善品质、调节生长周期、提高经济效益的目的。

（2）质量安全与追溯。在农业中，目前物联网技术的主要应用是农业生产中的环境监测和信息追溯。农作物的生长对于环境要求较高，例如，温度过低将阻碍一些农作物正常生长，因此，将环境温度控制在合适的范围内，对于作物的生长有着很好的促进作用，智能温室/大棚就是此类应用；又如水产养殖，水中的温度、溶氧量和 pH 值对水产品的生长至关重要，如果及时了解养殖池内水的各种状态，则可以避免因水质问题造成的水产品的损失。对于信息追溯，主要是农产品质量的追溯应用，通过物联网技术全程追踪农产品种植/禽畜养殖状况，实现从田间/养殖场至居民餐桌各个环节的农产品质量的监测，确保食品安全。

（3）农产品物流中的应用。物流网技术关注的农产品流通各环节与传统的不同，是包括了生产、流通的每一个细小环节。在生产过程中，从农产品种植、养殖的源头开始，包括对土壤、温度水分进行监测，并且提出预监测病虫害，利用各种生物传感器构建传感网，并把这些信息记录下来，针对每个农产品的全生命周期进行无间断地监控与记录；在流通过程中，包括了流通加工、储存、运输、批发和零售等环节。在以上每个环节都有相应的物联网技术产品与之对应，解决相关问题，从而保证了基于物联网技术构建农产品流通体系的成功。根据农产品供应链的各环节拟设计采用带射频的 EPC 电子标签技术和 EPC 身份卡，实时记录农产品标的物从种植（养殖）、施肥、采摘到加工、销售流通、消费全流程各控制环节的产品流动轨迹、主要质量安全信息；通过 GPRS、3G 及互联网等网络技术将供应链上的关键质量点控制数据实时上传监管数据库，并利用具有防伪性 EPC 电子标签绑定在产品个体上，在整个绿色供应链上赋予个体产品乃至分割产品完整的自上而下信息追踪记录，从而提供迅捷的上下双向的追溯；依据可以运用互联网、数据库和 3G 通信技术监测农产品供应链的物品流动轨迹及安全监管，实现农产品市场准入、认证信息查询、市场巡查、市场预警及移动执法等功能，其核心是在传统的农产品供应链体系中嵌入物联网监控（追溯）平台和建立监控、预警机制，以完成对农产品供应链条的全程流通轨迹、质量安全监管的整合。为政府对统一农产品安全的监管、召回和预警提供充分的信息支持，为消费者对消费品行使知情权提供了一个开放的数据中心。

①仓储环节。当农产品以散存的方式入库后，插入无线温度、湿度电子标签，并且在仓库内安装温度、湿度和气体浓度等传感器，通过安装在仓库内部或者附近的 RFID 阅读器，实时监控农产品存储过程中仓库内的传感信息并将接收到的产品电子代码（EPC）传输到本地服务器中的软件，随后将 RFID 阅读器识别到的仓库内信息记录到本地 EPC 信息服务器，同时通过无线通信方式传送到农产品监控系统中心，系统中心通过基于 GIS 开发的软件将信息转变成直观性信息，同时系统与通风等设备组成控制系统，实现仓库内环境的自动调节。

②运输环节。在农产品运输环节，通过使用 GPS、GIS 等手段使农产品主管部门及时掌握农产品流通的动向，对流通过程进行实时监控，保证运输安全。当农产品以集装箱形式运输时，在道路货运车辆的挡风玻璃或者车体部位贴上智能化的集装箱 RFID 标签，标签中包含车牌号、起讫地点、线路、所属的企业、农产品基本信息等，实时记录箱、货、物流信息及开关箱时间和地理位置信息，实现集装箱运输信息的全程实时在线监控。

③加工环节。农产品加工是指通过处理将原粮转化成半成品粮、成品粮，或者将半成品粮转化成成品粮的经营活动。在农产品加工环节通过相关传感器检测

农产品加工过程中是否加入其他添加剂，食品安监部门将相关检测装置安装到各农产品加工厂，对农产品加工企业进行不定时抽样检查，数据经过网络传输至加工信息平台，实现质监部门实时监控农产品加工过程的安全。

④销售环节。销售环节分为销往国外和国内销售两部分，对于销往国外的农产品要在海关处做好登记，将相关数据及时录入系统供相关监管机构监控用，以保证国家粮食的战略安全。对于国内销售的农产品，做好质量安全监控；将超市内销售的食品数据录入到销售信息平台，对于即将过期的产品实行促销，对过期产品及时下架，保证农产品的食用安全。

⑤消费环节。消费者通过手持设备，可以读取 RFID 标签中的相关信息，从而更好地了解即将购买的农产品从生产到最终销售过程中的所有信息，以买到自己满意的农产品。如果消费者在购买过程中发现农产品有质量问题，也可以通过消费者权益平台反映相关情况，使自己的权益得到保障。

总之，数据挖掘与智能处理及控制是物联网的特点，在大数据背景下，物联网技术对于农产品物流来说不是噱头，而是机遇，同时物联网科技的发展也必将深刻影响农产品供应链乃至现代农业的未来。物流企业要抓住物联网建设的重大历史机遇，做到早学习、早认识、早研究、早部署、早见效，积极探索物联网与农产品物流应用结合点，确立研究及应用方向。

11.2.2 云计算

1. 云计算内涵及特征

根据维基百科的定义：云计算是一种计算方式，通过互联网将资源“以服务”的形式提供给用户，而用户不需要了解、知晓或者控制支持这些服务的技术基础架构“云”。云计算是一种商业计算模型，是一种新兴的共享基础架构方法，通常表现为一些大型服务器的集群，它可以将巨大的系统池连接在一起以提供各种云计算服务，“一切皆为服务”是云计算的典型特征。云计算按照服务类型大致可以分为 3 类：将基础设施作为服务（IaaS）、将平台作为服务（PaaS）和将软件作为服务（SaaS）同时，云计算还具有相关的管理功能，包括用户/服务管理订阅和计费管理、监控和服务质量管理、配置和资产管理等。云计算的目标是用户通过网络能够在任何时间、任何地点最大限度地使用虚拟资源池，处理大规模计算问题。它将计算任务分布在大量计算机构成的资源池上，使各种应用系统能够根据需要获取计算力、存储空间和各种软件服务。云计算中的“云”包含两方面的意思：一方面，“云”指互联网，也就是说，云计算是通过互联网来使用的，这就决定了它具有互联网的很多特征。比如可随时随地任意接入互联网终

端；自助服务（用户不需要专业的支持就能使用）可定制，按需使用。同时，在商业盈利模式上能免费或按使用付费，部分云计算业务也可以遵循互联网“免费＋广告”的盈利模式。另一方面，“云”指计算池。也就是说，不是构建一两台机器的问题，而是要构建一定规模的集群，并且对该集群统一管理，形成“资源池”，才能满足云计算业务的需求。计算池需要具备以下几特征：一是较大的规模。如果系统具备良好的可扩展性，一开始不一定要达到很大的规模，但考虑到互联网流量的突发性，如果是基于互联网来提供云计算业务，就需要具备一定的规模才有可能满足基本的业务可用性。二是良好的可扩展性。互联网的业务特征要求云计算的计算池能实现高速扩展，以便在用户快速增长的情况下迅速满足需要。缺乏可扩展性对于云计算运营商来说可能是致命的，既可能导致很高的管理成本，也可能导致很差的用户体验。三是具备良好的可伸缩性。与业务平台的可扩展性一样，针对每一个用户，业务的可伸缩性也是非常重要的。显然，当用户当前使用的计算能力不足时，可以很快申请获得更多的资源，这是用户按需使用的前提，通过实现资源虚拟化能够提供较高的可伸缩性。四是能够即时提供。这种“即时”是相比传统 IT 的获取时间而言的，并且由于在互联网上提供云计算服务都是以软件的形式提供计算和存储能力，因此，云计算运营商应具有非常强大的批量提供能力。例如，以前要购买、安装、配置 1000 台 PC 服务器可能需要几周甚至更长的时间，但是通过云计算模式，可能只需要几小时甚至几分钟。将硬件部署变为软件部署是实现即时提供的关键。五是更低的成本。这是支持互联网商业模式（即使不是免费）的关键。更低的成本来源于两个方面：一方面是硬件成本的降低及资源利用率的提高，开源软件的应用和自主开发能力的增强；另一方面是运营模式的变革，节能减排技术的引入降低了传统 IT 的成本。

2. 云计算在农产品物流上的应用

（1）农产品生产环节的应用。随着大数据时代的到来，各种农产品生产、销售等网站的建立，使网络中的数据资源暴增，但是由于不同网站上的数据资源之间缺乏联系，造成数据信息孤岛、局部有序但整体杂乱无序等现象。如何在资金缺少的前提下，将海量农产品信息资源从不同地域、不同部门的纷繁无序的数据信息中快速、准确、有效地组织和整合起来，建立统一的便于用户检索和利用的农产品信息服务平台，云计算的应用探索逐渐成为重要内容。

云计算是为了满足互联网发展所带来的海量数据存储与处理需求而提出的新的技术架构，它能够以较低的成本和较高的可扩展能力支持海量数据的增长。云计算对于农业物联网有着低成本、高效率的网络支持、存储支持、分析支持和服务支持的优势。可以把大棚温室、果蔬园、畜禽舍等农产品生产的环境信息、产

品信息、农机设备设施信息和生产管理信息等实时地连入网络，可以方便地实现对农产品生产的管理，提高生产效益和产品质量。比如云计算将无线通信技术中的 GSM、CDMA、SCD－MA 等高端通信基础所进行的通信连接，采用软件方法进行了优化，使得通信应用领域延伸到了无线视频会议系统、无线远程交互平台等，大量的多媒体数据负载及负载均衡服务器同样需要云计算的技术支撑。如农业专家远程视频诊断系统将所在地的作物图片、视频、音频和温湿度等参数上传到专家诊断平台服务器，专家通过查看农作物的病虫害样本图像，即可于千里之外进行现场诊断和指导，此时担负实时监测功能的传感设备将产生海量的数据，需要更方便快捷的传输条件和更加智能的计算分析与处理能力。这就需要无线宽带的通道支撑，而无线宽带应用同时又需要云计算的存储支撑和计算支撑。

云计算目前在农业信息化上的应用并不多，这是因为在农业信息化初期，服务和数据较少，系统也较为简单，传统的服务和数据处理架构暂时可以满足需求，而且在农业信息化初期，重点主要是功能的完善。

（2）农产品物流上的应用。基于云计算的农产品流程优化，可以实现整个农产品物理行业的重构，提升行业的总体信息化水平和竞争力。基于云计算的物流网，将云计算的优势与农产品物流的特点结合起来，形成农产品智能物流综合管理平台系统，该系统融入云计算技术、RFID 技术，引进物联网技术，包含一个综合云数据库，实现即时处理农产品从生产、仓储、运输、装卸、包装、加工、配送等物流各个环节中产生的多种信息，形成一个多功能的、涵盖整个货物流通过程的物流管理平台，使信息能够通过物流信息平台快速准确传递到现代农产品物流供应链上所有相关的农户、生产企业、物流公司、政府部门及客户或代理公司，满足物流客户跨地域、跨行业、跨部门的物流应用需求。大量终端模式可用于区域跨度大的企业和单位，如农产品跨界电商可进行基地生产流程监控、农产品质量跟踪等。

随着农业、物流行业信息化的深入与农产品智慧物流应用的推进，农产品供应链上会产生海量的数据需要保存和处理，而且初期的传统系统架构已经不能满足日益增加的用户和功能的需求。因此，在智慧物流的发展初级阶段，需要引入云计算技术架构来构建智慧物流系统，以满足农产品生产、物流中积累的海量数据的处理需求，以及不断增加的系统功能；当智慧农业、物流发展到成熟阶段的时候，农业与物流行业应用之间，以及和其他行业的智慧应用之间需要进行跨界的深度融合，也需要引入云计算技术架构来构建统一的融合系统架构，或者数据开放模式，智慧物流的发展离不开云计算技术及架构的发展。

11.2.3 广域无线通信

1. 基本概念及分类

从连接属性上区分，通信链接可分为有线和无线两种。有线链路主要是基于各种电缆和光缆进行通信信号的承载和传输，具有链路稳定、带宽高、成本低等优点；无线链路主要是基于电磁波的传输进行通信信号的承载和传输，由于无线信号传播的特性，无线通信链路具有不稳定、带宽波动大、成本高的问题，但是，由于无线通信无须使用固定线路，可以实现随时随地通信的目标，使用方式灵活，极大地提高了人们通信的便利性，近年来也获得了长足的进展。目前，世界范围内的大部分运营商都提供了 3G 技术的宽带无线移动通信业务，给人们的生产、生活带来了很大便利。

无线通信根据信号覆盖范围的大小，以及用户对无线应用的不同需求，可以分为无线个域网、无线局域网、无线广域网。无线个域网的通信距离通常为 10 米左右，主要是用于个人业务，主要涉及的是超短距离无线通信技术，包括蓝牙、ZigBee 等；无线局域网距离通常为几十米至 100 米，主要是用于家庭、办公局域范围的无线业务，域网目前最常用的技术是基于 IEEE 802.11 协议族的 WiFi；无线广域网主要面向移动通信，为个人提供电信级的语音及数据业务，覆盖距离根据蜂窝大小决定，通常约为 1～10000 米，目前的无线广域网都由专业的电信运营商进行部署和运营，涉及的具体技术主要包括目前商用的 2G 和 3G，以及未来的 LTE 技术。

无线互联网是建立在无线网络基础上的互联网。无线网络即是由中国移动、中国联通、中国电信提供的没有硬线路的网络。中国的无线网络包括：中国移动的 GSM 网络，中国联通的 GSM 网络和 CDMA 网络，中国电信的 PHS 网络。

2. 广域无线通信技术（无线广域网）在农产品物流中的应用

（1）农产品生产环节。农产品的生产场所通常在远离城市的地方，有些甚至在一些偏僻的地方，在这些地方部署有线通信基础设施成本高昂，而且使用率并不高。因此，适合使用广域无线通信技术。在目前的广域无线通信技术中，3G 基站可以覆盖约十千米的范围，国内 3 大电信运营商都基本实现了对偏僻地区的无线通信信号覆盖，有些地区实现了 2.5G 技术的无线数据通信覆盖，有些地区实现了 3G 的无线数据覆盖。因此，在农业生产生活的区域，基本上都可使用由电信运营商提供的广域无线通信服务。

广域无线通信技术在农业中主要用于远程监测和控制，例如，温室大棚的数据通过广域无线通信技术传送至数据中心，或者操作者使用手机对温室大棚进行

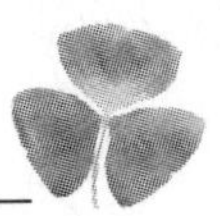

相应的控制。广域无线通信技术可以加快、方便各地部署农业智能化的应用，可以使操作者直接使用随身携带的移动终端（智能手机、平板电脑）随时随地了解农产品生产信息，以便及时控制。如美国佐治亚州的两个农场已经用上了与无线互联网配套的远距离视频系统和GPS定位系统，分别监控蔬菜的包装和灌溉系统。伊利诺伊大学的专家则在不久前测试了无人驾驶拖拉机。这种拖拉机配备了电子地图和GPS信号接收器。测试时，人可坐在房屋里通过无线互联网遥控拖拉机的操纵杆，或使拖拉机自动工作。将来有望用小型无人驾驶拖拉机编队，取代目前在田间工作的大型拖拉机。另外，通过普及无线互联网，还实现在家遥控开启水泵、畜栏，控制土壤湿度传感器、气象传感器等农业设备的工作。

（2）农产品物流环节。目前可用于物流系统的几项主要通信技术有：互联网，移动通信，电子标签和定位技术。引入电子识别和电子跟踪技术、智能运输系统（ITS），可以实现物流系统智能化；引入融合互联网技术、卫星定位技术（GPS）、地理信息系统（GIS）、射频标识技术（RFID）、移动通信技术，可以实现物流系统集成化。结合先进的无线监控追踪技术，物流企业不仅能够将货物及时、快速、准确地运输到位，还可对运输全程进行实时监控，并将所有物流信息及时反馈给客户。

以运输为例，物流运输无线追踪系统可以以车载设备为核心，整合GPS和电子沙盘（GIS）系统、基于Web的数据库等先进技术，实现全面跟踪车辆与货物的运输情况，是农产品冷链运输监督体系不可或缺的组成部分。客户可以通过登录系统发布的Web网站，随时了解车辆与货物的位置和温湿度状况，也可以查询全国各地的路面交通信息，确保整个物流过程的有效监控与灵活调度。

11.2.4 RFID技术

RFID被认为是物联网的4大关键技术之首，在物联网发展中具有举足轻重的地位。RFID系统以指数级的速度生成数据，这将对数据管理系统产生巨大的压力；另外，针对RFID大数据的挖掘将对各个领域产生不可估量的收益。数据管理领域的发展为RFID大数据的应用提供了技术基础，而RFID数据的典型特征是数据系统的设计优化的重要依据。

1. 基本概念及优势

射频识别即RFID（Radio Frequency IDentification）技术，又称无线射频识别，是一种通信技术，可通过无线电讯号识别特定目标并读写相关数据，而无须识别系统与特定目标之间建立机械或光学接触。从概念上来讲，RFID类似于条码扫描，对于条码技术而言，它是将已编码的条码附着于目标物并使用专用的扫

描读写器利用光信号将信息由条形磁传送到扫描读写器；而RFID则使用专用的RFID读写器及专门的可附着于目标物的RFID标签，利用频率信号将信息由RFID标签传送至RFID读写器。从结构上讲，RFID是一种简单的无线系统，只有两个基本器件，该系统用于控制、检测和跟踪物体。系统由一个询问器和很多应答器组成。同时，RFID是一项易于操控、简单实用且特别适合用于自动化控制的灵活性应用技术，识别工作无须人工干预，它既可支持只读工作模式也可支持读写工作模式，且无须接触或瞄准；可自由工作在各种恶劣环境下：短距离射频产品不怕油渍、灰尘污染等恶劣的环境，可以替代条码，例如用在工厂的流水线上跟踪物体；长距射频产品多用于交通上，识别距离可达几十米，如自动收费或识别车辆身份等。

射频识别系统具备以下优势。一是读取方便快捷。数据的读取无须光源，甚至可以透过外包装来进行。有效识别距离更大，采用自带电池的主动标签时，有效识别距离可达到30米以上。二是识别速度快。标签一进入磁场，解读器就可以即时读取其中的信息，而且能够同时处理多个标签，实现批量识别。三是数据容量大。数据容量最大的二维条码（PDF417），最多也只能存储2725个数字；若包含字母，存储量则会更少。四是使用寿命长，应用范围广。其无线电通信方式，使其可以应用于粉尘、油污等高污染环境和放射性环境，而且其封闭式包装使得其寿命大大超过印刷的条码。五是标签数据可动态更改。利用编程器可以向写入数据，从而赋予RFID标签交互式便携数据文件的功能，而且写入时间相比打印条码更少。六是更好的安全性：不仅可以嵌入或附着在不同形状、类型的产品上，而且可以为标签数据的读写设置密码保护，从而具有更高的安全性。七是动态实时通信。标签以与每秒50～100次的频率与解读器进行通信，所以只要RFID标签所附着的物体出现在解读器的有效识别范围内，就可以对其位置进行动态的追踪和监控。

2. RFID在农产品物流中的应用

（1）RFID农产品生产和追溯上的应用。在国外，应用RFID技术建立的农产品安全监督体系已得到了广泛的应用，很多畜牧场运用RFID监测饲养、屠宰加工、检疫、储运和销售，农产品质量安全追溯发展水平很高。在国内，RFID技术逐渐应用于果蔬、农畜产品等。

①畜牧生产对象的识别。2003年，在我国“863数字农业项目”中首次列入了数字养殖研究课题，目前，一套基于远距离系统的RFID牛个体识别系统已经进入实用阶段。该系统采用项圈式的应答器，挂在牛颈上，当牛通过系统的自动称重车时，系统中的阅读器将自动读取牛的唯一编号并通过压力传感器完成称重

过程。将这两个一一对应的数据（编号—体重）连同采集时间一起通过无线局域网发送到养殖场的上位服务器，为数字化养殖平台提供了重要的实时数据。江苏省农业科学院也采用项圈式应答器挂在牛颈上，用手持式 PDA 进行数据的读取和上传。在应答器的安装方式上，有 4 种不同的基本方法：项圈式应答器、耳牌式应答器、可注射式应答器和所谓药丸式应答器。

②应用 RFID 和手机构建的农产品可跟踪系统。日本 Koji SUGAHARA 和 Shigehisa OMATSU 在 AFITA/WCCA 2004 年会上介绍了他们应用 RFID 和手机构建的农产品可跟踪系统。AFAMA 是以互联网为基础的农产品生产过程管理系统，农户利用可上互联网的手机很容易输入在户外作业时关于工作和使用材料的记录。他们使用具有唯一识别码的小型的 RFID 标签来更有效地识别在分发过程中的每件产品。每一个 RFID 标签携带了 AFAMA 数据库中关于该产品和生产相关的数据。在分发过程中，工人可以用 RFID 阅读器读 RFID 标签，把输入的产品记录转入数据库。这种综合可跟踪系统已经应用于梨和草莓，客户很好地接收到了封装的产品信息。

③应用 RFID 的牛可跟踪系统。韩国 KSSeo 等在 AFITA/WCCA 2004 年会上介绍了他们应用 RFID 技术构建的牛可跟踪系统。该系统可以系统地识别动物，以便在国家基础上更好地、更容易地进行动物改良、饲养、处理、分发和卫生设施改良。这种新的动物识别跟踪系统设计中既考虑到便于管理及数据的收集和存储，也考虑到接收条码、注册号和农场号。该系统用基本家畜识别装置防止疾病和进行家畜改良。该系统的目标是为家畜管理、耳标标准、微芯片和耳标识别装置提供标准 RFID 技术；为消费者提供真实可靠的肉产品信息；增加农户的收入和支持农户的系统的饲养管理；提供全国家畜管理的联合系统。

（2）RFID 在农产品物流上的应用。物流管理的本质是通过对物流全过程的管理，实现降低成本和提高服务水平两个目的。如何以正确的成本和正确的条件，去保证正确的客户在正确的时间和正确的地点，得到正确的产品，成为物流企业追求的最高目标。RFID 在物流的应用主要有两方面的优势：一方面，可以即时获得准确的信息流，完善物流过程中的监控，减少物流过程中不必要的环节及损失，降低在供应链各个环节上的安全存货量和运营资本；另一方面，通过对最终销售实现的监控，把消费者的消费信息及时地报告出来，以帮助企业调整优化商品结构，进而获得更高的顾客满意度和忠诚度。

物流信息化技术与其他行业的信息技术基本一致，但由于对动态采集信息的要求和对于广域网络的依赖，使得 RFID 与物联网技术在物流领域受到特别的关注，并将对物流信息化的发展产生重要的影响。对 RFID 在我国物流领域的应用已经探索了近十年，对于物流流程的透明化和管理的动态化、实时化正发挥着越

来越明显的作用。目前主要的应用模式是：

①在物流装备方面。物流装备（车辆、集装箱、托盘等）加装 RFID，与装载的货物信息相捆绑，通过 RFID 的监控来间接地管理货物的物流作业。把 RFID 芯片直接置于各商品上以进行物流管理的模式还是极少数。目前，全国的铁路车厢已经统一加装了 RFID，只是仅能用于铁道部的内部管理，尚没有向社会开放；公路上的车辆一部分加装了 GPS 等定位系统，有关部门正在研究采用电子车牌的方式，以使 RFID 在公路运输上能够普及；RFID 应用在托盘上目前只是在局部地区，因为我国缺少社会化的托盘循环租赁系统来支持。浙江烟草公司的托盘应用 RFID 技术的案例是比较成功的，主要体现在促进了流程的改造，明显提高了物流效率。

②在运输管理方面。在运输管理方面采用射频识别技术，只需要在货物的外包装上安装电子标签，在运输检查站或中转站设置阅读器，就可以实现资产的可视化管理。与此同时，货主可以根据权限，访问在途可视化网页，了解货物的具体位置，这对提高物流企业的服务水平有着重要意义。

③在仓储管理方面。RFID 仓储物流管理系统的目标是在仓库体系中建立一条基于 RFID 技术的快速通道，实现库房高效管理，收发货高速自动记录。系统以 RFID 中间件为支撑平台，由收货、入库、盘点、出库等多个流程组成，各功能可独立运行也可平滑连接，形成一个完整的基于 RFID 自动识别技术的仓库物流管理系统。在商品入库之前，先录入商品入库收货单信息，并制作 RFID 对每批（或箱或件）产品都建立 RED 电子标签来标记该电子标签产生唯一的码序列号，每个电子标签对应产品的相关信息（具体由用户自定义），如产品的品名、规格、数量、入库日期、出库日期及保质期等；通过这个步骤来完成商品初始信息的采集，系统的电子入库收货单必须与 RFID 标签相对应，当此电子商品入库收货单被保存的时候，系统在相应产品的库存中自动增加。商品在出仓库出口时，需通过设置在仓库出口的门式读写器读入出库商品的 RFID 标签编码，凡是经过门式读写器读记录的商品，会自动在电脑数据库里产生出库记录，并生成出库单。当商品出库时，系统库存自动减少，因此库存只能通过重新入库或者出库更改，否则无法改变。

总的来说，农业与物流业都是物联网很早就实实在在落地的行业之一，很多先进的现代物流系统已经具备了信息化、数字化网络化、集成化、智能化、柔性化、敏捷化、可视化、自动化等先进技术特征。很多物流系统和网络也采用了最新的红外、激光、无线、编码、认址、自动识别、定位、无接触供电、光纤、数据库、传感器、RFID、卫星定位等高新技术，这种集光、机、电、信息等技术于一体的新技术在物流系统的集成应用就是物联网技术在物流业应用的体现。同

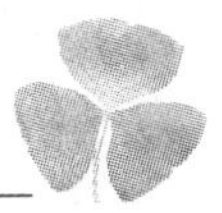

时，在物品可追溯领域的技术与政策等条件都已经成熟，但由于农产品自身低利润、数据割据等瓶颈，使先进信息化技术难以推广和利用，农产品物流顽症难以突破。在大数据背景下，应加快信息化技术全面推进，加速整个网络建设和物流与生产的联动，提高整体农产品物流效率。

参考文献

[1] 冉文江．基于物联网的农产品安全监控信息系统研究［J］．扬州大学学报，2012，16（6）：31－35.

[2] 陈秉恒．基于物联网的农产品供应链安全监管问题研究［J］．华中农业大学学报：社会科学版，2013（4）：49－55.

[3] 禄琳．基于物联网的农产品供应链管理研究［J］．现代农业，2012（7）：57－60.

[4] 温海涛．基于物联网技术建设农产品流通体系［J］．河南科技，2011（7）：3－4.

[5] 何艳．物联网农产品智能销售系统［J］．黑龙江科学，2012（1）：57－59.

[6] 樊雪志．加快建设农业物联网，积极推动农业现代化［J］．物联网蓝皮书，89－101.

[7] 王忠宏．促进我国物联网持续健康发展的政策建议［R］．国务院发展研究中心调研报告，2010.

[8] 周宏仁．2011—中国信息化形势分析与预测-信息化蓝皮书［M］．北京：社会科学文献出版社，2011.

[9] 赵元．云计算在港口行业中的应用研究［D］．北京：北京交通大学硕士学位论文，2009.

[10] 张大军，等．云计算中数据资源的安全共享机制［C］．27次全国计算机安全学术交流会论文集2012年第08期入 选 论 文：79－82.

[11] 邓跃设．云计算在物流信息中的应用［J］．无线互联科技，2013（2）：174－176.

[12] 姜永生．基于云计算处理的物流网体系构建［J］．广东第二师范学院学报，2013，33（3）：68－74.

[13] 陈斯卫．物流网技术在会展物流中的应用研究［J］．物流工程与管理，2012，34（7）：57－59.

[14] 冯琳．物联网技术在我国物流领域的应用研究［J］．物流技术，2012，

31（10）：95－96.

［15］罗军舟，等．云计算：体系架构与关键技术［J］．通信学报，2011，32（7）：3－19.

［16］曹丽英，等．云计算在农业信息资源整合模式中的应用［J］．中国农机化，2012（3）141－144.

［17］欧阳哗．通信技术在物流系统中的应用研究［D］．东南大学，2006.

［18］王钰．关于数据采集技术的研究和应用［J］．今日科苑，2010（9）.

［19］钱平．射频识别技术及其在农业上应用［J］．农业图书情报学刊，2005，17（2）：16－19.

［20］屈赟．RFID 技术在农业物联网中的应用现状［J］．河北农业科学，2011，15（4）：94－95.

［21］周朝．RFID 在农业中的应用［J］．农业网络信息，2012（1）：5－9.

［22］宋豫晓．RFID 在农业中的应用现状及趋势展望［J］．农机化研究，2010（10）：1－10.

［23］王玲玲．基于 RFID 的热带特色农业田间信息采集系统［J］．农业工程学报，2010（26）：98－102.

［24］工业和信息化部电信研究院．2014 物联网白皮书［DB/OL］．［2014－06－18］．http：//wenkll. baidu. com/link？url＝3n18mn6bT. JaHHtoYfuwuKkxc50UAn2zwYuckserYISGFWkfjF Lo xaGlamLrAIRLP － flljfcwloL7LIaJrgveEiytz2P8 －tadaZ05Vglu.

［25］盛艳．农产品冷链物流公共信息平台建设探讨——基于物联网［J］．现代商贸工业，2013（2）：12－13.

［26］工业和信息化部电信研究院．2014 云计算白皮书［DB/OL］．［2014－05－12］. http：//www. cctime. com/html/2014－5－12/201451211374229 91. htm.

12　大数据来临——农产品物流的应对

农产品物流是产生海量数据的产业，数据就是资源。整合数据与深入挖掘，为农产品物流经营提供决策支持，为经济运行提供分析预警，为农产品供应链上下游企业提供数据共享和相互协同，用数据创造新的价值。如何让大数据服务于农产品物流业？国家和行业、企业要如何做好准备？

12.1　农产品物流数据统计与管理现状

虽然我国农产品物流数据统计的内容较为丰富，种类、产量、消费量等各种数据资料“铺天盖地”，而真正管用的、高质量的数据非常有限，特别是关于冷链仓储、流量等物流指标，几乎找不到完整的数据统计。“数到用时方恨少”是目前农产品物流数据统计状态，这种状态不论是对综合分析、总体判断，还是对深入研究、信息挖掘都造成了很大困扰。比如要建立一个城市的农产品配送中心，城市有多少从事农产品配送的企业？配送车辆有多少？需要查阅包括统计局、农业局、交通局、工商局和商务委等各政府部门资料，结果非常令人失望。目前，我国农产品物流数据管理问题比较多，尤其各种数据支离破碎，很多数据甚至没有经过整理，更无从谈建立数据库，导致数据的可用性非常低，政府部门对大数据可能产生的价值，以及如何利用数据分析实现政府的科学决策，依然有相当长的路要走。具体问题如下：

12.1.1　农产品物流业各行业间尚未形成统一完整的统计指标体系

农产品物流涉及的领域比较广，包含诸多细分行业，主要是从农业、交通、仓储、邮政（含快递配送）等行业的口径，没有建立完整的供应链数据统计指标体系。一是各细分行业之间缺乏统一的指标项目内容，重复性多且差异性大。每个行业各有自己的统计指标，不能进行数据资源整合。二是统计的标准不统一，同样的指标差异性大，缺乏权威性。目前，政府公布的数据大部分还是报告和报表，没有标准的格式，不能以数据的形式查到，因此也无法进行深入的分析、加工和挖掘。三是在农产品物流业方面，反应特色的如农产品物流总额和农产品物

流费用总额指标、农产品运输量和货运周转量等一般用户几乎查不到，《中国统计年鉴》《中国物流年鉴》《中国农业年鉴》等涉及农产品物流的跨部门的综合性指标太少，无法准确反映物流特色，忽视反映行业个性的数据内容。

12.1.2 人为的数据割据使数据来源“碎片化”

由于农产品物流职能分布在各个管理机构，数据发布来源“碎片化”，与农产品物流有关的国家统计局、国家发改委、商务部、农业部、交通运输部等国家部委及其所属事业单位，中国海关总署、国家邮政总局、国家工商行政管理总局、国家粮食局等管理机构，都根据自身的行政管理或业务范围发布有关农产品物流的统计信息。行政分割导致人为壁垒，“数据小农意识”强，部门利益驱使把自己所掌握的数据和信息作为部门独享资源财富，开放数据仅仅是供应链上的的几个点或者几个环节，断裂的或者分割的数据不能共享也无法整合，这样的数据缺“胳膊”少“腿”，利用价值不高。政府对物流业的段式职能管理社会物流资源和服务的过于分散是主要原因，这对农产品大数据信息的综合运用与分析十分不利。

12.1.3 统计数据没有“全覆盖”

农产品物流数据统计体系基本还处于初级阶段，一是统计主体遗漏。农产品物流环节中，运输、配送本身属于规模小的微利行业，在便利居民生活、解决城乡就业等方面发挥着重要作用，但是在例行统计中，关注点仅在于限额以上企业，量大面广的小微企业数据被遗漏了。二是“新”数据遗漏。近年来农产品电子商务、冷链物流、物流配送等突飞猛进，引发了统计数据、监测方法的新需求，但是统计指标远未跟上。三是环节遗漏。农产品因为质量安全问题需要追溯，但目前在农业领域，能追溯的产品比较少，没有全覆盖；在物流领域，涉及安全的农产品加工、保鲜等环节还处于数据忙点，基本没有进行时时监测；冷链配送与运输方面，企业物流数据也没有引起重视。

12.2 大数据时代带来的挑战

大数据时代是智慧的时代，不过作为一个新生领域，尽管大数据意味着大机遇，拥有巨大的应用价值，但同时也遭遇工程技术、管理政策、人才培养、资金投入等诸多领域的大挑战。只有解决这些基础性的挑战问题，才能充分利用这个大机遇，让大数据为企业、为社会充分发挥最大价值与贡献。

12.2.1 数据采集与质量问题

丰富的数据源是大数据产业发展的前提。而我国数字化的数据资源总量远远低于美欧，每年新增数据量仅为美国的7%，欧洲的12%。对物流行业和政府来说，政府要寻求物流企业的合作，物流数据的采集、汇总及整理是一个相当复杂且不易实现的目标。一是数据采集是一个很大的市场，因为分析的数据模型可以根据需求和思维来做，但所有的前提是你的数据采集要准，现在的问题是采集不到或采集不准。农产品物流本身就是低利润行业，信息化水平低，投入积极性不高，人员素质不高，如何采集符合要求的数据，这是必须面临的问题。二是物流企业掌握了物流的主要信息，但由于利益与竞争问题，物流行业上报数据的真实性如何去监督，质量难以保证，如果原始数据质量很差，基于此的分析结果就不可信。三是由于人为控制数据的收集和统计过程，会使结果产生扭曲和偏差，发生暗箱操作、修改数据、无中生有“创造”数据的事情，这样的数据准确性、完整性低，利用价值不高，这就大大降低了数据的价值。如果数据质量问题不可避免，应用时过度依赖这样的数据，将产生很严重的后果，因为假数据比没数据对社会的危害还要大。四是如果对海量数据不能够进行有效管理、处理，会让更多数据沦为垃圾，造成“数据过载”。

12.2.2 数据的开放与共享协同问题

智慧政府是以数据为王的游戏，数据是生成智慧的基础，不解决数据开放与协同问题，智慧政府的建设将大打折扣。从政府层面讲，信息公开是政府利用大数据治国的一个必要条件。2007年1月，我国通过了《中华人民共和国政府信息公开条例》，但实施几年以来，政府各部门对信息的封锁依然如故，这道坎依然难迈过去。我国现有的政府部门的数据犹如一个个信息孤岛，不要说跨部门之间的信息交换与分享难，即便是同一部委，不同业务部门的数据交换协同也存在障碍，更不用说竞争企业间的数据共享与协同。由于有各种各样的监管问题和利益冲突，在政府和企业里，彻底的数据开放不切实际。制约我国数据资源开放和共享的一个重要因素是政策法规不完善，大数据挖掘缺乏相应的立法，毕竟我国还没有国家层面的专门适合数据共享的国家法律，只有相关的条例、法规、章程、意见等。无法既保证共享又防止滥用，一方面欠缺推动政府和公共数据的政策，另一方面数据保护和隐私保护方面的制度不完善，抑制了协同与开放的积极性。因此，建立一个良性发展的数据共享生态系统，是我国大数据发展需要迈过去的一道坎。

12.2.3 数据信息安全问题

美国“棱镜门”的曝光为我国的信息安全敲响了警钟，数据信息安全问题始终是重大隐患。大数据的存储和处理模式，不可避免地会带来信息安全、隐私信息保护的严峻问题。从全球范围来看，目前已有 50 多个国家依靠法律形式规范个人信息数据的管理与使用。在我国，相关方面的法律保护意识较弱，国家尚未出台相关的法律政策对个人信息数据库进行统一保护。在大数据时代之前，民众能以保密的方式保护隐私，但今天，采集个人数据的工具就隐藏在我们日常生活所必备的工具当中，我们的每一个行为都透露了一定的个人信息。如何实现政府数据的规范、有序、安全开放利用，还需要强化公民个人隐私和企业商业秘密保护的国家立法，以避免政府、企业、公民数据被滥用。

12.2.4 数据标准化问题

大数据不仅来源于行政记录、商业记录，还来源于互联网、移动互联网、数码设备、物联网、传感器等方面。现行的行政记录和商业记录虽然遵循一定的标准，但是以信息手段为基础的大数据记录还缺乏统一的数据标准，数据缺乏统一的格式，数据交换缺乏统一的标准和异平台间的数据的口径范围不同，基本术语和编码也未标准化。而来源于于互联网、移动互联网、数码设备等的数据多为半结构化数据和非结构化数据，与现有统计的结构化数据体系具有很大差异。如何将这些半结构化数据和非结构化数据应用于政府统计，以及标准上如何设定等问题，还有待进一步研究。

12.2.5 大数据应用和管理的环境问题

大数据的数量等级已经超越了传统数据处理技术的能力范畴，对数据的搜索采集、存储管理、分析处理和价值挖掘等一系列的过程都提出了更高的技术要求。一方面，应用技术的挑战。如果把大数据比作石油，那数据分析工具就是勘探、钻井、提炼、加工的技术，是否掌握和应用强大的数据分析工具才能关键，这方面，国外又一次走在我们前面。我国数据处理技术基础薄弱，总体上以跟随为主，难以满足大数据大规模应用的需求。另一方面，管理和决策的挑战。“大数据”理论是建立在“海量数据都是事实”的基础上，而如果是管理者为决策而利用大数据达到某种目的造假呢？这在大数据时代变得更有害，因为人们无法控制数据提供者和收集者本人的偏见，这本身就揭示了“大数据”的局限性。需要改善我们的管理模式，需要管理方式和诚信架构的设计与大数据技术工具相适配，这或许是我们最难迈过的一道坎。

12.3　国家和行业的准备

大数据时代已经来临，大数据不仅是企业的事，更应是国家的事，要从国家层面发展大数据，实施网络安全与信息化战略。大数据是一场革命，它对现有生产力和生产关系的影响是颠覆性的，只有将大数据的重要性提升至国家层面，在发展目标、发展原则、关键技术等方面做出顶层设计和规划，才能推动各行业大数据的应用与发展，我国才能在这场技术革命中争取世界领先地位。在大数据背景下，如何打造真正的农产品物流“数据资源”，建立有效的、有较高质量的政府数据，使数据转化为资源，用数据破解“农产品安全”与物流顽疾，政府与行业该如何准备？

1. 制定“大数据战略”，规划先行

确定大数据的战略地位，把大数据当作国家重要的战略资源。一是需要我国在国家层面上给予大数据高度重视，在政策制定、资源投入等方面给予强力支持，消除壁垒，集中各界力量建立大数据良性生态环境，重视大数据理论与应用基础研究及安全。从宏观层面制定大数据研究的长短期规划，抢占时代先机。二是立法工作要超前进行。美国在2000年就颁布了《数据质量法》，规定公民、公司、组织对政府公布的数据可以质疑，我国虽然有《统计法》这样关于数据提供和使用的法律，但主要针对的是传统数据情况，在大数据这方面还存在相当大的空白和欠缺。因此，借鉴欧美等国经验，立法先行。三是建立一套运行机制。大数据建设是一项有序的、动态的、可持续发展的系统工程，必须建立良好的运行机制，设计国家大数据政策框架，指导和协调公共领域的大数据管理，以促进建设过程中各个环节的正规有序。

2. 重视顶层设计，统筹相关行业，布局农产品物流发展

大数据环境下的农产品智慧物流实现并不仅仅是技术方面的问题，建设智慧物流的过程中将涉及IT行业、农业行业、交通运输、仓储行业、物流行业等，众多行业间如何规划、管理、协调、合作等也存在问题。因此，布局大数据农产品物流发展，既需要政府的顶层设计，更需要从下到上的积极参与，具体来说可从技术层面和体制层面两个方面入手。技术层面，要建立政府牵头、企业、个人参与的一体化大数据系统，做到天上有云（云平台），地上有网（泛在网、物联网），中间有数（数据）；体制层面，要确立数据的收集、共享、分析、发布、决策和保护机制，建立农产品物流大数据使用的标准流程和相关法规，推动农产品物流大数据规范发展，为实现各级各类信息系统的网络互联、信息互通、资源共

享奠定基础。

3. 基于大数据技术，建立社会化物流协同平台，统筹农产品物流网络构建

数据只有不断流动和充分共享，才有生命力。物联网是聚合型的系统创新，必将带来跨系统、跨行业的网络建设与应用。随着标签与传感器网络的普及，物与物的互联互通，将给企业的物流系统、生产系统、采购系统与销售系统的智能融合打下基础，网络的融合必将产生智慧生产与智慧供应链的融合。社会物联网体系的开放，物流行业部分局部的物联网应用会很快融入社会物联网。

农产品物流数据在物联网基础上的爆发式增长使现有的信息“条块”管理模式远远不能适应大数据时代的要求。一是为适应大数据的时代特点，要在坚持完善现有统计制度的基础上，建立政府综合统计与政府部门数据统计统一、协调、互补的政府“大统计”模式搭建一个共享平台，在各专用数据库建设的基础上，通过数据集成，实现各级各类指挥信息系统的数据交换和数据共享；二是围绕农产品物流的核心和目标，调动行业内部门各方资源，建立集共享、服务、查询研究于一体的各部门数据资料的横向和纵向共享平台，实现资源共享；三是开发建立与统计工作流程，相配套的数据采集系统。形成统一管理系统下各负其责、资源互补、信息共享的协同运行机制；四是突破部门之间的信息孤岛缺陷，通过数据，把仓储、配送、高铁、公路、水运等物流资源整合利用，让我国物流运转越来越快，打造农产品智慧大物流体系生态圈。

4. 支持技术研发，抢占制高点

目前在物流业应用较多的数据感知手段主要是 RFID 和 GPS 技术，今后随着物联网技术的发展，传感技术、蓝牙、视频技术、M2M 技术等多种技术也将逐步集成应用于现代物流领域，用于现代物流作业中的各种感知与操作。物流大数据的利用成效，主要还是信息化技术的竞争。从国家层面上，要集中优势资源，着力发展物联网、云计算等相关信息化技术，重点是数据采集、数据存储、数据挖掘等核心技术、关键技术，积极推进电子标识、自动识别、信息交换、智能交通、移动信息服务、物联网、云计算、可视化服务和位置服务等先进适用技术的研发和应用，促进物流信息自动采集、数字化仓储、智能分拣、车辆调度优化、在途监控等关键信息技术在农产品物流企业、园区的建设与普及；增加在人工智能、实时大数据处理、海量数据存储管理、交互式数据可视化和应用等前沿及共性技术基础上的研发投入，真正把重要的数据存储在自家的仓库里，把安全的“大楼”构筑在自家的地基上，更好为行业和企业服务。

5. 分区域分步实施，典型示范，稳步推进

在经济实力较强的行业和地区，优先推进农产品大数据战略。运输、农业方

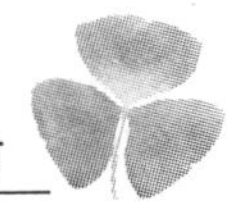

面可以先行，实现农产品大区域间流量、流向等监控，指导种植业、养殖业结构优化，合理配置物流资源。区域方面，大中城市可以先行。以北京为例，前期在无公害农产品、绿色农产品、有机农产品认证及标识管理规范的情况下，可以先行编制其他“非三品”农产品“身份证”，建立产品追溯制度。物流主体方面，依据不同地域及农业生产特点，积极筛选与培育具备发展潜力、业绩优良的农产品物流企业，与区域的农产品物流园区、农产品龙头企业形成有效对接，引进先进技术、管理经验，重点培养成大型农产品物流龙头企业，形成示范效应，带动整个产业链的发展。

6. 以大数据的运用提升农产品生产、物流主体组织化程度

生产方面，通过教育、培训，增强农民的市场经济观念和现代物流意识，切实转变其传统的小农生产、限价收售的观念，同时通过信息技术的普及，指导农民主动关注农产品的市场动态，拓展思维，促进农村朝着专业大户、家庭农场、农民合作协作的现代农业模式的思维转换，大力推进“合作社＋农户”模式，探索“公司＋基地”的管理模式，全覆盖无公害农产品认证、做大做强绿色和有机食品的标准化农产品生产基地，提高组织化程度。物流主体方面，一是培育龙头企业，鼓励农产品企业之间重组、合并及联盟，并积极发挥龙头企业的竞争优势，与农户之间开展多方位的合作，组建自营物流企业；二是积极发展第三方农产品物流企业，促进农产品第三方物流的快速发展，充分发挥其在资源整合、效率提升方面的优势。通过以上途径，提升农产品物流主体的规模化、组织化水平，提升实力，推进物流信息化管理，为打造智慧物流奠定坚实基础。

7. 建立完善的农产品生产、物流标准体系

物流标准化是实现物流管理现代化的重要手段，是农产品质量安全的重要保证。大数据背景下要求实现物流系统高度社会化，在物联网基础层面，统一的标准平台是必需的，局部的物联网系统、物联局域网等都可以在统一的标准体系上建立，只有在统一的体系基础上建立的物联网才真正能做到互联互通，做到信息共享和智慧应用。从这个角度来看，要使整个农产品物流系统形成一个统一的智慧生态圈，物流标准化起着纽带性关键作用。如生产阶段环节农产品分级、安全生产，运输阶段环节的火车、集装箱和汽车、冷链汽车，仓储环节温湿度控制、配送环节拣选等都需要制定标准，实现农产品仓储设施、运输工具、装卸机械、信息编码、品质检测的标准化，提高运输技术设备装备水平，提高仓储等基础设施利用率，加快物流过程中运输、装卸、搬运的速度，降低冷链储存费用，减少农产品损耗，提高工作效率，实现信息的即时准确采集。只有在物流系统的各个环节制定标准，并严格贯彻执行，才能实现整个物流系统的高度协调统一，提高物流系统管理水平。

8. **要高度重视大数据人才的培养**

政府使用大数据进行管理必须建立在拥有专业人才的基础之上，大数据建设的每个环节都需要依靠专业人员完成，因此，必须培养和造就一支懂指挥、懂技术、懂管理的大数据建设专业队伍。大数据人才是复合型人才，需要掌握统计学、数学、计算机科学、人工智能、人文社会科学等多个领域的技能和知识，对农产品物流，还需要精通农作物生长规律、农产品特质、市场营销、国际贸易等知识，且能够跨越学科和专业限制融会贯通，针对特定农产品能够制定多种快捷便利、保值增值的物流方案，这才符合社会分工日益精细化的现代经济要求。一是充分地使用企业、民间的大数据力量；二是在高等院校增设大数据相关课程、专业方向和学位，并建立大数据人才的创业与创新支持体系、评价体系；三是鼓励企业与高校及培训机构合作培养大数据人才。营造有利于这类高端人才脱颖而出的人才发展环境。

12.4 农产品物流企业的准备

当前，我国农产品物流行业的发展现状仍以企业数量多、规模小、行业集中度低、经营管理水平低为主要特点。在这个信息爆炸的时代，物流企业每天都会涌现出海量的数据，特别是全程物流，包括运输、仓储、搬运、配送、包装和再加工等环节，每个环节中的信息流量都十分巨大，使物流企业很难对这些数据进行及时、准确地处理。

12.4.1 农产品物流企业面临的挑战

大数据时代的到来，为现代物流业的发展带来了机遇，同时也有挑战。

1. **数据源的质量和实效性问题**

企业的数据质量与业务绩效之间存在着直接联系，高质量的数据可以使公司保持竞争力并在经济动荡时期立于不败之地。大数据来源有很多，数据结构随着数据源的不同而不尽相同，农产品物流企业要想从纷繁复杂的多个数据源及时的获取高质量的数据并进行有效地数据整合，是一个巨大的挑战。在数据收集的阶段，由于农产品周期性短，流动相强，环节多，流动数据的变化较快，如果物流企业没有实时的收集所需的高质量数据，那么收集到的数据很可能是无效的。数据质量问题一般表现在属性缺失、数据不完整、数据处理不及时、数据不准确、数据重复、数据属性不一致等，从而影响数据信息不可靠，导致信息化建设效果

不理想、决策出现偏差。

2. **非结构化和结构化数据的统一问题**

物流开放平台中除结构化数据外，还有广泛存在于社交化网络、物联网、网络日志、地理位置信息等非结构化数据，非结构化复杂数据分析包括文本挖掘、Web 挖掘图像识别和分析、地理空间分析等，每一部分都是较为复杂的过程，在物流企业的运营过程中，非结构化数据的存储必须要先转化为结构化的数据才能够存储。因此，如何整合这些非结构化信息与结构化数据，挖掘出有价值的信息也是一个挑战。

3. **供应链数据协同与共享问题**

农产品物流供应链长、环节多，每一步都会产生大量的数据。一是供应链上各企业数据共享难，供应链上各企业数据如何采集、如何共享、如何利用可能会成为影响大数据应用的瓶颈。尤其对于处于大数据中下游的企业来说，如果缺乏数据源头的支持，将“巧妇难为无米之炊”。目前虽然各大巨头都嚷着要开放，其实是“挂羊头、卖狗肉”，没有真心诚意将数据源开放，或者只允许在其各自平台上运行。二是公用共享数据也难，封闭在各部门中，难以看到融合的曙光。譬如气象部门详尽的天气预测数据，是研究农业生产的第一手数据，但大部分数据束之高阁，躺在气象局“睡大觉”；又如，农产品丰收季节，运营商拿不到生产和运输数据。三是社会环境使数据共享难。大数据在我国还处于不成熟的阶段，数据安全立法、保护客户隐私的规章制度都不完善，面对激烈的物流企业间的竞争，再加上大数据本身的多样性和复杂性，使得大数据的质量就无法得到有效、全面的保证，许多物流企业高层管理人员还没有意识到大数据挖掘技术、大数据分析技术给自身企业带来的商业价值到底有多大，对大数据的认识还没有真正提升到企业发展的战略高度。

4. **数据管理人员问题**

大数据并不是一个充斥着运算法则和机器的冰冷世界，仍需要人类扮演重要角色。农产品物流业的竞争关键还是人才的竞争，人才是物流业发展的核心要素。面对大数据时代的挑战，专业数据管理人员的配备才是保证大数据质量的关键，由于大数据本身的多样性、复杂性增加了大数据在处理和管理上的难度，现在物流企业既懂得数据挖掘、数据分析技术，又熟悉农产品物流规律和特征、农产品物流企业运营的复合型技术人才寥寥无几。

12.4.2 企业准备

面对大数据时代的到来，企业如何准备才能抓住“大数据”所带来的机遇？

1. 农产品物流企业必须有大数据思维

大数据时代的来临，不是技术的变革，首当其冲是思维的变革，大数据已经超越技术的概念，是互联网、移动终端、社交网络发展到一定阶段的产物。大数据时代最大的转变就是，放弃对因果关系的渴求，而取而代之关注相关关系，也就是说只要知道“是什么”，而不需要知道“为什么”，我们首先考虑的是这么多数据我能用来干什么，这些价值在哪里可以找到。这些将是大数据时代的新想法，新思路，这才是大数据的核心。另外，要培养全员大数据意识促进大数据应用技术在组织内的扩散，并内化为组织整体技能，共同维护数据资源。推动员工熟悉数据驱动决策下的业务运作，将数据应用视为业务营运的工具和助手。采取措施推动员工数据应用技能的持续进步，促进企业决策者、管理者、业务人员和数据工程师基于数据分析和数据应用的沟通、共享、协同，消除“数据孤岛”现象。

因此，物流企业要改变自己的思维，消除对大数据的片面认识和理解，重视大数据，及时应用大数据，将以往的信息技术围绕企业自身效率转变为用大数据的内、外部资源，利用资源共享平台，使“数据说话”走向企业的决策中枢。

2. 农产品物流企业必须建立数据资产管理战略

让大数据成为物流企业总体战略的一部分，围绕数据资源说话、提高效率、优化服务等目标，在企业整体战略中设计大数据应用的总体方案。这一方案既要着眼企业的实际情况，又要有长远的规划，在软件和硬件投入方面都要有指导性的日程表安排。在保障机制方面，还要通过有效的“顶层设计”打破内部组织壁垒，又要利用外部数据资源，促进数据资产的沟通融合与利用。

3. 提升企业信息化水平，奠定大数据基础

利用各种先进信息化技术，建立企业信息化管理体系与信息化平台，提升物流效率。一是建立完善的信息化管理系统和规范、制度，严格数据采集、数据存储、数据挖掘、数据开放与数据保密的各项制度，保证数据质量，形成完整的农产品物流数据生命周期管控体系。二是利用物流信息平台汇聚内外部大数据信息共享资源。在物流业中应用大数据时，要尽可能多地获得数据，因为数据越多，价值越大。充分利用获得的数据，可以知道数据里面暗藏的因果关系和事物间的相关性，从而解决物流企业发展中的问题，使数据更好为企业服务，促进企业向现代物流发展。三是利用信息化创新物流发展模式，实现物流信息化、自动化、智能化和集成化，从而真正提升物流效率。四是在数据挖掘方面。充分利用数据资源，发掘组织内部的“休眠数据”并认真评估其价值，同时要高度重视外部数据对企业的战略价值，推动企业内部的数据处理系统与合作伙伴的相关系统的集

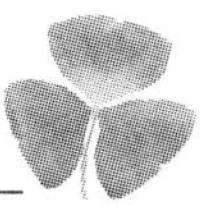

成，实现顺畅的数据交换和信息交流。五是在数据的存储与处理方面，优化企业的存储设备、IT 的服务器和网络设备等，引入能与硬件设施设备无缝对接、合乎大数据应用需求的数据管理和分析软件，不断深化大数据的应用，逐步推进人、机、系统等要素的有机整合。

4. 深度挖掘内部、外部数据资源

一是深度挖掘企业内部数据。在当前状态下，外部数据挖掘一时难以满足需求。因此，物流企业在外部大数据不能对接的情况下，先挖掘内部数据，增加客户黏着性。发掘企业与客户的需求，根据企业组织内部洞察力建立合适的数据挖掘模型，通过大数据软件转化为企业的战略决策和实时决策。二是在拥有了企业内部数据分析经验的基础上，随着商业环境的变化与物流公共信息平台的成熟，通过外部数据挖掘商业机会。大数据要求企业重视外部数据的采集与分析，做好对接大数据平台的准备。外部大数据的来源是社交平台、政府公共信息平台、农产品物流网络、电子商务平台等，在洞察并满足消费者需求的基础上，虚拟经济体与实体经济有机融合并形成利益上共赢、行动上共进，并达到一种物流共生共赢状态，形成新商业生态系统，推动农产品物流产业的跨越式进步。三是针对农产品物流特殊性，积极对接农产品生产、初加工企业数据平台，拓展生产企业与物流企业联动发展，通过与生产企业的数据交换，整合资源，保证产品质量追溯，提升服务效率。

毋庸置疑，规模更大、更新更快的大数据拥有的资源利器，也终将带来价值，我们也日益成为大数据的制造者和获利者。虽然大数据时代已经来临，但它并非无所不能，大数据不能当万灵药。还是应该保持主动性和清醒的头脑，不能被数据完全左右我们的决策与思维，成为“数据的奴隶”。大数据不能解决农产品物流中的所有问题。一是在低价值密度的农产品物流关联大数据中，数据往往是混杂的，找到“货真价实”的信息非常不易。二是由于存在样本误差和偏差等种种“陷阱”，不小心就可能掉进了数据的“陷阱”，从而使大数据成为“大偏离”，有的问题不是简单地依靠扩大样本规模就可以避免，比如农产品质量安全问题。三是数据和计算机一样，是辅佐人类文明发展的附属品，它始终不具备人的灵活性和感性驱动，大数据应用的核心并不是数据，还是人。因此，我们要在尊重传统的统计经验基础上，借助更大规模的数据，结合理性思维来解决农产品物流中的新问题，才能期望大数据创造“大物流”，带来真正的“大价值”。

参考文献

[1] 沈亚平．“大数据”时代政府数据开放制度建设路径研究［J］．四川大

学学报：哲学社会科学版，2014（5）：111－118.

［2］韩志君．大数据背景下的智慧政府门户研究［J］．科技风，2014（4）：25－28.

［3］李鹰．大数据与政府数据管理［J］．管理观察，2014（29）：61－63.

［4］申孟宜．论大数据时代的政府监管［J］．中国市场，2014（36）：32－40.

［5］陈映凯．浅析大数据环境下政府统计面临的思考［J］．现代经济信息，2014（21）：7.

［6］赵彦云．试论大数据时代中国政府统计改革发展新模式［J］．教学与研究，2014（1）：20－26.

［7］胡水晶．政府公共云服务中的数据主权及其保障策略探讨［J］．情报杂志，2013（9）：157－162.

［8］刘铬．政府开放数据的社会化增值服务研究［D］．山西大学，2013.

［9］侯人华．政府数据公共服务模式研究［J］．情报杂志，2014（7）：180－181，175.

［10］王鑫龙．大数据环境下的物流开放平台业务及应用方案研究［J］．中国商贸，2014（18）：159－160.

［11］李小米．大数据时代的物流江湖［J］．中国储运，2013（9）：10.

［12］韩召龙．大数据时代我国现代物流业发展［J］．商品与质量·理论研究，2014（9）：241.

［13］曹旭光．大数据时代物流企业创新变革研究——以青岛市物流企业为例［J］．中国市场，2014（22）：8－10，14.

［14］魏继华．大数据应用对物流企业竞争力的影响研究［J］．商业时代，2014（22）：29－31.

［15］肖婉宜．大数据在物流领域的应用研究［J］．建筑工程技术与设计，2013（6）：228.

［16］魏强．大数据助力大服务产业发展［J］．投资与合作，2013（11）：3.

［17］涂江平．大数据助力电商物流发展［J］．中国市场，2014（40）：22－23.

［18］陈立彬．关于物流仓储大数据的研究与应用［J］．中国电子商务，2014（8）：46－47.

［19］葛治存．基于大数据的城市物流资源共享平台构建思考［J］．商业时代，2014（28）：15－16.

［20］王娟娟．基于电子商务平台的农产品云物流发展［J］．中国流通经济，

2014 (11)：37 - 42.

［21］徐亦潇．郑长征：莫让物流热冲昏头脑［J］．中国经济和信息化，2014 (18)：41：43.

［22］王惠烩．物联网和大数据时代对物流行业的影响及前景分析［J］．电子商务，2014 (7)：28 - 29.

［23］王晓歌．现代物流发展的必然——大物流［J］．中国市场，2014 (40)：20 - 21.

［24］张昊．流通产业数据统计的现状、问题及改进建议［J］．中国流通经济，2014 (9)：28 - 33.